ABSCHIEDSBRIEFE GEFÄNGNIS TEGEL

250 JAHRE
C.H.Beck

JUBILÄUMS EDITION

Alexander Demandt
ALEXANDER DER GROSSE
Leben und Legende

Johannes Fried
DAS MITTELALTER
Geschichte und Kultur

Saul Friedländer · Orna Kenan
DAS DRITTE REICH UND DIE JUDEN
1933–1945

Hansjörg Küster
GESCHICHTE DER LANDSCHAFT IN MITTELEUROPA
Von der Eiszeit bis zur Gegenwart

Helmuth James und Freya von Moltke
ABSCHIEDSBRIEFE GEFÄNGNIS TEGEL
September 1944–Januar 1945

Jürgen Osterhammel
DIE VERWANDLUNG DER WELT
Eine Geschichte des 19. Jahrhunderts

Hans Pleschinski
NIE WAR ES HERRLICHER ZU LEBEN
Das geheime Tagebuch des Herzogs von Croÿ
1718–1784

Heinrich August Winkler
GESCHICHTE DES WESTENS
Von den Anfängen in der Antike bis zum 20. Jahrhundert

Helmuth James und Freya von Moltke

ABSCHIEDSBRIEFE GEFÄNGNIS TEGEL

September 1944 – Januar 1945

Gekürzte Ausgabe

Herausgegeben von
Helmuth Caspar von Moltke
und Ulrike von Moltke

C.H.BECK

Dieses Buch ist die gekürzte Fassung der «Abschiedsbriefe» zwischen Helmuth James und Freya von Moltke, die 2011 unter demselben Titel in gebundener Form in drei Auflagen im Verlag C.H.Beck erschienen.

Mit 14 Abbildungen und 3 Faksimiles

Jubiläumsedition 2013

1. Auflage dieser Ausgabe. 2013

Umschlaggestaltung:
Kunst oder Reklame, München
Umschlagabbildung:
Freya von Moltke in den vierziger Jahren, © Helmuth Caspar von Moltke;
Helmuth James von Moltke vor dem Volksgerichtshof, Januar 1945,
Foto: Heinrich Hoffmann
Satz: Janß GmbH, Pfungstadt
Druck und Bindung: CPI, Ulm
Gedruckt auf säurefreiem, alterungsbeständigem Papier
(hergestellt aus chlorfrei gebleichtem Zellstoff)
Printed in Germany
ISBN 978 3 406 64434 4

www.beck.de

Für Harald und Dorothee Poelchau

Inhalt

Vorwort

«Manchmal denke ich über das Schicksal unserer langen schriftlichen Unterhaltungen nach. Ob die für Dich und die Söhnchen auch nach 10, 20 oder mehr Jahren ein lesenswerter Stoff sind. Sie sind doch aus einer Situation geboren, die schriftlich wohl selten niedergelegt sein wird, weil eben normalerweise dann der Kontakt zerrissen oder kontrolliert ist. Wenn diese Zeit vorbei ist, wenn ein Mal wieder wirklicher Frieden eingezogen ist, was wird man dann zu solchen Erwägungen sagen. Wird man sie verstehen? Wird man glauben, dass das extreme Lagen waren, die die Menschen hysterisch machten, wird man begreifen können, dass der Mensch, dieses wunderliche Tier, sich selbst an das Hingerichtet-Werden gewöhnen kann?»

Dies schrieb Helmuth James von Moltke am 2. Januar 1945, drei Wochen vor seiner eigenen Hinrichtung durch die Nationalsozialisten. Inzwischen sind fast sieben Jahrzehnte vergangen. Von dieser Korrespondenz, die 172 Briefe aus der Zeit seiner Haft im Gefängnis Tegel von September 1944 bis Januar 1945 umfasst, waren bis vor zwei Jahren nur die beiden langen Berichte über seinen Prozess vor dem Volksgerichtshof bekannt.

Wegen ihres persönlichen Charakters wurden die Briefe nicht früher veröffentlicht. Für Freya waren sie ein Blick ins Innerste, das sie zu Lebzeiten nicht der Öffentlichkeit preisgeben wollte; der Nachwelt hat sie allerdings die Freigabe bewusst überlassen. In ihrem letzten Lebensjahr beschloss sie, alle Briefe, auch diese letzten, dem Deutschen Literaturarchiv in Marbach am Neckar zu schenken.

Die Briefe, die Helmuth und Freya einander heimlich zukommen ließen, waren für alle Beteiligten gefährliche Dokumente. Denn auch der Gefängnispfarrer Harald Poelchau riskierte täglich sein Leben, indem er sie zwischen Helmuths Zelle und seiner eigenen Wohnung, wo Freya sie empfing und beantwortete, hin- und hertrug. Freya brachte sie dann zur Aufbewahrung zu Helmuths Sekretärin Katharina Breslauer, zu der beide uneingeschränktes Vertrauen hatten. Von dort holte Freya die Briefe wieder ab, wenn sie nach Hause nach Kreisau fuhr, wo sie sie bis zu ihrer Abreise im Herbst 1945 in ihren Bienenstöcken versteckt hielt. Über Südafrika und Berlin kamen sie schließlich in den sechziger Jahren mit ihr nach Vermont und blieben dort bis kurz vor ihrem Tod.

Im Jahr 2011 haben wir alle erhaltenen Briefe vollständig und wortgetreu veröffentlicht. Wir haben dabei den Originaltext möglichst wenig verändert. Es lag uns daran, dem an den Details interessierten Leser – dem Historiker wie dem Laien – nichts vorzuenthalten. Bei den Kürzungen für den vorliegenden Band haben wir neben vielen Wiederholungen auch Verbesserungs- und Änderungsvorschläge an Verteidigungsschriften, Briefentwürfe, ausführliche Bibelexegesen und Diskussionen über Familienangelegenheiten ausgelassen und uns dabei bemüht, den Text insgesamt zu straffen. Das alles bedeutet natürlich, dass die Hand der Herausgeber diese Edition stärker bestimmt hat. Wir hoffen, dass der Leser um den Preis der Vollständigkeit in dieser Fassung den Herzton der Korrespondenz leichter hören kann. Ebenso hoffen wir, dass Leser dieses Buches Helmuths Frage, wie dieser Briefwechsel heute verstanden werden mag, trotz der umfangreichen Kürzungen für sich beantworten können.

Anrede und Schluss der Briefe haben wir beibehalten und nur einzelne Passagen herausgenommen, um so den Zusammenhang möglichst zu erhalten. Alle Auslassungen innerhalb der Briefe sind gekennzeichnet. Einige Briefe sowie eine Anzahl von kurzen Notizen anlässlich des wöchentlichen Wäschetauschs haben wir ganz gestrichen, wie auch viele von Helmuths regelmäßigen Beschreibungen seiner Essens- und Wäschevorräte mit Bitten um Nachschub. Mit einer Ausnahme haben wir auch alle offiziellen, d. h. zensierten Briefe gestrichen. Sie zu verfassen war notwendig, um dem Verdacht einer geheimen Verbindung vorzubeugen. Der Inhalt ist aber für den Austausch nicht wesentlich.

Mit aufgenommen wurden zwei Abschiedsbriefe von Helmuth an seine Söhne vom Oktober 1944.

Helmuths und Freyas grammatische und orthographische Eigenheiten wurden beibehalten, offensichtliche Schreibfehler jedoch stillschweigend korrigiert, insbesondere bei Namen. In einigen Fällen wurden unterschiedliche Schreibweisen der Korrespondenten vereinheitlicht (etwa die Schreibung mit ‹ß› oder ‹ss›). Die meisten Abkürzungen, die für die Schreiber notwendig waren, um Papier zu sparen, wurden im Interesse der Lesbarkeit ausgeschrieben, etwa Freyas durchgehendes ‹+›, häufig auch abgekürzte Namen. Die verbleibenden Abkürzungen werden im Abkürzungsverzeichnis und im Falle von Personen zusätzlich im Personenverzeichnis aufgelöst. Da Helmuth in seinen Briefen trotz seiner winzigen Schrift immer einen breiten Rand ließ, machte er gelegentlich Randnotizen. Diese sind als solche vermerkt, weil sie sich in der Regel nicht ohne weiteres in den Text einfügen ließen. Freya, die das Papier voll ausnutzte, schrieb Nachträgliches zwischen die Zeilen. Diese Stellen wurden in den Text integriert. Da die Interpunktion keine autorentypischen Eigenheiten erkennen ließ, wurde sie den heute üblichen Regeln angepasst. Wir haben uns um zusätzliches klärendes Material bemüht, konnten aber weder Dokumente zu Helmuths Verteidigungsschrift noch zu dem Gnadengesuch der Familie Moltke finden. Texte zum Haftbefehl, zum Prozess und zum Urteil sind im Anhang abgedruckt. Die Einleitung der vollständigen Ausgabe wurde in überarbeiteter Form in diese Fassung übernommen.

Wir sind Wolfgang Beck für sein Angebot, diesen Band in das Programm zum 250. Verlagsjubiläum aufzunehmen, äußerst dankbar. Wie schon bei der Gesamtausgabe haben uns Ulrich Nolte, Brigitte Schillbach und Angelika von der Lahr wieder sehr in unserer Arbeit unterstützt. Dorothee Engelhard gilt unser besonderer Dank für ihr gründliches Mitdenken bei dem schwierigen Unterfangen, die Briefe um die Hälfte zu kürzen. Auch unsere Kinder haben uns wieder hilfreich beraten.

Four Wells
Norwich, Vermont, im August 2012
Ulrike von Moltke und Helmuth Caspar von Moltke

«Ach, mein Herz, ich werde mich immer, immer an Deiner Seite über die Felder gehen sehen. Wo war meine Hand, wo wollte sie immer hin, wie schön war das. Aber ich mag nicht nur in die Vergangenheit sehen, ich will Dich lieben, mein Herz, ich will Dich immer weiter lieben dürfen, auch wenn ich alleine bleiben muss.»

Einleitung: «Außer dem Leben können sie Dir ja nichts nehmen»

«Briefe sind mein Schicksal»

Diese Briefe sind Liebesbriefe zwischen einem Mann, der seinen Tod erwartet, und einer Frau, die das gemeinsam Begonnene fortsetzen muss und auf die noch viele Aufgaben im Leben warten. Freya und Helmuth sprechen in diesen Abschiedsbriefen oft von dem «Schatz» dieser gemeinsamen Zeit, die sie, durch Gefängnismauern getrennt, doch in großer Nähe erlebten. Später waren es für Freya die Briefe selbst, die sie so bezeichnete. Diesen Schatz hat sie bis an ihr Lebensende bei sich bewahrt. Nur ganz wenigen Menschen gewährte sie Einblick.

Da Helmuth seine Arbeit in Berlin und Freya ihre Aufgaben bei der Familie auf dem Gut Kreisau hatte, waren sie schon von 1935 an auf Briefe angewiesen. Damit begann eine Korrespondenz, die bis zu Helmuths Tod im Januar 1945 nicht mehr abriss.[1] In den veröffentlichten Briefen fehlen Freyas Antworten bis zum September 1944 bis auf eine einzige. Erst mit der Veröffentlichung dieser Abschiedsbriefe zu ihrem hundertsten Geburtstag im Jahr 2011 wurde ihre Stimme hörbar. Man lernt sie als eine freie, selbstsichere, hoffnungsvolle Frau kennen, die von ihrem «komplizierten» Mann spricht und sich selbst als «einfach»

1 Helmuths Briefe aus der Zeit vor seiner Haft wurden 1988 unter dem Titel *Briefe an Freya* veröffentlicht; 2009 folgte der Band *Im Land der Gottlosen* mit seinen Briefen an Freya aus seiner Haft im Gefängnis des Konzentrationslagers Ravensbrück und einem späteren, hier fehlenden Brief vom 28. November 1944 mit dem Bericht über diese Zeit. Die Briefe vom 10. und 11. Januar 1945 erschienen im K. H. Henssel Verlag bereits 1951 unter dem Titel *Letzte Briefe aus dem Gefängnis Tegel.* Die Briefe, die Freya an Helmuth vor seiner Inhaftierung in Tegel geschrieben hat, sind nur zum kleinsten Teil erhalten und bis auf eine Ausnahme, ihren Geburtstagsbrief vom 8. März 1944, der im *Land der Gottlosen* auf S. 205 ff. abgedruckt ist, bisher unpubliziert. 2011 erschien der Briefwechsel aus der Zeit der Tegeler Haft als Gesamtausgabe unter dem Titel: *Abschiedsbriefe, Gefängnis Tegel. September 1944–Januar 1945.*

Freya von Moltke mit Konrad, 1943

beschreibt, dabei aber eine starke und auf ihre eigene Weise komplexe Persönlichkeit war. Freya hatte eine klare Urteilskraft und das Talent, schwierige Vorgänge und Zusammenhänge knapp und treffend zu beschreiben. Sie wusste sich im Gegensatz zu Helmuth «für das Leben geeignet». Von heiterer, rheinischer Natur lachte sie gerne. Helmuth dagegen war trotz seines ausgeprägten – zuweilen etwas spitzen – Humors in der Zeit des Nationalsozialismus ein ernster Mensch geworden, der mit feinem Gespür für die politischen Realitäten schon früh seinen gewaltsamen Tod voraussah. Im Jahr 1940 vereinbarte er mit Freya, dass sie das Risiko einer konspirativen Tätigkeit auf sich nehmen würden.[2] In seiner Arbeit bei der Wehrmacht und in zahllosen Treffen mit Gleichgesinnten widmete Helmuth sich daraufhin unter Einsatz aller seiner Kräfte dem Kampf gegen die nationalsozialistische Politik.

In seinem geliebten Kreisau, im Kreis der Familie und unter Freunden konnte er gelöst und fröhlich sein; überall sonst aber war er diszipliniert, arbeitete viel und stellte strenge Anforderungen an sich wie auch an seine Mitmenschen. Freyas vertrauendes, mitfühlendes und mitleidendes Herz war für ihn eine notwendige Ergänzung. In seinem Brief nach der Verurteilung zum Tode am 11. Januar 1945 schrieb er:

2 Siehe *Die Kreisauerin*, S. 37.

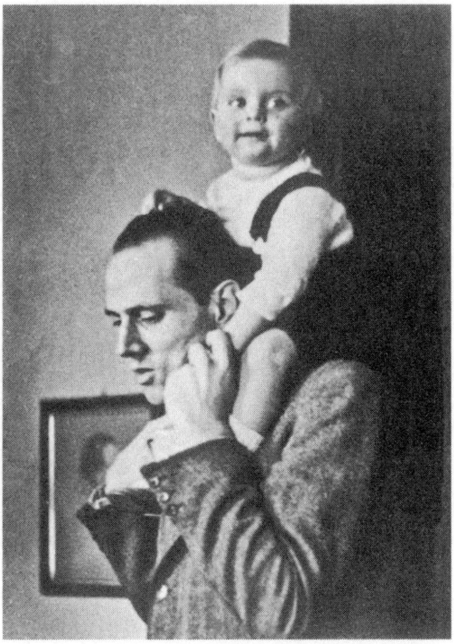

Helmuth James von Moltke mit Helmuth Caspar, Weihnachten 1938

«... hätte ich ... diese größte aller Gaben [der mitleidenden Liebe], mein liebes Herz, so hätte ich vieles nicht tun können, so wäre mir so manche Konsequenz unmöglich gewesen, so hätte ich dem Leiden, das ich ja sehen musste, nicht so zuschauen können und vieles andere. Nur wir zusammen sind ein Mensch.»[3] Trotz des eigenen Leidens und der schweren Lage gibt es kaum einen Brief, in dem die Worte Glück und Dank nicht auftauchen. Für beide waren diese Monate mit ihrem täglichen brieflichen Austausch der Höhepunkt ihres Lebens. Freya und Helmuth waren sich nah, sie rüsteten sich gegenseitig aus: für das Sterben und für das Weiterleben.

«Welch ein Segen für uns Poelchau ist. Wir können ihm garnicht genug danken.»[4] – Harald Poelchau

Es ist eine Korrespondenz, die es nicht geben dürfte. Ein Gefangener der Gestapo, den man des Hochverrates beschuldigte, sollte aus Sicht des Regimes nicht in der Lage sein, so detailliert über alle Aspekte

3 Siehe Helmuths Brief vom 10./11. Januar 1945, S. 279.
4 Siehe Helmuths Brief vom 6. Oktober 1944, S. 52.

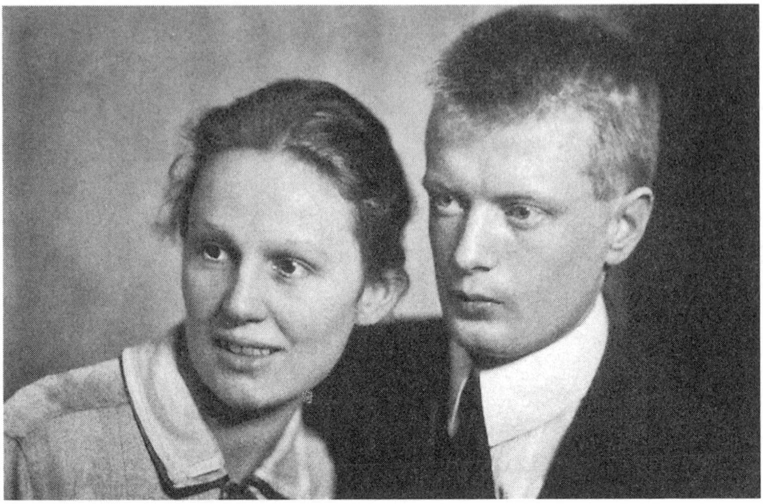

Dorothee und Harald Poelchau, 1927

seiner Gefangenschaft und seines Prozesses zu berichten, seine unzensierten Gedanken so leicht seiner Frau und seinen Freunden zu übermitteln, kurz: dieses einmalige Dokument zu hinterlassen. Doch Freya und Helmuth hatten Glück: Das Gestapo-Gefängnis in der Lehrter Straße hatte Bombenschäden erlitten, und ein Teil der Gefangenen, unter ihnen Helmuth James, mussten im Strafgefängnis Tegel untergebracht werden, wo Harald Poelchau Seelsorger für die evangelischen Gefangenen war.[5]

Dieser von der Gestapo unentdeckte Teilnehmer an Treffen des Kreisauer Kreises hatte nun regelmäßig Zugang zu Helmuth. In den Monaten von Helmuths Haft, in denen Poelchau die Briefe zwischen Freya und Helmuth in seinen Jackentaschen heimlich hin- und hertrug und mit jedem Gang sein Leben riskierte, vertiefte sich ihre Freundschaft. Poelchau führte wichtige Gespräche mit Helmuth und vermittelte Botschaften zu den Freunden in den Nachbarzellen. Er schrieb von der «guten Gemeinschaft dieser jede Woche kleiner werdenden Zahl. ... Trotz der Nähe des Todes war die Atmosphäre nicht ge-

5 Harald Poelchau war es im Oktober 1944 außerdem gelungen, einmal wöchentlich Zugang zu den etwa dreißig im Gefängnis Moabit in Sippenhaft genommenen Frauen zu bekommen und ihnen in ihren Nöten beizustehen. Vielen von ihnen musste er den Tod ihrer Männer mitteilen.

Harald Poelchau, 1949

drückt, sondern von hoher geistiger Intensität.»[6] Ein freundschaftliches Verhältnis entwickelte sich auch zu seiner, wie Freya schrieb, «ihm ganz ebenbürtigen» Frau Dorothee. Freya durfte sich regelmäßig in der Wohnung der Poelchaus aufhalten, sich mit ihnen austauschen, Rat und Trost holen und in einer kleinen, friedlichen Kammer Helmuths Briefe lesen und an ihn schreiben. Oft boten sie ihr auch an, bei ihnen zu übernachten – womit sie sich ebenfalls selbst gefährdeten.

Freya hat Poelchau im Jahr 1985 wie folgt beschrieben: «Ehe ich Harald selbst kannte, hatte mir Helmuth schon voller Bewunderung von ihm gesprochen: ‹Hier ist dieser unglaubliche Mann, Pfarrer am Gefängnis Tegel, der mit den zu Tode Verurteilten die letzte Nacht vor der Vollstreckung des Urteils verbringt.[7] Er ist ein heiterer, freundlicher, ganz unfeierlicher Mann, zum Lachen eher aufgelegt. Wie hält man solch ein Leben aus?! Er begleitet die verurteilten Männer und Frauen bis zum Schafott und ist bei ihrer Hinrichtung anwesend.› Dann lernte ich ihn persönlich kennen. Er hatte eine nüchterne, ganz

6 Siehe Harald Poelchau, *Die Ordnung der Bedrängten*, S. 72.

7 Dies galt im Allgemeinen nicht für die Mitglieder des Widerstandes, da diese meistens erst unmittelbar vor der Vollstreckung zur Hinrichtungsstätte gebracht wurden.

unsentimentale Art, er war so ganz und gar das Gegenteil von salbungsvoll und hinter und in seinen sehr blauen Augen saß Lustiges. Ich habe ihn wohl höchstens zweimal gesehen, ehe er zur ersten Tagung in Kreisau kam. ... Auf der 1. Kreisauer Tagung Pfingsten 1942 erinnere ich Harald auch deutlich. Er beteiligte sich lebhaft an Bildungs-, Schul- und Kirchenfragen, die uns auf dieser 1. Tagung beschäftigten. Als Schüler Tillichs fühlte er sich als religiöser Sozialist und damit vertrat er einen uns wesentlichen Standpunkt. Er ist während der nächsten Jahre immer in Verbindung mit uns geblieben, aber wir haben ihn nicht regelmäßig gesehen. ... Harald war dauernd damit beschäftigt, gefährdete jüdische Menschen zu verstecken; und in ihren Verstecken mussten sie auch ernährt werden.»[8]

Diese Gefahren und die schwere Aufgabe, den Verurteilten beizustehen, forderten trotz Poelchaus äußerer Ruhe und Gefasstheit ihren Preis, wie Klaus Harpprecht, Poelchaus Biograph, schreibt: «Poelchau hielt seine Seele bedeckter. Wohl nur seine Frau Dorothee und einige eng vertraute Freundinnen und Freunde wurden der Traurigkeiten, der Albträume und Ängste gewahr, die ihn als eine – unvermeidliche – Konsequenz der fast täglichen Konfrontation mit dem Sterben und dem Tod immer wieder heimsuchten.»[9]

Dass Poelchau unbehelligt blieb, dass den Nazis weder seine Beteiligung an den Kreisauer Gesprächen noch seine Hilfsaktionen für die Verfolgten oder seine verbotenen Nahrungsmittel- und Briefträgerdienste zwischen den Gefangenen und ihren Angehörigen je bekannt wurden, dass Poelchau mit dem Leben davonkam: dies alles scheint im Nachhinein kaum begreiflich.

Harald Poelchau und seiner Frau Dorothee ist dieser Band gewidmet.

«Ein merkwürdiges Jahr geht für mich zu Ende. Ich habe es eigentlich vor allem unter Leuten verbracht, die für einen gewaltsamen Tod präpariert wurden»[10] – Ein Jahr der Haft

Helmuth wurde am 19. Januar 1944 von der Gestapo in seinem Büro im Rahmen der Aktion gegen den sogenannten «Solf-Kreis» verhaftet. Er hatte den Diplomaten Kiep vor einem Spitzel der Gestapo in dieser Runde gewarnt. Der Sicherheitsdienst hatte von dieser Warnung Kennt-

8 Siehe *Abschiedsbriefe*, 2011, S. 571 ff.
9 Klaus Harpprecht, *Harald Poelchau. Ein Leben im Widerstand*, S. 116.
10 Siehe Helmuths Brief vom 28./29. Dezember 1944, S. 236.

nis bekommen und nahm Helmuth in «Schutzhaft». Nach einigen Tagen in der Gestapozentrale in der Prinz-Albrecht-Straße wurde er Anfang Februar in den Gefängnisbau des Frauen-KZs Ravensbrück eingeliefert. Nachdem man ihn zunächst zusammen mit den Teilnehmern des Solf-Kreises vor Gericht hatte stellen wollen, sich dann aber dagegen entschieden hatte, wurde im Frühsommer 1944 über seine Entlassung zur Zwangsarbeit in der Rüstungsindustrie nachgedacht. Offensichtlich wusste die Gestapo über seine oppositionellen Aktivitäten wenig. Das misslungene Attentat des 20. Juli 1944, an dem mehrere Mitglieder des «Kreisauer Kreises» unmittelbar beteiligt waren, brachte die Gestapo dann jedoch auf seine Spur. Mitte August wurde er verhört, sein Status als Schutzhäftling aufgehoben. Er kam in Untersuchungshaft. In den letzten Septembertagen wurde er nach Berlin verlegt, wo ihm vor dem Volksgerichtshof der Prozess gemacht werden sollte. Hier musste er erleben, wie die Zahl seiner Mitgefangenen laufend reduziert wurde und seine eigene Verurteilung und Hinrichtung bedrohlich näher rückte.

«Merkwürdig, wie heimatlich selbst Gefängnisse zu werden vermögen»[11] – *Alltag im Ausnahmezustand*

Die Lage, in der sich Helmuth und Freya befanden, war in doppelter Hinsicht extrem. Das Ende des Dritten Reiches zeichnete sich immer deutlicher ab, die Fliegeralarme und Bombeneinschläge häuften sich, die Front rückte näher, die Machthabenden wurden immer nervöser.

Dieser allgemeine Zusammenbruch war der Rahmen und Hintergrund für den persönlichen Ausnahmezustand, in dem sich Helmuth und Freya befanden. Helmuth saß im Gefängnis Tegel in einer kleinen Zelle von sechseinhalb Quadratmetern im vierten Stockwerk von Haus I, das für die zum Tode Verurteilten bestimmt war und auch das «Totenhaus» genannt wurde. Tag und Nacht brannte Licht, Tag und Nacht waren die Gefangenen gefesselt. Nur für die Mahlzeiten und für offizielle Schreibarbeiten wurden die Handschellen aufgeschlossen. Da Helmuth starke Rückenschmerzen bekam, erreichte er es im Dezember und Januar, dass man ihm eine Zeit lang die Fesseln erließ. Nach dem Todesurteil aber galt wieder die strenge Vorschrift, ihm die Handschellen anzulegen.

Die von Sirenengeheul angekündigten Bombenangriffe der Alliierten nahmen in den Monaten seiner Haft an Häufigkeit und Intensität

11 Siehe Freyas Brief vom 14. Dezember 1944, S. 203.

zu. Während das Wachpersonal in die Bunker eilte, mussten die Gefangenen gefesselt in den Zellen ausharren. Türen und Fenster schepperten bei Explosionen, das Dröhnen von einstürzenden Gebäuden drang ans Ohr, der Feuerschein der Brände erleuchtete die Fenster. Die Gefängnisse in der Lehrter Straße und in Tegel wurden im Laufe dieser Monate teilweise von Bomben getroffen. Helmuth überkam jedes Mal Todesangst.

Während dieser Wintermonate war es kalt in der kleinen Zelle. Helmuth saß meist in eine Decke gehüllt auf seinem Tisch, die Füße auf dem Stuhl, und las in der Bibel oder im Gesangbuch, etwas anderes wollte er nicht mehr lesen. Viele Verse und ganze Passagen lernte er während dieser Stunden auswendig, sagte sie sich auf, sang oder pfiff sie vor sich hin. Oder er schrieb Briefe, oft mit gefesselten Händen, in seiner winzigen Schrift. Einmal am Tag durften die Gefangenen etwa eine halbe Stunde lang im Hof im Kreis gehen. Im Januar 1945 ließ man sie jedoch nicht mehr nach draußen. Es war zu kalt, und viele Gefangene hatten nur dünne, zerrissene Kleidung.

Einige Male wurde Helmuth zu Verhören in das Büro von Karl Neuhaus im Reichssicherheitshauptamt in der Meinekestraße gebracht. In den dortigen Kellerräumen wurden viele Gefangene von der Gestapo gefoltert.[12] Helmuth vermutete später, dass sie ihn einmal durch ein in einer Suppe enthaltenes Enthemmungsmittel zu Geständnissen gebracht hatten, welche er nachher bereute. Gefoltert wurde er selbst nicht, wahrscheinlich jedoch alle anderen Mitglieder des Kreisauer Kreises.[13]

Trotzdem ging es im Justizgefängnis Tegel noch erträglicher und geordneter zu als zum Beispiel in den Gestapo-Gefängnissen in der Lehrter Straße oder in der Prinz-Albrecht-Straße. Die Wachtmeister waren den politischen Häftlingen zum größeren Teil wohlgesinnt. Freya und Helmuth hatten ein sehr freundliches Verhältnis zu einigen unter ihnen. Diese riskierten es, Auskünfte zu vermitteln und von den Angehörigen wöchentlich abgelieferte Nahrungsmittel in die Zellen

12 Siehe Brigitte und Eugen Gerstenmaier, *Zwei können widerstehen*, S. 123.

13 Günter Brakelmann, *Helmuth James von Moltke*, S. 332. Marion Yorck meinte allerdings später, dass die Gestapo ihren Mann Peter Yorck nicht gefoltert hat, weil sie, in der Annahme, er sei nur wegen seines Vetters Claus Stauffenberg am 20. Juli beteiligt gewesen, nicht erwartete, dass sie weitere Aussagen aus ihm herausprügeln konnte. Ein Beamter des Sicherheitsdienstes, der sie ins Gefängnis brachte, äußerte sich so: «Hätten wir geahnt, daß Ihr Mann so viel wußte, dann hätten wir ihn nicht so schnell umgebracht.» *Die Stärke der Stille*, S. 59.

Der Hof des Strafgefängnisses Tegel in den sechziger Jahren

zu bringen, wenn sie die Wäsche austauschten, in der meist auch kurze Briefchen versteckt waren. Dafür bekamen sie regelmäßig Zigaretten oder etwas von den Esswaren ab. Ihrer Nachsicht ist es wohl auch zu verdanken, dass die Gefangenen in ihren Zellen so viele private Briefe schreiben konnten.

Die Angeklagten des Kreisauer Kreises waren auf zwei Gefängnisse verteilt. Helmuth, Pater Alfred Delp und Eugen Gerstenmaier hatten im Gefängnis Tegel Zellen nebeneinander; auch Fürst Joseph Ernst von Fuggers Zelle lag in ihrer Nähe. Theodor Haubach, Franz Reisert, Theodor Steltzer und Franz Sperr hingegen waren im Gestapo-Gefängnis Lehrter Straße inhaftiert. Sie alle waren für einen gemeinsamen Prozess vorgesehen. Mit Poelchaus Hilfe und durch den täglichen gemeinsamen Rundgang im Freien gelang die Kommunikation mit den anderen Angeklagten in Tegel gut, während sie in der Lehrter Straße schwieriger war. Dort waren es meist die Ehefrauen oder andere Betreuer, die den Gefangenen Kassiber – versteckte Botschaften – übermittelten – ein sehr gefährliches Unterfangen. Die Mutigeren unter den Versorgerinnen und Versorgern tauschten sich regelmäßig untereinander aus. Wie Helmuth von dem Gespräch mit Poelchau und seinen Zellennachbarn Delp und Gerstenmaier gestärkt wurde, so half auch Freya der regelmäßige Austausch mit der kleinen Verschwörergemeinschaft der angehörigen Frauen. Umgekehrt war etwa für Brigitte Gerstenmaier «mit Freya alles leichter zu bestehen».[14]

Welch eine andere Welt für Freya außerhalb der Gefängnismauern! Die zahlreichen Luftangriffe zerstörten Häuser und ganze Stadtviertel. Das öffentliche Verkehrsnetz war beschädigt und vielfach unterbrochen; oft mussten Umwege genommen werden. Freya brach meist morgens von der Wohnung von Helmuths Vetter Carl Dietrich von Trotha[15] in Lichterfelde-Ost zu den verschiedenen Ämtern auf, zu denen Helmuth sie mit immer neuen Aufträgen schickte. Sie bemühte sich um Gespräche und legte Bittschriften vor, bahnte sich Wege zur Gestapo und zum Volksgerichtshof, sie fuhr zu Helmuths ehemaliger Dienststelle beim Oberkommando der Wehrmacht, zum Gefängnis nach Tegel und zu Treffen mit Freunden, Beratern und möglichen Helfern. Gegen Abend kam sie dann regelmäßig zum Ehepaar Poelchau in der Afrikanischen Straße im Stadtteil Wedding und fuhr von hier aus meist spät noch zurück nach Lichterfelde. Das alles waren weite und mühsame Wege. Aber sie scheute diese Mühen nicht und beklagte sich nie – nur ihre Strümpfe musste sie oft stopfen: «... fast jeden Tag zerlöchere ich ein Paar».[16] Wenn es dann zunächst hauptsächlich nachts, später auch tagsüber Bombenalarm gab und sie sich in einen Bunker flüchtete, war sie in Gedanken bei Helmuth.

Freya gelang es in diesen vier Monaten, fünfmal Sprecherlaubnis zu bekommen, indem sie vorgab, Probleme der Gutsverwaltung mit Helmuth besprechen zu müssen. Sie sahen sich ab Mitte November alle zwei Wochen, ein letztes Mal nach dem Todesurteil am 16. Januar, jeweils unter Aufsicht etwa eine halbe Stunde lang. Am 29. November 1944 konnten sie mit Poelchau gemeinsam das Abendmahl feiern, was für beide sehr bedeutsam war.

14 Siehe Brigitte und Eugen Gerstenmaier, *Zwei können widerstehen*, S. 64.
15 Carl Dietrich von Trotha gehörte zum Kreisauer Kreis, wurde jedoch nicht verhaftet.
16 Siehe Freyas Brief vom 8. Dezember 1944, in: *Abschiedsbriefe*, 2011, S. 294.

Freya von Moltke mit Konrad und Frau Rose in Kreisau, Dezember 1944

An den Wochenenden fuhr Freya häufig nach Kreisau. Dort ging das Leben zunächst noch friedlich seinen Gang. Freya verbrachte viel Zeit mit den kleinen Söhnen, dem siebenjährigen Caspar und dem dreijährigen Konrad, die sie während ihrer Abwesenheit der Obhut ihrer Schwägerin Asta und der Haushälterin, Frau Pick, anvertraute. Außerdem überprüfte sie den Zustand des landwirtschaftlichen Betriebs in Kreisau, für den sie nun zusammen mit dem Verwalter Adolf Zeumer verantwortlich war. Sie sprach mit den Menschen vom Hof und vom Schloss, in dem inzwischen nicht nur Verwandte, sondern auch Rosemarie Reichwein, die Witwe des bereits hingerichteten Adolf Reichwein, mit ihren vier Kindern sowie zahlreiche Flüchtlinge wohnten. Die Dorfbewohner nahmen Anteil an Helmuths und Freyas Schicksal und hielten zu ihnen, selbst diejenigen, die politisch zum Nationalsozialismus neigten. Freya verbrachte jedes Mal gute, erfüllte Tage in Kreisau, aber es fiel ihr dort schwer, mit Helmuth auf seinen Tod hin zu leben. Es hielt sie darum nie länger. Meist nahm sie noch am Sonntagabend den Nachtzug nach Berlin, um am Montag gleich wieder in seiner Nähe zu sein. Das änderte sich erst im Januar 1945, als die Front im Osten näher rückte und die Frage drängender wurde, ob ihre erste Sorge nun Helmuth oder den Söhnen gelten sollte.

«meine Seelenlage [ist da], wo ich sie am liebsten habe: ganz tief unten, aber dort auf Felsuntergrund»[17] *– Hoffnungen und Glaube*

Bereits die ersten und viele folgende Briefe in diesem Band sind Abschiedsbriefe, die Freya und Helmuth in der Erwartung schrieben, dass Prozess und Hinrichtung in wenigen Tagen folgen würden und die verbleibende Zeit knapp sei. Sie schwanken zwischen Hoffnung auf das Leben, Einsicht in die Aussichtslosigkeit der Lage und Fügung in Gottes Willen. Die Spannung zwischen dem Kampf ums Überleben und der Bereitschaft zu sterben war manchmal fast unerträglich. «Denke ich aber an Dein Leben und hoffe», schrieb Freya, «dann kann ich nicht helfen, unsere Herzen auf den Tod vorzubereiten.»[18] Für Helmuth schlugen die Wellen der inneren Brandung höher. Wiederholte Verschiebungen des Verhandlungstermins belasteten ihn, da er sich immer wieder intensiv vorbereiten musste, nicht nur auf die Konfrontation mit dem unberechenbaren Präsidenten des Volksgerichtshofs, Roland Freisler, sondern vor allem auch auf das Sterben. Nach jedem Aufschub musste er sich wieder neu im Leben zurechtfinden. In der einsamen Zelle hatte er wiederholt schwere innere Spannungen und Kämpfe mit sich selbst durchzustehen und um seinen Glauben zu ringen, bis er den verlässlichen Grund, den «Felsen», wiederfand.

Freya schrieb später: «In allem waren wir getragen von unserem Glauben, Glaube, der kam und ging wie Ebbe und Flut.»[19] Obgleich traditionell im evangelischen Glauben erzogen, hatte für Freya und Helmuth in den ersten Jahren ihrer Ehe weltliches, sozialdemokratisches Gedankengut Vorrang vor religiösen Fragen. Bis zum Herbst 1944 hatte sich das jedoch geändert. In der Auseinandersetzung mit dem Nationalsozialismus wurde für Freya und Helmuth wie für viele andere Mitglieder des Widerstands immer klarer, dass es in den Kirchen beider Konfessionen bei aller Anpassung an die herrschende Ideologie Orte gab, die Orientierung und Zuflucht boten in einer Welt, die alle moralischen Bindungen verloren hatte. Bei ihren Plänen für die Neuordnung eines künftigen Deutschland gingen die Mitglieder des Kreisauer Kreises davon aus, dass das Christentum in der Zukunft Deutschlands und Europas eine bedeutende Rolle spielen werde. Während Helmuth zunächst Kants Kategorischen Imperativ als ethische Richtlinie des verantwortlichen Staatsmanns begriffen hatte, stand im Herbst

17 Siehe Helmuths Brief vom 30./31. Oktober 1944, S. 92.
18 Siehe Freyas Brief vom 12. Oktober 1944, S. 66.
19 Siehe Helmuth James von Moltke, *Briefe an Freya*, S. 608.

1943 in der Präambel der Kreisauer «Grundsätze für die Neuordnung»: «Die Regierung des Deutschen Reiches sieht im Christentum die Grundlage für die sittliche und religiöse Erneuerung unseres Volkes, für die Überwindung von Hass und Lüge, für den Neuaufbau der europäischen Völkergemeinschaft.»[20]

Während der sechs Monate Haft in Ravensbrück hatte Helmuth plötzlich reichlich Zeit, zu lesen und zu denken, nachdem seine Tage in den Jahren zuvor immer randvoll mit amtlichen und konspirativen Tätigkeiten gefüllt gewesen waren. Er verbrachte die Zeit unter anderem mit ausführlicher Luther- und Bibellektüre und ließ Freya daran teilnehmen. Bibel und Gesangbuch waren von nun an Helmuths tägliche Begleiter. Angesichts seines beinahe kollegialen Zwiegesprächs mit den Propheten Jesaja und Jeremia, dem Apostel Paulus, dem Psalmisten David und den Dichtern der Kirchenlieder, die alle in extremen Lebenslagen schrieben, ist es nicht verwunderlich, dass ihre Denk- und Sprechweise auf Helmuth abfärbte. Das zeigt sich deutlich an einigen Stellen der vorliegenden Korrespondenz. Großen Wert legte er in diesen Monaten außerdem darauf, dass die Christian-Science-Heilerin Ulla Oldenbourg in Kreisau sich mit seiner Not beschäftigte und versuchte, ihm durch Gebete beizustehen und seinen Glauben zu stärken. Er nannte das ihre «Arbeit».

Freya erlebte ihre Nähe zu Gott unmittelbarer in ihrem täglichen Leben, in der Liebe; sie ließ sich «wiegen» und wusste sich geborgen. Als Helmuth im Herbst 1944 nach Tegel kam, fühlten sie sich beide in ihrem christlichen Glauben fest verwurzelt. Diese allmähliche Wandlung von einer eher säkularen und liberalen zu einer christlichen Grundeinstellung führte Freya später auf die intensive Auseinandersetzung mit dem Tod zurück: «Wenn man mit dem Tod im Angesicht lebt, dann kommt man tiefer und höher zugleich, liberale Ideen reichen dann nicht mehr aus.»[21] Wenn auch Zweifel und vorübergehende Hoffnungen die Glaubenszuversicht störten, so war doch stärker als alles das sichere Gefühl, dass sie unter Gottes Schutz standen, in ihm beieinanderbleiben würden, wie auch immer es ausginge.

Dieser selbstverständliche Glaube ist Freya in ihrem langen weiteren Leben nicht abhanden gekommen. In ihm blieb sie mit Helmuth verbunden, in ihm fand sie sich einig mit ihrem späteren Lebensgefährten, dem christlichen Denker und ehemaligen Freund von Helmuth, Eugen Rosenstock-Huessy. Durch die Begegnung mit Rosenstock lernte sie,

20 Siehe Ger van Roon, *Neuordnung im Widerstand*, S. 561.

21 Siehe Dorothee von Meding, *Mit dem Mut des Herzens*, S. 138.

Christentum und Judentum in einem weiten historischen und sozialphilosophischen Kontext zu sehen. Bis ins hohe Alter dachte sie viel über Glaubensfragen der Menschheitsgeschichte nach. Das christliche Gedankengut blieb für sie eine Quelle, aus der sie wichtige Einsichten schöpfte, ohne dass sie sich einer religiösen Sprache bediente. Ihre Verbindung zur Kirche war und blieb lose.

«Ich habe aber nie Gewaltakte wie den des 20. Juli gewollt oder gefördert ..., weil ich ... vor allem glaubte, dass damit das geistige Grundübel gerade nicht beseitigt würde»[22] *– Helmuths Einstellung zum Attentat auf Hitler*

Ein zentrales und häufig wiederkehrendes Thema der Briefe ist Helmuths Distanzierung von der Gruppe um Carl Friedrich Goerdeler und Ludwig Beck, die nach einem Attentat die neue Regierung bilden sollte, von den Männern also, die als Zivilisten hinter dem Attentat vom 20. Juli 1944 standen. Vor allem von der Gruppe um Goerdeler trennten ihn unüberwindbare politische Differenzen. Helmuth hatte, bereits bevor die NSDAP an die Macht kam, gegen deutschnationale Tendenzen innerhalb der Familie ankämpfen müssen und sprach der reaktionären Haltung der Elite ein gutes Maß an Verantwortung für die Machtergreifung Hitlers zu. Er war nicht bereit zuzusehen, wie dieselben Gruppen nach der Katastrophe der Hitlerjahre wieder an die Macht kommen würden. In einer Sitzung mit Goerdeler, Beck, Ulrich von Hassell und Johannes Popitz im Januar 1943 bezeichnete er diesen Restaurationsversuch als die «Kerenski-Lösung» und spielte damit auf die provisorische russische Regierung von 1917 unter Alexander Kerenski an, die der zaristischen politisch-sozialen Ordnung noch so weit verhaftet war, dass sie nach kurzer Zeit von den Bolschewisten verdrängt wurde. Die politischen Vorstellungen der konservativen Hitler-Gegner standen in der Tradition der alten Eliten aus dem Kaiserreich sowie der nationalkonservativen, antirepublikanischen Lager der Weimarer Zeit; sie liefen für Helmuth darauf hinaus, einen totalitären Staat zu überwinden, um ihn durch einen autoritären Staat zu ersetzen. Der Kreisauer Kreis wollte dagegen ein Deutschland, das mit seiner obrigkeitlichen Tradition radikal bräche und politische wie wirtschaftliche Ungleichheiten überwände.[23]

Komplizierter als die politischen Differenzen war Helmuths Ablehnung des Attentats. In der kurzen Zeit, die er gemeinsam mit

22 Siehe Helmuths Brief an seine Söhne vom 11. Oktober 1944, S. 63.
23 Vgl. Günter Brakelmann, *Helmuth James von Moltke*, S. 236.

Claus Schenk Graf von Stauffenberg in Berlin verbrachte, gewann er Hochachtung vor ihm, wenn er auch über Sachfragen mit ihm stritt.[24] Lange rang er mit der Frage eines Attentats. Für die Arbeit des Kreisauer Kreises war nicht von primärer Bedeutung, *wie* das NS-Regime beendet würde. Daher konnten Befürworter und Gegner einer gewaltsamen Lösung gut zusammenarbeiten. Helmuth lehnte mit einigen anderen Kreisauer Freunden ein Attentat aus mehreren Gründen ab: erstens, weil er das künftige Deutschland nicht mit einem Mord beginnen lassen wollte; zweitens, weil er meinte, es würde zu einer Neuauflage der Dolchstoßlegende anstatt zu einer grundlegenden moralischen Erneuerung führen; und drittens, weil er den Generälen nicht traute und ein Attentat ohne Mitwirken der Wehrmacht seines Erachtens keine Aussicht auf Erfolg hatte. Selbst Stauffenberg musste erkennen, dass bei den Generälen keine Unterstützung für das Attentat zu finden war.[25] Augustin Rösch, der die Ablehnung des Tyrannenmordes zur Vorbedingung seiner Zusammenarbeit mit Helmuth und seinen Freunden machte, berichtete später, dass Helmuth bei einem Treffen 1941 ihm gegenüber von der Notwendigkeit gesprochen habe, «Hitler die Führung aus der Hand zu nehmen», und davon, dass man «andere Wege» als den Mord finden müsse.[26]

Im Winter 1943/44 änderten sich für die am Widerstand Beteiligten die Voraussetzungen. Die Kreisauer Arbeit war abgeschlossen, die Dokumente geschrieben. Stauffenberg war nach seiner Verwundung und Genesung wieder in Berlin, und Helmuth wurde verhaftet. Eine Anzahl der um ihn und Yorck versammelten Männer begrüßten Stauffenbergs Drang zum Handeln, und auch Yorck änderte seine vorherige Ablehnung und schloss sich der Planung des Attentats an. Sechs Kreisauer wurden im Juli und August verhaftet. In den folgenden Monaten wurden Peter Yorck von Wartenburg, Adam von Trott zu Solz, Hans Bernd von Haeften, Julius Leber und Adolf Reichwein von dem Volksgerichtshof zum Tode verurteilt und hingerichtet. Die Gestapo fand reichlich Spuren, die zu Helmuth führten.

Wie Helmuth sich verhalten hätte, wenn er nicht schon am 19. Januar 1944 verhaftet worden wäre, werden wir nie wissen. Als er seine Vertei-

24 Siehe Peter Hoffmann, *Claus Schenk Graf von Stauffenberg*, S. 340.

25 Peter Hoffmann schreibt in seiner Biographie über Stauffenberg: «Stauffenberg war von seinen Gesprächen mit Generälen und Feldmarschallen, um sie zu einer Aktion bei Hitler anzuregen, zutiefst enttäuscht und äußerte wiederholt seine Geringschätzung der vorgefundenen Haltung», S. 281.

26 Siehe Alfred Delp, *Gesammelte Schriften*, Bd. 4, S. 256.

digung entwarf, war das Attentat misslungen und die unmittelbar Beteiligten bereits getötet. Es lag nahe, dass er bei seiner Verteidigung versuchte, eine möglichst große Distanz zu dem Attentat und der von den Attentätern geplanten zivilen Schattenregierung zu halten. Eugen Gerstenmaier, der am 20. Juli beteiligt war, meinte später, Helmuth hätte angesichts der zahllosen Toten, die der Krieg überall forderte, wohl letztlich zu seinen Freunden gestanden und den Versuch der gewaltsamen Beseitigung des Regimes unterstützt, wenn er zu der Zeit nicht bereits in Haft gewesen wäre.

«Es ist kaum eine Woche vergangen, in der mir nicht etwas Neues eingefallen wäre»[27] *– Verteidigung und Gnadengesuch*

Ende September 1944 erwartete Helmuth, dass die Anklage unmittelbar erhoben und Prozess und Hinrichtung sehr bald folgen würden. Als dies ausblieb, suchte er erneut nach Handlungsmöglichkeiten. Er bemühte sich um eine wirkungsvolle Verteidigungsstrategie und ließ dafür seiner Phantasie freien Lauf. So arbeitete er an einer Erklärung, die er im November dem Gericht schickte, in der er die Tatsache, dass er sein Treffen mit Goerdeler und dessen Freunden im Januar 1943 nicht angezeigt hatte, mit der Begründung rechtfertigte, dass die Aktivitäten Goerdelers sowohl der Abwehr als auch der Polizei zu dieser Zeit ohnehin schon durch Anzeigen anderer bekannt gewesen seien; eine Anzeigepflicht habe daher für ihn nicht bestanden. Zu den Treffen des Kreisauer Kreises führte er an, dass es zu seiner dienstlichen Aufgabe als Spezialist für Völkerrecht im Amt Ausland/Abwehr im Oberkommando der Wehrmacht gehört habe, sich darüber Gedanken zu machen, welche verwaltungsrechtlichen Vorkehrungen man für Gebiete treffen könnte, die vom Feind besetzt waren. Helmuth setzte alle möglichen Hebel in Bewegung. Freya wurde beauftragt, juristische Berater aufzusuchen, sowohl in seiner ehemaligen Dienststelle als auch andernorts. Mitglieder der Familie wurden zu Roland Freisler, zum Staatsanwalt und ins Justizministerium geschickt. Selbst einen Ausbruchsversuch und eine künstlich erzeugte Krankheit erwog er, verwarf diese Ideen jedoch schnell wieder.

Neben den Bemühungen um seine Verteidigung arbeitete Helmuth an verschiedenen Fassungen eines Gnadengesuchs, das den leitenden Persönlichkeiten der NSDAP vorgelegt werden sollte. Er versuchte

27 Siehe Helmuths Brief vom 21. Dezember 1944, S. 228.

mehrere Dienstwege: über Heinrich Himmler, über Ernst Kaltenbrunner, den Chef des Reichssicherheitshauptamtes, über das Auswärtige Amt und über das Militär direkt ins Führerhauptquartier. Natürlich waren als Mittelsmänner nur Personen geeignet, die einerseits der NSDAP angehörten, ihm aber andererseits gewogen waren. Am nachhaltigsten setzte sich Gustav Adolf Baron von Steengracht – in den Briefen meist mit dem Decknamen «Adrian» bezeichnet – ein, der Staatssekretär im Auswärtigen Amt war und als frühes Mitglied der NSDAP und Vertrauter von Außenminister Joachim von Ribbentrop Karriere gemacht hatte. Seine Frau Illemie war eng mit Freyas Bruder Carl Deichmann befreundet, und sein Sohn Adrian war als Spielkamerad für Caspar nach Kreisau geschickt worden.

Freya unterstützte Helmuth bei allen diesen Aktivitäten, auch wenn sie manche nicht für aussichtsreich hielt. Sie lebte «draußen» und sah die Dinge realistischer. Von Harald Poelchau wusste sie, dass sich bei den Menschen im Gefängnis das Gefühl für die Realität verschieben konnte. Diese Veränderung meinte sie auch bei Helmuth wahrzunehmen. Ihre eigenen Hoffnungen richtete sie eher auf ein beschleunigtes Vorrücken der Alliierten oder auch, und darin war sie sich mit Helmuth einig, auf ein Wunder. Diese Hoffnung war gar nicht so abwegig: Zwei Wochen nach Helmuths Hinrichtung wurde Freisler bei einem Bombenangriff von einem herabstürzenden Balken im Volksgerichtshof tödlich getroffen.

«Anhören würde Freisler mich ganz gewiss, schon des Namens wegen»[28] – *Der Name Moltke*

Im April 1941 feierte die Wehrmacht mit großem Aufwand in Kreisau den fünfzigsten Todestag des Generalfeldmarschalls Graf Helmuth von Moltke, des Helden der Siege bei Königgrätz und Sedan. Drei Jahre später war der gleichnamige Erbe von Kreisau als «Schutzhäftling» der Gestapo im Konzentrationslager Ravensbrück inhaftiert. Das Regime wollte sich die erfolgreichen Schlachten des 19. Jahrhunderts gerne auf die eigenen Fahnen schreiben, und die Verhaftung, Verurteilung und Hinrichtung eines Grafen von Moltke passte schlecht in dieses Bild. Aus einem Brief Freyas an Heinrich Himmler vom Oktober 1944[29]

28 Siehe Helmuths Brief vom 5.–7. Januar 1945, S. 260.
29 Siehe Freyas Brief an Heinrich Himmler vom 11. Oktober 1944, in: *Abschiedsbriefe*, 2011, S. 548 f.

geht hervor, dass dieser im Frühjahr 1944 verhinderte, dass Helmuth mit in den Prozess gegen den Solf-Kreis gezogen wurde.[30] Unbegrenzt aber war der Schutz durch den Namen nicht. Der SS-Obersturmbannführer Heinrich Müller machte Helmuth klar, dass man ihn nun wie die anderen Mitglieder des Widerstands behandeln würde, nachdem die Gestapo bei den Ermittlungen zum Attentat vom 20. Juli 1944 seine Aktivitäten und Kontakte in Erfahrung gebracht habe. Der Prozess-Berichterstatter an das Führerhauptquartier, Lorenzen, fasste es so zusammen: «... ein ungewöhnliches Charakterschwein. Niederdrückend nur, daß er Graf Helmuth von Moltke hieß.»[31] Freya wurde von den Vertretern von Volksgerichtshof und Gestapo immer sehr höflich empfangen und angehört und nicht in Sippenhaft genommen, sicher zum Teil des Namens wegen.[32] Überraschenderweise enthielt das Urteil keine Vermögensenteignung, sodass Helmuth das Gut Kreisau behielt und die Erbfolge von seiner Verurteilung unbeeinflusst blieb.

«Hochverrat begeht, wer dem Herrn Freisler nicht passt»[33] – *Verhandlung und Urteil*

Die Gerichtsverhandlung wurde in den letzten Monaten des Jahres 1944 mehrfach verschoben. Im Gegensatz zu vielen anderen Prozessen, die schneller geführt wurden, hatte der Volksgerichtshof für diesen drei Tage anberaumt. Die Verhandlung gegen Theodor Haubach und Theodor Steltzer wurde unterdessen abgetrennt. Sie fand in der darauffolgenden Woche statt. Auch diese zwei Mitglieder des Kreisauer Kreises wurden zum Tode verurteilt. Am 9. und 10. Januar 1945 standen die verbleibenden sechs Angeklagten – Helmuth James von Moltke, Eugen Gerstenmaier und Alfred Delp aus dem Kreisauer Kreis sowie Franz

30 Helmuth wurde schon im Januar 1944 verhaftet, nachdem entdeckt worden war, dass er ein Mitglied des oppositionellen Solf-Kreises, Otto Carl Kiep, vor einem Spitzel der Gestapo gewarnt hatte. Der Prozess gegen Kiep, Elisabeth von Thadden und andere fand am 1. Juli 1944 statt, also vor dem Attentat vom 20. Juli 1944.

31 Siehe Anhang, S. 334.

32 Freya selbst vermutete, dass sie der Sippenhaft unter anderem entging, weil die Gestapo sie schon von ihren Besuchen bei Helmuth in Ravensbrück her gut kannte und sie offenbar als harmlose Gutsfrau einschätzte, die in das Treiben ihres Mannes nicht eingeweiht war. Siehe *Erinnerungen an Kreisau*, S. 74.

33 Siehe Helmuths Brief vom 10. Januar 1945, S. 267.

Sperr, Joseph Ernst Graf Fugger von Glött und Franz Reisert aus dem katholischen Widerstand in Bayern – vor dem Volksgerichtshof.

Helmuth glaubte noch kurz vor dem Termin, dass die Hauptstoßrichtung der Anklage die Kontakte mit Goerdeler sein würden, stellte dann aber fest, dass es vor allem die Überlegungen und Pläne des Kreisauer Kreises und der christliche Glaube waren, die Freisler empörten. Er musste im Prozess einsehen, dass seine Verteidigung wenig ausrichten konnte gegen eine Rechtsprechung, die so offenkundig politisiert und manipuliert war, um dem Regime das gewünschte Urteil zu liefern.

Die Ankläger hatten im Übrigen nur eine begrenzte Kenntnis von Helmuths Aktivitäten im Rahmen seiner dienstlichen Arbeit. Seine Interventionen gegen Geiselerschießungen und die völkerrechtswidrige Behandlung von Gefangenen sowie seine Warnung an die dänischen Juden hatten viele Leben gerettet. Die Gestapo hatte nie entdeckt, wie viel praktischen Widerstand Helmuth in Wirklichkeit geleistet hatte. Auch die Beratungen mit den Freunden in Kreisau und die Reichweite ihrer Pläne wurden nur bruchstückhaft bekannt. Durch die zwölf Monate dauernde Haft aus dieser Welt des Handelns herausgenommen, stand Helmuth nun hauptsächlich wegen seiner christlich-humanistischen Überzeugungen vor Freisler, während die Kreisauer Dokumente noch unentdeckt auf dem Dachboden des Kreisauer Schlosses lagerten.

Trotz des Todesurteils ging Helmuth bestätigt und gestärkt aus den zwei Verhandlungstagen hervor. Es war ihm gelungen, das Duell zwischen Freisler und sich auf den Punkt zu konzentrieren, an dem ihr fundamentaler Gegensatz blitzartig klar wurde, nämlich in Freislers Ausspruch: «Nur in einem sind das Christentum und wir gleich: wir fordern den ganzen Menschen!» Für Helmuth entstand «eine Art Dialog …, bei dem wir uns beide durch und durch erkannten».[34] Er empfand dies als einen Triumph. Der Präsident des Volksgerichtshofs gab unfreiwillig zu erkennen, dass er die Unvereinbarkeit ihrer Weltanschauungen einsah. Helmuth und Freya glaubten fest, dass am Ende die Werte der Menschlichkeit, für die sie und ihre Freunde alles riskiert hatten, überleben mussten. Die Schergen des Nationalsozialismus konnten Helmuth töten, aber außer dem Leben konnten sie ihm nichts nehmen.[35]

34 Siehe Helmuths Brief vom 10./11. Januar 1945, S. 276.
35 Siehe Freyas Brief vom 17. November 1944, S. 146.

1

2

3

Die Verhandlung vor dem Volksgerichtshof vom 9. bis 10. Januar 1945: (1) Helmuth James von Moltke gegenüber dem Präsidenten des Volksgerichtshofs Roland Freisler (ganz links) und (2) im Gespräch mit seinem Anwalt Wolfgang

4

5

6

Hercher. (3) Alfred Delp, hinter dem Theodor Haubach (links) und Helmuth James von Moltke (rechts) sitzen. (4) Eugen Gerstenmaier und, ganz links zwischen zwei Polizisten, Theodor Steltzer. (5) Franz Reisert. (6) Franz Sperr.

«Was ist das überhaupt noch für ein herrliches gemeinsames Leben! Wie könnte das sein!»[36] *– Die Tage nach dem Urteil*

Bei Mitgliedern des Widerstands wurden Todesurteile meist noch am selben Tag vollstreckt. Helmuths Rückkehr in das Tegeler Gefängnis war daher für ihn und Freya eine freudige Überraschung. Sie bekamen ein letztes Mal Sprecherlaubnis; Freya klopfte noch einmal an alle möglichen Türen. Sie besuchte General Müller bei der Gestapo, der ihr «freundlich» erklärte, dass es nicht möglich sei, ihrem Mann, dem Hochverräter, den Gang nach Plötzensee zu erlassen. In einem letzten Versuch, eine Begnadigung oder einfach ein «Aufsparen» – wenn auch mit Todesurteil – für eine später zu erwartende Amnestie zu erreichen, ging sie ins Justizministerium, wo der zuständige Beamte während ihres Gesprächs überraschend bemerkte: «Dann stirbt er also als Märtyrer.»[37] Freya lehnte diese Bezeichnung ab, auch später immer. Sie befürchtete, dass Helmuth dadurch auf einen Sockel erhoben und ein Abstand geschaffen würde, der die Menschen zur passiven Ehrerbietung verleitete anstatt sie zum Widerstand zu ermutigen.

In der Zeit, die Helmuth nach der Verurteilung verblieb, wurde ihm deutlich, dass sein Prozess einem Abschluss seiner Lebensaufgabe gleichkam und dass es eines neuen Auftrages bedurft hätte, um weiterzuleben.

Kurz vor Helmuths Hinrichtung musste Freya noch einmal nach Kreisau reisen, weil die Auflösungserscheinungen des verlorenen Krieges Schlesien erreichten und die Front sich Kreisau und den Söhnen näherte. Unter großen Mühen gelang es ihr, gegen den Flüchtlingsstrom nach Kreisau zu kommen und mit dem Flüchtlingsstrom am 22. Januar 1945 spät am Abend wieder Berlin zu erreichen. Helmuth erhielt an seinem Todestag, dem 23. Januar 1945, noch Freyas Bericht von der abenteuerlichen Reise und schrieb selbst einen Brief, den sie ihrerseits noch empfing. Freyas Brief vom Mittag desselben Tages hat ihn dann nicht mehr erreicht. Als Harald Poelchau mittags in seine Zelle kam, war Helmuth schon abgeholt worden. Poelchau benachrichtigte sofort den katholischen Pfarrer Peter Buchholz, der die Gefangenen in der Hinrichtungsstätte Plötzensee betreute. Dieser konnte, wie Poelchau in seinen Erinnerungen schreibt, Helmuth noch grüßen und Freya später berichten, «dass er ganz gefasst, ja mit einer inneren Heiterkeit seinen letzten Weg gegangen ist, fertig zum Sterben, fertig

36 Siehe Freyas Brief vom 15./16. Januar 1945, S. 300.
37 Siehe Freyas Brief vom 23. Januar 1945, S. 323.

mit dem Abschied von seinen so sehr geliebten Söhnchen und von Freya.»[38]

«vielleicht ist auch mein Tod nützlicher, als mein Leben hätte sein können»[39] – Das Vermächtnis

Für Helmuth, der oft die Zukunft bedachte, war ein wichtiges Bild das vom «glücklichen» Sämann, der die Samen ausstreut, sie dem Boden, Wind und Wetter anvertraut und wartet. Am 14. Oktober 1944 schrieb er: «... welch' eine Zeit! Was für Frucht wird sie bringen. Werden wir etwas erworben haben, was es denen, die nach uns kommen werden, vor allem unseren Söhnchen, leichter macht, zu erkennen, neue Untiefen zu messen und neue Höhen zu erklimmen?»[40] Und in seinem Abschiedsbrief an die Diakonissenschwester Ida Hübner heißt es: «Aber ich bin wie ein stiller Sämann übers Feld gegangen, und das eben will man nicht. Der Samen aber, den ich gesät habe, der wird nicht umkommen, sondern wird eines Tages seine Frucht bringen, ohne dass irgend jemand wissen wird, woher der Samen kommt und wer ihn gesät hat.»[41]

Die Samen, die Helmuth und seine Freunde gesät haben, hat Freya in ihrem langen weiteren Leben gepflegt und in vielerlei Weise zur Frucht gebracht. Sie hat das geistige Erbe verwaltet und geholfen, es in der Öffentlichkeit bis hin nach Amerika zu verbreiten. Nach 1989 setzte sie sich energisch für das Zustandekommen eines neuen Kreisau/Krzyżowa, eines Ortes für europäische Verständigung, ein und begleitete dieses gerade in der schwierigen Anfangszeit mit Rat und Tat.

Bis ins hohe Alter kehrte Freya häufig nach Deutschland und Polen zurück. Wo immer sie gebeten wurde, war sie als beherzte Botschafterin des Widerstands gegen Unrecht, Unterdrückung und Diskriminierung zur Stelle. Es war ihr ein Anliegen, das Vermächtnis von Helmuth und seinen Freunden besonders auch für die junge Generation aus der Vergangenheit in die Gegenwart und die Zukunft zu übertragen. Zu die-

38 Siehe Harald Poelchau, *Die letzten Stunden*, S. 143.
39 Siehe Helmuths Brief an Ida Hübner vom 24. Oktober 1944, in: *Abschiedsbriefe*, 2011, S. 550.
40 Siehe Helmuths Brief vom 14. Oktober 1944, S. 70.
41 Siehe Helmuths Brief an Ida Hübner vom 24. Oktober 1944, in: *Abschiedsbriefe*, 2011, S. 550.

sem Übersetzen gehörte für sie die Erkenntnis, dass die Werte, die es zu verteidigen galt und die auf dem Fundament des Christentums ruhten, in immer neuer Gestalt erscheinen müssen, um wahr zu bleiben. Dieses Paradox einer Kontinuität, die wandlungsfähig bleibt und sogar Brüche überdauert, trifft auch auf ihr eigenes Wesen zu: Freya hat sich kraft ihres ausgeprägten politischen und sozialen Bewusstseins in ihrem langen Leben erweitert, gewandelt und offen gehalten für die Zukunft. Gerade dadurch blieb sie sich treu.

Freya sagte im Jahr 1992: «Wir Menschen sind keine Eintagsfliegen, sondern kommen woher und gehen wohin. Und da, wo wir hingehen, habe ich das Gefühl, ist mein Mann noch wichtig. Und es ist nicht nur mein Mann, den ich in die Zukunft bringen will, sondern auch mich. Das ganze Leben, wie es war. Darum ist Geschichte so wichtig.»[42] Helmuths und Freyas Leben kann Mut zum Handeln machen, wo Menschenrecht und Demokratie gefährdet sind. Ihre Abschiedsbriefe zeigen anschaulich, dass dieser Mut einhergeht mit einer Intelligenz des Herzens.

42 Siehe Dorothee von Meding, *Mit dem Mut des Herzens*, S. 139.

Die Abschiedsbriefe

Freya an Helmuth James, 29. September 1944

Berlin, d. 29. Sept. 44

Mein Jäm, mein Herz, mein Wirt,[1] mein Liebster, wie schön, dass ich Dir noch einmal richtig schreiben kann. Wie beglückend, dass wir uns sahen.[2] Wie gut und voller Gnade das alles geht! Ich bin ganz glücklich darüber. Mein Herz, ich glaube ganz genau zu wissen, wie es in Dir aussieht, ich bin zwar weit hinter Dir zurück und werde es bleiben, aber deshalb gehöre ich doch zu Dir und so bleibt es auch für immer. Ich werde leben müssen und das wird schwer sein, aber es wird gehen, denn ich werde Dich weiter lieben dürfen. Ich werde Dich in Gott lieben und Dich so nicht stören auf den Wegen, die Du gehen wirst, und Gott werde ich mehr und besser lieben als bisher. Du musst aber bitte in der Gewissheit sterben, dass ich außer Gott nur Dir gehöre. Die 15 Jahre, das war unser Leben, mein Jäm; was jetzt kommt, das wird ein Leben für die Söhnchen, für andere Menschen, für Dinge, ich weiß noch nicht für was, aber mein, unser Leben, mein Herzensjäm, das ist nun hier zu Ende. Du hast es mir immer gesagt, dass Du früh sterben würdest. 7 Jahre länger hast Du mir versprochen, aber was tut schon Quantität. Es kommt auf die Qualität an. Wie gut, dass ich jede Minute mit Dir bewusst als ein Geschenk empfunden habe, dass ich mich um jede gerissen habe. Nun habe ich die gleichen Schätze in mir, die Du genossen hast. Wir sind wirklich sehr reich und haben, davon bin ich überzeugt, das höchste Glück genossen, was es auf dieser Welt gibt. Wie gut, dass Du Dich doch zu mir entschlossen hast,[3] wie gut, dass ich Dir für mich die Söhnchen entrissen habe,[4] wie viel werde ich, wenn Du nicht mehr lebst, Schönes und Beglückendes zu denken haben! Ich werde alt und anders werden, aber in mir wirst Du immer drin bleiben, bis ich sterben und Dich so oder so wiederfinden darf. – Mein Lieber, wie schön war es, Dich gestern richtig gesehen zu haben, denn ich sah gleich, wie es in Dir aussieht, schon als Du mich noch nicht entdeckt hattest, was ja schnell genug ging. Du sahst das Gleiche, und als wir uns ansahen, wussten wir auch um alles. Ich genieße es immer wieder. Es gehört zu dem Schatz! Ich glaube ja kaum, dass es noch einmal gelingen wird, aber ich bemühe mich natürlich darum. Alle Wege scheinen aber fest verrammelt zu sein. Sie scheinen große Furcht vor Euch zu haben. Dass dieser Weg so nah zu Dir führt,[5] ist so unglaublich schön und beglückend.

Jetzt habe ich die ganze Zeit von mir gesprochen, und Du hast doch noch ein schweres Stück zu gehen, aber da Du nie gern gelebt hast,[6] musst Du eigentlich die Aussicht auf Dein Lebensende nicht unangenehm finden. Mein Herz, Du hast mir ja immer gesagt, dass die Dir bevorstehende Form die beste Todesart sei. Hoffentlich ist es so und Du hast, mein Herz, keine Furcht. Ich glaube zuversichtlich, dass es grundsätzlich so ist, und über die Klippen wirst Du Dir schon hinweg helfen. Ich weiß Dich so fest in Gottes Hand. Dann haben wir auch so gute Vorgänger: Mami, Carl Bernd, Granny, Daddy.[7] Das wird Dir auch lieb sein. Mein Herz, ich mache mir keinerlei Vorstellungen über das Leben nach dem Tode. Sie wären doch falsch, aber es ist uns ja genug offenbart und unser Gefühl ist stark und klar, also glaube ich, glaube dankbar und werde immer mehr und tiefer sehen und glauben.

Dein Leben erscheint mir schön und vollendet. Du stirbst für etwas, für das es sich zu sterben lohnt. Dass Du ein «großer» Mann hättest werden können, ist so gänzlich uninteressant. Dass aber die Bombe im Januar nicht vor Deinem Fenster explodiert ist,[8] das ist wichtig gewesen. Ich glaube an den Sinn, wenn Du jetzt sterben musst. Mein Jäm, fühlst Du auch, wie wunderbar einig wir sind? Fühlst Du auch oft, dass wir so uneingeschränkt, so richtig zusammen sind? Ich bin dabei kein geistiger Mensch, sondern wachse wie eine Pflanze auf dieser Welt. Dies ist viel mehr mein Klima als Deins, aber Du musst sorgen, dass ich nicht zu sehr eine Pflanze bleibe, und dafür hast Du, glaube ich, schon gesorgt!

Um unser, der Söhnchen und mein Leben, machst Du Dir ja keine Sorgen. Ich fürchte mich garnicht. Das werden wir schon fertig bringen, mit und ohne Kreisau, mit und ohne Geld, mit und ohne Kommunismus. Die Söhnchen werden schon richtig werden. Ich werde C.chen[9] sagen, Du seiest an Krankheit gestorben; wenn er größer ist, dann mehr. Solange es geht, werde ich an Kreisau[10] oder Berghaus[11] kleben, denn das ist für alle die Heimat. Aber das wird sich alles finden.

Ich werde morgen wohl wieder nach Kreisau fahren und im Lauf der nächsten Woche wiederkommen. Dann bringe ich auch einen dicken Anzug mit. Meinst Du, ich wüsste, warum ich diesen ohne Nachdenken wieder ergriff! Ich weiß es nicht. Unterwegs sagte ich mir, «ich Kamel»! Eine Decke werde ich auch noch versuchen mitzubringen.

So, mein Jäm, jetzt fahre ich zu Carl Dietrich[12] zum Schlafen. Ich habe hier bei Poelchau in Frieden, unter Glück, Dankbarkeit und Tränen diesen Brief geschrieben, keinen bösen, sondern nur guten Tränen, mein Herz. Die gehören nun einmal zu mir. Oft und schön habe ich sie bei Dir rollen lassen. Du weißt ja, wie das bei mir geht!

Vorläufig habe ich sonst nichts zu sagen. Ich bin genau so dankbar wie Du. Ich habe es oft geschrieben und schreibe es vielleicht auch noch ein paar mal und es wird immer so bleiben. Dein P.[13] bin ich.

1 Diese Anrede hat Freya von der Stauffacherin aus Friedrich Schillers *Wilhelm Tell* I, 2 übernommen. *2* Freya und Helmuth erblickten sich zufällig am Tag zuvor auf dem Gefängnishof in Tegel, als Freya zum ersten Mal dorthin kam. *3* Helmuth zögerte anfänglich in seiner Wahl der Frauen aus dem Kreis um Eugenie Schwarzwald. *4* Freya und Helmuth waren sich in den ersten Jahren ihrer Ehe in der Frage, ob sie in dieser Zeit Kinder in die Welt setzen sollten, nicht einig. Im Januar 1937 beschloss Freya, unterstützt von Helmuths Großmutter Jessie Rose Innes, die Entscheidung allein zu fällen. So wurde im November 1937 Helmuth Caspar geboren. Nach gemeinsamer Entscheidung kam im September 1941 Konrad zur Welt. 5 Der Kontakt lief über den Gefängnispfarrer Harald Poelchau. Siehe Einleitung, S. 15 ff. *6* Siehe Einleitung, S. 14. *7* Mami: Helmuths Mutter Dorothy von Moltke, Carl Bernd: Helmuths Bruder Carl Bernhard von Moltke, Granny: Helmuths Großmutter Jessie Rose Innes, Daddy: Helmuths Großvater James Rose Innes. *8* Neben dem Gefängnisgebäude des Reichssicherheitshauptamtes in der Prinz-Albrecht-Straße ging am 28. Januar 1944 eine Bombe nieder, die nicht explodierte. *9* Der ältere Sohn, Helmuth Caspar von Moltke; meist mit «C.chen» oder «C'chen» abgekürzt. *10* Das Gut der Familie Moltke. *11* Siehe Biographische Notiz, S. 338. *12* Helmuths Vetter Carl Dietrich von Trotha. Siehe Einleitung, S. 22. *13* Freya unterschreibt fast alle ihre Briefe mit «P.»; der Buchstabe steht für ihren Kosenamen «Pim», der männlich gebraucht wird.

Helmuth James an Freya, 30. September 1944

30. 9. 44

Mein Lieber,[1] wir werden jetzt Tag und Nacht gefesselt und dadurch ist das Schreiben sehr schwierig. Wenn Dir also in der Handschrift mancher Zug unbekannt vorkommt, so wird das auf dieser Behinderung beruhen. Mein Herz, ich war so glücklich, Dich einige Sekündchen zu sehen, wusste ich doch nichts von Dir außer dem Briefchen, das Du mit den Sachen in Drögen[2] mitgeschickt hattest. Sonst stammte meine letzte Nachricht vom 17. 8.[3] Du wirst hoffentlich gesehen haben, dass es mir gut geht, überraschend gut für die Umstände; und Du, mein Herz, hast einen großen Anteil daran. Denk' ein Mal, dass ich, seit alles sich verschlimmert hat, nicht einen Augenblick Sorge um Dich hatte, nicht ein Sekündchen. Ich war ganz stolz, dass ich eine solche Frau hätte, dass ich ihr zutrauen könnte, das zu meistern, was uns bevorsteht. (Randnotiz: Fessel ab) Mein Herz, ich bin meiner Sache so sicher, ich bin so fest verankert, dass, so Gott will, mir die erforderliche Kraft keinen Augenblick fehlen wird. Darauf kannst Du

Dich, glaube ich, verlassen. Es ist auch so, mein Herz, dass in diesen letzten Wochen außer Dir und den Söhnchen nichts in meinen Gedanken an irdischen Fragen gewesen ist, soweit es sich nicht um den Kampf um meinen Kopf handelte. Ich könnte garkein Interesse für andere Menschen oder Sachen aufbringen. Selbst Asta[4] und Ulla[5] und andere kamen immer nur in Beziehung auf Dich und die Söhnchen vor, so wie Kulissen. Ich habe daher diese Woche ganz innig mit Euch gelebt, mein Herz.

Da ich nicht weiß, wie lange Zeit ich noch habe, will ich schnell ein paar andere Sachen schreiben. Ob Du in Kreisau bleiben willst oder nicht, das kann ich und will ich nicht beeinflussen. Mir ist alles recht, was Du beschließt, natürlich auch zu bleiben. Es wäre unrecht, wenn einer, der über die maßgebenden Faktoren garnicht mehr unterrichtet sein kann, sich ein Urteil anmaßte, zumal er selbst nicht beurteilen kann, wie weit dabei reines Sentiment mitspräche.

Mein Fall liegt so: Es steht fest, dass ich sehr viel über Goerdeler wusste und dass ich bemüht war, seine Pläne zu bekämpfen.[6] Das ist der Fall der Verletzung der Anzeigepflicht, den man entweder als sehr schwer ansehen kann, weil ich soviel wusste, oder als sehr leicht, weil feststeht, dass ich es nicht billigte und, solange ich frei war, bemüht war, die Pläne zu bekämpfen, nach der Verhaftung aber mich darauf verließ, dass Peter[7] diese Pläne weiter bekämpfen und zur Not anzeigen werde. Dieser Fall lässt sich also m. E. argumentieren.

Zweiter Fall ist Kreisau:[8] *a.* Ist es Hochverrat? Dagegen führe ich an, dass aus der Goerdeler-Sache ja feststeht, dass ich gegen jede Änderung der Regierungsform war und die ganzen Pläne Nachkriegspläne waren. Dieser Fall geht vielleicht auch noch. *b.* War es Defaitismus,[9] weil vom Fall des Kriegsverlustes ausgehend? Mein Argument: Nur prophylaktisch für den Katastrophenfall, bis dahin äußerster Kampf, daher kein Defaitismus. Es scheinen aber einige Beteiligte gesagt zu haben, dass ich defaitistisch verstanden worden bin. Auch dieser Fall ginge in der Isolierung vielleicht noch. Schwierig ist die Häufung der drei Fälle, zu dem natürlich auch Kiep[10] kommt, und außerdem scheint man die bloße Tatsache des Umgangs mit Carlo,[11] Bischöfen und Jesuiten wie den Besuch bei dem ehemaligen Landeshauptmann von Salzburg Rehrl im Grunde als schon völlig ausreichend anzusehen, nachdem alle diese Leute – auch Rösch und Genossen – nach meiner Verhaftung zu Goerdeler übergegangen sind. Ich hätte sie also zusammengebracht und G. sie benutzt. Diese Beurteilung macht den Fall also eigentlich hoffnungslos, wenn es nicht gelingt, sie über den Haufen zu werfen. Da sehe ich nur 2 schmale Linien: *a.* die subjektive, dass eben feststeht, dass ich all das nicht wollte und dass ich letzten Endes von Peter während meiner Haft in der Aufrechterhaltung dieser Linie enttäuscht worden bin und nun nicht für Peter's Schuld haften will;[12] *b.* die objektive, dass ich eben meiner ganzen Haltung und Vergangenheit nach kein Reaktionär bin und wirklich innerlich nicht zu den Leuten des 20. 7. gehöre. Es wäre also zu überlegen, ob Du die Sache mal mit Dix[13] besprechen könntest, wenn Dix nicht will, dann mit dem Strafverteidiger Sack,[14] der sehr gut sein soll. Du müsstest nur gut überlegen, woher Du all das wissen kannst, jedenfalls darf Dix es nur weiter vertreten, wenn Ihr einen Weg seht, es zu tun, ohne dass Du nun auch noch reingezogen wirst. Immerhin solltest Du keinen Weg unversucht lassen, denn ich glaube nicht, dass die Sache im Augenblick schlimmer werden kann.

Ob Du mit meiner neuen Dienststelle[15] (Randnotiz: Sturmbannführer Neuhaus, Meinekestr.) sprechen solltest, weiß ich auch nicht recht, halte es aber im Grunde für unbedenklich, wenn Du Dich von der Dienststelle Lange in der Prinz Albrechtstr.[16] oder von Huppenkothen dahin weisen lässt. Am besten wäre es vielleicht, wenn Du sagtest, mir sei Honig-Essen ärztlich vorgeschrieben und viel Zucker, sonst litte ich an Ohnmachtsanfällen, ob Du mir nicht das geben dürftest. Lebensmittel kann ich höchstens über die Dienststelle[17] bekommen, dass ich was mitnehme, wenn ich dort bin, denn das Gefängnis lehnt dies ab. – Im Grunde bin ich für einen Besuch bei Neuhaus, denn der persönliche Eindruck, den dieser Mann von mir bekommt, kann den Unterschied zwischen Leben und Tod bedeuten, selbst wenn das Schwergewicht bei Freisler[18] und dem Oberreichsanwalt[19] liegt. Jedenfalls ist eines sicher: Ich kann besser mit Neuhaus als mit Lange und Genossen. Er hat das Kirchendezernat, daher enragierter Heide, aber gebildet, so ein wenig an Rogge[20] erinnernd.

Oberreichsanwalt und Freisler: Darüber müsstest Du eben mit Dix sprechen. Es fragt sich, ob man nicht Carl Viggo[21] versuchen sollte zur Hilfe zu bekommen. Berate dies jedenfalls mit Dix. Auch Adrian[22] kann vielleicht irgendwo in dieses Spiel eingeschaukelt werden. Aber keine Kräfte darauf verpuffen, mir jetzt größere Bequemlichkeiten zu beschaffen; das kann nur Anlass Deines Besuches bei Neuhaus sein; aber jede ernsthafte Aktion muss auf das Schlussurteil gerichtet sein.

Denke nicht, dass ich mich irgendwie an diese Möglichkeiten mit Hoffnung klammere. Ich schreibe es so ausführlich, weil ich meine, man sollte doch alles tun, auch wenn man nicht glaubt, dass es hilft. Aber man kann es nicht wissen. Hänge Du aber keine Hoffnungen daran. Bitte lasse mich wissen, ob Du meine Verteidigungslinie verstanden hast oder Ergänzungen brauchst.

... An Sachen brauche ich einen Winteranzug im Tausch gegen den, den Du jetzt mitgebracht hast, Wintermantel und Hut. Es ist hier sehr kalt. Auch hätte ich gerne eine Decke und ein Paar Manschettenknöpfe aus Perlmuttknöpfen genäht oder aus Stoff, keine anständigen von mir, ferner Kravatte und Schuhputzzeug. Außerdem hätte ich gern ein paar Umschläge. Vielleicht kann ich Dir doch noch mehr als einen Brief schreiben. ... – Schließlich wäre ein Füller sehr schön, denn meiner ist mir hier bei der Aufnahme abhanden gekommen. Ich habe in den 5 Tagen zwischen meiner ersten Vernehmung in Ravensbrück und meiner Einkleidung, Wegnahme der Bücher u.s.w., weil ich mir schon dachte, was kommen würde, eine Reihe Bibelstellen auswendig gelernt, und die habe ich mir dann täglich morgens und nachmittags ein Mal aufgesagt und immer neues daran entdeckt. Ich schicke Dir eine Liste[23] mit, damit Du weißt, womit ich mich beschäftige. Auch pfeife ich immer Kirchenlieder. – Die Wachtmeister hier im Gefängnis sind sehr freundlich und bereit, alles zu tun, was möglich ist; aber gegen die Anordnung, dass wir ständig zu fesseln sind, sind sie natürlich machtlos.

Mein Lieber, das ist, was ich sachlich zu sagen habe. Ich will vor allem wiederholen, dass, wenn sich in mir nichts ändert, meine Seelenlage ganz gesichert erscheint, und ob ich gefesselt bin oder nicht, Wanzen habe oder nicht, in kalter und dunkler Zelle sitze, nicht lesen und schreiben darf, nichts von Dir höre und schließlich angebrüllt, geköpft oder gehängt werde, es wird immer das gleiche bleiben: Ich weiß ganz genau, wo ich fest verankert bin: über mir und neben mir, alles andere ist mir, so glaube und hoffe ich, in diesen Wochen ganz wurscht geworden. Und dazu sieh Dir den Schluss der ersten Römerbriefstelle auf dem Zettel an. Ich glaube auch nicht, dass ich in dieser Einstellung irgendwie überkandidelt bin, sondern fühle mich ganz im Lot und so, als sei das ganz natürlich gewachsen und nicht etwa jetzt künstlich gezüchtet. Ich hätte auch sonst viel mehr Sorge um Dich, mein Herz. Wo ist aber dieser erste und natürlichste Gedanke eines treusorgenden Gatten und Vaters, um im Stil einer Traueranzeige zu sprechen? Er ist einfach nicht da, sondern statt dessen ist mir jeder Gedanke an Euch drei eine Stütze und Kräftigung. Dafür kann ich unserm Herrn nicht genug danken und durch ihn Dir. – Mein Herz, es ist, glaube ich, alles gesagt, obwohl noch nichts gesagt ist. Über die Sachen war ich natürlich glücklich, es ist wie ein warmer Sonnenstrahl. Es ist alles wirklich nützlich und eigentlich nötig; denn das Essen hier ist nicht ausreichend, abgesehen davon, dass ich an Tagen, an denen ich vernommen werde, manchmal garkein Essen bekomme. Eine Sardinenbüchse hatte ich mir aus Ravensbrück geschmuggelt, und die hatte ich auch noch als eisernen Bestand und behalte sie auch. Vielleicht macht Neuhaus es auch, dass Du ein paar Büchsen in der Meinekestr. deponierst und ich mir die dann in der Tasche mitnehme. Fett und Zucker ist das, was fehlt. Der Mittagspamps ist leidlich und nicht so, dass er einem widersteht, das Brot ist immer trocken und mittelgut. Man darf eben nur nicht krank werden. Natürlich gibt es auch nichts Frisches und kein Eiweiß. Deswegen ist Zucker schon sehr erwünscht und bis zu einem gewissen Grade auch nötig, denn es kann eben doch etwas davon abhängen, ob man in der Hauptverhandlung satt oder hungrig und klapprig auftritt. – Ich bin gespannt, wie das Dorf die Nachricht von meiner Verhaftung aufnehmen wird. Mache es klar, dass ich in keinem direkten Zusammenhang mit dem 20. 7. stehe und nur durch Freunde da hineingerissen worden bin. Mein Herz, über eines musst Du Dir ganz sicher sein: Wenn der Herr mich bewahren will, so wird er mich bewahren, wie hoffnungslos die Sache auch aussehen mag, will er mich zu sich rufen, so ist es letzten Endes gleichgültig, ob das auf dem elaboraten Weg über Herrn Freisler geschieht oder auf direkte Weise, es wird dann eben geschehen. Ihr steht so in seiner Hand wie ich auch, und das wollen wir nur aus dieser Zeit gelernt haben und in eine fernere Zukunft oder in eine andere Existenz mitnehmen. – Lass Dir nur von allen Menschen in allen Dingen helfen und sei nicht zurückhaltend. Wir können auf einen Schatz von Liebe und Freundschaft zurückgreifen und das wollen wir ruhig tun. Lass Dir nur nicht von allen was Verschiedenes raten, sondern verlass Dich für einige Fragen auf den, für andere auf jenen, und spare auch kein Geld oder sonstige Mittel. In diesem Falle nicht alles zu tun hieße Gott versuchen, nicht auf ihn zu bauen.

Zeitlich rechne ich so: frühestens Mitte nächster Woche wird der Abschlussbericht des SD[24] erstattet. Von da an dauert es bis zur Verhandlung meist drei Wochen. Man kann es auch durch weitere Vernehmungen von mir verzögern, es kann auch durch die große Zahl von abschlussreifen Verfahren die 3-Wochen-Frist länger werden. Es kann aber auch sein, dass ich jetzt zu einer relativen Prominenz aufgerückt und deswegen vorgezogen werde, das kann aber nicht viel ausmachen. Ursprünglich sollte ich ja in den ersten Zivilisten-Termin mit Goerdeler–Hassell. Die Tatsache, dass ich von da abgesetzt bin und auch nicht zu dem Gewerkschaftstermin[25] komme, was mir als nächstes mitgeteilt wurde, zeigt eine leichte Verbesserung in der Beurteilung. Ich habe nun in der vorigen Woche eine sehr riskante Aussage[26] gemacht, die wiederum eine Verbesserung oder Verschlechterung bringen kann. Bei viel Vernehmungsstoff und im Falle eines Interesses von Neuhaus für mich kann das alles auch noch viel länger dauern und sich auch über Monate hinziehen, und bis zu einem gewissen Grade ist es umso aussichtsreicher je später ich drankomme. So, jedenfalls, beurteile ich die Lage.

Wie schön, dass Du an Konrädchen solch' eine Stärkung hast. Hoffentlich bleibt er es. Grüße mir alle, mein Herz, und was soll ich über Dich sagen. Garnichts. J.

Bitte auch noch 2 Kleiderbügel. 1 Hosenspanner, 1 Paar Schuhblöcke, Schuhputzzeug, 1 Kopfkissenbezug, 1 Handtuch, Salz.

Ich habe im übrigen gesagt, dass zwischen Peter und mir ganz klar verabredet war, dass die Goerdeler'sche Unternehmung mit allen Mitteln verhütet und wenn es nicht anders ginge, angezeigt werden müsse.

1 Die männliche Anrede bezieht sich auf Freyas Kosenamen «Pim», der männlich gebraucht wird. Dass Helmuth Freya männlich ansprach, gehörte zu seinen Eigenheiten. *2* Sicherheitspolizeischule in Drögen, Ort ihrer Treffen während Helmuths Inhaftierung im Konzentrationslager Ravensbrück. Siehe *Im Land der Gottlosen*, S. 29. *3* Am 19. August 1944 wurde Helmuths Status als privilegierter «Schutzhäftling» aufgehoben. Er bekam danach keine Briefe mehr. Siehe *Im Land der Gottlosen*, S. 48. *4* Helmuths Schwester Asta Maria Wendland. *5* Ulla Oldenbourg. *6* Siehe Einleitung, S. 26. *7* Peter Graf Yorck von Wartenburg. *8* Helmuth meint hiermit die in Kreisau und Berlin geführten Gespräche und Pläne für ein Neues Deutschland. *9* Fehlender Glaube an den Endsieg war für die Nationalsozialisten ein schweres Delikt. *10* Helmuth wurde im Zusammenhang mit der Verhaftung von Otto Carl Kiep ab 19. Januar 1944 in «Schutzhaft» genommen. Siehe Einleitung S. 30, Anm. 30. *11* Carlo Mierendorff. *12* Peter Yorck von Wartenburg entschied sich für ein Attentat auf Adolf Hitler in enger Zusammenarbeit mit Claus Schenk Graf von Stauffenberg. Das in der Korrespondenz wiederholt genannte Datum «20. 7.» bezieht sich auf den Tag dieses Attentats, den 20. Juli 1944. *13* Rechtsanwalt Rudolf Dix. *14* Siehe Helmuths Brief vom 4./5. November 1944, S. 106, sowie Freyas Brief vom 6./7. November 1944, S. 111. *15* Ironische Bezeichnung für das Büro von SS-Sturmbannführer Karl Neuhaus, der für die Verhöre der Mitglieder des Kreisauer Kreises zuständig war. *16* Herbert Lange und Walter Huppenkothen, Beamte des Sicherheitsdienstes, hatten Helmuth in Drögen verhört. Die Dienststelle wird in den Briefen meist mit «P. A.» oder «P. A. Str.» bezeichnet. *17* Das heißt: über die Gestapo, die ihre Dienststelle in der Meinekestraße 10 hatte. Es stellte sich bald heraus, dass Lebensmittel direkt ins Gefängnis Tegel und zu Helmuth gelangen konnten. *18* Der Präsident des Volksgerichtshofs Roland Freisler. *19* Ernst Lautz. *20* Nicht bekannt. *21* Helmuths Onkel Carl Viggo von Moltke. *22* Deckname für Gustav Adolf Steengracht von Moyland. Siehe Einleitung, S. 29. *23* Nicht erhalten. *24* Sicherheitsdienst, auch mit «S. D.» abgekürzt. *25* Carl Friedrich Goerdeler wurde am 8. September 1944 verurteilt, aber erst am 2. Februar 1945 hingerichtet.

Ulrich von Hassell wurde ebenfalls am 8. September 1944 verurteilt und noch am selben Tag hingerichtet. Die Sozialdemokraten Adolf Reichwein, Julius Leber und Hermann Maaß wurden am 20. Oktober 1944 verurteilt und hingerichtet. *26* Es handelt sich vermutlich um ein Verhör in der letzten Septemberwoche. Siehe auch den folgenden Brief vom 1. Oktober 1944.

Helmuth James an Freya, 1. Oktober 1944

Berlin, den 1. Oktober 1944.

Mein liebes Herz, mein Pim, mein Kleiner, Dein Brief[1] war eine Stärkung und Erquickung sondergleichen. Wenn Du sagst, Du seiest wie eine Pflanze, dann muss ich mich in Demut vor der Pflanze neigen, die dann, wenn es drauf ankam, noch nie gefehlt oder geirrt hat. Ich habe nicht daran gezweifelt, dass Du das Richtige finden würdest, aber es gibt mir Stärke, es nun auch zu wissen. – Ja, mein Herz, unser Leben ist zu Ende. Die volle Dankbarkeit für dieses Leben habe ich erst in diesem Jahr gelernt. Wie war es möglich, dass ich es nicht immer so wusste? Mami und Du, Ihr habt mich geleitet vom Mutterleib bis zum Grabe, und ich habe keine kalte, lieblose Stunde in meinem Leben gekannt. Mit Dir, mein Herz, bin ich sehr viel fester, tiefer und dauerhafter verbunden, als ich es je geträumt habe. Nun weiß ich es. Welch' eine Gnade das ist, mein Herz, weißt Du ja auch. Ich kann Dir nur wünschen, dass Dir dieses Gefühl der Zusammengehörigkeit in der Spanne Zeit, die Dir noch gegeben sein mag, nicht verlorengeht. Es ist ein Geschenk des Vaters und er möge es Dir unverfälscht erhalten. Dass Dir die Söhnchen, unsere Söhnchen, meine Liebe, gedeihen werden, glaube ich und hoffe ich. Sie sollen Dir ein rechter Trost sein, aber Du weißt ja, dass der wahre Tröster über uns wohnt und dass er den einzig wahren Trost spenden kann, der zu dauern vermag. – Dass ich mir um Deine und der Söhnchen innere und äußere Existenz keine Sorge mache, habe ich Dir schon gesagt. Ich hoffe, dass Lionel und Julian und Nan[2] alle mit Dir verbunden bleiben werden, damit Mami's geistiges Erbe auch noch ihnen zugute kommt. Aber eines musst Du wissen, mein Herz, alle Entscheidungen sind jetzt allein Deine Entscheidungen, und Du darfst Dich in nichts von irgendwelchen von mir geäußerten Wünschen gebunden fühlen; das wäre ganz falsch.

Dass dieser Preis vielleicht gezahlt werden müsste, haben wir beide gewusst. Es wird mir nicht so leicht, ihn zu zahlen, weil er im äußeren Zusammenhang mit einer Sache gefordert wird, die ich nur missbilligen kann. Durch diese innere Gespaltenheit habe ich nach 2 Nächten an dem darauf folgenden Tage, an dem ich um 10 geholt wurde, nachts Sachen gesagt, die besser ungesagt geblieben wären, besser für mich und für andere. Ich konnte die Kreisauer Dinge nur verteidigen, wenn ich meine Positionen in der Frage der Kenntnis der Goerdeler'schen Machenschaften verloren gab, und das habe ich viel zu gründlich getan, sodass das äußere Urteil wohl darauf aufbauen wird. Ich will, dass Du das weißt, denn die Sache könnte doch später einmal aufkommen und nicht verstanden werden.[3] Ich habe einen Fehler gemacht, kein Zweifel, aber nicht in bösem Willen, sondern im Nachlassen der Widerstandskraft. – An meinem Schicksal hat das gewiss nichts geändert, denn es wurde immer von dem «Kreisauer Kreis» oder der «Gruppe Moltke» geredet, und damit war klar, was mit mir geschehen musste. Nur ginge ich eben lieber in den Tod, wenn es auch formal für meine eigenen Gedanken wäre.

Ich habe keine Furcht vor dem Tod und glaube, Euch in irgendeiner Form zu behalten, und ich habe animalische Angst vor dem Sterben, und es schmerzt mich, dass ich Dich und die Söhnchen mit diesen meinen Augen nicht wiedersehen werde. Ich fühle, dass ich in diesem Leben so Vieles gehabt habe, dass ich keine Ansprüche mehr habe, ich fühle mich aber nicht so, als wäre ich die Ernte, die nach dem Schnitter ruft. Ich glaube, dass ich so mein Inneres so gut beschrieben habe, wie ich kann. Ich würde der animalischen Angst und des Abschiedsschmerzes wohl Herr werden, wenn ich mich ganz in dies Schicksal ergäbe. Aber ich fühle mich verpflichtet, dagegen anzukämpfen, und dazu muss ich den Lebenswillen aufrecht erhalten, auch mit seinen nachteiligen Folgen. Ich hoffe, das alles noch klären zu können, bis ich getötet werde.

Mein Herz, für uns waren diese letzten 8 Monate nicht verloren. Wir sind wohl beide etwas andere Menschen geworden. Ich habe eine reiche Ernte gehalten, ich habe das Band zu Dir in den tiefsten Tiefen und in den höchsten Höhen entdeckt, ich habe auch unsere Söhnchen inniger geliebt als zuvor, ich habe danken gelernt und habe gelernt zu sagen, «Dein Wille geschehe». Der Herr ruft einen anderen Menschen zu sich als den, dem er am 19. Januar eine Prüfung auferlegte.[4] Ich hoffe, nein, ich glaube, dass Er mir meine vielfachen Vergehungen vergeben wird und dass ich in ihm Dich und auch die, die uns vorangegangen sind, wiederfinden werde. Und in meinen besten Augenblicken gelingt es mir manchmal, froh zu sein, dass ich diesen Schritt so bewusst tun darf.

So, mein Herz, es ist genug vom Tode geredet. Dein künftiges Leben sehe ich sehr wohl vor mir. Seit langem habe ich den Herrn täglich darum gebeten, dass er Dir seinen Trost schicken möge, falls er mich zu sich ruft, damit Du ein ganzer Mensch bleibest. Und auf keine Bitte habe ich so zuversichtlich die bejahende Antwort verspürt. Alles Einzelne ist demgegenüber doch so gleichgültig. Wie meine letzte Bitte um Seine Gnade sein wird, so wird meine vorletzte für Dich sein, und ich bin gewiss, dass Er sie erhören wird.

Mein Herz, ich höre auf. Ob ich Dir noch ein Mal schreiben kann, weiß ich nicht. Jeder Brief, den ich jetzt schreibe, wird von mir als der letzte angesehen und Du wirst nicht viel Neues daraus entnehmen. Deine alten Briefe, die ich noch habe, gebe ich zurück und behalte bei mir nur Deinen Geburtstagsbrief[5] und C'chen's ersten Brief an mich mit den 5 Blümchen. Das wird meine letzte Ausrüstung sein. Der Spruch in Mami's Grabrede deckt uns beide: «Leben wir, so leben wir dem Herrn, Sterben wir, so sterben wir dem Herrn. Darum wir leben oder sterben, sind wir des Herrn».[6] J.

1 Der Brief vom 29. September 1944. *2* Lionel Curtis, Julian Frisby, Petronella Van Heerden. *3* Helmuth setzte sich vehement von der Position und der Politik von Carl Friedrich Goerdeler ab, konnte also in den Vernehmungen sein Wissen über Goerdeler nicht abstreiten. *4* Am 19. Januar 1944 wurde Helmuth verhaftet. *5* Freyas Geburtstagsbrief vom 8. März 1944 ist abgedruckt in: *Im Land der Gottlosen*, S. 205 ff. *6* Römer 14,8.

Freya an Helmuth James, 4. Oktober 1944

Mittwoch Abend.

Mein lieber, mein Jäm, ich habe schon viele glücklich traurige Tränen über Deinen Abschiedsbrief laufen lassen. Ich habe ihn schon oft gelesen und dann geschah es immer wieder. Jedes Wort habe ich tief in mich hineingenommen, und von dort kommen sie immer wieder zu mir herauf. Jedes Wort zeugt von uns und gehört zu unserem Leben, jedes Wort ist von Dir und gehört zu mir. Mein Lieber, welches Glück! Ich habe eigentlich garnichts zu Deinen Worten zu sagen, ich verstehe sie alle und ich bin von ihnen so durchdrungen. Ich verstehe auch, wie Du zum Tode stehst, und bin aus tiefster Seele dankbar, dass das, was Dich so sehr bedrängt hat am Montag,[1] von Dir genommen wurde. Wie muss es Dich gequält haben. Ja, auch ich habe danken gelernt, und auch ich habe gelernt zu sagen, «Dein Wille geschehe». Gerade das ist es. Begonnen hat es schon lange zu wachsen. Ich weiß, dass es mich schon erfüllte, als wir Hans-Adolf in der Bresaer Kirche begruben.[2] Du saßt neben mir, und ich war dankbar und doch bereit, das Kreuz, wenn es käme, auf mich zu nehmen. So ist es immer mehr gewachsen, und jetzt ist es so, dass sich alles Bitten immer auflöst in «Dein Wille geschehe». Nicht aber das Bitten, dass Gott Dir helfen möge, Dich führen möge, Dich stärken möge. Ach, mein Jäm, ich darf Dir ja mit diesem Gebet beistehen, ich, eine solche Anfängerin im Beten. Wenn ich aber bitte, dass Du auf Erden bleiben mögest, was doch für mich alles bedeutet, mein so geliebtes Herz, dann wird daraus doch immer wieder «Dein Wille geschehe». Ich nahm dies alles mit, als ich gestern von hier nach Hause fuhr, ich empfahl es Gott aus Herzensgrund und schlief dann ein und wachte auf und wusste auch, dass es richtig sei, zu kämpfen um Dein Leben, wenn es auch nichts hilft, nichts unversucht zu lassen, alles dran zu setzen, nur scheint es mir so stümperhaft, was ich unternehme, aber ich weiß, was Du meinst, und ich versuche, nicht zu hoffen und doch zu tun. Aber im Grunde, mein Geliebter, sind wir beide ruhig und stark und einig, und so kann ich sagen: Es geht mir gut. Ich bin so dankbar, dass ich so nahe bei Dir leben kann, denn ich bin Dir ständig nahe. Ich bin deshalb so glücklich, in Berlin zu sein – nicht wegen der physikalischen Nähe, sondern weil ich hier so oft alleine bin – auch in der Stadt –, und dann bin ich immer bei Dir. In Kreisau lässt man mir oder ich mir zu wenig Ruhe, und hier laufe ich herum und bin doch bei Dir, weil niemand mich stört. Diese Wochen möchte ich aber sehr innig und nah mit Dir verbringen, damit sie uns noch mehr verbinden und unsere Gemeinsamkeit stärken. Mein Jäm, bitte für mich, dass ich dieses Gefühl nie verlieren brauche. Ich bin dann nicht allein und einsam; aber die Einsamkeit werde ich sicher immer lieben, damit ich Dich fühlen kann. Ich weiß es alles nicht, aber ich weiß so fest, dass wir zusammen in Gottes Hand sind, dass daraus alles richtig für uns wachsen wird. – Ich habe gestern über das Abendmahl nachgedacht; ich wusste nicht, ob ich es feiern dürfte, aber nun glaube ich, dass ich es darf, habe die Stellen gelesen und werde es feiern. Wann und wie, weiß ich noch nicht. Ich wollte es Dir aber sagen.

Mein Herz, Du schreibst, ich dürfe mich nicht nach Deinen Wünschen richten. Es wird schwer sein, es richtig zu machen, aber dass Dein Geist in dem, was ich entscheide, lebendig bleiben muss, weil er zu mir gehört, weil er ein Teil von mir ist, das ist sicher. Für mich und für unsere Söhnchen. Ich werde mich immer nach Deinen Gedanken richten. Ich werde meine Entscheidungen an Deinen Wünschen messen, aber ich werde alt und anders werden und Deine Wünsche werden in mir vielleicht anders aussehen, deshalb muss ich Dich in mir tragen und mit Dir leben, aber das alles geht nur mit Gottes Hilfe und mit seinem Willen. Mein Jäm, ich weiß es und weiß auch, dass er mein

Tröster ist. Dass Mamis Grabspruch uns so schön vereinigt, beglückt mich sehr. Die Tatsache, dass er uns so schön zusammennehmen kann, wenn Du Dein Leben lassen musst, ist sehr beglückend.

Morgen gehe ich nun zu Neuhaus. Adrian wollte einen Brief, den ich geschrieben habe, ohne ihn schön zu finden. Mit Willi[3] muss ich dann noch etwas besprechen, wozu ich Deine Antwort wissen möchte.[4] Ich habe das Gefühl, ich verderbe uns alles. Mein Lieber, ich muss aufhören. Mein Lieber, mein liebes Herz. Ich denke an Dich voller zärtlicher Liebe. Dein P. bin und bleibe ich.

1 Bezieht sich evtl. auf Helmuths Brief vom 1. Oktober 1944 und die Schilderung der Aussage im Verhör (S. 48). Vermutlich hat Harald Poelchau ihm helfen können und Freya davon berichtet. *2* Hans-Adolf von Moltke wurde nach einem Staatsakt in Breslau am 31. März 1943 in Groß-Bresa im Kirchspiel Markt-Bohrau in Schlesien bestattet. *3* Vermutlich ein Deckname für Harald Poelchau. *4* Vermutlich handelte es sich um Freyas Plan, zum Chef der Gestapo, Heinrich Müller, zu gehen, siehe ihren Brief vom 8./9. Oktober 1944, S. 56.

Helmuth James an Freya, 6. Oktober 1944

Tegel, den 6. Oktober 1944.

Mein Lieber, mit großem Glück lese ich Deine Briefe immer wieder, tags und auch nachts, wenn ich aufwache. Denn wir steigen ja um 6 ins Bett und um 7 wieder heraus, weil wir um 6 gefesselt und um 7 wieder aufgeschlossen werden. Und so gibt es immer Zeiten in der Nacht, zu denen man wach ist. Da wir nur bei Licht schlafen, so sind das ganz vollwertige Stunden. Über die Fesselung brauchst Du Dir keine Sorgen zu machen. Man gewöhnt sich vollkommen daran und wird auch mit Handschellen ganz geschickt. Man legt eben die Dinge, zu denen man freie Hände braucht, auf die Zeiten, zu denen man jeweils 1 bis 1½ Stunden aufgeschlossen ist: morgens, mittags und abends: 7–8.30, 11.30–1, 4–5.30. Außerdem sind die Beamten sehr freundlich, und wenn man einen plausiblen Vorwand hat, z. B. Aufwischen, dann schließen sie einen zwischen Mittag und Abend nicht zu. Ihnen ist es nämlich lästig und zuwider.

Mein Herz, ich komme bei genauem Nachdenken zu dem Ergebnis, dass die letzten Monate, und vor allem die letzte Woche, eigentlich die Zeit innigster Zusammengehörigkeit gewesen ist. Du bist mehr in mir gewesen als je zuvor, und Du hast auch mehr von mir gewusst als je zuvor, sodass Deine alte Klage über diesen Punkt im Augenblick nicht zutrifft. Jedenfalls ist das ein merkwürdiges und sehr befriedigendes

Ergebnis dieses Unglücks. Dass wir außerdem auch noch in der Höhe stärker verbunden sind als zuvor, kommt noch hinzu. Hoffen wir also, dass alle Schläge, die noch kommen mögen, auch so ihren Segen in sich tragen.

Welch ein Segen für uns Poelchau ist. Wir können ihm garnicht genug danken. Du weißt hoffentlich, dass er mir ständig etwas Nachschub bringt, und wirst es ihm ersetzen. Ich nehme bedenkenlos alles, weil es mich freut und weil ich denke, dass es mir vielleicht doch hilft, das Angebrülltwerden mit Gleichmut zu ertragen. Meine Diät von Honigsemmeln, Speck, Eiern und Zucker schlägt mir sehr gut an und tut sicher das ihre dazu, mich vergnügt zu erhalten. Ich esse nur Berge von diesen Schätzen, mein Herz, in der Hoffnung, dass Du es nachschaffen kannst, und in der Erwartung, dass es doch nur noch ein paar Tage dauern wird.

Glücklich war ich auch über Mantel und Wäsche, aber noch viel mehr über das Gefühl, dass Du mit mir unter einem Dach nur 100 m entfernt seist.[1] Mir ist überhaupt Deine Anwesenheit in Berlin so angenehm, dass ich mich sozusagen zu Hause fühle. Bleib' nur da, wenn es geht. ...

Auf Wiedersehen, mein sehr geliebtes Herz, so Gott will in dieser, sonst in jener Welt. Bewahre Dich ganz und unzerbrochen, auch wenn ich nicht mehr da bin. Ich bitte den Herrn, dass er Dir das Gefühl erhält, ich sei bei Dir und stützte Dich, nein, nicht das Gefühl, die Gewissheit. Freue Dich an Deinen Söhnchen, bewahre sie und sei ihnen und anderen ein Segen. Grüße mir alle. Sie sind alle in meinem Herzen, besonders auch die arme Schwester.[2] Der Herr schütze Euch. J. – Freut Dich das Bild von C'chen mit dem Johannisbeerklex?

1 Der Wäschetausch fand in einem Raum des Gefängnisses statt, im «Wartezimmer» (11. Oktober 1944) oder «unten im Haus» (12. Oktober 1944). *2* Gemeindeschwester Ida Hübner aus Frankenstein in Schlesien.

Helmuth James an Freya, 8. Oktober 1944

Tegel, den 8. 10. 44.

Mein Lieber, Sonntag Mittag. Wie mag es zu Hause sein? Ob Dich Deine Söhnchen im Bett besucht haben? Dort habe ich Euch jedenfalls heute Morgen gesucht, als um ½7 zum Aufstehen geläutet wurde. – Alles, was Du schriebst, hat mich natürlich sehr interessiert. Jetzt wäre es mir am wichtigsten, meine eigene Verteidigungslinie klar zu bekommen. Ich habe sie kurz skizziert und hätte gerne ein strafrechtliches Urteil darüber. Aber abgesehen von dem Strafrecht möchte ich auch gerne taktische Hinweise haben: Wann kann man reden? Kann man zusammenhängend vortragen, oder soll man sich besser darauf beschränken, Fragen zu beantworten? Wie werden neue Tatsachen akzeptiert? Kann man Beweisanträge stellen, sofern die benannten Zeugen in den hiesigen Gefängnissen sitzen und in 30 Minuten oder einer Stunde dasein können? Oder ist man auf das beschränkt, was im Vorverfahren erörtert worden ist? Welche von den Offizialverteidigern[1] sind gut und welche würden sich für den Angeklagten einsetzen? Das ist natürlich nur dann von Bedeutung, wenn der Wahlverteidiger nicht zugelassen wird. – Wie ist die jetzige Definition von Hochverrat und Defaitismus? Welche Rolle spielt bei dem zweiten die Zersetzungsabsicht? Welche Rolle spielt bei beiden der subjektive Tatbestand, wenn der dem Angeklagten günstiger ist als der objektive? Oder gibt es das Willensstrafrecht nur, wenn der objektive Tatbestand nicht ausreicht? – Du siehst, eine große Speisekarte von Fragen. Du siehst auch, dass ich mich ernsthaft mit der juristischen Seite meines Verfahrens befasse, obwohl ich mir klar bin, dass letzten Endes das alles nichts mit Jurisprudenz zu tun hat. Aber gerade wenn man einen lustlosen Offizialverteidiger bekommt, ist es doch wichtig, sich in den herkömmlichen oder beim Volksgerichtshof üblichen Kategorien wenigstens etwas auszukennen. ...

Ich nehme an, mein Lieber, dass Du morgen wieder kommen wirst. Es sind gestern Abend etwa 75 % unserer Leute weggekommen;[2] ich weiß noch nicht, wer, weil wegen der Bombenschäden heute noch kein Spaziergang war. Ich habe aber so das Gefühl, dass man nur etwa 20 Mann hier gelassen hat, die jetzt als nächstes für die Verhandlung anstehen, und dass der Rest raus in ein Lager gelegt wurde. Mir ist es natürlich viel lieber, hier zu bleiben, aber dies scheint mir dafür zu sprechen, dass es jetzt schnell gehen wird. Neuhaus hat mich nicht holen lassen. Das braucht aber so oder so nichts zu bedeuten, denn er kann mich auch nur so zum Nachräumen vernehmen wollen, ohne dass es sich dabei um Fragen handelt, die unmittelbar mein Verfahren beeinflussen.

Mein Herz, damit Du immer unterrichtet bist, falls ich plötzlich abgerufen werde, wollte ich Dir nur mitteilen, dass ich inzwischen den 32. und den 111. Psalm, ferner den Anfang von Jer. Klgl. 3, den Rest von Johannes 14 und 1. Johannes 19 bis zum Schluss gelernt habe. Das letzte hat mir ja sehr geholfen, wie Du wohl weißt. Ich lerne auch immer weiter, denn wenn ich verurteilt werde und warten muss, so werde ich voraussichtlich nichts haben und will dann möglichst reich ausgestattet sein. – Übrigens ist mir auch Psalm 118,[3] vor allem Vers 17 und 18 behilflich. …

Noch etwas, das Dir vielleicht beim Denken hilft, wenn auch nur negativ, denn positive Gedanken über die Unsterblichkeit sind m. E. nicht möglich. Aus Herrn Kant[4] habe ich mit absoluter Sicherheit begriffen, dass alles Denken auf dieser Welt in den Begriffen von Zeit und Raum geschieht und dass beides für jede jenseitige Existenz nicht zutreffen kann, mit dem Tode tritt man dann aus dem Koordinatensystem von Zeit und Raum heraus, sodass wir, banal ausgedrückt, vielleicht «gleichzeitig» drüben ankommen, auch wenn Du noch 60 Jahre lebst und ich trotzdem auf Dich nicht zu warten brauche. Du siehst Andeutungen dieser Erkenntnis in der Bibel an vielen Stellen, z. B. Psalm 90,4, Johannes 1,15. Und an irgendeiner Stelle sagt Christus, dass er Abraham (Randnotiz: Johannes 8,58) oder David gesehen habe. Daraus ergibt sich eben auch, dass ein Geist, der nur in Raum und Zeit zu denken vermag, eben keine Vorstellung vom Jenseits haben kann.

So, mein Herz, genug für heute; es ist Nachmittag, und es ist ein merkwürdiges Gefühl, den Abend herannahen zu sehen, an dem vielleicht der Bote mit der Anklageschrift kommt, und sich zu sagen: Morgen um diese Zeit bin ich vielleicht schon tot. Man sollte sich das eigentlich immer sagen, aber man tut es eben nicht, wenn man nicht, wie ich jetzt, dazu gezwungen ist. Leb wohl, mein Herz, Gott behüte Dich und Deine Söhnchen und uns. J. …

1 Gerichtlich bestellte Verteidiger. *2* 61 der 80 Gefangenen wurden in das Gestapo-Gefängnis in der Lehrter Straße (Berlin-Moabit) zurückverlegt, von wo aus sie wegen Bombenschäden nach Tegel gebracht worden waren. *3* «Ich werde nicht sterben, sondern leben und des Herrn Werke verkündigen. Der Herr züchtigt mich wohl; aber er gibt mich dem Tode nicht.» *4* Helmuth hatte sich während seiner Haft im Konzentrationslager Ravensbrück intensiv mit Immanuel Kants *Kritik der reinen Vernunft* auseinandergesetzt.

Freya an Helmuth James, 8./9. Oktober 1944

Kreisau Sonntag.

Mein liebes Herz, da sitze ich in Kr. an meinem Schreibtisch, habe seit gestern meine Augen über so vieles wandern lassen, was Dir sehr lieb und vertraut ist, und habe nur das gedacht und wie gerne ich es Dich sehen ließe. Gestern war ein milder zartfarbiger Herbsttag. Ich bin nach Tisch mit Zeumer[1] rumgefahren, aber da ich mit ihm über

Dich sprach und ihm den Ernst der Lage auseinandersetzen musste, so rannen unter all dem heimatlichen Glanz, der doch zu Dir so sehr gehört, der daher uns gehört, zu viele Tränen, als dass ich es richtig hätte genießen können. Wir waren nicht in Wierischau,[2] sonst überall. Wir droschen Rübensamen, der nass war, und machten Kartoffeln raus, aber wir fuhren auch nach Kr. raus, wo nicht gearbeitet wurde. Die Sonne schien und Kr. lag lieb und anheimelnd in der Senke, die Eule war weit weg und hoch und der Zobten[3] ganz zart, das Laub der Büsche beginnt sich zu verfärben. Als wir dort oben waren, war C.chen dabei, saß auf meinem Schoß, aber ich konnte nur an Dich voller Liebe und Sehnsucht denken und das tat alles weh. Dabei hatte ich das Gefühl, ich müsste es alles, das Schöne, in mich saugen, um es Dir in aller Süße schildern zu können, selbst wenn Dir das weh tut, so wirst Du doch empfinden, wie schön es war. Ach, mein Herz, ich werde mich immer, immer an Deiner Seite über die Felder gehen sehen. Wo war meine Hand, wo wollte sie immer hin, wie schön war das. Aber ich mag nicht nur in die Vergangenheit sehen, ich will Dich lieben, mein Herz, ich will Dich immer weiter lieben dürfen, auch wenn ich alleine bleiben muss. – Mich beunruhigte in der Bahn die Nachricht, dass der Angriff am Freitag[4] ganz nah bei Dir war. Das muss ja zum mindesten eine Qual gewesen sein oder war das nicht so? ... Dann fand ich in der Post zwei schöne Nachrichten für Dich. Mutter Radermacher hatte über Schweden Nachricht von Susi.[5] Die hat im Sommer Willo gesehen in der Hauptstadt.[6] Er arbeite im Süden und will auch dort bleiben. Er habe «sehr gut» ausgesehen und «schien sehr zufrieden zu sein mit seiner architektürlichen Tätigkeit». Es ist so schön, endlich wieder ein Zeichen zu haben. Die andere Nachricht kam von Jowo.[7] ... Wie mag es in Dir aussehen, mein Lieber! Wie mag es Dir gehen, mein Herzensjäm. Ich möchte Dir nah sein, ich flehe darum und bin es auch. – Montag Abend: Jetzt sitze ich bei P. an dem mir sehr lieben Schreibtisch. Hier habe ich solche Ruhe zu schreiben. Ja, was P. für uns tut, ist jenseits aller Möglichkeit zu danken. Ich hoffe, dass er es fühlt und ihn das befriedigt. Ich auch nehme alles an, denn es ist manchmal für mich hier so, als hätte ich Dich selbst gesprochen, so nah vermittelt er alles, und außerdem umgeben sie mich beide[8] mit Liebe, Freundschaft und Fürsorge. Ich möchte am liebsten immerzu hier sitzen. Alles, was Du isst, mein Herz, kommt selbstverständlich aus Kreisau, außer den Semmeln. Ich habe neulich gebracht und heute wieder sehr viel, nicht nur für Dich. Ich lasse sie frei verfügen, aber alles, was Du bisher bekommen hast, ist in Kr. gewachsen. Es kommt aber außer meiner Liebe auch noch ihre Liebe hinzu, aber bei den Eiern auch noch die von Frau Rose, die gestern mit Inbrunst sagte: «Da bekommt er doch wenigstens auch was». Und die Ida sagte: «Grüßen Sie unsern Herrn Grafen sehr» und gab dann ihrem Entsetzen über Deine Lage Ausdruck, Du, an den sie sich doch alle immer gehalten hätten. Die Stimmung, mein Herz, ist ganz eindeutig. – Mein Herz, ich habe ja nun Dein Briefchen vom 6. schon wieder in der Hand und bin voller Glück darüber. Ich bekam es gleich, als ich gegen 7.30 von der Bahn aus hier erschien und wieder so gut empfangen wurde. Ja, ich bin Dir sehr nah, und daher finde ich ja auch diese Zeit in vielem schön, so schön wie nie eine zuvor. Ich bin Dir so intensiv nah. Ja, ich weiß auch viel von Dir, aber zurückschauend habe ich keinerlei Klage, dass es anders war. Mein Jäm, ich wusste oft nicht, was Du *dachtest*, aber ich war Dir immer sehr nah, ich glaube, viel näher als Du es wusstest. Ich weiß doch viel von Dir und wusste es immer und habe daher auch ganz vergessen, je eine Klage gehabt zu haben, weil das Denken ganz uninteressant ist verglichen mit der inneren Nähe, die bei mir im Juli 29[9] ganz eindeutig entstand und blieb und bleiben wird. Wie schön, dass Du meine Anwesenheit hier auch gern hast, so wie ich auch. Ich war schon gestern voller innerer Unruhe, wieder hier zu sein, und sitze so gerne hier in Deiner Nähe. Donnerstag kann ich dann den dicken Anzug u.a.m. bringen und denke genau wie Du voller Glück an unsere Nähe. Wenn es schlecht gehen sollte, mein Herz, werde ich jedenfalls kämpfen um die Möglichkeit, Dich doch noch zu sehen, obwohl ich auch wenig Hoffnung habe. …

Morgen nehme ich nun die verschiedenen Wege wieder hier auf und werde Dir berichten. Ich sprach Müller[10] Freitag eine halbe Stunde. Er ist jemand, fraglos. Er versprach mir, Dich noch einmal zu sprechen, aber dass er Dich umbringen lassen will, ist keine Frage. Ganz voll nimmt er Dich zwar nicht, meint, Du hättest da garnicht hereinkommen sollen, da Du ein Philosoph seiest und zu Deinen Büchern gehörtest. Du seiest kein Mensch der Tat. Es bliebe ja die Verhandlung für Deine Rechtfertigung, aber wenn ich es wolle, werde er Dich noch einmal hören. Sie seien so loyal gewesen und Du!!! Mir gegenüber war er höflich, eigentlich freundlich und bis zu einem gewissen Grade ehrlich, sehr eingehend und nicht ungeduldig. Ich habe ihm sicher nicht missfallen. Er kam mir noch nachgerannt und sagte, wenn alles vorbei sei, solle ich bitte noch einmal zu ihm kommen, dann werde er mir die genauen Zusammenhänge auseinandersetzen, damit ich sähe, dass sie Dir nicht Unrecht getan hätten!!! Als ich einmal sagte, ich als Deine Frau halte sehr viel von Dir, sagte er, dabei solle ich sicher bleiben, aber ihnen dürfte ich nicht übelnehmen, dass sie Dich anklagen müssten. So war es. Hoffentlich hat es nichts verdorben! Er regte an, ich solle an Himmler und Hitler je einen Brief schreiben. Soll ich das? Ich setze morgen mal was auf und gehe morgen auch zu Dix.

... Ich sprach mit Ulla[11] gestern Abend über die Möglichkeit, von Dir auch weiter gestützt zu bleiben, Dich nicht zu verlieren und doch nicht zu stören auf neuen und mir entfernten Wegen. Dies beschäftigt mich so sehr, aber zuversichtlich.

Ja, das Bildchen von C.chen finde ich wunderschön, aber willst Du es nicht, mein Lieber, noch behalten? Ach, wie ungerne höre ich auf. Hoffentlich kann ich noch weiter schreiben. Es bedeutet solches Glück für mich.

In Liebe, mein Jäm, bin ich Dir nah. In heißer Liebe bitte ich für Dich und fühle mich bittend Dir sehr nah. Morgen schreibe ich weiter. Dein P. bin ich.

1 Adolf Zeumer, der Gutsinspektor in Kreisau. *2* Das Gut Kreisau hatte Land in den Ortschaften Wierischau, Kreisau und Gräditz. *3* Hohe Eule und Zobten sind Berge in der Kreisauer Umgebung. *4* Es scheint sich um einen der zahlreichen (kleineren) Luftangriffe gehandelt zu haben. *5* Susi Radermacher. *6* Washington. Helmuths Bruder Wilhelm Viggo von Moltke war seit 1940 in den USA als Architekt tätig. *7* Helmuths Bruder Joachim Wolfgang von Moltke. *8* Harald Poelchau und seine Frau Dorothee. *9* Im Juli 1929 lernten sich Helmuth und Freya im österreichischen Grundlsee kennen. *10* Heinrich Müller, Chef der Gestapo. *11* Freya und Helmuth waren beeindruckt von Ulla Oldenbourgs Fähigkeit, durch intensive Fürbitte seelischen Beistand zu leisten und auf das Geschehen einzuwirken. Sie war Anhängerin der Christian-Science-Bewegung, einer aus Amerika stammenden christlichen Sekte, die das Prinzip des Universums in Gott und im Geistigen sieht. Durch Zuwendung zum göttlichen Ursprung können ihrer Lehre zufolge Krankheiten, Sünde und Tod geheilt bzw. überwunden werden.

Helmuth James an Freya, 10. Oktober 1944

Tegel, den 10. Oktober 1944.

Mein Lieber, gestern kamen die Esssachen von Dir an und waren riesig willkommen, denn ich hatte gerade am Morgen den letzten Speck aufgegessen und mein Zucker war auch fast zu Ende. ... Mein Lieber, ich ursche mit den Lebensmitteln, denn erstens ist es kalt, zweitens ist Essen so eine angenehme Abwechslung am Tage und drittens rechne ich am Morgen damit, nach 36 Stunden, und am Abend, nach 24 Stunden tot zu sein. Diese kurzfristigen Prolongationen des Lebens ersticken alle normalen Sparsamkeitstriebe. Es muss ja nun auch kommen; ich bin aber garnicht nervös darüber, ob es kommt.

Mein Herz, so sehr ich es mir verbiete, so befasst sich mein Kopf doch immer mit Deinem künftigen Leben. Und vielleicht kann ich doch eine Sache dazu sagen, ohne dass das schaden kann. Die Zeit jetzt wird für Dich nicht so schlimm sein, die Zeit unmittelbar nach meinem Tode wird auch gehen, aber nach einiger Zeit kommt der Alltag, und das wird der schlimmste Augenblick sein. Du musst aber diesen Tiefpunkt durchwandern und den Schmerz ertragen. Versuche nicht, durch übermäßige Geschäftigkeit darüber hinweg zu huschen; Du erntest sonst nicht die Frucht Deiner Tränen, und Du engst das Plätzchen in Dir ein, in dem ich weiter wohnen bleiben will. Der Schmerz weitet dieses Plätzchen. Mein Herz, ich habe mich etwas gescheut, Dir das zu schreiben, weil es so nach Besitzerwillen über das Grab hinaus aussieht und weil es in etwa ein grausamer Rat ist, für mich billig, für Dich schwer. Aber schließlich, dachte ich, habe ich Dir so viele unangenehme Ratschläge in meinem Leben gegeben, dass ich es an diesem nicht fehlen lassen kann. – In Poelchau's Gesangbuch habe ich ein ganz schönes Lied gefunden: Nr. 296 «Was macht Ihr, dass Ihr weinet».

Mein Herz, zu sagen habe ich nichts. Alles ist gut so, wie es ist. Ich vertraue ganz fest und sicher auf den Herrn, dass er mich und Dich und uns auch weiter so leiten wird, wie es für uns gut ist. Ich bitte ihn, dass er mich möge aus dieser Not auch in dieser Zeitlichkeit retten, fühle mich aber ganz sicher, dass mir nichts und niemand etwas anhaben kann und dass auch Dein Schmerz, wenn Du ihn ertragen musst, seinen Sinn und seine Frucht erweisen wird.

Leb wohl, mein sehr geliebtes Herz, bleib mir mit Deinen Söhnchen geborgen in Seiner Hut. J.

Freya an Helmuth James, 11. Oktober 1944

Mittwoch

Mein Lieber, eben komme ich von dem Besuch bei Dir zurück, nachdem ich in der Stadt gegessen habe. Ich saß im Wartezimmer und schickte alle meine Gedanken der Liebe zu Dir hinauf. Ich fühlte mich von Dir bedacht und verband mich Dir und war richtig glücklich, das wieder so voll und warm und stark zu fühlen. Dann kam der freundliche Wachtmeister mit Deinen Sachen. Die Weste war noch warm von Dir und brachte mir, wenn nicht einen Kuss, so doch ein bisschen davon. Ich nahm alles in Empfang und ging wieder weg und wusste, dass Du mich begleitetest. Mein Jäm, viele schöne Dinge hast Du inzwischen an mich geschrieben. Über vieles bin ich sehr glücklich. Ehe ich zum sachlichen Teil komme, muss ich über all das mit Dir sprechen. Vor allem beglückte mich, was Du über mein Leben ohne Dich schriebst. Ich hatte gerade darüber ja schon im letzten Brief schreiben wollen und es wegen dem Schlaf unserer Freunde[1] nicht getan. Darüber hatte ich ja gerade mit Ulla gesprochen …, und sie sagte, sie hätte die Verbindung zu ihrem Mann noch in voller Stärke, Kraft und Liebe und sie fühle sich immer wieder von ihm gestützt und geführt, fühle immer wieder seine Nähe und sein Leben. Aber es ist eine Aufgabe, das wirklich lebendig in sich zu erhalten, die Verbindung zu pflegen und zu hüten und zu wollen, und dazu braucht man Zeit, Alleinsein, Muße, inneres Gleichgewicht, Ruhe und darf nicht durch Geschäftigkeit die zartesten Organe verkümmern lassen, die uns schon jetzt aus dieser Existenz herauszuahnen die Möglichkeit geben. Da aber stehst vielleicht Du, mein Geliebter, mein mir auf ewig Verbundener, und will ich Dich nicht verlieren, so muss ich sie pflegen und muss den Hang zur nutzlosen Geschäftigkeit überwinden und muss ringen um den Kontakt mit Gott. Das, mein Herz, hatte ich Dir schreiben wollen vorgestern, und da kam gestern Deine schöne Beschreibung meines Schmerzes um Dich, die genau das sagt, was ich gesagt bekommen möchte. Wieso ist das ein grausamer Rat? Ich weiß schon lange, dass der Schmerz um Dich, wenn Du mir genommen werden solltest, mein kostbares Gut sein wird, und gerade dann werde ich Gott bitten, dass er ihn mich zu meinem Nutzen auskosten lässt, mich darin leben lässt. Ich verstehe deshalb sehr gut, was Du mir schreibst, und fühle mich dadurch beglückt und bestätigt und bin dankbar für Deine Worte, denn sie zeigen mir wieder, dass wir sehr einig sind. (Hast Du mir viele unangenehme Ratschläge in unserem Leben gegeben? Ich habe darüber nachgedacht und keinen entdeckt, außer vielleicht den, dass ich mich auf Deinen frühen Tod einrichten müsste.) Nun muss ich aber noch sagen, dass ich nicht etwa davon überzeugt bin, dass mir diese Aufgabe gelingen wird. Ich sehe, dass darin die Fortführung, ja Vollendung unserer Ehe liegen muss, ich sehe die Aufgabe, aber ich bin schwach, ich bin weltzugewandt, bin erdgebunden, bin eifrig und tüchtig, verzettele mich in 1000 Dinge, Du weißt das ja alles, mein Liebster, werde viel zu tun und zu arbeiten haben, der Alltag wird enorm sein, und abends sinke ich schläfrig ins Bett. Ach, mein Jäm, und so darf es gerade nicht sein, und das sehe ich durchaus. Ich brauche dazu Gottes Hilfe, mein Jäm, und Du musst bei ihm für mich bitten. Ich weiß nicht, ob Du wirklich bei mir sein kannst, mein Lieber, ich werde es ja fühlen und erfahren, wenn Gott die Trennung von uns fordert, ich darf aber doch, finde ich, nicht wagen wollen, Dich in meinen Alltag hineinzubeziehen. Ach, mein Jäm, nun kommt es immer mehr auf Fragen, die uns zu beurteilen und zu erkennen hier verwehrt ist. Ich habe auch das gesagt, was ich dazu sagen wollte, und Du kannst darüber nachdenken und wirst jetzt wissen, dass ich meinen Weg kenne. Was Du über das Herausheben aus Raum und Zeit schreibst, ist auch sehr schön, und in dieser Konsequenz hatte ich es noch nie gedacht, und sie ist tröstlich, sehr sogar. Die Relativität und Unwesentlichkeit der Zeit vermag man ja Gott sei Dank schon hier zu verspüren, und dies stützt mich, wenn ich 50–60 lange, nein eben kurze Jahre vor mir sehe. Mein Jäm, wird das alles von uns verlangt, damit wir wirklich lernen, den Materialismus zu überwinden, damit wir wieder wissen, dass der Geist in uns ist, damit wir wissen, dass wir Gottes Kinder sind. Mitten in quälenden Gedanken kann mich diese Gewissheit in diesen Tagen mit einem wahren Glücksgefühl überkommen. Dann löst sich alles in mir auf, und ich fühle und weiß das: Es liegt darin dann auch die Möglichkeit, in sich nicht das Ich, sondern das Geschöpf Gottes zu sehen und so dem schrecklichen Pharisäertum und der Befriedigung mit sich selbst und dem Ehrgeiz zu entschlüpfen. Ach, es liegt alles darin. Mein Jäm, das handelt nun alles von mir, aber es handelt auch von uns, aber ich muss nun andere Sachen schreiben, damit ich nicht dem Guten[2] 3 Bogen anvertraue. Ich bin schon so schrecklich unbescheiden. Ich nehme alles, was er mir anbietet, und er bietet mir sehr viel an. Ich kann nicht anders! Welch ein Glück, dass Du noch da bist; ich rechne mit (und fürchte für) jedem Tag, dass Du wegkommen könntest und wir nur noch auf Gedanken und Gebete angewiesen sind. D. h. wegkommen an einen ähnlichen Ort, denn es wurde mir gestern gesagt, ich möge wegen Deiner Anklage nächsten Dienstag wieder nachfragen. Vor diesem Tage ginge sie nicht heraus. Ich habe garnicht den Eindruck, dass mich der Mann belügt; seine Art, sich die einzelnen Tage dieser Woche vorzunehmen, was da vorläge, sprach ganz dafür, dass es stimmt. Nächste Woche wird es dann aber soweit sein, glaube ich. Wie es dann weitergeht, ist auch nicht heraus. Manchmal dauert es wirklich nur 24 Stunden bis zur Verhandlung, manchmal zieht es sich aber auch hin. Bei Romais[3] Mann 14 Tage. Er wird aber diese Woche drankommen. Ich war nun *gestern* bei Dix, um das zu erfragen, was Du wissen wolltest. Deine so konkreten Fragen hatte ich da aber noch nicht. Ich werde also morgen noch einmal hingehen. Ich habe nur allgemein nach der Art der Verhandlungen und nach Freisler gefragt. Das berichte ich Dir also zunächst. Ja, es ist eine ordnungsmäßige Verhandlung und nach Dixens Ansicht im Gegensatz zu P. s wird das Urteil auch erst auf Grund der Verhandlung gefunden. Es kommt erst die kurze formelle Anklage, dann ein *sehr eingehendes Verhör* des Angeklagten. Dix betonte, Freisler sei ein hervorragender ‹Inquirent› und frage *sehr gründlich und vielseitig*, ließe den Angeklagten auch sprechen, sei aber so temperamentvoll, dass er oft unterbräche. Wenn das vorüber sei, kämen die Anklage und das Plaidoyer und dann das Schlusswort des Angeklagten, wo er zusammenhängend zur Sache sprechen könne. Über Freisler sagte er, er halte ihn für den klügsten Mann des ganzen Regimes, er sei ein Mordskerl und glänzender Verhandlungsführer. Einen Angeklagten, der nicht geistig auf der Höhe sei, zermalme er wie eine Boa constrictor ihr Opfer. Eine Verhandlung unter Freisler könne unter Umständen atemberaubend fascinierend sein. Er sei sehr gebildet und habe überhaupt Niveau. Er ist also ein match,[4] was ich garnicht gewusst hatte. Ich dachte, er brüllte nur. Dix ist dabei grundsätzlich unserer Meinung über ihn, aber mir scheint, man muss über seine Qualität doch Bescheid wissen. Ich habe persönlich noch das Bedürfnis, Dir zu sagen, Du möchtest Dir nur ja nichts gefallen lassen. Wenn er brüllt, dann brülle wieder! Ich finde es doch wichtig, dass Du groß aus der Sache hervorgehst. Du wirst mit Kühnheit sicher mehr bei ihm erreichen. Ich bin ja auch der Ansicht, dass Du Dich verteidigen musst bis zum Äußersten, aber schlängeln darfst Du Dich nicht, brauchst Du auch garnicht, und vor allem darfst Du Dir eben nicht an den Karren fahren lassen! Diese Männer müssen zum mindesten merken, dass es sich um eine geistige Macht handelt, an die sie trotz allem nicht heran können. Woher Dix von Deiner «ausgezeichneten Haltung» weiß, ist mir unklar, aber er sprach davon. Davon sprechen auch die SS-Leute, denn der Peter ist noch durchaus in aller Mund. Du hast die Haltung wirklich, hast sie von innen heraus und wirst sie auch am Verhandlungstage haben, daran zweifele ich nicht. Ich meine aber, dass es wichtig ist, dass die Anderen sie auch verspüren. Die Vorstellung, dass Du Dich anbrüllen lassen musst, ist mir zutiefst zuwider. Das alles sagt sich leicht und ist sehr schwer, aber von Dir kann das Schicksal auch etwas verlangen. Du bist ja jemand, also wird es Dir gelingen. Ob mit oder ohne Tod ist eine andere Frage. Du kannst, ja Du musst schon kühn sein, denn Du stehst in Gottes Hand.

Zum Schluss noch einmal: ich bin glücklich, dass Du weißt, wie groß mein Schmerz sein wird, ohne Dich weiterleben zu müssen. Ich bin voll tiefster Dankbarkeit für den Inhalt dieser Wochen. Ja, wir sind sehr beschenkt worden, sehr reich und sehr wunderbar, und dass wir es zusammen geschenkt bekommen haben, bedeutet solch ein Glück. Gott gebe, dass wir die Kraft finden, weiter zu sagen, «Dein Wille geschehe». Ich umarme Dich zärtlich, mein Herzensjäm, denn ich liebe Dich ganz und gar und auch Deinen Leib, Deine Hände, Deinen Kopf, Dein Gesicht. Hab ich nicht oft bei Beinchen–Beinchen mir nur Dein Gesicht lange und eingehend beschaut, lange, lange, wenn Du lasest! Ich habe dabei oft denken müssen, ich hätte es für immer in mich aufzunehmen! In großer Liebe bin ich Dein P.

1 Harald und Dorothee Poelchau, von Freya meist mit «Freunde» umschrieben. *2* Harald Poelchau. *3* Rosemarie Reichwein, Ehefrau von Adolf Reichwein. *4* Ein ebenbürtiger Gegner.

Helmuth James an seine Söhne Caspar und Konrad, 11. Oktober 1944

Tegel, den 11. Oktober 1944.

Lieber Caspar, lieber Konrad

Da ich in wenigen Tagen wahrscheinlich nicht mehr leben werde, und da ich Euch deshalb in Eurem Leben nicht werde beistehen und helfen können, so will ich, solange ich noch Zeit habe, Euch wenigstens einen Brief schreiben. Dich, Konrädchen, kenne ich eigentlich nicht, denn als ich Dich zuletzt gesund sah, da warst Du noch ein Baby und jetzt bist Du doch schon ein kleiner Mensch.

Mit dem wichtigsten will ich anfangen. Habt Euch und Reyali[1] immer und ganz unverrückbar lieb. Ich weiß, dass es so sein wird, aber ich muss es auch noch besonders sagen. Seht, ich habe von meiner Mutter so viel Liebe und Wärme mitbekommen, dass ein Mensch davon sein ganzes Leben zehren und sich erwärmen kann. Das wird Euch Reyali auch mitgeben. Aber Ihr müsst auch denken, dass ich ja den zweiten Teil meines Lebens in Reyali's Liebe gebettet verbracht habe und dass ihr nun ihr Mann fehlt. Vergesst das nie, denn ich bitte Euch, ihr soviel an Liebe zu erzeigen, dass sie nicht so sehr fühlt, dass ich nicht mehr da bin. Ihr müsst sie für mich mit lieb haben.

In Eurem Leben kann ich Euch nun nicht helfen und beistehen, wie ich es gerne getan hätte. Ich kann Euch auch keine allgemeinen Ratschläge geben, denn jeder muss für sich lernen und erfahren. Man lernt immer, und ich habe viele der für mich wichtigsten Dinge in den Monaten gelernt, während derer ich eingesperrt war. Euch kann ich davon nichts übertragen: seht zu, ob Ihr dasselbe lernt und erfahrt. Ich will Euch nur sagen, dass ich in der Gewissheit sterbe, dass ich durch Jesum Christum zu Gott eingehen werde und dass in Seiner Liebe wir vier, Reyali, Ihr beide und ich, immer vereint sein werden; niemand kann wissen, wie, und deswegen kann man danach auch nicht fragen. Ich sage es auch nicht, damit Ihr das glauben sollt: so etwas kann einem nicht von einem anderen gesagt werden, entweder man weiß es oder man weiß es nicht; es ist eine Gnade, es zu wissen. Ich sage es Euch, damit Ihr wenigstens einen wichtigen Bestandteil von mir kennt, und vor allem, damit Ihr vor diesem Glauben, auch wenn Ihr ihn nicht teilt, Ehrfurcht habt. Man muss vor jedem Glauben seiner Mitmenschen Ehrfurcht haben, denn das ist der wichtigste Punkt in jedem Menschen.

Noch eines will ich Euch sagen: woher Eure Väter kamen, das werdet Ihr schon von alleine lernen. Ihr werdet aber nicht so selbstverständlich wissen, was für eine Mutter ich gehabt habe und was für Menschen ihre Eltern waren. Das sollt Ihr aber wissen, denn es ist ein großes Erbteil, vielleicht größer als das Eurer Väter. Nehmt alles auf, was Ihr darüber erfahrt, und seht zu, dass Ihr auch das Land Eurer Großmutter ein Mal seht. Mir ist es wie eine zweite Heimat.

Die Sache, wegen derer ich umgebracht werde, wird in die Geschichte eingehen, und kein Mensch weiß, wie. Euch will ich aber folgendes sagen: ich habe mein ganzes Leben lang, schon in der Schule, gegen einen Geist der Enge und der Gewalt, der Überheblichkeit und der mangelnden Ehrfurcht vor Anderen, der Intoleranz und des Absoluten, erbarmungslos Konsequenten angekämpft, der in den Deutschen steckt und der seinen Ausdruck in dem nationalsozialistischen Staat gefunden hat. Ich habe mich auch dafür eingesetzt, dass dieser Geist mit seinen schlimmen Folgeerscheinungen wie Nationalismus im Exzess, Rassenverfolgung, Glaubenslosigkeit, Materialismus überwunden werde. Insofern werde ich vom nationalsozialistischen Standpunkt zu Recht umgebracht. Ich habe aber nie Gewaltakte wie den des 20. Juli gewollt oder gefördert, sondern ihre Vorbereitung im Gegenteil bekämpft, weil ich aus vielerlei Gründen solche Maßnahmen missbilligte und vor allem glaubte, dass damit das geistige Grundübel gerade nicht beseitigt würde. Insofern werde ich zu Unrecht umgebracht. Wie das alles in späterer Perspektive aussehen wird, kann heute niemand sagen, auch nicht, ob mein Teil als etwas besonderes in diesen Vorgängen erkennbar bleiben wird. Ihr sollt aber nur wissen, dass ich nicht in einen Topf mit den Männern vom 20. Juli gehöre.

Meine lieben Söhnchen, die ich mit diesen Augen nie mehr sehen werde, ich kann nur darum bitten, dass Ihr gedeihen möget Euch und Reyali zur Freude und dass der Herr Euch segnen und behüten möge.

Ich hoffe, dass Ihr Euren Taufsprüchen entsprechend aufwachsen werdet.

Caspar: «Ich will Dich segnen und Du sollst ein Segen sein.»[2]

Konrad: «Wachet, stehet im Glauben, seid männlich und seid stark.»

Und dass jeder sein Teil von dem Taufspruch des anderen erfüllt.

Von Herzen Euer
Helmuth.

1 Die Kinder nannten ihre Mutter Reyali. *2* Siehe auch Helmuths Brief vom 1. November 1944, S. 99.

Helmuth James an Freya, 12. Oktober 1944

Tegel, den 12. Oktober 1944.

Mein Lieber, gestern hatte ich einen Tag schwerer Anfechtungen. Ich hoffe, dass es überwunden ist, bin jedenfalls nach einer sehr schlechten Nacht sehr getrost und mit dem Gefühl, wieder geborgen zu sein, aufgestanden. Ich hoffe aber sehr, heute noch Gelegenheit zu haben, mich etwas abzuladen, um den Herd sicher auszuräumen. Das Traurigste war, dass ich dadurch Deinen Besuch unten im Haus nicht so genossen habe, aber es war ein aufrichtender Strahl.

Nun zur Hauptsache. Ich habe das Gefühl, dass Eile am Platz ist, hoffe deswegen, dass Du den Brief an Himmler (nicht Hitler) abgesandt hast. Aber die Besprechung, die Müller mir gewähren will, ist genauso wichtig. Die winzige Chance, die es überhaupt gibt, liegt nur im Zusammenwirken beider Faktoren. ...

Ich würde möglichst bald nach dem Urteil zu Müller gehen und abgesehen von Unterrichtung vor allem eine angemessene Regelung für Dich zu erreichen versuchen, denn Du hast es doch sehr viel schwerer als Marion, wenn man Dich ausgliedert. – Einen Brief an die Söhnchen füge ich bei. Ob Du ihn denen später einmal aushändigen willst, überlasse ich Dir. ...

Mein liebes Herz, heute bin ich wieder ganz warm bei Ihm und bei Dir geborgen. Gestern war es nicht so. Wie das möglich ist, weiß ich nicht, aber ich ersehe aus jener Hölle, in welchem Himmel ich lebe, und bin auch wieder voller Dankbarkeit. Aber im schlimmsten Augenblick gestern schoss es mir durch den Kopf: «Gut so, nur tüchtig drauf! umso sicherer werde ich sein, wenn es überstanden ist.» Hoffentlich ist das richtig. Auch sah ich daraus, dass irgendwo ein Ufer war. Es gibt ja in meinem Leben nur noch 2 oder 3 Stunden, in denen ich absolut sicher sein muss, und wenn ich die Prüfungen hier hinter mich bringe, so ist es besser, als wenn ich in jener Stunde zu zweifeln begönne. Mein Herz, bete für mich für jene Stunden. Ich fürchte mich nicht, aber das menschliche Herz ist nun einmal schwach.

Noch etwas, Du musst allen sagen, dass ich sie im Herzen trage: Asta und Ulla, Pick, Zeumer, Schwester, die Tanten,[1] Romai, Marion, Davy, Muto[2] u. s. w. Du weißt es ja. Sie sind zwar alle jetzt nur noch Staffage um Euch drei, aber nicht weil ich sie weniger, sondern weil ich Euch mehr lieb habe. Wie schön, dass Du so schöne Tage in Kreisau hattest. Manchmal bin ich wehmütig, wenn ich daran denke, meist aber nur froh und dankbar, diese Bilder in mir zu hüten. – Die Nachricht von Willo freute mich. Er wird wohl auch in den Schoß der Familie zurückfinden.

Mein liebes, liebes Herz, welch ein reiches Leben liegt hinter uns, welch ein reiches Leben vor Dir. Ich kann nur hoffen und glauben, dass Du aus den 15 Jahren und aus diesen Wochen soviel Kraft wirst saugen können, dass Du ohne Bruch diesen dritten Abschnitt Deines Lebens beginnen kannst, dass Du eine Start-Reserve hast. Der Herr gebe Dir Kraft dazu.

Ich schreibe immer so, als wäre ich schon tot. Ich habe seit gestern das Gefühl, dass die Sache unmittelbar bevorsteht, habe das allerdings auch in Ravensbrück schon einige Male gehabt. Aber in jedem Fall müssen wir ja unsere ganze Kraft auf meinen Besuch bei Müller konzentrieren. Dafür müssen wir zunächst beten, mein Herz. …

Gott behüte Dich, mein Herz.

J. …

1 Tante Leno (Leonore von Hülsen) und Tante Ete (Margarete von Trotha).
2 Davy: Davida von Moltke, Muto: Irene Yorck von Wartenburg.

Helmuth James an Freya, 12. Oktober 1944

[Zusatz auf dem Brief von Freya vom 11. Oktober 1944]

Heute Nacht hatte ich plötzlich scheußliche Halsschmerzen und habe sie in 20 Minuten mit Deinem Honig kuriert. …

Mein Lieber, die Qual des gestrigen Tages ist überstanden, nur müde bin ich noch davon. Ich werde in der Verhandlung mein Möglichstes tun, aber Müller ist noch wichtiger. Am wichtigsten ist mir, von Dix zu hören, wie er meine Argumente über die Anzeigepflicht bewertet: Kenntnis der Polizei und wie Dix[1] neue, in dem Ermittlungsverfahren nicht berührte Tatsachen aufnimmt, ob er sie akzeptiert oder grundsätzlich abzuweisen sucht.

Dein Brief ist schön, mein Herz, bewahre auch Deine Briefe aus dieser Zeit auf, denn Du wirst manches drin finden, was Dir die Zeit zu entwinden sucht.

Psalm 139. Dank an Poelchau!
Immer der Deine.
J.

1 Vermutlich sollte es Freisler heißen.

Freya an Helmuth James, 12. Oktober 1944

Donnerstag.

Mein Lieber, fast immer, wenn ich jetzt zum Sternenhimmel aufsehe, entdecke ich oben unseren kleinen freundlichen Delphin.[1] Er hat den Anfang unserer Liebe so schön beleuchtet! Mein Jäm, was hat Dich nur so schrecklich gequält, mein Armer, ich finde die Spuren davon noch in Deinem Brief, mein Herz. Konnte P. Dir nicht helfen? Vielleicht hat er Dir geholfen. Dennoch ist man mit einer solchen Hölle ja immer ganz allein. Mein Armer. Muss das auch noch sein!? Ich habe gestern nur von Deinem Tod geschrieben und heute immer an Dein Leben gedacht. Den ganzen Tag! Denke ich aber an Dein Leben und hoffe, dann kann ich nicht helfen, unsere Herzen auf den Tod vorzubereiten. Ein Tag ist so und der nächste so. Ach, wie schwer ist es, unser Schicksal richtig zu leben, und richtig gelebt muss es sein, mein Herzensjäm. Immer wieder taucht zwischendurch Dein Gesicht von den Frauen und dem 9jährigen C.chen auf.[2] So geht es hin und her, aber bisher gelang es mir, die es so viel leichter jetzt noch hat, immer wieder alle Furcht und Sorgen und das Hin und Her in meine Bereitschaft aufzulösen, das zu ergreifen, was Gott uns schickt. Mein Jäm, Gott schicke Dir seine so starke und so tröstende Kraft und Hilfe. Er wird es sicher tun, mein Geliebter, und nach den Höllen wirst Du es viel stärker fühlen. Ich wollte Dir auch einmal sagen, wie ungezählte Menschen Deiner in Liebe, Liebe, Liebe und Freundschaft gedenken. Sicher stärkt uns das, ohne dass wir es wissen. Ulla bemüht sich sehr um Dich, laufend. Aber auch die vielen anderen. Sie werden mir ja auch beistehen, wenn Du mich verlassen musst. Aber ich weiß: allein muss ich sein und bleiben, um Dich zu halten. Ich weiß es ganz genau. Ich kenne meinen Weg. – Marion möchte, dass Du weißt: Peter missbilligte das auch, was

Du missbilligst, genau wie Du. Er wurde hereingezogen.[3] Sie möchte, dass Du darüber gewiss bist. …

Jetzt muss ich Dir noch die Stellen aus Weisheit 3,1–6 schreiben: «Aber der Gerechten Seelen sind in Gottes Hand und keine Qual rühret sie an. Von den Unverständigen werden sie angesehen, als stürben sie, und ihr Abschied wird für eine Pein gerechnet und ihre Hinfahrt für ein Verderben, aber sie sind im Frieden. Ob sie wohl von den Menschen viel Leidens haben, so sind sie doch gewisser Hoffnung, dass sie nimmermehr sterben. Sie werden ein wenig gestäupt, aber viel Gutes wird ihnen widerfahren, denn Gott versucht sie und findet sie, dass sie seiner wert sind. Er prüft sie wie Gold im Ofen und nimmt sie an wie ein völliges Opfer.» Und dann Weisheit 4,7–14: «Aber der Gerechte, ob er gleich zu zeitig stirbt, ist er doch in der Ruhe.» … Ich liebe Dich sehr, mein Jäm, Du weißt es. Ich bin und bleibe Dein P.

1 Ein kleines Sommersternbild in der Milchstraße. *2* Eine Vision von Helmuth. *3* Das heißt: in die Pläne von Claus Schenk Graf von Stauffenberg, die zum Attentat auf Adolf Hitler am 20. Juli 1944 führten.

Helmuth James an Freya, 13. Oktober 1944

Tegel, 13. 10. 44.

… Ja, mein Herz, den Schmerz richtig zu erhalten, dass er bleibe, aber nicht zum Fetisch werde, ist schwer. Es ist wie die Aufgabe, ein Feuer immer gleichmäßig mittelstark zu halten. Ich kenne es ja nur von Mami's Tod. Dieser Schmerz hat mich nie verlassen, wie Du vielleicht aus meiner Aufzeichnung über meine Kindheit für die Söhnchen[1] gemerkt hast. Granny und Carl Bernd[2] sind mir noch zu nah, darüber habe ich kein Urteil.

Poelchau hat mich auf eine sehr schöne Strophe (4) aus dem Lied: «Endlich bricht der heiße Tiegel» von Hartmann[3] aufmerksam gemacht:

«Leiden sammelt unsre Sinne, dass die Seele nicht zerrinne
in den Bildern dieser Welt,
Ist wie eine Engelwache, die im innersten Gemache
des Gemütes Ordnung hält.»

J.

1 Abgedruckt in: Freya von Moltke/Michael Balfour/Julian Frisby, *Helmuth James Graf von Moltke*, S. 9–28. *2* Helmuths Bruder Carl Bernhard war am 30. Dezember 1941 gefallen. *3* Karl Friedrich Hartmann (1743–1815), württembergischer Pfarrer und Kirchenlieddichter; «Endlich bricht der heiße Tiegel» gilt als das «Hohelied des Leidens».

Freya an Helmuth James, 13. Oktober 1944

Freitag Abend.

Mein Liebster, ... Es ist so trostreich zu wissen, dass Du meinen Weg überdenkst und vor Dir siehst. Aber, mein Jäm, ich hoffe weiter und halte Deine Rettung für möglich, und das, obwohl die Wege, die unsere Liebe und unser Leben und unsere Gemeinschaft in diesen Wochen gewandert sind, die Gott sie hat wandern lassen, uns sehr auf die Trennung vorbereiten. Trotzdem müssen wir kämpfen und wie will ich auch!

... Mein Lieber, ist Dir klar, dass ich praktisch jeden Abend bei unseren Freunden sitze, schreibe, rede und mich sehr zu Hause und bei Dir fühle. Oft fahre ich erst um ½11 ab, manchmal auch ein bisschen eher, aber nur ungern trenne ich mich. Sie sind so selbstverständlich liebevoll und freundschaftsvoll zu mir. Ich habe es sehr gut bei ihnen.

Jetzt noch: Dein Brief an die Söhne ist sehr schön. Ich werde versuchen, ihn gut zu hüten, denn unbedingt sollen sie ihn bekommen. Einstweilen liebe ich ihn alleine. Es steht alles drin, was drin stehen muss. Gott gebe, dass sie Menschen werden, die ihn verstehen! Aber ich weiß, dass in ihnen wieder eine andere Zeit aufwächst, dennoch ist die Ehrfurcht wirklich der Angelpunkt aller Erziehung und muss es bleiben, wenn Menschen Menschen bleiben. ...

Es ist 10. Die Rücksichtsnahme muss anfangen. Gute Nacht, mein liebes Herz. Mögest Du ganz ohne Stiche in Frieden und auch ohne Halsschmerzen schlafen. Meine Liebe ist groß und erfüllt mich ganz. Dein P. bin ich und bleibe ich.

Helmuth James an Freya, 14. Oktober 1944

Tegel, den 14. 10. 44.

Mein Lieber, hattest Du gesehen, dass ich Dir auf Deinem vorletzten Brief, wohl vom 11., abends am Schluss etwas draufgeschrieben hatte? U. a. nämlich auch, dass alles überwunden sei. Sei nicht besorgt; ich werde mit Seiner Hilfe damit doch fertig werden, wenn es wiederkommen sollte. ...

Mir ist ein neues Argument für Adrian eingefallen; vielleicht kannst Du noch einmal mit ihm sprechen. Ob er das jetzt verwendet, doch das müsste wohl geschehen. Du kannst ihm folgendes sagen: Ich sei Jahre lang vor dem Kriege von dem Round Table-Kreis[1] und von Milner's Kindergarten[2] als eine Art kontinental-europäisches Mitglied behandelt worden, und immer, wenn ich drüben gewesen sei, hätten Besprechungen dieser Männer mit mir stattgefunden; soweit Du wüsstest, wäre Gegenstand dieser Besprechungen, an denen manchmal auch hohe Beamte des Colonial Office teilgenommen hätten, gewesen, wie man Kontinental-Europa und vor allem Deutschland eine Art von Beteiligung am Empire und Commonwealth ermöglichen könne, vor allem an den afrikanischen Kolonien. Das Ganze sei langfristig geplant gewesen, weniger als eine Tagesfrage als vielmehr als eine Planaufgabe. Das Ziel sei gewesen, dem Überschuss an Geist und Tatendrang, den Deutschland hatte, einen Ausweg zu schaffen, nicht nur kommerziell, sondern auch verwaltungsmäßig und à la longue politisch, dem Empire aber und den Dominions denjenigen Zuschuss an europäischen Menschen zu geben, der es ihnen ermöglichen würde, dem Druck der Amerikaner und der Farbigen zu widerstehen. Das sei die Basis, soweit Du wüsstest, und Du hättest darüber nicht gesprochen, weil Du sicher seiest, dass ich das nicht wollte; bei der jetzigen Lage, vor allem nach dem Gespräch mit Müller, habest Du Dich aber entschlossen, das von Dir zu geben. Ich sei ganz sicher, *a.* dass kein anderer Kontinentaleuropäer ein ähnliches Vertrauen in diesen Fragen genossen hätte, und *b.* dass dieses Vertrauen durch den Krieg nicht berührt sei. Diese besondere Stellung hätte ich nicht mir zu verdanken gehabt, sondern meiner Mutter, die sozusagen die einzige Schwester in Milner's Kindergarten gewesen sei, und als deren Sohn ich akzeptiert worden sei, oder adoptiert (Randnotiz: Hier müsstest Du etwas über Mami, Granny und Daddy sagen). Deswegen sei diese Stellung auch an meine Person gebunden. Du bätest zu erwägen, ob diese Fakten es nicht rechtfertigten, *a.* mich zu diesem Komplex ein Mal durch einen außenpolitisch geschulten Mann zu vernehmen, und *b.* mich, auch im Falle eines Todesurteils, jedenfalls zunächst einmal aufzusparen, einfach nicht zu vollstrecken und in ruhigeren Zeiten zu überlegen, ob man nicht mit mir etwas Besseres anfangen könnte, als mich aufzuhängen. Im übrigen sei es doch auch so, dass ein nicht vollstrecktes, rechtskräftiges Todesurteil für mich eine ganz beachtliche Strafe sei, die überdies mich treffe, während ein sofort vollstrecktes Todesurteil vor allem Dich, aber unter diesen besonderen Umständen vielleicht auch ganz Deutschland treffe. Du kannst dabei auch andeuten, dass es vielleicht für den Auslands-SD auch nicht uninteressant wäre. Ich bin nämlich neulich plötzlich über den Round Table vernommen worden, wenn auch nur kursorisch und nur über Namen. Diese Geschichte ist im Großen gesehen richtig. Die

Schwierigkeit ist, dass das auch Nachkriegspläne waren, aber mit der Schwierigkeit muss ich mich abfinden, wenn ich darüber vernommen werde, die braucht Dich nicht zu berühren.

Es scheint mir aber wichtig, Adrian eine ressortmäßige Zuständigkeit zu geben und außerdem ein Argument für meine Einmaligkeit zu finden, und das ist bei dieser Geschichte doch wohl beides drin. Er muss eben zuerst bitten, dass ich zu diesen Dingen möglichst unter Beteiligung eines Mannes vom A. A. vernommen werde und dass diesem das Ergebnis dieser Vernehmung zugänglich gemacht wird und ich nicht hingerichtet werde, ehe er das nicht ausgewertet hat. Du musst nur klar machen, dass es sich immer nur um einseitige englische Maßnahmen handeln sollte, nicht um Verhandlungen, und dass ich dabei als Berater der Engländer fungiert hätte, nicht als Sprecher für Deutsche. Du wärest aber nur über die ganz große Linie unterrichtet und wüsstest im Grunde nichts darüber. Denk' mal nach, ob das gehen wird; eventuell besprich es doch mit Dieter[3] vor, der dann vielleicht von Adrian zugezogen wird und sich rein geschäftsmäßig darum kümmern könnte.

Mein Herz, alles, was Du über Deine Zukunft schreibst, ist mir ganz klar. Es ist eine große Aufgabe, mein Herz, aber ich meine, dass Du ihr gewachsen sein wirst. Noch eines: Dadurch, dass wir den innigen Kontakt haben, wird manches für Dich schwieriger sein, als wenn Du z. B. eingesperrt wärest und garnichts tun könntest.[4] Es kann wohl sein, dass Du aus späteren Informationen den Eindruck gewinnst, dass alles hätte anders gehen können, wenn …[5] Lass solchen Gedanken keinen Raum, sie sind falsch und können Dich schrecklich belasten. Was Er schickt, ist richtig, und ob Er sich dazu dieses oder jenes Weges bedient, ist nicht unsere Sache. Lass Dich keinesfalls quälen, und wenn es Dich quält, dann lass Dir sofort von Poelchau helfen. – Du verwaltest ja bis zu einem gewissen Grade das geistige Erbe von uns Toten. Versuch es fruchtbar zu machen und sei damit nicht zu bescheiden; das bist Du Allen schuldig. Wer Dir dabei helfen soll, hängt davon ab, wer überlebt; ich bitte Dich aber, wenn möglich auch die Leute heranzuziehen, die hoffentlich jetzt Jowo's Freunde[6] geworden sind, auch an Konrad[7] ist zu denken. P. habe ich schon gesagt, dass ich, falls Du und Kreisau existieren, auch einen Gedächtnisgottesdienst falls tunlich für richtig halten würde.

Mein liebes Herz, welch' eine Zeit! Was für Frucht wird sie bringen. Werden wir etwas erworben haben, was es denen, die nach uns kommen werden, vor allem unseren Söhnchen, leichter macht zu erkennen, neue Untiefen zu messen und neue Höhen zu erklimmen? Oder ist jeder

Einzelne so sehr ein selbständiger Gedanke Gottes, dass er alles nur für sich alleine tut, leidet, erringt, sät, erntet? Es ist ja gleichgültig, aber die Frage beschäftigt mich. Eines aber wird für die Söhnchen bleiben: Du wirst diese Wochen in Dir tragen, als eine Engelwache und als einen Brunnen, etwas, das Dich behütet, und etwas, aus dem Du schöpfen kannst, und das werden die Söhnchen schon spüren und erfahren

[Der Brief bricht hier ab]

1 Bezieht sich auf die von Lionel Curtis 1910 mitbegründete Quartalsschrift *The Round Table. A quarterly review of the politics of the British Empire.* Siehe Helmuth James von Moltke, *Briefe an Freya*, S. 91, Anm. 1. *2* Eine Gruppe junger Menschen, die in Oxford studiert hatten und nach dem Burenkrieg für den Generalgouverneur Lord Milner arbeiteten. Auch ihr gehörte Lionel Curtis an. *3* Dietrich von Mirbach. *4* Viele der Ehefrauen kamen in Sippenhaft, siehe Einleitung, S. 16, Anm. 5. *5* Auslassungszeichen im Original. *6* Der evangelischen Kirche nahestehende Personen des norwegischen Widerstands. Joachim Wolfgang von Moltke war durch die Vermittlung seines Bruders Helmuth in den Wehrmachtsstab nach Oslo versetzt worden. *7* Konrad Graf von Preysing, Bischof von Berlin.

Helmuth James an Freya, 17. Oktober 1944

Tegel, den 17. 10. 44.

Mein Lieber, morgen ist der 18.,[1] und den werde ich ja wohl noch erleben, was immer geschieht. Mein liebes Herz, welch ein glücklicher Tag für uns, ein Glück, eine Gnade, die nichts zerstören kann. Dass sie mir erhalten bleibt, weiß ich gewiss, denn wenn der Herr mich abberufen sollte, so ist ja gerade das einer der wenigen Werte, die ich von hier mitnehmen darf. Möge diese Gnade, wenn wir Abschied nehmen müssen, auch Dir erhalten bleiben, für die das alles ja viel schwerer ist. – Übermorgen, mein Lieber, bin ich 9 Monate verhaftet und das heißt, dass Du die Sorge und Angst um mich dann solange getragen hast wie Deine Söhnchen. Wenn ich denn sterben muss, so hoffe ich, dass ich Dir durch diese 9 Monate neu geboren werde und nun bei Dir bleiben kann als Dein ausschließliches – auf Erden – Besitztum, an das kein anderer Mensch Ansprüche stellt. Du hast in dieser Zeit, mein Herz, viel mehr ertragen als ich, und Du hast es wohl verdient, dass Dir Dein dritter Sohn geschenkt wird. – Mein Herz, außerdem will ich Dir noch eines sagen: Du hast die Zeit seit 33 etwas ganz Großes geleistet: Du bist immer bereit gewesen, Deinen Wirt zu opfern. Du hast ihm nie mit der Rücksicht auf Dich im Wege gestanden, Du hast nie mit der Wimper gezuckt, wenn es galt, etwas Unangenehmes zu tun. Das wird Dir nie jemand danken, aber Du sollst wissen, dass es Deinen Wirt alle diese Jahre hindurch mit Stolz und Glück erfüllt hat. Du stehst damit auch unter all den betroffenen Frauen ganz alleine da, denn alle anderen haben ja viele Jahre auf der Sonnenseite der Politik gelegen.[2] – Mir ist das alles die Tage wieder mit Gewalt zurückgekommen, als ich überdachte, für wie vieles ich Dir zu Dank verpflichtet bin, wie vieles Du getan und getragen hast, ohne es zu wissen. Ich weiß, dass es Dich im Endergebnis auch bereichert hat, dass Du auch von der Tatsache getragen bist, dass wir beide in unserer Haltung nie gewankt haben, dass wir keinen Bruch haben. Aber trotzdem ist es für Dich eine Leistung, die Deine Kräfte sicher hat wachsen lassen, sodass sie für die vor Dir liegenden Aufgaben ausreichen werden.

Mein Lieber, am Samstag[3] habe ich einen Haftbefehl[4] bekommen, aus dem zu entnehmen ist, dass ich zusammen mit Haubach, Steltzer, Gerstenmaier, Reisert, Sperr und Fugger zum Termin komme. Ich bin Nr. 1, woraus sich ergibt, dass es sich um eine Attacke gegen Kreisau handelt. Die Zugabe der drei Bayern,[5] die ich kaum kenne, in Verbindung mit der Tatsache, dass ausdrücklich gesagt wird, wir hätten einen gewaltsamen Umsturz, notfalls mit einer Gewalttat gegen den Führer, geplant, lässt mich vermuten, dass der S.D. aus der bayrischen Ecke etwas Bestimmtes hat. Ich weiß zwar nicht, was, aber bei den unmöglichen Verteidigungsverhältnissen vor dem V.G.H.[6] werden auch Irrtümer und Verwechslungen sehr schwer zu widerlegen sein. Immerhin scheint soviel klar, dass ich wegen Kreisau verurteilt werden soll und nicht wegen Goerdeler. Lass Dich durch diese Mitteilung in Deinen Bemühungen nicht beschweren, denn schließlich muss ich davon ausgehen, dass ich diese zu weit gehende Anschuldigung zu widerlegen vermag. …

Mein Herz, ich kann mir nicht vorstellen, dass ich noch ein Mal Gelegenheit haben werde, an Dich zu schreiben. Ich schicke Dir deswegen auch Deinen Geburtstagsbrief[7] und C'chen's ersten Brief zurück. Ich will nicht, dass die Henker damit ihren Spott treiben. Vielleicht werden sie es garnicht tun, aber ich will ihnen auch nicht die Möglichkeit dazu bieten.

Nun auf Wiedersehen, mein allerliebstes Herz, mein Pim, meine zärtliche, freundliche, liebste Wirtin. Auf Wiedersehen hier oder dort. Beten wir zum Herrn, dass Er mich durch ein Wunder errette, glauben wir, dass Er das will und daher auch kann, aber beugen wir uns unter Seinen Willen, wenn Er es anders beschlossen hat, und seien wir überzeugt, dass Er es für unser Heil so beschlossen hat, auch wenn wir es nicht verstehen. Ich lasse Dich in schwerer äußerer Bedrängnis, mein Herz, aber, wie ich glaube, in großer innerer Stärke und Freiheit. Deswegen bin ich ohne Sorge um Dich und die Söhnchen. Er wird Euch behüten und Seine Hand über Euch halten. Mein Herz, ich muss Dich wieder daran erinnern, dass uns der Spruch eint:

«Leben wir, so leben wir dem Herrn,
Sterben wir, so sterben wir dem Herrn,
Darum, wir leben oder sterben, so sind wir des Herrn.»
J.

1 Der 13. Hochzeitstag. *2* Es ist nicht ersichtlich, wie Helmuth zu dieser Meinung kam. Viele ihrer Freunde standen ebenso wie Helmuth und Freya von Anfang an in Opposition zum Nationalsozialismus. *3* 14. Oktober 1944. *4* Siehe Anhang, S. 331 f. *5* Franz Reisert, Franz Sperr und Joseph Ernst Fürst Fugger von Glött. *6* Volksgerichtshof; häufig auch mit «VGH» abgekürzt. *7* Freyas Geburtstagsbrief vom 8. März 1944 ist abgedruckt in: *Im Land der Gottlosen*, S. 205 ff.

Helmuth James an seine Söhne Caspar und Konrad, 17. Oktober 1944

Tegel, den 17. 10. 44.

Lieber Caspar, lieber Konrad

Noch eines muss ich Euch sagen, weil es Euch niemand sonst sagen kann. Seitdem der Nationalsozialismus zur Macht gekommen ist, habe ich mich bemüht, seine Folgen für die Opfer zu mildern und einer Wandlung den Weg zu bereiten. Dazu hat mich mein Gewissen getrieben und schließlich ist das eine Aufgabe für einen Mann. Von 1933 an habe ich deswegen materielle Opfer bringen und persönliche Gefahren laufen müssen. In diesen ganzen Jahren hat Freya, die doch vor allem unter den materiellen Opfern litt und die immer in Sorge sein musste, dass ich verhaftet, eingesperrt oder getötet würde, niemals mich in dem, was ich für nötig hielt, gehindert oder auch nur belastet. Sie hat alles bereitwillig auf sich genommen; sie ist immer bereit gewesen, mich, wenn es sein muss, zu opfern. Und ich sage Euch, das ist viel mehr, als ich getan habe. Denn selbst Risiken zu laufen, die man kennt, ist garnichts gegen die Bereitwilligkeit, den, mit dem man sein Leben verbunden hat, Risiken laufen zu lassen, die man nicht übersehen kann. Und es ist auch viel mehr, als eine Kriegerfrau auf sich nimmt, denn die hat ja keine Wahl; ich hatte aber die Wahl und ein Wort von Freya hätte mich von mancher Sache zurückgehalten, die ich unternahm.

So, meine Lieben, ich möchte doch, dass Ihr wisst, was für eine tapfere Mutter Ihr habt. Liebt sie, liebt Euch untereinander und gedeiht an Leib, Herz und Seele.

Euer
Helmuth.

Freya an Helmuth James, 17./18. Oktober 1944

Dienstag Nachmittag.

Mein Jäm, es ist doch noch nicht so eilig. Heute früh erwartete ich es[I] auch und nahm mit Kummer die beiden alten Briefe mit Deinem schönen neuen in Empfang, aber wir haben in jedem Fall doch noch eine Weile Zeit, und der Haftbefehl scheint doch nur eine Formalität zu sein. Dass Du mit diesen Anderen und in der Reihenfolge auf einer Liste stehst, weiß ich schon seit voriger Woche und sagte es auch. Es lag ein Aktendeckel auf Schulzens Schreibtisch, wo ich Euch studieren konnte. Unten stand «Hoch- und Landesverrat». Ob daraus unbedingt die Schlüsse zu ziehen sind, die Du ziehst, weiß ich nicht. Jedenfalls sagte Schulze heute, aus der Geschäftsordnung ergäbe sich, dass Deine Verhandlung nicht vor dem 3. 11. sein könne, für diese Woche sei alles besetzt, und ab Ende der Woche bis zum 3. 11. tage der Senat nicht. ... Du hast sehr schön an mich geschrieben, mein Liebster, ich habe auch den Größenwahn nicht davon bekommen, obwohl Du meine Leistung größer ansiehst, als sie ist. Meine wahren Leistungen vollbringe ich unbewusst, und gerade daraus erkenne ich, wie sehr ich nicht mir, sondern Gott gehöre. (Von heute früh, mein Lieber, ist Dein Brief, heute früh, gerade noch, hast Du das gedacht und geschrieben. So nah sind wir uns, mein Wirt!) Schön ist auch der Gedanke vom 3. Sohn, obwohl die Söhne ja nicht uns, wir uns aber wohl gehören. Vielleicht darf ich Dich aber länger tragen, etwas länger jedenfalls, mein Herz. Dich will ich immer tragen und nie gebären, mein Herz, und das darf ich auch. Ich habe manchmal in den 9 Monaten viel Sorge und Angst um Dich gehabt, aber nicht immer. Zwischendurch war es lange Zeiten ruhig und ich ohne Sorgen, obwohl ich niemals frei gewesen bin, aber überschätze es nicht. Ja, ich habe immer gefunden, dass ich bereit sein müsste, Dich zu opfern, weil das Leben des Menschen seinen wahren Wert erst bekommt, wenn man es einzusetzen bereit ist. Das ist etwas, was wir wohl doch erst in den letzten 10 Jahren gelernt haben. Ich sah Deinen Einsatz immer ein. So muss es sein, und daraus muss man dann auch die Konsequenzen ziehen können. Das müssen wir vielleicht. Aber bei den anderen Frauen ist es genauso, jedenfalls bei Marion genauso bewusst.

Was Du sonst noch schreibst, habe ich alles mit Einverständnis in mich aufgenommen. Die Briefe hättest Du ruhig behalten sollen. Ich schreibe Dir einen neuen, der mehr chiffriert ist, und den von C.chen gebe ich Dir zurück. Ich glaube nicht an den Spott der Henker. Was sollen sie aufbewahrt werden. Sie sind Deine, nicht meine, sie sollen Dich begleiten, aber ich kann auch verstehen, wenn Du frei von Sachen sterben willst, dann zerreiße sie zum Schluss. ...

Mittwoch Nachmittag: Siehst Du, der Brief blieb liegen, und inzwischen verstrich ein für mich glücklicher Tag. Ich habe Dich besucht,[2] ich habe an Dich gedacht. Du warst warm und gut bei mir, ich war garnicht allein. Es ging mir gut. ... Mein Herz! Ich umarme Dich zärtlich. P.

1 Den baldigen Prozess. 2 Freya war zum Wäschetausch im Gefängnis, hat Helmuth aber nicht gesehen.

Freya an Helmuth James, 19. Oktober 1944

Donnerstag Nachmittag

Mein liebes Herz, ich habe eben Deine Briefe wieder gelesen und mich an ihnen erfreut. Ich habe die meisten in Kreisau gelassen, aber ich habe ja schon wieder neue. ... Denkst Du manchmal an den Peter? Beschäftigt er Dich? Ist er auch unter denen, die Dir den Weggang erleichtern? Wie stehst Du zu ihm, das interessiert mich. Ich habe ihn so gerne und bin auch seinen Frauen[1] nun sehr verbunden, ich habe ihn eigentlich richtig lieb, so wie ich meine und Deine Brüder liebe, und er stand mir in den letzten Monaten durch seine unermüdliche Hilfsbereitschaft und Freundschaft sehr nahe. Er liebte Dich wirklich! – Ich lese im neuen Testament herum, meistens die Stellen auf Deinem Zettel, die immer wieder.[2] Ich stehe mit Staunen und Entzücken und Dankbarkeit vor diesen unerschöpflichen Quellen der Hilfe und des Trostes und habe noch alles vor mir. Eine Stelle sagte mir Muto, die muss ich Dir weitergeben. Kennst Du sie? 2. Kor 6,3–10.[3] Schön ist sie, nicht wahr. Aber man darf über dem Paulus doch nicht die Evangelien vergessen. So habe ich gestern die Bergpredigt gelesen, aber man muss es immer, immer wieder tun. Man kann die Schätze nicht so schnell heben. Ich lese auch den 139. Psalm[4] oft. Der gefällt mir so gut. Ich lese ihn und denke an Dich und hoffe, dass er Dir immer wieder helfen wird, wenn Deine Ruhe bedroht ist. Ich bin, mein Herz, so sicher, dass Gott Dich nicht verlassen wird.

Gleich wird Hans[5] anrufen, er will mich holen und wir wollen hier noch Brote essen. Dann muss ich aufhören, Tee machen und ihn dann bei der S-Bahn abholen. ... Was mag wohl neulich gewesen sein, als Du weg warst! Ob ich es heute Abend hören werde? Wenn ich mich in meiner Freude wiege, bekomme ich oft einen Schreck und frage mich, was ich wohl finden werde, wenn ich die Treppen heraufgegangen bin und auf den Knopf gedrückt habe. Wie schön, dass Hans bisher noch nicht angerufen hat. Es ist so schön, mit Dir zu schreiben. Ich sehe meinen lieben Kopf und meine lieben Hände vor mir. Ich küsse sie und liebe sie und bin bei Dir mit allen meinen Gefühlen und Gedanken. Gott behüte Dich, mein Herzenswirt. Ich bin und bleibe Dein P.

1 Marion und ihre Schwägerin Irene Gräfin Yorck von Wartenburg, genannt Muto. *2* Siehe Helmuths Brief vom 30. September 1944, S. 44. *3* Verse 9 und 10: «... als die Unbekannten, und doch bekannt; als die Sterbenden, und siehe, wir leben; als die Gezüchtigten, und doch nicht ertötet; als die Traurigen, aber allezeit fröhlich; als die Armen, aber die doch viele reich machen; als die nichts innehaben, und doch alles haben.» *4* Von der Allgegenwart Gottes: «Herr, du erforschest mich und kennest mich ...» *5* Freyas Bruder Hans Deichmann.

Helmuth James an Freya, 19. Oktober 1944

Berlin, den 19. 10. 44.

Mein Lieber, Koblenz – Freiburg![1] Die Sachen, die Du gestern brachtest, waren köstlich. Aber entziehe Deinen Söhnchen keine Schokolade mehr zu Gunsten Deines gefräßigen Wirts. Die Nachricht hat mich natürlich sehr überrascht.[2] – Am 17. war ich bei Müller, und zwar etwa 45 Minuten. Er war sehr freundlich in der Form, genau im Bilde und hatte ein sehr gutes, wenn auch nicht ganz gerechtes Urteil über mich. Die Quintessenz war: «Sie sind ein Gegner des N. S. Sie haben mindestens Hochverräter gedeckt, indem Sie nicht aussagten, und uns zwar nicht formal, aber der Sache nach belogen; selbst wenn ich Ihre eigene Tätigkeit sehr milde betrachte, haben Sie zugelassen oder nicht verhindern können, dass sie in das Schlepptau der alten Füchse[3] gerieten und ihnen damit dienstbar wurden.» – Daneben versicherte er mir, er habe keinen Grund, Dreck hinter mir her zu werfen, und habe Dir deswegen auch gesagt, Du könntest die Söhnchen in Achtung vor ihrem Vater erziehen. So war der Gesamttenor der Unterhaltung auf baldige Tötung abgestellt, wie ja selbstverständlich war. Zweimal aber waren Andeutungen da, dass mit dem Urteil noch nicht alles aus sei. Die erste habe ich vergessen. Das zweite war zum Schluss, als wir uns verabschiedeten. Da sagte er: «Vielleicht können wir diese Frage noch einmal nach dem Urteil besprechen, aber zunächst müssen Sie einmal den Weg zum Volksgerichtshof antreten.» Das kann geschehen sein, um gegen etwaige Selbstmordabsichten gegenzuhalten. Das ist möglich. Aber vielleicht ist darin doch etwas. Wenn ich diese Äußerung mit einer anderen zusammenhalte: «Der Ärger über Ihr Verhalten ist verraucht; aber wir müssen hier nach kalten staatspolitischen Gesichtspunkten handeln, und die verlangen Ihre Verurteilung als Hochverräter», so scheint mir, dass dort eben eine ganz kleine Chance liegt, die aber zweierlei verlangt: *1.* dass die Verhandlung einigermaßen verläuft und dass von deren Standpunkt mein Bild nicht ganz katastrophal ist, und *2.* dass es einen kalten staatspolitischen Grund gibt, mich aufzusparen. Das erste setzt voraus, dass Freisler bearbeitet wird, das zweite, dass Adrian zieht. Die Hauptbearbeitung von Freisler würde ich sehr bitten, Carl Viggo zu überlassen. Der ist in diesem Fall besser. ... Die einzige Chance, die ich sehe, liegt in der Aufsparung; ein Gnadengesuch muss zur Vollstreckung führen. Die Argumente: Er hat es sicher nicht gewollt, er ist wider Willen darein verwickelt, können alle nur dazu dienen, den Termin leidlich ablaufen zu lassen, sodass sozusagen ein 4+ herauskommt, wobei dann dieses «plus» es ermöglichen würde, um mit Staatsinteressen ein Aufsparen zu begründen. Ich hatte nicht den Eindruck, als wenn Müller mich verabscheute oder 100prozentig innerlich festgelegt sei. Mein Lieber, das Ganze ist recht kompliziert, wie alles, was Dein Wirt tut, und ich hoffe, dass, wenn Du darüber brütest, es etwas simpler wird. ...

Auf Wiedersehen, mein Herz, der Herr behüte Dich. J. ...

1 Stationen ihrer Hochzeitsreise an diesem Tag vor 13 Jahren. In Freiburg mussten sie die Reise abbrechen, da Freyas Vater Carl Theodor Deichmann gestorben war. *2* Die Nachricht, dass vor dem 3. November 1944 keine Verhandlung zu erwarten ist. Siehe Freyas Brief vom 17./18. Oktober 1944, S. 74. *3* Mitglieder der Goerdeler-Beck-Gruppe. Siehe Einleitung, S. 26.

Helmuth James an Freya, 20. Oktober 1944

Tegel, den 20. 10. 44.

Mein Lieber, ... den Brief von C'chen behalte. Es ist ein so lieber Brief, ich trage ihn in meinem Herzen, und vielleicht freut er später

Dich und ihn. Denn er hat die ganzen Monate am Schrank meiner Zelle[1] angeheftet gehangen und war das Bunteste in der Zelle. Hundert Mal am Tage ist mein Blick darauf gefallen und hat mich an das goldene Herz erinnert, das sich dort, so Gott will, unter Deinen Händen entfaltet. Hier kann ich den Brief nicht anbringen, er liegt nur in meiner Mappe, und ich habe eben Sorge, dass er doch nur verloren geht. ...

Ich habe so das Bedürfnis, die Tage noch recht zu nutzen, stündlich an uns zu arbeiten und uns bereit zu machen. Nach der Anspannung der letzten 3 Wochen ist aber durch die Mitteilung, es sei noch bis zum 3.11. Zeit, eine Entspannung eingetreten, und es geht nicht mehr so auf Hochtouren. Der Erfolg ist, dass ich mich für lauter Dinge interessiere, die vorher schon in der Versenkung verschwunden waren, wie die Kreisauer Felder, die Entwicklung Deiner Obstbäume, die Pflanzung im Hinterbusch[2] und so weiter. Ich amüsiere mich sehr über mich selbst. Aber wenn ich jetzt nachts aufwache, fallen mir plötzlich die blühenden Obstbäume im Garten ein, während ich mich vor 5 oder 6 Tagen in solchen Augenblicken immer mit Bibelstellen oder Gesangbuchversen beschäftigte. Man sieht eben, wie schwach das Fleisch unter normalen Verhältnissen ist. ...

Ich schicke Dir mal einige Gesangbuch-Verse, die mich erfreut haben: 91/3, 206/5, 208/4, 217/5, 266/5, 340/4. Ich umarme Dich, mein Herz, der Herr behüte uns. J.

1 Im Konzentrationslager Ravensbrück. *2* «Busch» hießen in Schlesien die zwischen den Feldern liegenden Waldstücke.

Freya an Helmuth James, 20. Oktober 1944

Freitag Abend.

Mein Lieber, ich sitze schon bei unseren Freunden, mein liebes Herz. Ich wollte erst Dein Briefchen in Empfang nehmen. Ich verstehe so gut, was Du schreibst: Bei mir ist es ähnlich. Auch meine Blicke haben durch diese Pause den Hang, sich wieder einem gemeinsamen Leben zuzuwenden, das wurde durch die Tatsache und das Ergebnis der Müllerschen Unterhaltung noch bestärkt, aber heute war die Erwinsche Verhandlung,[1] und wenn ich den Ausgang auch noch nicht erfahren habe, so stand er doch um 12, als ich den Anwalt im Kammergericht sprach, um ihm von Romai etwas abzugeben, eindeutig fest. Romai hat die beiden besten Freunde von Erwin bei sich, ist also nicht allein. Das Ganze hat mich aber heute vom falschen Optimismus ferngehalten. Mein Jäm, die Ansatzpunkte, von denen Du mir schreibst, sehe ich durchaus. Ich werde erneut mit Carl Viggo sprechen und nächste Woche Adrian vornehmen. Ihm kann man ziemlich viel sagen, denn er möchte gerne helfen und ist sehr verzweifelt über die Sache. Das ist ihm durchaus ernst. Gestern Abend war ich erst mal eine Weile stolz, dass Du wirklich zu Müller gekommen bist, und das trübte meinen Blick durchaus und machte mir alles zu rosig. – … Mein Jäm, es scheint, dass Hans sogar mit mir kommen wird und Sonntag Mittag von Kreisau aus nach Oberschlesien fährt. Das ist schön und erfreulich. Dass er mir viele Grüße an Dich auftrug, kannst Du Dir denken. Asta schrieb mir sehr lieb eine Karte zum 18., die ja für Dich mitbestimmt ist. Mein Jäm, wann soll ich C.chens Geburtstag[2] feiern, nächsten Sonntag? Es muss mit Liebe geschehen, denn er freut sich schon sehr und will viele Kinder einladen. Dann will ich wissen, ob ich in Dein Zimmer ziehen darf oder soll, wenn Du mich verlassen musst. Das ist eine kindliche und vielleicht müßige Frage, aber es tut mir wohl, sie mit Dir zu erörtern. Sonst muss C.chen hineinziehen, wenn Du mich lieber in Mamis Zimmer belassen willst. Ich weiß nicht recht, was ich will. Ich möchte gerne bei Dir wohnen.

Mein Jäm, mein Herz, die Freunde müssen wieder ins Bett. Es ist aber so reizvoll, ein ganz frisches Briefchen zu beantworten. … Ich bin und bleibe Dein. P.

1 Der Prozess gegen Adolf Reichwein vor dem Volksgerichtshof. «Erwin» war der Deckname von Adolf Reichwein. *2* Caspars Geburtstag war der 2. November, der in diesem Jahr auf einen Donnerstag fiel.

Helmuth James an Freya, 21. Oktober 1944

21. 10. 44.

… Wie ich zu Peter stehe?[1] Etwas beschämt, weil ich das Gefühl habe, ihn nicht so zu lieben wie er mich. Ich habe ihn sehr geschätzt, ich war sehr mit ihm befreundet, er stand mir so nah wie meine Brüder und Deine Brüder, trotzdem habe ich schon immer das Gefühl gehabt, dass wir nicht ganz gleich stünden, dass er mehr gab, als er von mir empfing, dass er selbstloser mir gegenüber war als ich ihm gegenüber. Das hat mich immer etwas bedrückt. Ist das klar. – In der Zeit nach dem 20. Juli hat mich außerdem seine Beteiligung ihm gegenüber in eine Distanz gebracht, die ich vom ersten Tage an missbilligt habe, gegen die ich aber garnicht ankonnte. Das ist erst hier in Tegel besser geworden und wohl ganz überwunden. Die Kritik an ihm, die ich dabei fühle – man hat mir gesagt, er habe Staatssekretär von Goerdeler werden wollen –, bleibt, denn mir ist unverständlich, wie er sich dazu hat bereit finden lassen können, aber sie ist auf eine niedere Ebene gerichtet, die meine Beziehung zu ihm nicht mehr belastet, als wenn ich manchmal etwas nicht billige, was Du machst.

Nein, merkwürdigerweise befasse ich mich garnicht mit denen, die ich «drüben» zu treffen hoffe. Ich habe in den letzten 8 Tagen einen merkwürdig starken Lebenswillen entwickelt. Ich habe plötzlich das Gefühl bekommen, dass ich hier nicht fertig bin, dass ich hier noch etwas zu tun habe. Es ist alles anders als zur Zeit, als ich herkam. Dabei beschäftige ich mich garnicht mit äußeren Dingen, sondern versuche, mein Inneres zu polieren. Dabei berührt es meine Bereitschaft, mich umbringen zu lassen, garnicht, aber wenn ich vor 14 Tagen sagte «ein schönes Leben geht zu Ende»,[2] so sage ich jetzt vor allem, «ein Leben, dessen Auftrag nicht voll erfüllt war, geht zu Ende». Merkwürdig, nicht? Es belastet mich garnicht, es soll auch Dich nicht belasten, denn ob erfüllt oder nicht, entscheiden ja nicht wir. Mir ist nur so, als ob jemand in mir sagte: Du hast noch nicht erfüllt. Nun, wir werden es abwarten.

Zu Carl Viggo. Er muss natürlich bei Freisler darauf halten, dass es nie in meiner Absicht gelegen haben könne, Gewalt zu gebrauchen, denn ich sei generell gewaltfeindlich. Das soll er ruhig etwas herausstreichen. Er kann es auch so sagen: Es fehle bei mir sicher am subjektiven Tatbestand, auch wenn das für mich infolge unglücklicher Verstrickungen schwer nachweisbar sei. Er muss also primär natürlich auf Zuchthaus-Strafe als Maximum halten. – Er kann auch sagen, ich interessierte mich für Ideenkonflikte, nicht für Machtkonflikte. Vielleicht auch folgendes: Ich hätte mich immer aus der Politik herausgehalten. Von den Sachen, für die ich mich interessiert hätte, wie Arbeitslager,[3] Dorfaufnahme etc., hätte ich mich immer zurückgezogen, sobald sie ins Fahrwasser der Politik geraten seien. Wenn ich in diesem Fall offenbar die Grenze zwischen geistigen Grundsätzen und Politik nicht genügend beachtet hätte, so müsse man mir zugute halten, dass ich ja während des entscheidenden halben Jahres verhaftet gewesen sei und doch offenbar meine Freunde erst in dieser Zeit ins Schlepptau der Politik geraten seien.

C'chen's Geburtstag würde ich am 29. feiern. Der folgende Sonntag ist doch zu gefährdet. – Ob C'chen oder Du bei mir schlafen, mein Herz, gehört zu den Fragen, über die sich der tote Mund nicht äußern darf. Das musst Du machen, wie Dir das Herze steht.

Was Du über Adrian sagst, freut mich sehr. Ich hatte es im Grunde erwartet. – Vielleicht schneidest Du mal bei ihm vorsichtig die Frage an, wer denn in die Verhandlung gehen wird, und sagst dazu, dass mich die Untergebenen von Müller offenbar hassten, sodass von denen kaum ein faires Urteil zu erwarten sei. Vielleicht hat Kaltenbrunner einen Adjutanten, den Adrian kennt und den er schicken kann, vielleicht sogar einen, der etwas mitzieht gegen die Leute unter M. Jedenfalls ist der Punkt sehr wichtig, denn wenn Lange etc. merken, dass jemand anderes dabei ist, so werden sie schon sachlicher berichten. Jedenfalls bitte ich Adrian, die Bedeutung dieser Frage ganz klar zu machen. Ein Mann von Kaltenbrunner direkt ist aber wichtiger als einer von meiner Dienststelle.[4] – Außerdem könnte Adrian sich überlegen, ob und wie er eventuell Bürkner[5] einbezieht. Bü. ist wahrscheinlich von ihm nachrichtenmäßig weitgehend abhängig, und ich halte es nicht für ausgeschlossen, dass er auf Druck von Adrian auch etwas tut und mindestens über meine Arbeit ein gutes Urteil abgibt. Das kann die Sache wiederum Adrian und Kaltenbrunner erleichtern.

Wie dünn alle diese Machinationen sind! Im Grunde ist es eben aussichtslos. Das muss man sich immer wieder klar machen. Nur ein act of God kann hier helfen. Aber man muss diese dünnen Spinnwebfäden spinnen, das hilft alles nichts.

1 Siehe Freyas Brief vom 19. Oktober 1944, S. 75. *2* Siehe Helmuths Brief vom 1. Oktober 1944, S. 47. *3* Siehe Biographische Notiz, S. 337. *4* Helmuth dachte an Vertreter seiner ehemaligen Dienststelle im Oberkommando der Wehrmacht. *5* Leopold Bürkner, meist mit «Bü.» abgekürzt.

Helmuth James an Freya, 24. Oktober 1944

Tegel, den 24. 10. 44.

Mein Lieber, … Müller hatte mir gesagt, ich könne eine Verteidigungsschrift einreichen. Er würde sie an den V. G. H. weiterleiten. Das wollte ich zunächst nicht, habe mich aber jetzt doch daran gemacht. …

Mein Herz, Du wirst hoffentlich eben wohlbehalten zum Frühstück angekommen sein, denn es muss gerade 8 Uhr dort sein. Hoffentlich war zu Hause alles befriedigend, Söhnchen gesund und alle Leute lieb. Sag' mal, hast Du eigentlich ein zweites Mal geschleudert? Und wieviel Honig hast Du dies Jahr im Ganzen geerntet. Gab man den Toten früher eine Wegzehrung von Honig mit, so kann ich mich ja mit der Kenntnis Deiner Ernte begnügen. …

Mir geht es beunruhigend gut. Irgendwo gefällt mir das nicht, und ich wünschte mir selbst eine etwas gedämpftere Laune. Aber man kann sich das leider nicht machen, und so muss ich es Ihm überlassen, was denn dieser Heiterkeitsausbruch soll. Wenn ich mir das mit meinem irdischen begrenzten Verstand überlege, dann sage ich mir: Das muss ein neues Tief geben, und das möchte ich so ungern in der Verhandlung haben; aber das sind ja ganz eitle Gedanken, wie ich weiß. – Es ist aber merkwürdig, wie man sich an den gewaltsamen Tod um einen her gewöhnt. Ich erlebe das ja nun schon länger als 9 Monate, denn da waren immerzu Leute, die umgebracht wurden, manchmal sehr kurzer Hand. Zuerst war mir sehr übel, wenn wieder einer abging, aber allmählich habe ich das ganz gelassen genommen, und die Nachricht über Erwin[1] hat mich betrübt, aber eben garnicht aufgeregt. Ich hoffe, dass das nicht Gewöhnung ist, sondern Erkenntnis; ich weiß es allerdings nicht, und es kann beides sein. Erst wenn ich dran bin und damit der Gewöhnungsfaktor ausscheidet, werde ich wissen, ob es Erkenntnis war oder nicht. Überhaupt gibt es eben für so viele Einsichten eine fleischliche und eine geistliche Deutung. Die fleischliche ist auch durchaus hochstehend und garnicht zu verachten; aber ich strebe nach der geistlichen und fühle mich immer wieder unsicher, ob ich die denn wirklich gefasst habe. Das Traurige ist nämlich, dass man solche geistlichen Gaben und Erkenntnisse nicht als sicheren Besitz nach Hause tragen kann, sondern dass sie vielmehr täglich neu errungen werden müssen; und wenn einem das ein Mal leicht fällt, dann ist das schon ein deutliches Zeichen, dass man vom Wege abgeirrt ist, wenn auch in bestem Glauben; vielleicht erringt man es nur mit dem Gehirn und nicht mit dem Geist, vielleicht hat man sich aus dem Geist ins Ethos geflüchtet. Das tiefste Misstrauen gegen sich selbst, dessen man fähig ist, ist in der Regel immer noch zu günstig für einen. Dieses an sich hoffnungslose Dilemma mit Heiterkeit zu betrachten ist etwas, was einem eben nur der Heilige Geist als Gnade schicken kann, oder eben das Fleisch in seinem Bequemlichkeitsbedürfnis. – So bin ich also voller Skepsis und Zweifel über meine eigene gute Laune, ohne dass es mir, leider, die Laune dämpft.

Mein Lieber, was immer Dein Schmerz um Deinen Wirt sein mag, sieh zu, dass Du den andern Frauen hilfst. Du und Marion, Ihr müsst auf dem Gebiet schon etwas leisten, denn erstens kanntet Ihr die menschlichen Grundlagen, zweitens seid Ihr, glaube ich, die fundiertesten, und drittens habt Ihr auch materiell, im Ganzen gesehen, Ausweichmöglichkeiten. Ich weiß ja, dass Du es ohnehin tun wirst, aber ich wollte, dass Du weißt, wie angenehm mir das wäre. Lass sie nicht alle auseinander laufen, sondern versuche es so zu machen, dass sie das Gefühl eines gemeinsamen Haltes und einer gemeinsamen geistigen Erbschaft behalten. …

Ich umarme Dich, mein Herz.

J.

1 Adolf Reichwein wurde am 20. Oktober 1944 hingerichtet.

Freya an Helmuth James, 24.–26. Oktober 1944

Dienstag Abend

Mein Lieber, ich war sehr betrübt, dass ich Dir heute früh keinen friedlichen Brief schreiben konnte. An Dich zu schreiben nach diesen zwei Tagen Kreisau und das Briefchen schnell zu Dir zu bringen war mir sehr wichtig. Ich habe es aber schlecht gemacht, und es ist ja nachzuholen, ist es das?! Die Kostbarkeit eines jeden Tages und eines jeden Briefes, den ich noch schreiben darf, ist mir doch sehr bewusst, mein liebes Herz. Ich habe mich in der letzten Woche sehr viel mehr mit Deinem Leben als mit Deinem Tod beschäftigt. Woher es kommt? Ich weiß es nicht. Ich möchte vor allem nicht unsere vielleicht letzten Tage, die wir auf der Erde zusammen haben, mit zuviel Hoffnung kürzen, und doch spinne ich zu gerne an den dünnen Fäden und hoffe zu gerne. Es ist ein merkwürdiges Leben zwischen Leben und Tod und daher manchmal so intensiv. Stunden-, minutenweise ist es von unglaublicher Intensivität, und wieder vergehen viele Stunden, die zwar immer mit Dir, aber doch in ganz ruhigem Lauf dahinfließen, Stunden dieser für mich vielleicht kostbarsten Tage. Mein Herz, das ist alles nicht leicht gut und richtig zu leben, und doch ist es so erstaunlich, dass ich es in vielem als hohes Glück empfinde. Das verstehst Du doch, nicht wahr? – … Ich habe heute gleich den Vormittag getippt, und als ich damit fertig war und bis zu Carl Dietrich gereist war, rief Romai an, und ich musste mich und wollte mich auch mit ihr treffen, ehe sie morgen nach Kreisau fährt. 3 Std. zwischen Urteilsfällung und Tod.[1] Alles den Frauen gegenüber sehr unmenschlich. Man darf nichts wissen, bis man es schriftlich bekommt. Denke aber ja nicht, dass mich das persönlich beeindruckt, auch Romai nicht. Es fällt nur auf die selbst zurück. Jedenfalls ist dieses Tempo immer noch üblich (aber nicht immer). Dann bekommen die Frauen auf Antrag scheints eine Art Rente und doch wohl praktisch ihre Sachen zurück. Mir ist das alles wirklich wurscht, aus tiefstem Grunde, Du weißt es, ich schreibe es nur, damit Du Dir ein Bild machen kannst. Die Kinder sollen nichts Böses bemerken usw. ... Nun will ich Dir von Kreisau erzählen. Ich kam gut und schnell mit Hans nach Haus und ins Bett. Wenn ich dann in mein Bett falle, dann weißt Du ja, was ich denke. Ich denke es dankbar, dass es so war, und [bin] sicher, dass ich es weiter so denken werde, und wenn mich dann und wann alles überwältigt (aber dieses mal war es nicht so), dann fällt mir bisher immer gleich der Weg ein, der mich herausführt. Ich besah noch die süß schlafenden Söhnchen. C.chen sah zart aus, Konrad groß und stämmig und beide sehr nach meinem Geschmack. Der Sonntag Vormittag verging mit Puseln, aber erst kamen die beiden Jungen. Sie sind beide so zärtlich und lieb. «Wo warst denn Du?», sagte K. wieder, und C.chen sagte natürlich, es ginge ihm sehr gut, und hatte das offenbar sehr ekliche Furunkel ganz vergessen. K. steigt immer wieder aus meinem Bett, muss nach der Bahn zum Fenster rauskucken, Bücher holen usw., kommt aber immer wieder. Wir haben schön mit Hans gefrühstückt. Vor Tisch habe ich die Bienen eingepackt und in den Stöcken einstweilen die Briefe verborgen. Ich war auch kurz bei Zeumer und bei Schwester. Um 4 zog ich mit schön geputzten Söhnen – in den weißen Seidenhemden – zu Tante Leno zur Vesper. Sie hatte Geburtstag. Ich habe sie alle (die Tanten, Carl Viggos, Schönchen[2]), die wirklich in großer Liebe an Dich denken – Carl Viggo auch, aber am wenigsten – durch gute Laune und normales Auftreten beruhigt. Ich bin auch ruhig, es geht mir auch gut, aber die machen sich Sorge um uns. Auch Bertha und Frl. Hirsch! ... – C. V. kommt, sobald ich ihn rufe. Er möchte Dir gerne helfen und ist sehr bereit, aber nicht erregt wie Maack.[3] Über Dich hat er ein ganz gutes Bild, jedenfalls in seiner Beurteilung Deiner Position in dieser Sache. Ich war per Rad erst mittags zurück und fuhr nach dem Essen gleich 2 Stdn. mit Zeumer über die Felder, war im Schloss und wo ich sonst noch hinwollte, vesperte friedlich mit Asta, packte und fuhr um halb 8 über Breslau, wo ich Muto und Marion noch traf, ehe ich in den in Breslau eingesetzten Zug stieg und einen schönen Eckplatz ergatterte. Das war der Kreisauer Ablauf, und was ich seither hier gemacht habe, weißt Du. ... – Mein Lieber, ich bin voller Liebe, mein Herz, hoffentlich fühlst Du sie und sie wärmt Dich. Ich sehe Dich, mein Guter, auf Deinem Tisch in Deine Decke eingehüllt sitzen, wie es mir P. neulich erzählte. Gestern hat mich die Aussicht auf Deinen Tod wieder ganz fest vereinnahmt. Es ist absolut nötig, dass wir sie nicht verlieren. Das sehen zu können und doch nicht zu verzweifeln, sondern die Dankbarkeit zu fühlen und die starke Liebe, das ist unsere Kunst. Vor Dir steht der Tod, vor mir das einsame Leben, in dem unsere Liebe lebendig bleiben muss. Wir müssen beides und uns fassen und nah beieinander bleiben, mein liebes Herz, wie schwer und doch wie voll der schönsten Tröstungen. Ich liebe Dich sehr, mein Herz. Ich umarme Dich und bin und bleibe, bleibe, bleibe die Deine, Deine Wirtin, Dein P. und sonst niemandes «Dein».

1 Ab September 1943 wurden die Gnadenverfahren erheblich beschleunigt. «Die Hast mit der die ‹Gnadenverfahren› abgekürzt wurden ..., erweckt den Eindruck, als habe sich das Reichsjustizministerium in einen Blutrausch gesteigert.» Viktor von Gostomski/Walter Loch, *Der Tod von Plötzensee,* S. 25. *2* Manon Schönberg. *3* Freya hatte Rechtsanwalt Maack über Helmuths Lage trösten müssen.

Helmuth James an Freya, 26. Oktober 1944

26. 10. 44.

... Mein Herz, es gibt nichts Neues, ich habe schlecht geschlafen, denn ich bin nach meinem ersten Aufwachen nicht wieder eingeschlafen, sondern habe mich mit meiner Verteidigung befasst, was auch ganz nützlich war. Je mehr ich darüber nachdenke, umso wichtiger scheint es mir zu sein, nichts zu entschuldigen, nichts abzuschwächen, sondern ganz offensiv zu verteidigen. Es gibt dann einen schweren Kampf, aber darin liegt, so scheint mir, die einzige Chance, nicht nur für mich, sondern vor allem für die ferner Beteiligten: Husen, Carl Dietrich, Einsiedel u. s. w. Ich werde es jedenfalls versuchen.

Mein liebes Herz, ich habe keine Zeit mehr, etwas Zärtliches zu schreiben, denn ich muss versuchen, mit dem Schriftsatz so weit zu kommen wie möglich. Aber Du weißt ja alles. Reise gut, mein Lieber, umarme C'chen herzlich von mir, aber auch alle andern. Gott behüte Dich.

Helmuth James an Freya, 26. Oktober 1944

Tegel, den 26. 10. 44

Mein Lieber, alles, was kam, war wie immer herrlich und wurde dankbar in Empfang genommen. Ich gebe Dir heute einen Brief an C'chen, der aber durch die Post ankommen muss, scheint mir, und 4 andere Briefe,[1] die Du nach Deinem Urteil nach meinem Tod aushändigen oder nicht aushändigen sollst. ...

Mein Herz, seit gestern ist mir mein Tod wieder näher und realer, und ich bin sehr froh darüber. Ich bin trotzdem guten Mutes, oder vielmehr deswegen, und trotzdem entschlossen, für mein Leben zu kämpfen. Aber es ist garkein Zweifel, dass nur ein Wunder Gottes mich retten kann. Heute im Halbschlaf hatte ich einen merkwürdigen Gedanken, halb Gedanke, halb Traum. Ich kam zur Hinrichtung nach Plötzensee, und da sagte der Henker: «Wie soll ich denn den linken alleine hinrichten ohne den rechten; das geht ja nicht.» Und als man mich ansah, da warst Du an meiner rechten Seite angewachsen, wie die Siamesischen Zwillinge, sodass eine Hinrichtung unmöglich war. Es war sehr lieb und ich wurde ganz wach.

Ich wollte Dir ein Mal meinen Tageslauf genau beschreiben. Die Uhrzeiten sind geraten, weil ich ja keine Uhr habe: Das erste Mal wache ich wohl so um 1 Uhr nachts auf und lese dann Gesangbuchlieder, meist irgendeine Gruppe hintereinander laut vor mich hin, bis ich mich wieder schläfrig fühle. Dann wache ich definitiv wohl um ½6 auf und denke nach, denke an Dich, die Söhnchen und freue mich daran bis ½7. Dann, wenn die anderen aufstehen, lese ich die Lieder, die unter dem Abschnitt «Morgen» stehen. Danach stehe ich auf und tue, was ich kann, gieße Wasser ein, mache 100 Kniebeugen u. ä. Um 7.10 etwa werde ich aufgeschlossen, d. h. entfesselt, und wasche mich und räume auf und frühstücke. Das dauert je nachdem, was ich vorhabe, bis 8 oder ½9. Dann schreibe ich an Dich oder sonst etwas bis 9.15, wenn ich wieder gefesselt werde. Danach gehe ich bis 9.30 auf und ab und sage mir Psalmen vor. Dann kommen wir raus und um 10.10 sind wir wieder drin. Den ganzen Morgen von 10–11.45 verbringe ich mit Aufsagen der Bibelstellen, zu dem jetzt noch die Psalmen 111, 118, 139 und das Aufsagen von Römer 8 gekommen ist. Am Morgen kommt die Zeitung,[2] und wenn ich die lese, werde ich mit dem Aufsagen nicht fertig. Um 11.45 werden wir wieder entfesselt, und dann ist immer irgendwas vom Aufräumen nachzuholen. Um 12 gibt es Essen. Um 1 werden wir wieder gefesselt, und diese Zeit muss zu Dingen benutzt werden, die sich besser mit 2 Händen machen, wie Schreiben, Lesen mit Nachschlagen u. ä. Um 1 sage ich meine Bibelstellen fertig, fange vielleicht auch ein Kirchenlied an und setze mich dann auf meinen Tisch, das Keilkissen im Rücken, eine Decke unter mir und Deine schöne Decke um mich, die Füße auf dem Stuhl und lese. Von Zeit zu Zeit, ein oder zwei Mal die Woche, lese ich meine Aufzeichnungen über meine Aussagen durch. An den anderen Tagen lese ich systematisch das Gesangbuch, mache mir Verweisungen in Bibel und Gesangbuch. Übrigens lese ich zuerst, wenn ich sitze, auf alle Fälle einige Kapitel aus dem A. T. vor den Psalmen, aus dem N. T. nach den Psalmen, aus den Evangelien und aus den Briefen. Damit beginnt der Nachmittag immer. Um 4 werden wir wieder entfesselt; dann lese ich weiter, wenn ich nichts anderes zu tun habe, um ½6 gibt es Abendbrot, und um 6 müssen wir bettfertig sein und werden gefesselt. Dann lese ich die Abendlieder, bin ich in guter Form, denke ich dann noch nach, bin ich nicht ganz in Form, dann lese ich Lieder oder Psalmen, bis ich schläfrig bin, denke dazwischen an Dich, mein Herz, und schlafe früh ein. Das ist der Tag. Bisher hat er eigentlich noch nie recht gereicht.

So, mein Herz, ich bin seit der 5ten Zeile dieser Seite schon gefesselt, und jetzt kommen wir gleich raus. Leb wohl, mein Herz, voller Dank für die große Gnade dieser Wochen, voller Vertrauen, dass Er es so führen wird, wie es für uns am besten ist, voller Zuversicht, voller Bitten, Er möge Dich behüten und Seine Hand über Dir halten, er möge uns behüten und Seine Hand über uns halten. Jäm.

1 Von den vier Abschiedsbriefen sind die Briefe an Schwester Ida Hübner und an Freyas Mutter Ada Deichmann erhalten. Siehe *Abschiedsbriefe,* 2011, S. 549 ff.
2 Der *Völkische Beobachter,* das Parteiorgan der NSDAP.

Freya an Helmuth James, 26. Oktober 1944

Donnerstag Nachmittag

Mein liebes Herz, heute ist der Tag, an dem ich gleich auf etwas von Dir Empfangenes antworten kann, wenn ich bei den Freunden bin. Das liebe ich sehr. Es dauert auch nicht mehr lange, dann mache ich mich auf meinen so geschätzten Weg. Ich habe heute Nachmittag viele kleine Sachen getippt, auch die Stelle aus Weisheit, die mir wieder so gefiel. Ich habe auch den Auszug aus dem Vortrag von Freisler[1] getippt und kann, wenn ich diesen wirren und diabolischen Inhalt in mich aufnehme, garnicht glauben, dass das für Dich gutgehen kann. Was für eine Welt, was für eine Einstellung, wo führt das alles hin, ganz abgesehen von unserem eigenen Schicksal!? … Morgen früh sollen Marion und Muto durchkommen und wollen so gegen 9 hier frühstücken. Sie fahren weiter nach Wiesenthal. Um 11 bin ich bei Adrian. Seine Frau ist auch hier. Das ist nützlich, denn mit Dieter kann ich nicht sehr. Ich habe den Verdacht, dass er nicht bereit zu einem Einsatz ist. Vielleicht ist das falsch. …

– Jetzt habe ich all die schönen Briefe in Empfang genommen und von denen an die Anderen nur den an Schwester bisher gelesen. Den finde ich sehr schön und für sie sehr trostreich. … Ist es nicht seltsam, dass auch ich seit gestern wieder Deinen Tod für das viel Wahrscheinlichere halte! Ganz deutlich fühlbar hat es gestern angefangen, sodass ich das Bedürfnis in mir fand, Dich zu dieser Einstellung auch wieder aufzurufen, denn es ist ohne Frage eine Gnade, so bewusst sterben und so bewusst Abschied nehmen zu können, und wir dürfen, mein Liebster, diese Möglichkeit, es beide fest zu sehen und zu leben, uns nicht durch Hoffen entgleiten lassen, das tun wir auch nicht, aber gerade das muss ich immer wieder denken und sagen. Mein Lieber, wie schön, dass ich an Dir angewachsen war,[2] wie schön, wie tröstlich. Mein liebes Herz, wie genieße ich es, dass Du noch da bist, dass ich noch Hand in Hand mit Dir stehe, dass Du noch da bist, dass ich Dir schreiben kann und Deine lieben Augen über meine Worte wandern, Deine lieben Augen. Ach, Jäm, hilf mir, wenn ich allein bleiben muss. Ich muss richtig, richtig alleine bleiben, um Dich zu behalten. Aber vielleicht ist der einsame Weg vor mir dann garnicht so lang. Wer weiß es! Es gilt nur die Bereitschaft zu nehmen, was uns Gott beschieden hat. Möge er uns beiden, uns die Kraft geben, die wir brauchen, möge er uns klein und sich in uns groß machen, dann geht das alles. Gute Nacht, mein liebes Herz! Schlaf gut. Ich umarme Dich und bin und bleibe immer Dein P.

1 Am 21. Oktober 1944 hielt Freisler einen Vortrag über die Rechtsprechung des VGH. Siehe Freyas Brief vom 26. Oktober 1944, in: *Abschiedsbriefe,* 2011, S. 109.
2 Bezieht sich auf Helmuths Traum von den siamesischen Zwillingen, siehe seinen Brief vom 26. Oktober 1944, S. 86.

Helmuth James an Freya, 27. Oktober 1944

[Ohne Datierung unter Freyas Brief vom 26. Oktober 1944]

… Über Dieter bin ich auch sehr skeptisch und meine eher, dass er bremst; nicht aus Unfreundlichkeit; aber so ist er.

Ich fresse Berge von Honig; habe vor allem heute Nacht einen ganzen Löffel Honig verschlungen, als es sehr kratzte. Der Honig ist so meines Pim's Produkt. Kein Fleischer, keine Molkerei steht dazwischen.

Freisler's Vortrag ist interessant, aber beseitigt die letzten Zweifel. Der ist in vielen Teilen sonnenklar und direkt auf mich gemünzt.

Helmuth James an Freya, 28. Oktober 1944

Tegel, den 28. 10. 44.

Mein liebes Herz, ich will mich mal rasch ein wenig mit Dir unterhalten. Es ist nachmittags und wir haben keine Fesseln an, weil wir scheuern sollen, und das habe ich schon getan. Ich nehme an, dass Du heute früh nach Hause gefahren bist, um da C'chen feiern zu können. So wirst Du wohl jetzt in der Bahn zwischen Liegnitz und Kreisau sitzen, wenn ich auch nicht ahne, wie spät es ist. Denn es regnet und ist so dunkel, dass den ganzen Tag Licht brennt.

Ich hatte große Lust, mit Dir zu reden, weil ich traurig war. Es gab garkeinen Grund. Es ist aber so, dass dies Leben zwischen Tod und Leben eben anstrengend ist. Denn wenn man endlich zum Sterben ganz fertig und bereit ist, so kann man doch daraus keinen Dauerzustand machen. Das geht leider nicht; das Fleisch tut da nicht mit. So pendelt man zum Leben zurück, vielleicht nur wenig, man baut sich ein Kartenhaus und dann, wenn man das merkt, reißt man es wieder ein, und das hat das Fleisch eben sehr ungern. Es ist auch ein Fall, wo Übung nicht den Meister macht; es bleibt immer ganz gleich unangenehm. So ist das eben heute mal wieder; dann zwei eklige Luftangriffe in der Nacht – immer so nah, dass man die großen Brocken runtersausen hörte und bei der Explosion die Scheiben zitterten –, dann Dunkelheit und Regen. Da will eben der alte Adam nicht. …

Es ist in diesen Tagen besonders schwierig, weil ich an meiner Verteidigung arbeite und dann die Zuversicht der erfolgreichen Verteidigungsmöglichkeit in mir erzeugen muss, und das gibt dann in einer Mittelschicht des Bewusstseins die unangenehme Spaltung. Oben sagt mir mein Verstand: Quatsch, in der Mitte sagt es «Gott kann helfen, und so unrecht ist meine Haltung garnicht» und zugleich: «Behalte die Bereitschaft zum Tode, sonst kommst Du in Anfechtungen.» Und ganz unten heißt es: «Leben wir, so leben wir dem Herren, sterben wir, so sterben wir dem Herrn, darum wir leben oder sterben, sind wir des Herrn». Und diese tiefste Schicht ist eben leider nicht immer Herrscher über die beiden höheren.

So, nun habe ich Dir das einmal auseinandergesetzt, und damit ist es auch schon wieder ein Stückchen besser. Weißt Du, meine Hauptsünde ist die schwarze Undankbarkeit. Nicht nur für mein ganzes Leben, nein täglich. Welch' herrliche Wochen habe ich hinter mir; was ist mir alles geschenkt worden. Und dann tue ich so, als wäre es ein Unglück, wenn es aufhörte. Ich habe ja garkeinen Anspruch auf mehr! Statt demütig jeden neuen Glückstag entgegen zu nehmen, zittere ich vor Sorge, ob es noch einen gibt. ... Warum soll ich eigentlich – von meinem Standpunkt aus – auch nur noch einen Tag leben: Ich habe mehr wahres Glück und vor allem Liebe genossen als irgendjemand, den ich sonst kenne. Warum soll das Glück der letzten Wochen denn weitergehen, auch nur noch einen Tag: Wer sonst hat es denn genossen? – Es gibt nur einen Grund, von mir aus gesehen, warum ich noch weiterleben müsste: um nämlich mein Teil an Züchtigungen noch zu empfangen.

Mein Herz, ich schreibe Dir das unter anderem, damit Du für mich bittest, dass ich Demut und Dankbarkeit lerne und dass mir die Gnade des Herrn in dem Auf und Ab dieser Tage beistehe und mich die stetige Grundlage nie aus den Augen verlieren lasse. – Und dann, dass Du bei den Söhnchen darauf achtest: Demut ist noch etwas anderes als Bescheidenheit, und Dankbarkeit muss ein Dauerzustand sein. Ich glaube übrigens, dass C'chen das haben wird.

Wenn ich auf diese Jahre zurücksehe, so finde ich, dass das Bild des Sämannes das Richtigste ist. Die Körner sind weit gestreut, und ich bin gewiss, dass sie eines Tages aufgehen werden, weil kein Gedanke in Gott verloren ist. Ob ein irdischer Zusammenhang noch sichtbar sein wird, ob unser Tod etwas bedeuten wird, das kann man nicht wissen. Vielleicht auch das. Es wäre gut, denn es würde alles beschleunigen. ... Der Sämann ist von allen landwirtschaftlichen Figuren der glücklichste, denn er trägt die volle Hoffnung, und kein Hagel, kein Unwetter, keine Dürre hat seine Hoffnung schon begrenzt; alles ist möglich. Auch das ist eben beim Säen so schön.

Mein Herz, ich auch hoffe, dass wir ganz bewusst für dieses Leben Abschied nehmen werden und dass wir uns diese Kostbarkeit nicht durch trügliche Hoffnung verderben: Wir müssen aber immer auf der Wacht sein, dass nicht sozusagen der Zug abfährt, wenn wir gerade woanders hinausschauen. Ich bin jetzt wieder ganz in Abschiedsstimmung, ich denke über Dein und der Söhnchen künftiges Leben nach. Manchmal beschäftige ich mich mit dem großen Augenblick des Todes; ich zittere davor, dass mich dann die animalische Angst übermannt, dass ich sozusagen diesen Augenblick, in dem es darauf ankommt, den Glauben ganz fest zu halten, verpasse. Wie schwach sind wir doch! Nur Gnade kann uns da helfen, den Glauben festzuhalten und den Erlöser zu sehen. Poelchau würde wahrscheinlich darüber lachen und sagen, das sei alles Romantik; es ging so nüchtern zu und man sei so wenig Herr seiner selbst und seiner Sinne, dass da garnichts hülfe. Nun, ich muss es abwarten.

Ich schreibe Dir rasch einige Gesangbuchverse, mit denen ich mich beschäftige und die ich lerne: 208, 5 + 6 + 222, 7–12.[1] Und jetzt höre ich auf. Hoffentlich habt Ihr einen schönen Geburtstag. Ich danke Dir, mein Herz, denn ich bin jetzt ganz getröstet. J.

1 Auf den Tod und das Jenseits gerichtete Verse.

Freya an Helmuth James, 28. Oktober 1944

Sonnabend Mittag

Mein liebes Herz, jetzt fährt mein Zug vom Schles. Bhf.[1] Das macht aber garnichts, ich fahre erst um 5 und dann nur bis Liegnitz und sehe, wo ich da mein Haupt niedertun kann, um morgen in der Frühe wirklich zu Hause zu sein. Ich musste bei Adrian zu lange warten, er arbeitete, ich wartete 45 Min., und mehr Zeit hatte ich nicht. Aber nun hat es den Vorteil, dass ich noch an Dich schreiben kann, Dir wieder einmal sagen kann, mit welcher großen, warmen Liebe ich Dich zu umgeben suche. Meine Nähe zu Dir wird mir täglich ungezählte Male bewusst, meine Zusammengehörigkeit mit Dir ist das immer wieder beglückende Gefühl: die Verankerung neben und über mir! Es war eine eilige, wenn auch nicht hetzige Woche, ich habe nicht oft sitzen können und überlegen und lesen und nachdenken, und trotzdem habe ich sehr nah mit Dir gelebt. Allerdings gehört es zu der Köstlichkeit und Schönheit dieser Wochen, dass ich Frieden habe. ... Mein Jäm, ich bin ganz sicher, dass Du sterben musst, dass, so wie 1 + 1 = 2 ist, Dein Weg zum Tod führen muss, und dennoch weiß ich genauso sicher, dass Du gerettet werden und uns weiteres gemeinsames Leben auf der Erde geschenkt werden kann, nicht wird, aber kann, weil es eben nicht nur so ist, dass 1 + 1 = 2 ist. Ob ich nach dem Auf und Ab der letzten Wochen nun doch noch zuviel hoffe, ich weiß es nicht, ich weiß wirklich nicht, was in mir vorgeht, aber ich bin nicht niedergeschlagen, ich weine nicht mehr soviel, ich bin ganz ruhig und fühle – und nun fange ich wieder von vorne an – meine große Liebe. Du glaubst nicht, wie mich der siamesische Zwilling[2] immer wieder freut. – ... Mein Jäm, Montag um 11 denk an uns und Dein strahlendes C.chen, und um 4 kommen lauter Kinder Kuchen essen!! Mein Herz, mein Lieber, ich umarme Dich zärtlich. Leb friedlich und unangefochten und lass Dich von Liebe umgeben. Ich bin und bleibe immer Dein P.

1 Schlesischer Bahnhof. 2 Siehe Helmuths Brief vom 26. Oktober 1944, S. 86.

Helmuth James an Freya, 30./31. Oktober 1944

30. 10. 44.

Mein Lieber, *1.* Mittwoch früh bitte ich also um meine Abholung zum Diktat, um meine Verteidigungsschrift zu diktieren. Dann kann ich also ab Donnerstag Nachmittag abgeholt werden. Wollen sehen, wie das wird.

2. Die Frage, wie ich mein eigenes Schuldbekenntnis beseitige, beschäftigt mich sehr. Es ist eine Erschwerung. Aber wenn die Verteidigung mit dem Wissen überhaupt durchschlägt, dann kommen wir auch über diesen Schwanz. Nur ist Zeit, Rat und Begründung von großer Bedeutung.

3. Müller hatte seinerzeit ein Gnadengesuch an den Führer vorgeschlagen. Frage: *a.* Könnte nicht Carl Viggo diese Frage bei Freisler anschneiden? Begründung: Familie, Name, Schändung aller Familienmitglieder, vollstrecktes Todesurteil stellt irreparablen Makel dar, und zwar für [die] ganze Familie, während nichtvollstrecktes Todesurteil mit späterer Regelung im Anlass einer allgemeinen Amnestie, oder Freiheitsurteil oder Gnadenerweis doch eine Reparatio zulässt. Carl Viggo kann dieses Familieninteresse gut vertreten, Du nicht, denn er steht nah und doch fern genug. Dabei selbstverständlich Aufgabe von Kreisau. – *b.* Könnte ein solcher Gnadenantrag, wenn Freisler nicht will, was ich annehme, nicht mit F. s Billigung oder ohne diese über Bürkner–Keitel laufen. …

31. 10.

… Mein Herz, ich habe um 10 und von 4 bis 6 Euer sehr zärtlich gedacht, besonders des kleinen C'chen's. Er war doch sicher selig und hüpfte wie ein Floh. Ich habe Dich dann in der Nacht, wo wir durch 2 für unsere Verhältnisse harmlose Alarme geweckt wurden, in der Bahn gesucht. Hoffentlich bist Du gut gereist, und jetzt bist Du vielleicht schon bei den Freunden. Ich wollte Dir nur erzählen, dass meine Seelenlage da ist, wo ich sie am liebsten habe: ganz tief unten, aber dort auf Felsuntergrund. Wenn ich sie nur da festhalten könnte, denn das Auf und Ab ist immer anstrengend. Für die Verhandlung brauche ich allerdings daneben, aber möglichst in einer anderen Schicht, einen starken Auftrieb, denn die jetzt gewählte Verteidigungslinie ist an vielen Stellen schwer zu halten und wird aller Kraft, alles Durchhaltewillens und ständiger Einfälle und Improvisationen bedürfen. Darum muss ich bitten und hoffe dabei auch auf Ulla. Benachrichtige sie nur, falls Du erfährst, wann die Verhandlung ist.

Mein liebes Herz, die relative Sicherheit der 14 Tage ist um, und jetzt sind wir wieder in einer Periode, wo man stärker als sonst empfindet, dass jedes Wort das letzte sein kann. So sei es. Wir wollen uns diese Kostbarkeit trotz der Wiederholung nicht nehmen lassen, dass wir uns immer wieder auf Wiedersehen, auf Wiederfinden, auf Nichttrennen sagen. Das ist ein Schatz, an dem für uns auch mehr hängt als irdisches Glück; es ist ein Mittel der Offenbarung geworden. Das soll es bleiben. Mein liebes Herz, der Herr behüte uns Beide, er erhalte uns Beide in seiner Gnade «beid hier und dort»[1] und, sollte dies das letzte Wort sein: Er halte seine Hand schützend über Dich und die Söhnchen und schicke Dir seinen Tröster. J.

1 Nachgewiesen bei Martin Luther.

Freya an Helmuth James, 30. Oktober 1944

Montag Abend.

Mein Lieber, mit Hans fahre ich gleich ab zu Dir. Wieder wie jeden der letzten Montage bin ich voller Sehnsucht und Spannung, wie ich es wohl bei Dir finden werde, mein Herz, mein Lieber. Morgen muss ich ja auch zu Schulze und fürchte mich, was ich da wohl erfahren werde. Ich fürchte mich vor dem Ende dieser Wochen, mein Herz. Sie haben so viele Schätze enthalten und haben mich in vielem so verwöhnt, mein Lieber. Gott gebe, dass sie uns auch gestärkt haben. Merkwürdig ist, dass hier in Kreisau die Vorstellung, dass Du sterben musst, einfach nicht Raum fassen will. Hier lebe ich zu sehr mit Dir zusammen in allen praktischen Dingen, hier kann ich einfach nicht glauben, dass Du hier nicht mehr als zu dieser Welt gehörig mit mir leben sollst. Jedenfalls war es diese beiden Tage wieder so. Ich habe nicht viel erlebt, mein Herz, denn ich hatte Schnupfen und habe mich gepflegt. ... – Heute nun aber war der Geburtstag, und wir haben ihn in vollen Zügen genossen, es war ein großes Fest![1] C.chen war schon gestern ganz aufgeregt, ganz kribbelig und außer sich, und heute ging es schon um ¾6 im Schlafzimmer der Knaben los. Der Höhepunkt lag auf dem kinderreichen Nachmittag, aber morgens gab es Kränzchen und Blumen und Semmel und um 11 pünktlich den Geburtstagskuchen und Tisch. Er war sehr voll. Von uns Buch und Pantoffeln und Socken; von Asta der Höhepunkt: ein alter Wecker, der geht; von Carl[2] ein bezauberndes

Etui mit Federhalter, Blei- und Buntstiften, Radiergummi und allem, was das Herz begehren kann. Dann gab es noch vielerlei Spiele und Bilder usw., sodass es sehr voll aussah, und in der Mitte lag Dein Brief mit Blümchen umgeben. Er war sehr befriedigt. Wir aßen schon um ¾12 mit Hans-Viggo[3] dicke Suppe und Apfelstrudel und stießen mit Erdbeersaft an. Dann gingen die Herren in die Schule und ich in den Hof. … – Kurz nach 3 war ich wieder zu Hause, und es war dann auch höchste Zeit für die Festesvorbereitungen, denn C.chen brachte aus der Schule gleich Hans-Viggo, Clem,[4] Rita[5] mit um kurz nach 2, und schon gegen 3 war im Wohnzimmer ein Höllenlärm und größte Seligkeit. Bis zur Vesper spielten sie ununterbrochen Fliegeralarm. Mit der Vesper brach das Getöse ab und machte einem zielsicheren Schweigen Platz, weil die Beschäftigung mit unzähligen Stücken Kuchen sie ganz absorbierte. Es waren 11 und am unteren Ende des ausgezogenen Tisches saßen Ulla, Asta, Hans und zeitweise ich. C.chen thronte, bekränzt mit Blumen um den Teller, von der hohen brennenden Kerze flankiert, auf meinem Platz und holte Hans-Viggo und Dietel[6] auf Wunsch neben sich. Sie fraßen alle! Torte, Mohn- und Apfelkuchen, Blümchen-Tee, Milch und Zucker. C.chen strahlte. Es gab noch allerlei Blumen im Garten, sodass auch sein Kränzchen die letzten Zinnien und Löwenmäuler, aber hauptsächlich Tagetes enthielt. Mitten auf dem Tisch war eine Vase mit den letzten schönen knall-roten Geranien. Nach der Sättigung brach die Horde wieder los, und wir vergnügten uns mit der «Reise nach Jerusalem», Topfschlagen, Schwarzer Peter, Blindekuh und noch mehr solchen Sachen. Es war ein Höllenlärm und eine restlose Befriedigung, bis ich sie um ¾7 herauswarf. C.chen hat es ungemein genossen. Konrädchen lief dazwischen als einziger Kleiner etwas für sich, aber doch sehr zufrieden herum. Er spielte immer wieder für sich allein, redete aber viel von C.chens Geburtstag. C.chen gelang es gerade noch, ohne Tränen erschöpft ins Bett zu fallen, während Konrad dann noch Lust auf Unterhaltungen hatte. Ich lauschte an der Tür, dass er sagte, nun …[7] hier kam der Zug, und das kommt nun erst morgen dran, mein liebes Herz, denn ich bin schon bei den Freunden. Liebevoll Dein P.

1 Caspars Geburtstag wurde bereits am 30. Oktober 1944 gefeiert. *2* Freyas Bruder Carl Deichmann. *3* Hans-Viggo von Hülsen. *4* Spielkamerad von Caspar. *5* Rita Stäsche. *6* Spielkamerad von Caspar. *7* Auslassungszeichen im Original.

Helmuth James an Freya, 31. Oktober 1944

31. 10.

Mein Lieber, danke für Deinen Brief. Das klingt alles sehr schön. Ulla soll sich nur durch die sichere Atmosphäre von Kreisau nicht verleiten lassen, nicht zu arbeiten. Sie muss sich darüber klar sein, dass es menschlich gesprochen keine Chance gibt. Mir liegt jetzt vor allem daran, dass ich die Verteidigungsschrift und den Brief an Müller, den Begleitbrief, möglichst schnell bekomme. Dix soll sich mit der Korrektur nur Mühe geben, denn wenn ich das jetzt von mir gebe, dann muss ich darauf stehen und kann nicht wieder davon ab. Deswegen ist es eben notwendig, auch das Schuldbekenntnis gleich mit einzubeziehen. Mach' es ihm nicht zu leicht, er soll sich ruhig anstrengen.

Wie schön, dass Du wieder da bist, mein Herz. Das ist immer so angenehm. Mein Lieber, wie warm bin ich bei Dir aufgehoben und bleibe es auch. Wenn ich Dich nur auch wärmte, ich meine auf immer wärmte – das wünsche ich mir. Mein Herz, wir haben ja wahrhaftig keinen Anspruch auf mehr Leben, denn wir haben so viel Gutes gehabt.

Ich umarme Dich, mein Herz. Morgen fängt ein neuer Monat an, und der wird wohl meinen Tod bringen; das wollen wir nie vergessen, um nicht törichte Hoffnungen zu nähren. Gott behüte uns. J. …

Freya an Helmuth James, 1. November 1944

Mittwoch früh.

Mein Lieber, mein liebes Herz, mein Jäm, ja, heute fängt ein neuer Monat an. Ich habe ihn auch betreten und dazu mein Herz in beide Hände genommen. Was mag er uns bringen, mein lieber Wirt! Wenn es noch so wahrscheinlich ist, mein Wirt, dass wir uns innerhalb der vor uns liegenden 4 Wochen trennen müssen, so glaube ich doch fest an die Möglichkeit, dass wir gemeinsam auch diesen Monat wieder verlassen dürfen. Mit dem Anblick dessen, was vor uns liegt, mein Geliebter, überwältigt mich auch immer das Gefühl unserer Geborgenheit. Diese Sicherheit ist ein unwägbarer Schatz. Gestern Abend bekam ich viele Sachen und habe sie noch nicht voll gesichtet, wohl aber alles gelesen und alles in mich aufgenommen, was für mich war. Wie gut, mein Lieber, verstehe ich jedes Wort dessen, was Du an dem traurigen

Tag[1] geschrieben hast. Wenn es auch in diesem Stadium für mich ungleich leichter ist, so sind doch Deine Gefühle genau meine Gefühle und Deine Schwankungen auch die meinigen. Es kann zu großen Höhen nicht ohne die schweren Täler gehen, mein Armer. … – Lange kann ich heute nicht schreiben, weil ich, wie Du weißt, viel zu arbeiten habe. Um 3.30 bin ich bei Dix, jetzt komme ich zu Dir heraus, und dann muss ich nach einer Adresse, die ich schon habe, Ausschau halten. Schulze wollte heute früh angerufen werden, um mir dann sagen zu können, wann er die Verteidigungsschrift[2] abgibt. Eben 9.15 meldete er sich noch nicht. Ich versuche gleich wieder. – Ich habe noch von Konrads Reden vor sich hin im Bett erzählen wollen, als ich meinen Brief verlassen musste. Es war nichts besonderes, es sollte Dir nur zeigen, dass er wirklich schon ein kleiner Mensch mit eigenen Gedanken und Reaktionen ist. Er sagte: «Nun fährt die Reya wieder fort und lässt uns ganz allein, mit der Astali lässt sie uns allein, und dann müssen wir wieder alleine leben. Sie nimmt den Kuchen (Geburtstagskuchen) und fährt zum Pa.» So ging es eine ganze Weile. …

Jetzt muss ich mich aufmachen. Leb wohl, mein Geliebter. Gott behüte Dich, und ich liebe Dich und bin und bleibe Dein P.

1 Siehe Helmuths Brief vom 28. Oktober 1944, S. 89 ff. *2* Vermutlich meint Freya die Anklageschrift.

Freya an Helmuth James, 1. November 1944[1]

Berlin, d. 1. 11. 44

Wie geht es Dir, mein Lieber?

Ich freue mich, dass ich Dir ein Wörtchen so schreiben darf.

Zu Hause ist alles in Ordnung.

Diese Woche ist bestimmt noch kein Termin. Die Anklageschrift ist gefestigt, liegt aber noch bei Herrn Schulze im Panzerschrank. So hat er mir gesagt.

Was gibt es für uns sonst zu sagen! Wir sind uns sehr einig in allen Fragen. Ich bin Dir in großer Liebe ergeben

Was fehlt Dir noch?

Was möchtest Du haben?

Heute sollte ich vom Staatsanwalt Nachricht bekommen auf meinen Anruf, wann die Anklage an den Senat abgeht. Ich konnte ihn aber bisher noch nicht erreichen.

1 Brief mit Wäschetausch.

Helmuth James an Freya, 1. November 1944

[Geschrieben auf dem voranstehenden Brief von Freya vom 1. November 1944]

Mir geht es gut. Es gibt nichts Neues. Ich brauche nichts. Habe außer Hemden auch Taschentücher. Socken habe ich noch. Alles Essbare ist schön.

In großer Liebe J.

Helmuth James an Freya, 1. November 1944

1. 11. 44.

Mein Lieber, erst wieder das Geschäft:

1. Mir scheint, Carl Viggo muss jetzt schleunigst kommen. Am besten wäre es, Carl Dietrich bestellt ihn gleich. Denn dass Freisler jetzt die Sache genau kennt, scheint mir sicher. Die Anklage geht gewiss erst ab – auch an den Senat –, wenn mit F. alles besprochen ist. – Die Gnadensache ist schwierig und wird auch für C. V. etwas Zeit erfordern. Er müsste versuchen, von Bürkner flankiert bis zu Keitel vorzudringen. Bitte ihn, uns diese Zeit zu schenken.

2. Aus dem gleichen Grunde ist Adrian–Round-Table[1] jetzt eilig. Das soll ja auf alle Fälle als Bremse wirken. Adrian soll nur schreiben, was er für richtig hält. Aber vielleicht rufst Du Illemie[2] an und sagst, die Sache käme wohl in den nächsten Tagen, daher sei Eile geboten. Ceterum censeo:[3] Carl Viggo sollte Freisler noch diese Woche sehen, und der Brief sollte auch diese Woche noch von Adrian an Kaltenbrunner weitergegeben werden. Ich würde auch die Gnadensache ruhig mit Illemie erörtern. Die ist raffiniert, sitzt Adrian auf der Pelle und kennt doch die Apparatur ein wenig.

3. Es sieht so aus, als habe mich ein Bayer, den ich kaum kenne, Sperr, belastet und behauptet, ich hätte mich mit Umsturzgedanken getragen. Frau Reisert soll doch ihrem Mann folgendes bestellen: Sperr müsse, wenn er tatsächlich Delp oder mich belastet hätte mit irgendetwas, was nach Umsturz aussehe, in der Verhandlung umfallen und sagen, er habe die Unterhaltungen verwechselt. Denn es stimmt ganz einfach nicht. Reisert wird nämlich neben ihm sitzen und sicher auch beim Transport zum Termin Gelegenheit haben, mit ihm zu sprechen.

Mein Lieber: 1 und 2 geht aber vor. Lass Dich von diesen beiden Dingen durch nichts Anderes abbringen. Auch der kleinste Stein, der zum Aufbau jener beiden Positionen beiträgt, ist wichtiger als sonst irgendetwas. Es wird viele Gänge erfordern, ehe da etwas steht. Bitte konzentriere Dich ganz auf diese beiden.

Mein liebes Herz, die Geschichten von Deinen beiden Söhnchen sind sehr schön. Die Ente war köstlich. Der alte Beamte heute meinte, Du hättest mir aber wenig zu essen mitgegeben, worauf ich sagte, Du wüsstest, dass es nicht erlaubt wäre, aber er meinte, etwas mehr hätte doch auch nichts getan. Ja, dieser Monat wird wohl eine gewisse Entscheidung bringen. Wir müssen ihr mit Vertrauen entgegensehen. Jedenfalls fühle ich mich zur Zeit ganz fest und ganz geborgen und demgegenüber ist alles andere gleichgültig. Der Monat Oktober 1944 wird also in unsere Annalen als ein ganz großer Monat eingehen, und wir können nur mit Dankbarkeit auf ihn zurückblicken. Und wer hätte ihm das prophezeien können, als ich ihn in einer Depression begann. Wir wollen nie vergessen, dass wir diesen großen Monat nebst Gott Poelchau danken. Ein Christ. J.

1 Siehe Helmuths Brief vom 14. Oktober 1944, S. 68 f. *2* Illemie Baronin Steengracht von Moyland. *3* «Im Übrigen bin ich der Meinung».

Helmuth James an Freya, 1. November 1944

Berlin-Tegel, den 1. 11. 44

Mein Lieber, morgen ist nun C'chens Geburtstag, und ich will Dir doch zu Deinem ersten, mit Mühen erworbenen Söhnchen gratulieren. Nicht nur hast Du mich ganz überzeugt, nicht nur wäre der jetzige Augenblick viel schwieriger, wenn ich Euch nicht in Eurer gegenseitigen Hut zurücklassen könnte, nein, vielmehr: Ich kann mir mein, unser Leben ohne die Söhnchen garnicht vorstellen. Die Liebe zu den Söhnchen ist ein Bestandteil von mir geworden, und wenn ich diese Welt verlasse, so nehme ich sie mit. Mein Herz, das hast Du uns errungen mit viel Mühe und Sorgen und ohne irgendeine Unterstützung durch Deinen Wirt. Heut vor 7 Jahren war ich bei Eileen,[1] wohnte dort und bekam am Abend des 2. Dein Telegramm, und am Morgen des 3. telephonierten wir. Aus dem scheußlichen Wurm in Bonn ist nun ein Menschlein geworden mit einem so lieben, zarten Herzen, dass man garnicht dankbar genug sein kann, so etwas um sich zu haben. Ich traue fest darauf, dass er vor allem, wenn ich Dich verlasse, an Dir seinen Taufspruch[2] wahr machen und zum Segen an Dir werden wird. Gott erhalte ihm das Herz über all die Wunden hinweg, die ein solches Herz empfangen muss.

... Mein liebes Herz, heute war ich wieder sehr glücklich und gewärmt durch Deine Anwesenheit in diesem Hause. Das war sehr schön. Du bist ganz nah, mein Liebster. – Wenn ich jetzt meinen Schriftsatz noch loswerde, dann fühle ich mich gerüstet. Ich habe das Gefühl, dass mein inneres Gehäuse bereitet ist, sowohl zu kämpfen wie zu unterliegen; ich habe von allen Abschied genommen, ich habe meine Schulden erlassen erhalten, ich habe die Gewissheit, dass wir zusammen bleiben werden und dass auch Du mich nicht verlieren wirst, ich fühle mich so reisefertig. – Auf zwei Sachen will ich Dich noch hinweisen: Lukas 10,38–42 und das Lied 296. Leb wohl mein Herz, jetzt für diese Nacht, aber wenn es sein muss, auch für diese Welt. Der Herr behüte Dich.

J.

1 Eileen Power. *2* 1. Mose, 12,2: «Ich will dich zum großen Volk machen und will dich segnen und dir einen großen Namen machen, und du sollst ein Segen sein.» Im Abschiedsbrief an die Söhne vom 11. Oktober 1944, S. 64, von Helmuth verkürzt wiedergegeben.

Freya an Helmuth James, 2. November 1944

Donnerstag früh.

Mein Lieber, so hat die Schrift Dix's Beifall. Er hat überhaupt nichts daran geändert, außer ein paar Kleinigkeiten, die wir zusammen besprachen. Ich habe ihn noch einmal darauf aufmerksam gemacht, dass Du strenge Kritik wünschtest und dass man an Teil II vielleicht noch was kürzen könne, aber er meinte, «nein». Das Schuldbekenntnis allerdings betrachtet er auch als Klippe und sagte, auf solchen Sachen ritte Freisler unaufhörlich herum. Es sei im übrigen ein altes Stapo-Produkt. Er kenne diese kurzen zusammenfassenden Schuldbekenntnisse ganz genau. Die seien dann immer verhängnisvoll. Daher müsstest Du unbedingt schon in der Verteidigungsschrift, die *Freisler bekomme*, die Sache erwähnen. Er schlägt vor, am Ende der Schrift etwa zu schreiben: «Ich darf noch eins erwähnen: Mich bedrückt meine zusammenfassende Aussage vom 25. 9. 44,[1] welche ich in einem Zustand tiefer Gemütsdepression gemacht habe, und zwar in dieser kurzen zusammenfassenden Art auf Wunsch des mich vernehmenden Beamten, ohne damit im geringsten zum Ausdruck bringen zu wollen, dass dieser einen unzulässigen Druck ausgeübt hat. Wenn ich in dieser Zusammenfassung von ‹Schuld› spreche, so meine ich selbstverständlich in 1. Linie die mir gemachten Vorwürfe. Darüber hinaus fühlte ich mich wegen des Unglücks, in welches ich mich, die Meinen und meinen verpflichtenden Namen gebracht hatte, tatsächlich im menschlichen Sinne schuldig. In diesem Sinne bitte ich meine damaligen Ausführungen zu verstehen, die wohl dem Wortlaut nach, aber nicht in dem hier wiedergegebenen Sinn im Widerspruch zu meinen obigen Ausführungen stehen.» Mir ist nicht klar, ob das nicht hinter Teil I oder wirklich ans Ende gehört. In Begründung und Diktion kannst Du ja ruhig noch ändern, da Du die Hintergründe genauer kennst, dies soll nur die Linie der Verteidigung darstellen. – Schlecht finden wir alle den Brief an Müller. Sowohl in der Form wie im Gedanken. Auch doch noch zu untertänig. Es ist bei uns von ihm nun folgendes übrig geblieben:

> Gruppenführer! In der Anlage überreiche ich die Vert. Schrift, die Sie die Freundlichkeit haben wollten, an den VGH weiterzuleiten. Ich bitte darum, zu berücksichtigen, dass ich die gegen mich erhobenen Vorwürfe nicht kenne.
>
> Selbst wenn es nach Prüfung der Anklageschrift nötig sein sollte, neue Gesichtspunkte vorzutragen, so bleibt die Grundlage meiner Verteidigung immer die gleiche: dass ich keine Treuepflichten verletzt habe.
>
> Sie haben mir den Vorwurf gemacht, dass ich nach dem 20. 7. nicht die Initiative ergriffen habe, Ihnen mein Wissen zu unterbreiten. Ich habe mit größtem Erschrecken aus der Tageszeitung die Ereignisse vom 20. 7. vernommen. Nachdem aber die Tat geschehen war und doch die gesamte Schuld der Beteiligten der Stapo in allen Einzelheiten bekannt war, kam nach meiner Ansicht eine Anzeigepflicht noch viel weniger in Frage. Dass ich Bedenken trug, mein Wissen um die oben erwähnten Einzelheiten damals noch der Stapo von mir aus mitzuteilen, wird man verstehen. Ich hatte Scheu, in dieser Sache meiner Auffassung nach unschuldig verwickelt zu werden. –

Ob das wirklich inhaltlich so richtig ist, scheint mir persönlich nicht sicher. Ich gebe es so wieder, aber Du kannst es ja wieder ändern. Dix meinte jedenfalls auch, dass Du auf Deine Illoyalität der SS gegenüber ruhig in dem Brief nochmal eingehen solltest, aber nicht zu sehr. Immer wieder hat er mir gesagt, Du solltest nichts zugeben, Dich nicht festnageln lassen. …

Ich habe, mein Herz, bei den Freunden geschlafen! Das auch noch! So kam ich schon nach 10 ins Bett. Ich war nämlich so müde. Gleich muss er[2] weg. Daher nur schnell noch: Vor dem *13.* geht die Anklage nicht raus. Wieder Pause! Warum, fragt man glücklich! Am 10. soll ich wieder zu Schulze. Dann will er mir auch unter Umständen *Sprecherlaubnis* geben!!! Wenn ich gute Gründe hätte!! «Aber Sie haben ja ein Gut ...»[3] Also sehr wahrscheinlich! – Ich glaube nicht, dass Frau Reisert viel weiß. Ich sah sie nur kurz, heute aber wieder zw. 1 und 2. Er, Reisert, hat Dich jedenfalls nicht belastet, aber von Sperr weiß sie nichts. ...

Meine Liebe ist groß und meine Zeit klein. Ich hatte gestern ein sehr großes Programm, heute nicht, heute nur Adrian. Abends war ich zu müde zum Schreiben. Viel ist in meinem Herzen, viel Liebe, Glück und Dankbarkeit. Du weißt es! Immer Dein P.

1 Helmuth selbst spricht auch vom 29. 9., siehe seinen folgenden Brief vom 2. November 1944, und vom 28. 9. Siehe auch seinen Brief vom 10.–12. Dezember 1944, S. 196, aus dem hervorgeht, dass er an verschiedenen Tagen möglicherweise unter Drogeneinfluss verhört wurde. *2* Harald Poelchau. *3* Auslassungzeichen im Original.

Helmuth James an Freya, 2. November 1944

2. 11. 44.

Mein Herz, welch überraschende neue Pause. Die ist sehr wertvoll, vor allem für die Frage Carl Viggo–Bürkner. Lass Dich nicht hetzen, auch nicht von Deinem Wirt. Es ist noch wichtiger, dass solche Sachen gut, als dass sie schnell gemacht werden. Besonders mache Bürkner nur mit Haus.[1] Auf keinen anderen ist Verlass. Nur sei nicht zu bescheiden, was Zeit anderer Leute anlangt. Nachdem wir nie etwas von irgendjemandem gewollt haben, können wir es uns jetzt ruhig leisten, etwas anspruchsvoll zu sein.

So, jetzt fühle ich mich ganz gerüstet. Die unglückliche Aussage vom 29. 9. muss eben genommen werden. Bei den unendlich vielen Hürden, an denen ich wahrscheinlich hängen bleibe, kommt es auf eine mehr auch nicht an. Ich habe leider den unglücklichen Objektivitätsdrang, der mich den gegnerischen Standpunkt immer sehen lässt. Das ist für dieses Verfahren kaum günstig. Nun, Gott vermag auch mit den ungeeignetsten Werkzeugen zu erreichen, was er will, und ich werde mich ja nicht mehr ändern.

... Mein Herz, die Aussicht auf eine Sprecherlaubnis ist herrlich. – Aber wenn es nicht geht, so ist es auch gut. Wir haben das letzten Endes nicht nötig und brauchen den Herrn Schulze nicht.

… Auf Wiedersehen, mein Herz, ich umarme Dich. Gott behüte Dich. J.

1 Ehemaliger loyaler Mitarbeiter von Helmuth im Amt Ausland/Abwehr.

Freya an Helmuth James, 2. November 1944

Donnerstag Vormittag

… Mein Jäm, nun etwas ausführlicher über Herrn Schulze. Ich habe keine Ahnung, warum die fertige Anklageschrift im Panzerschrank liegt und man im Haus einen Referenten anrufen muss und ich dann die Auskunft bekomme, vor dem 13. werde sie bestimmt nicht abgegeben, am 10. möge ich wiederkommen, dann sähe er klar, obwohl es dann auch noch möglich sei, dass es sich herauszögere. Ich meinte darauf, ob es, wenn es noch so lange dauere, nicht doch möglich sei, dass ich Dich spräche. Ja, aber es käme auf die Gründe an, die müssten ihm ausreichend erscheinen, aber ich hätte ja ein Gut, und da gäbe es ja sicher etwas. Nein, jetzt noch nicht, aber nächste Woche vielleicht gebe es Sprecherlaubnis. Ich solle auch nicht schon Dienstag dafür kommen, sondern ich solle ruhig damit bis Freitag warten. Er war wieder sehr höflich zu mir, beinahe freundlich, aber er ist ein kalter Mensch. … – Jetzt sitze ich friedlich draußen und habe, nachdem ich mein Kleid genäht habe, am Schreibtisch sitzend Deine Briefe wieder gelesen. Ich finde nicht, dass Du so undankbar gewesen bist. Vielmehr ich finde, dass Dankbarkeit bei sehr jungen Menschen nicht erwartet werden kann. Sie müssen mit Selbstverständlichkeit nach allem greifen, was sich ihnen bietet. Die Dankbarkeit ist ein Gefühl der Reife. Mein Herz, sei dankbar, dass dies schöne Gefühl uns jetzt in solcher Fülle in einem so schweren Stadium geschenkt wird. Das bist Du ja, also sieh nicht auf die Undankbarkeit, sondern freue Dich der Dankbarkeit! … – Mein Jäm, das ist ja auch mein Herzenswunsch, dass Du mich immer auch weiter wärmen darfst und kannst. Es liegt ja nur an mir, aber ich habe oft Furcht, wie es mir gelingen soll, Dich mir nah zu halten. Ulla ist es gelungen, aber sie ist ein viel geistigerer Mensch als ich und hat ein Leben im Geist geführt. Und ich!! Ich könnte, aber tue nicht, vielmehr ich tue zuviel. Ach, mein Jäm, welche Aufgabe. …

Ich bin bei den Freunden. Wir haben geredet. Es hat sehr schöne und beglückende Briefe gegeben. Sie zeigen mir, dass es Dir gut geht, und das ist das Schönste für mich. Ich habe einen sehr rührenden Brief von Mütterchen Deichmann bekommen. Sie versteht offenbar sehr gut, was in uns vorgeht, und hat für Dich in Köln in der Krypta der

Gereons-Kirche von einem Freund eine Messe für Dich lesen lassen. Mir gefällt das sehr. Mein Geliebter, ich gehöre zu Dir – ich bin und bleibe in großer Liebe und immer Dein P.

Helmuth James an Freya, 3. November 1944

Tegel, den 3. 11. 44.

Mein Lieber, … heute habe ich an Müller geschrieben und gebeten, mich zum Diktat abholen zu lassen. Ich schreibe aber derweil den Schriftsatz in Tinte und Schönschrift ganz langsam, um auf alle Fälle gerüstet zu sein. Lässt M. mich bis 7. nicht abholen, schicke ich ihm den Schriftsatz in Tinte am 8. früh ab.

Mein Herz, Neues habe ich garnicht zu schreiben. Es geht mir sehr gut; es ist so angenehm, dass schönes Wetter ist, denn in den trüben Tagen ist in der Zelle wahrlich nichts zu sehen, und wir bekommen nicht den ganzen Tag Licht. Ich bin jetzt sehr mit dem Schriftsatz beschäftigt: Das Schreiben geht sehr langsam, weil ich so wie an C'chen etwa schreiben muss, und an Form und Inhalt bessere ich auch noch ständig ein wenig herum. Ich möchte ja auch, dass es sich gut liest, und leicht. – Ich bin der Meinung, dass das Beste wäre, Carl Viggo erreichte von Freisler, dass der Termin solange hinausgeschoben würde, bis das Gnadengesuch an Hitler betrieben ist. Das wäre Petitum I; Petitum II: aus eigener Machtvollkommenheit nur Freiheitsstrafe; Petitum III: Wenn Todesstrafe, dann Hinrichtung hinausschieben bis eine Entscheidung auf das Gnadengesuch vorliegt.

Was macht eigentlich Dein Schnupfen? Ist der ganz vorbei? Fahre ruhig nach Kreisau, denn das nächste Wochenende wirst Du wohl hierbleiben müssen, weil das Gnadengesuch sicher nicht so schnell zu Stuhle kommt, selbst wenn Carl Viggo bald zu Freisler vordringen sollte. Übrigens muss auch überlegt werden, ob Müller von dem Gesuch unterrichtet werden muss, nachdem es läuft. Jedenfalls müssen M. oder F. darüber wissen. Aber Sack[1] kann so etwas am besten beurteilen.

Leb wohl, mein Herz, wie schön sind diese Tage mit Dir, kostbare Perlen. Sollte ich Dich verlassen, was ja zu erwarten steht, so sind wir dafür wohl belohnt worden. Gott behüte Dich. J.

Schick mir auf alle Fälle noch einen Block.

1 Helmuth wusste noch nicht, dass der Jurist Karl Sack schon seit dem 9. August 1944 in Haft war; siehe den Brief Freyas vom 6./7. November 1944, S. 111.

Freya an Helmuth James, 3. November 1944

Freitag Mittag.

Mein liebes Herz, gestern Abend habe ich wirklich 2 besonders schöne Briefchen bekommen. Ich habe sie eben wieder in Ruhe und mit viel Glück gelesen. Wenn Du doch in dieser guten, schönen Stimmung bleiben dürftest. Ich habe einen sehr friedlichen Morgen verbracht, habe mich nicht vom Schreibtisch weggerührt und jetzt ist es 2. Um kurz vor – muss ich mich aufmachen. Ich will den Brief an Adrian wegbringen, einen an Dich über Schulze,[1] den ich geschrieben habe, für P. einen Schein abholen, und um 5.30 bin ich bei Frau Reisert, die mich bestellt hat. Ich bin gespannt, was sie mir sagen will. Gestern habe ich ihr Deinen Auftrag mitgeteilt. Sie wusste nichts Böses über Sperr. ... Ich habe nun eben ein paar Notizen gemacht über das, was m. E. in dem Carl Viggoschen Gnadengesuch drinstehen muss, und gebe Dir einen Durchschlag mit hinein. Sag Du dann noch, wenn Dir noch was Besseres oder mehr dazu einfällt oder was Du anders haben willst. Ich schicke die Notizen morgen mit Carl Dietrich nach Balfanz,[2] und Carl Viggo soll dann mit einem fertigen Entwurf hier ankommen. So habe ich es heute früh schon mit ihm abgesprochen. – Adrian war sehr überlaufen gestern und hatte den Brief zwar 3 Tage auf seinem Busen herumgetragen und warm zerknittert, aber nichts dran getan. Ich selbst bin der Ansicht, den etwas deutlichen Satz am Ende wegzulassen, denn an sich ergibt sich «mein» Gedanke ja schon aus der Schilderung des Tatbestandes, ohne dass ich ihn ausspreche. Der Brief ist dann nicht ganz so blumig, aber er genügt. So war Adrian einverstanden. Er ist ganz bereit, sich einzusetzen, weil es sich um Dein Leben handelt, aber er hatte sichtlich den Kopf voll. Dieter kam an mir vorbei, als ich vor Adrians Tür wartete. Er beschränkte sich darauf zu sagen, heute würde ich schlecht drankommen, er, Adrian, sei sehr besetzt, blieb nicht stehen, fragte nichts und tat nichts. Da habe ich eben auch keine Lust. Der treuherzige Schlitter sah mich wenigstens mit sanften Augen an, wusste aber nichts und bekam von mir auch nichts gesagt. Das ist schon [ein] abgetaner Laden[3] – diese Bemerkung bezieht sich aber nicht auf unseren Fall, ist nur eine allgemeine Feststellung. Mein Herz, ich muss aufbrechen! – Jetzt bin ich bei den Freunden. Reisert kann an Sp. nicht ran und glaubt, dass immer ein Polizist dazwischen sitzen wird. Wir wollen jetzt versuchen, es über die Dame zu machen, die ihn versorgt,[4] denn R. war genauso entsetzt über die Möglichkeit einer solchen Aussage. Ich kann heute Abend hier nicht mehr tippen, weil die Freunde ins Bett müssen, daher bekommst Du den Durchschlag erst beim nächsten Mal. Noch sehe ich das Projekt C. Viggo nicht ganz vor mir, wohl das Gnadengesuch, aber nicht sein Auftreten vor Freisler mit den Petita.[5] Es wird garnicht zu alle dem kommen, aber wir werden ja sehen. Es kommt auch viel auf C. Viggos Art und Einsatzwillen an. Das alles kann nur C. Viggo machen, das sehe ich ein, aber ich habe immer noch das Gefühl, dass ich vor Fr. erscheinen müsste, um Dich zu ergänzen, so wie bei Neuhaus, wo es allerdings keinen Sinn mehr hatte. Für zusammen bin ich nicht, wenn, dann jeder allein, aber wie gesagt, die ganze Sache ist mir noch nicht recht klar. – Mein Lieber, wenn ich Frau Reisert sehe, dann merke ich, wie gut wir beide es haben. Mir geht es wirklich gut, und ich fühle mich glücklich und so fest mit Dir verbunden, dass ich einher gehe wie Eine, die gut und glücklich und sorglos verheiratet ist. Wie ist das nur möglich mit solchen Aussichten! Mein Verstand versteht es nicht. Heute haben mir 2 Leute gesagt, die nichts von unserer Lage wussten, ich sähe gut aus. Wie kommt das nur? … Ich möchte nicht aufhören und nicht von Dir weg, aber Dein P. bleibe ich immer.

1 Es handelt sich um einen offiziellen Brief auf dem Weg über den VGH. *2* Im westpommerschen Balfanz lag das Gut der Grafen Rittberg. Carl Viggo war der Bruder von Monika Gräfin Rittberg. *3* Mit dem «abgetanen Laden» meint Freya das Auswärtige Amt. *4* Die «Dame» ist ungewiss. Frau Reisert versorgte Franz Sperr in der Folgezeit öfter. *5* «Mit den Gesuchen». Bezieht sich auf die Wünsche, die Carl Viggo von Moltke bei Freisler vortragen soll. Siehe Helmuths Brief vom 3. November 1944, S. 103.

Helmuth James an Freya, 4./5. November 1944

Tegel, den 4. 11. 44.

Mein Lieber, ich fange mal auf alle Fälle mein Briefchen an. Ich verbringe meinen Tag jetzt hauptsächlich mit dem Schreiben des Schriftsatzes, habe aber noch kein einziges Exemplar ganz fertig und kann auch das erste frühestens heute Abend zu Stande gebracht haben. Eigentlich gefällt er mir jetzt ganz gut, und das ist schon ein schlechtes Zeichen. Aber es ist wahrlich eine tollkühne Verteidigung: Ich bin immer und offen nicht Eurer Meinung gewesen und deswegen straffrei. Aber sie ist ja im Kern wahr und die einzige These, die überhaupt eine vernünftige Linie bietet. Aber das setzt voraus, dass ich im Termin glückhaft operiere und die angedeutete Linie erfolgreich verstärke und gegen Einzelangriffe verteidige. Jedenfalls sehe ich dem mit Spannung entgegen. – Zu dem Erfolg gehört auch gutes Zusammenspiel mit Bürkner, falls bei dem zurückgefragt wird, und das kann nur über Haus sichergestellt werden; besprich mit P., wieweit Ihr ihn einbeziehen könnt. Er muss dafür sorgen, dass alle Erklärungen in meiner Sache dem Gericht oder der Polizei gegenüber durch ihn laufen; da er ja Anwalt war, lässt sich das gut begründen. Er muss aber wissen, was ich brauche, denn Bürkner kann mir meine ganze Verteidigung zerschlagen, wenn er törichte Auskünfte gibt.

Zum Gesuch Carl Viggo: … Mir scheint die richtige Prozedur: *a.* Entwurf des Gesuchs zwischen C. V. und Sack zu besprechen. *b.* Dann Besprechung C. V. mit Freisler. *c.* Dann Besprechung C. V. mit Bürkner *d.* Dann Anfertigung eines Begleitschreibens Chef O. K. W.[1] an Hitler durch Haus, Oxé, Sack; vielleicht geht das aber nicht und muss anders laufen; das weiß Sack sicher am besten. *e.* Danach Besuch C. V.'s bei Keitel mit der Bitte, das Gesuch befürwortend weiter zu geben.

Schnell geht das alles nicht und ist keineswegs zwischen zwei Zügen zu machen, sondern kostet ein paar Tage. Das tut mir leid, aber das muss gut gemacht werden, denn dieser Bolzen darf nicht falsch geschossen werden. …

Du musst in der Sache selbst möglichst wenig tun, nur die Leute durch Vorbesprechungen vorbereiten, sie zusammenbringen und sie antreiben. Du musst vor allem deswegen gut über die Sache nachdenken, damit Du merkst, wenn Fehler gemacht werden; Dein Nachdenken darf aber nicht das von Carl Viggo oder den anderen Männern ersetzen. …

Sehr wichtig ist, dass ich einen guten Verteidiger habe, möglichst Dix.

Mein Lieber, ich habe immer so viele Vorschläge und Wünsche, dass Du Dich ja garnicht darin zurechtfinden kannst. Davon können viele blödsinnig sein, aber ich meine doch, Du solltest Dir die verschiedenen Anregungen immer rausschreiben, damit Du sie auf einem Zettel zusammen hast. Es ist ja klar, dass ich das auf diesem Gebiet fruchtbarste Gehirn habe, weil ich viel Zeit habe, mich mit allen Möglichkeiten zu beschäftigen; dafür ist mir die Realität draußen nicht klar.

Mein Herz, ich höre hier auf und schreibe weiter an meinem Schriftsatz. Hoffentlich geht es Dir besser und Du bist ausgeschlafen. Pfleg' Dich, mein Herz, diese merkwürdigen Zeiten können jeden Augenblick große Anforderungen an Dich stellen. Ich umarme Dich, mein Herz, J.

5. 11. 44.

Mein Lieber, gestern habe ich noch eines vergessen: wenn Du Zeit hast, so ruf doch ein Mal Vikki Bausch – Tel. Schoeller & Bausch – an. Der kümmert sich um Haubach. Sollte der Haubach sehen, so wäre es gut, wenn er Haubach genau über das unterrichtete, was ich über seinen und Carlo's Anzeigeversuch gesagt habe.[2] … – Was die Verzögerungen bedeuten, weiß ich nicht; ob augenblicklich überhaupt keine 20.7.-Verfahren stattfinden? Da keine Hinrichtungen waren, möchte man das fast meinen. Vielleicht sind noch grundsätzliche Erwägungen über die Behandlung dieser Fälle im Gange. Vielleicht betrifft es auch unseren Fall, sei es, dass zuviel anderes vorliegt, sei es, dass man wartet, ob man nicht doch Rösch fängt.[3] Aber wir können nur raten, und das hat doch keinen Zweck; beeinflussen können wir es nicht, nur Carl Viggo kann vielleicht erreichen, dass der Termin bis zur Erledigung des Gnadenverfahrens ausgesetzt bleibt. – Mütterchen Deichmann finde ich sehr rührend. – Mein Herz, Du hast mich mit Deinen Bemerkungen zum Recht junger Menschen auf Undankbarkeit ein wenig über mich selbst getröstet. Vielleicht hast Du Recht, und vielleicht bin ich da viel älter als ich selbst weiß. Das denke ich manchmal, wenn ich bemerke, wie gleichgültig mir vieles ist, was mir eigentlich, menschlich gesehen, nicht gleichgültig sein dürfte. – Dankbar genieße ich jetzt jeden Tag und jede Nacht: Sie geben mir Zeit zu denken, zu begreifen, zu erfassen, zu lernen und meinen Pim lieb zu haben. Ich merke immer, mit welchem Staunen mich alle Beamten betrachten, wenn sie bemerken, dass ich keine Bücher haben will; ich scheine der Einzige im ganzen Gefängnis zu sein. Aber die Wahrheit ist, dass ich garkeine Zeit habe zu lesen. Der Tag ist immer um, ehe ich fertig bin, und ich muss mich zwingen, von Zeit zu Zeit wieder meine Aussagen nachzulesen, vielmehr meine Notizen darüber, weil es mir um die Zeit so leid ist. Manchmal bin ich mit einer Zeile ganz lange beschäftigt, etwa mit Hiob 5,18 u. 19 oder mit «… ihre Seel' in deine Hand; lass sie dadurch werden kleiner und von allen Schlacken reiner, lauterlich in Dich gewandt.»[4] – Dann denke ich wieder daran, wie mein Pim wohl alles meistern wird und wie ich wohl am richtigsten für ihn bitten sollte. Es ist nämlich sehr schwer, richtig zu bitten, und so gut wie der König Salomo trifft man es ja nicht immer (2. Chron. 1,10); dann sage ich eine Stunde lang wieder vor mich hin, mich mehr am Zusammenhang und Zusammenklang als an einzelnen Gedanken erfreuend; manchmal denke ich dabei überhaupt nicht, weil ich meine Gefühle ganz genau kenne. So geht der Tag um. Dann beschäftige ich mich mit meiner Verteidigung, denke darüber nach, wie ungeeignet ich für eine solche Verteidigung bin, weil ich die Wertlosigkeit der Argumente auf beiden Seiten sehe, ich meine auch die der Anklage: wie falsch, wie hohl, wie verlogen! Und dann denke ich, das müssen die Leute doch selbst sehen, und dann muss ich mich mühsam erinnern, dass sie es eben nicht sehen und dass deren Weltbild von dem meinen so verschieden ist, als wären wir durch tausende von Jahren getrennt. – Ich habe das erste Exemplar meines Schriftsatzes fertig, will aber heute das zweite nicht anfangen, sondern mich nach [Der Brief bricht hier ab]

1 Generalfeldmarschall Wilhelm Keitel. *2* Siehe Helmuths Brief vom 21. Dezember 1944, S. 226f. *3* Augustin Rösch war untergetaucht, wurde aber entdeckt und am 11. Januar 1945 verhaftet. *4* Lied 107, «Jesu, der du bist alleine», Auslassungzeichen im Original.

Helmuth James an Freya, 6. November 1944

Tegel, den 6. 11. 44.

Mein Lieber, sachlich habe ich dieses Mal nur 2 Sachen zu sagen: *1.* Was in dem Gesuch stehen muss, das muss vor allem irgendein Mann beurteilen, der solche Gesuche kennt, d. h. also am besten Sack, sonst Dix. Wir alle sind Laien. – … *2.* Vorsicht in der Sache Sperr! Die Dame, die ihn versorgt, muss sehr zuverlässig, vorsichtig und gut sein, sonst ist das zu riskant. Delp sagt, Sperr habe zweierlei gesagt: *a.* Sp. habe ihm, Delp, von Stauffenberg's Plänen erzählt; *b.* Sp. habe mit mir 43 über Umsturz generell gesprochen und nicht nur über Nachkriegspläne. Beides ist falsch, und er muss umfallen in diesen Punkten. … Heute Nacht hatte ich mal wieder garkeine Lust zu sterben; nicht dass es mich quälte, aber ich hatte eben keine Lust und fand die Aussichten auf das Reich Gottes doch recht vage und unklar und nicht recht plastisch. Glücklicherweise lache ich über diese Anfechtungen jetzt schon, wenn (Randnotiz: während) sie mich überfallen, jedenfalls wenn sie in dieser harmlosen Form kommen, und nehme sie nicht recht ernst. Wenn ich noch von Zweifeln gequält werden soll, müssen sie schon gründlicher kommen und tiefer ansetzen: so die ganz banalen «Fleisch»-Zweifel werden, mit Gottes und des Heiligen Geistes Hilfe, meiner nicht mehr Herr. Das Traurige ist nur, dass unser Geist ein so raffiniertes Instrument ist, dass, wenn er will, es ihm immer gelingt, noch eine Stufe tiefer zu steigen, als man erwartet, wie er eben auch höher hinauf kann, als man denkt. Diese Ausdehnung der Kapazität, die leider immer nach beiden Seiten gleichzeitig stattfindet, ist ein Prozess, der genauso Wachsschmerzen verursacht, wie ich sie am Körper zwischen 15 und 16 gehabt habe.

Ja, mein Herz, Deine Zukunft: wenn Du in zwei Schichten leben kannst: einer emsigen und einer beschaulichen, so ist es gut. Ob das so ist, kannst nur Du entscheiden. Dann ist die beschauliche eben aus Urgründen dem Heiligen Geist geöffnet, Gründen, die wir nicht kennen. Das ist, wenn Du es erreichst, wohl noch etwas Besseres, weil Sichereres als die geistige Kapazität, die Ulla z. B. hat. Die kannst Du Dir dann schenken, oder wenn Du sie hast, dann ist sie zusätzlich. Weißt Du, was ich meine: Ich glaube, Du könntest die Fähigkeit haben, Gott so sicher in Dir zu tragen, wie Du mich in Dir trägst, ohne je einen Gedanken an ihn zu wenden. Das kann schon sein und ist eine große Gnade. Dass Du es aber überdies durch den Geist könntest, wenn Du Dich zwängest, Dich anstrengtest, systematisch daran arbeitetest, ist für mich ganz ohne Zweifel. Aber dazu gehört Zeit, Kraft und Ruhe; ob Dir irgendeines dieser drei Dinge gegeben sein wird, wenn ich Dich verlasse, weiß ich nicht. Du musst das alles abwarten und dem Herrn anheimstellen. Er wird Dir schon geben, was Du brauchst.

Mein liebes Herz, wie schön, dass Du in Kreisau warst und Deine Söhnchen besichtigt hast. Ich hoffe sehr, dass Frau Pick auf alle Fälle bei Dir bleibt; lass sie keinesfalls aus Geldgründen gehen. Bis zu Kriegsende musst Du Dich eben durchwinden, wie es geht, und nicht unnötig sparen. Mütterchen Deichmann wird Dir ja aushelfen. Später ist das anders; da musst Du mit dem auskommen, was Du hast. Weiß Frau Pick eigentlich, dass die meisten Männer, für die sie gekocht hat, schon tot sind: Carlo und Peter und Adam[1] und Haeften u. s. w.? – Hoffentlich wirst Du nicht durch die Ereignisse aus dem Berghaus gezwungen. Wenn Du da bleiben kannst, so wirst Du immer Deine Genüge und Deine Zufriedenheit haben, glaube ich. Deine Bienchen, die Obstbäume, so manches, das wir geplant haben, wird seine Frucht tragen und Dir helfen. Außerdem stehen wir uns rundum zur Zeit so gut, dass ich nicht glaube, dass Du Ärger haben wirst. Wie gut, dass wir uns in allem bescheiden gehalten haben und nun nicht eine große Veränderung nötig ist.

Mein Herz, ich höre auf, denn es wird gleich Essen geben, und bald kommst Du auch in Berlin an. Richtig, ich soll Dir noch schreiben, was ich brauche: 2 Hemden, Taschentücher, 1 Handtuch, dicke Unterhosen. Alles andere habe ich genug.

Leb wohl, mein sehr liebes, mein allerliebstes Herz, Gott behüte Dich. J.

1 Adam von Trott zu Solz.

Freya an Helmuth James, 6./7. November 1944

Montag Nachmittag.

Mein Lieber, da bin ich wieder und sehr glücklich, wieder so nah zu sein. ... Als 1. die Nachricht von Frau Reisert aus ganz sicherer Quelle, über die sie mir morgen näheres erzählen wird, dass es auch in der Woche vom *13.–20.* nicht zur Verhandlung kommen wird. So sind wir jetzt schon bis zum 20. gerutscht, und diese Zeit, mein liebes Herz, gehört noch uns. Welches Glück! Ich bin überhaupt seit vielen Tagen schon so guter Stimmung und kann sie nur ganz vorübergehend unterdrücken. Ich bin nicht von eigentlichen Hoffnungen erfüllt, aber ich bin aus unerklärlichem Grunde ganz unbelastet. Ich frage mich immer wieder, wie das kommt und ob ich eigentlich leichtfertig bin, ich kann es aber nicht unterdrücken, und alle Menschen sagen mir, ich klänge und sähe so aus, als ob es besser ginge, und dabei ist das doch garnicht so. Sicher kommt es von dem Glück, das wir in diesen Wochen genossen haben. Ich habe immer wieder das Gefühl, als gingen wir Hand in Hand in diesen Wochen, und ich denke mehr «wir», als ich in all den Jahren gedacht habe. Ach, mein Jäm, welches großes Glück, Dir so nah zu sein. Wie magst Du die 3 Tage verbracht haben. Sicher hast Du viel geschrieben. Das ist ja ein mühsames Geschäft. Wie freue ich mich schon, wieder von Dir zu hören.

Bitte überleg Dir mal, was ich als Gründe für die Sprecherlaubnis angeben soll. Es muss so sein, dass es nur mündlich erledigt werden kann. Ich habe die Salden sämtlicher Konten bei mir, den neuen Feldfrüchte-Voranschlag, unseren alten Abschluss, an dem ich gestern sehr gearbeitet habe. Ich habe mir überlegt, ich wollte sagen, ich könne aus den verschiedenen Konten und den Überweisungen, die auf ihnen liefen, nicht klug werden und müsste darüber von Dir aufgeklärt werden, was für Geld es überall sei und was für Überweisungen. ... Ja, ich verstehe so gut, wenn Du sagst, dass wir letzten Endes den Herrn Schulze nicht brauchen, ich bin ganz Deiner Ansicht, aber wenn Herr Schulze wüsste, welches Glück es für mich bedeutet, nein für uns, mein Herz, uns zu betrachten, dann würde er die Erlaubnis nicht erteilen, denn das würde er uns nicht gönnen, da er Dich für einen

Staatsfeind hält. Mein Jäm, welches Glück würde es bedeuten, Dein geliebtes Gesicht und Deine Hände zu sehen. Ach, wie ich meine Liebe zu Dir fühle, während ich das schreibe!

... Es ist inzwischen –

Hier kam das Bett, und jetzt sitze ich bei den Freunden am Dienstag früh. Ich habe noch fast nichts gelesen, fürchte aber, dass er gleich weg muss. Neben meiner Liebe schicke ich Dir daher nur schnell die Nachricht, dass Sack schon längst verhaftet ist,[1] bleibt also Dix, den ich aufsuchen werde. ...

1 Karl Sack war bereits am 9. August 1944 verhaftet worden.

Helmuth James an Freya, 7. November 1944

Tegel, den 7. 11. 44.

... Mein Herz, morgen wird also wohl Carl Viggo kommen, und damit wird sich klären, ob Freisler ihn überhaupt sieht und was er dann sagt. Ich bin sehr gespannt.

Mir geht es weiter sehr gut. Gestern kam Dein Brief vom 2. 11.[1] Ich glaube, ich hatte vergessen, Dir zu sagen, dass ich C'chen noch einen zweiten Geburtstagsbrief über V. G. H. geschickt habe; mir schien das richtig. – Ich habe gestern Nachmittag zwei schöne Sprüche gelesen. Es ist ja so, dass einem an einem Tage ein Vers und an einem anderen ein anderer freut. Gestern war es Spr. 14,32 und 15,15.[2] Das nie veraltende ist eben der große Reiz aller geistigen Wahrheiten, ob sie 2 oder 2000 Jahre alt sind, ist ganz gleich. Und wenn man bedenkt, wie schnell alles Andere veraltet, so versteht man nicht, warum die Geisteswissenschaften so heruntergekommen sind und gegenüber aller Technik so gering bewertet werden. Das ist ja nicht erst in der letzten Zeit so, es ist zur Zeit, als ich studierte, schon so gewesen und wohl auch schon vor 1914 und vor der Jahrhundertwende. Mit dem Ende der Bescheidenheit ist die Zeit der Geisteswissenschaft zu Ende gegangen, und nun beherrscht uns die Technik. Ob unsere Söhnchen zu der Generation gehören, bei der es sich wieder wendet? Es ist wahrlich höchste Zeit! Warum haben wir das nicht früher richtig gesehen? Ich habe doch im Grunde einen anti-technischen Hang immer gehabt, aber erkannt habe ich es als Student auch nicht. Ich hätte ja sonst anders und anderes studiert. Ich war mir eben nur über das Negative klar, nicht darüber, dass man eben mit aller Macht den verschütteten Quell der Geisteswissenschaften anbohren und wieder erbohren müsse. Bis das Frucht tragen kann, wird mindestens eine Generation, vielleicht auch noch eine zweite dahingehen, und noch ist, wenn wir ehrlich sind, kein Anfang zu sehen. Man kann sich der kommenden Not freuen, wenn man denkt, dass sie dazu dient, den Weg zu weisen. Aber wird sie das? Es kommt mir immer so bekannt vor, wenn ich lese, wie Juda oder Israel gestraft werden, weil sie den Herrn verließen und anderen Göttern anhingen, die von Holz oder von Metall gemacht waren. Ob wir auch durch die babylonische Gefangenschaft 70 Jahre hindurch müssen? In Wahrheit ist eben doch das erste Gebot der Schlüssel zu allem anderen. Christus sagt es ja [in] Matthäus 22,34–40, Markus 12,28–34 und Lukas 10,25–28 auch, aber man muss es sich immer wieder vergegenwärtigen, dass jeder Dienst am Geschöpf Abgötterei sein kann. Man darf eben in jedem Geschöpf, es sei körperlich oder geistig, nur den Schöpfer lieben; sobald man einen Menschen, ein Volk, eine Idee um ihrer selbst willen liebt, und sei es auch in der sublimiertesten Form, so ist es eben Abgötterei und das erste Gebot ist verletzt. Vermag man das Kindern und Jünglingen zu lehren? Alle die Geschichten über Baal und Asthoreth und alle die anderen Gottheiten, zu denen die Juden abfielen, habe ich früher immer für törichte alte Fabeln gehalten, weil mir niemand recht ihren symbolischen Gehalt erklärt hat. Das erste Gebot schien mir selbstverständlich und problemlos und nur für die alten Juden schwierig, weil wir garnicht in Versuchung kämen, andere Götter anzubeten, abgesehen von Mammon und Bauch. Langsam ist mir das Gebot klargeworden, aber seine Schlüsselstellung habe ich eigentlich erst in Ravensbrück recht begriffen. Es ist eben das Gebot der Gebote: Wenn man das recht vor Augen hält, dann wird man in allen anderen Geboten zwar fehlen, aber immer die Korrektur fehlen.[3] Fehlt man aber im ersten, so merkt man es meist garnicht.

Mein Herz, ich bin ins Schwätzen gekommen, habe auch sonst nichts zu schreiben, als dass Du mir sehr wohl gefällst, dass ich allen Grund habe, dem Schöpfer für Dich zu danken, dass ich Dich lieb habe, mein Herz, und immer nur bitten kann, dass der Herr Dich in seiner Hand halten und Dich behüten möge mit und ohne J. …

1 Vermutlich ein offizieller Brief. *2* «Der Gottlose besteht nicht in seinem Unglück; aber der Gerechte ist auch in seinem Tod getrost.» Und: «Ein Betrübter hat nimmer einen guten Tag; aber ein guter Mut ist ein täglich Wohlleben.» *3* Es sollte vermutlich «finden» heißen.

Freya an Helmuth James, 8. November 1944

Mittwoch Nachmittag.

... Mein liebes Herz, Du hast mir gestern lauter schöne Sachen geschrieben, die ich sehr genossen habe. Auch was Du über die Geisteswissenschaften schreibst, gefällt mir sehr. Was mag wohl aus alledem, was uns so sehr beschäftigt, werden? Mein Hang ist ja auch so sehr untechnisch, und ich habe mich oft gefragt, ob das nicht ein großes Manko bei uns ist und für unsere Kinder gefährlich werden könnte. Sicher ist die Aufgabe der Zukunft, die Überwertung der Technik zu überwinden, aber das ist nur möglich nach einem gewissen Verdauungsprozess, und ich habe bei uns beiden das Gefühl, dass unser untechnischer Hang sie uns garnicht erst verdauen lässt, weil wir sie garnicht verspeisen. Das ist ein Fehler. –

Mein Liebster, ich hatte erst den sachlichen Teil erledigen wollen und bin gleich tief ins Vergnügen verfallen. Ich berichte nun also: Sperr wollen wir durch Frau Reisert machen, die heute schon mal Essen für ihn abgegeben hat mit Grüßen. Frau R. kennt die Gepflogenheiten der Lehrter Str. ganz genau, und ihr kann man das, glaube ich, ruhig anvertrauen. – Ich war beim 1. Senat. Freisler hatte Termin, und seine freundliche Sekretärin sagte, es sei nicht üblich, dass er vor dem Termin jemanden empfange. Ich sagte, ich werde mich schriftlich anmelden, ließ es aber zunächst ganz, um nicht Carl Viggo die Möglichkeiten zu nehmen. Klar ist nur, dass C. Viggo auch dort in «eigener Sache» aufkreuzen muss, wenn er überhaupt Erfolg haben soll. Und dann bin ich auch noch durchaus skeptisch, ob es ihm gelingen wird. Zudem ist Freitag bestimmt Termin, aber die Reihenfolge der Besuche scheint mir nicht ganz so wichtig. Am gestrigen Nachmittag habe ich dann in der Dienststelle Oxé, Haus und Pfuel gesprochen, letzterer (nicht mein Fall) gebärdete sich wichtig und emsig, aber auch voll Teilnahme, soweit das sein eigenes Interesse zulässt, während O. und H. wirklich treu und besorgt sind. 1. Habe ich Haus versucht zu sagen, wie er Bürkner heute Mittag, was Deine Person angeht, legen solle. Er sagte mir zu diesem Punkt, es bestehe kein Zweifel, dass Bü Dich für einen hervorragenden oder, sagte er, bedeutenden Arbeiter hielte und dass ihm Dein eventueller Tod «*sehr* an die Nieren» gehen würde. 2. Den Weg über Keitel fanden sie schlecht, sehr schlecht; er werde bestimmt garnichts tun, teils zittern und teils «20. 7. brüllen». So kamen sie nach längerem Hin und Her auf den Weg: Bü, Hewel, Hitler. Das sollten wir aber auch ruhig mit Bürkner besprechen. Auf Hewel, der mir unbekannt war, könnte auch Adrian einwirken, außerdem lobten sie diesen Mann H. sehr und sagten, er hätte des Führers Ohr. Soweit sind wir. Freitag um 8 kommt nun C. Viggo, und dann werden wir weitersehen. Vergessen habe ich noch zum Besuch beim 1. Senat, dass ich wegen der Anwaltsfrage zu einem sehr unsympathischen sächsischen Amtsrat geschickt wurde. Der sagte gleich, Dix käme nicht in Frage, sondern nur 7 Namen. Von denen dürfte ich einen aussuchen, den würde er dann als Offizialanwalt zuordnen. … Dix ist für Hercher,[1] er ist anständig, aber alt. Frau Reiserts Bürovorsteher pries Hugo Bergmann.[2] Zwischen diesen beiden ist praktisch wohl die Wahl. Nun bin ich aber entschlossen, nächste Woche noch einen Brief an Freisler in dieser Frage zu schreiben, wenn C. Viggo vorüber ist. Ich will versuchen, so an Fr. ran zu kommen, obwohl es unwahrscheinlich ist, dass es gelingt. …

Was Du über das 1. Gebot schreibst, beschäftigt mich durchaus. Du hast ganz recht. Ich habe früher schon manchmal darüber nachgedacht, dass ich Gott nicht so lieben könne wie Dich. Das erscheint mir immer noch sehr schwer, obwohl ich große Fortschritte gemacht habe. Ich war mir immer schon klar, dass eine ganz große, starke Liebe die Gefährdung der Begrenzung nach oben und auch neben in sich trägt. Ich habe es aber nie so deutlich gesehen, wie Du es schilderst. …

Jetzt, mein Jäm, will ich ins Bett fahren. Schon wieder ist es 9.30 und die Freunde sollen früh ins Bett. Ich schicke Dir den Adrian-Text. Gute Nacht, mein Jäm, mein Herz, mein Geliebter. Ich umarme Dich zärtlich. Dein P. bin und bleibe ich immer.

1 Rechtsanwalt Wolfgang Hercher. *2* Hugo Bergmann war der Anwalt von Peter Yorck.

Helmuth James an Freya, 8. November 1944

Tegel, den 8. 11. 44.

Mein Lieber, das ist ja eine ganz köstliche Pute! Die hast Du aber schon sehr früh reif bekommen, oder ist es eine Notschlachtung. Kannst Du jeden Sonntag so ein Tier essen? Das wäre doch eine angenehme Hilfe. – Weißt Du, unsere Äpfel sind so unvergleichlich viel besser als irgendwelche, die P. mir sonst bringt, dass es geradezu erstaunlich ist, und zwar sowohl im Geschmack wie vor allem in der Gesundheit. Sie sind so schön gleichmäßig. Es ist wirklich eine Freude und wohl doch eine Folge unserer Pflege. Du solltest Dich, falls Du im Berghaus bleiben kannst, auf alle Fälle der Vogelpflege annehmen, dann würdest Du ganz herrliches Obst bekommen. – Nun zunächst wieder etwas Sachliches, das mir eingefallen ist. Es könnte ja sein, dass ich gefragt werde, wem ich denn gesagt habe, wozu ich die Informationen wirtschaftspolitischer u. s. w. Art bedarf. Tatsächlich habe ich es ja einer ganzen Anzahl Leute gesagt. Ich meine, ich sollte dann auch Carl Dietrich und Einsiedel nennen. Es erhöht die Gefahr für sie nicht, denn ich bin vor drei Monaten bereits nach ihren Personalien gefragt, und ich nehme an, dass man meinen Termin abwartet, ehe man sich entschließt, ob man sie festnehmen will oder nicht. Deswegen scheint mir keine Risikoerhöhung darin zu liegen. Auf der anderen Seite verbessert es aber ihre Verteidigung ganz erheblich, wenn sie sagen können, es sei für meine Arbeit im O. K. W. gewesen. …

Vor meiner Hinrichtung habe ich noch Gelegenheit, Dir einen Brief zu schreiben. Ob ich davon Gebrauch machen werde, weiß ich nicht mit Gewissheit, zumal unsicher ist, ob Du ihn bekommst. Alle diese die Zensur passierenden Briefe sind doch etwas verlogen, und ich kann mir vorstellen, dass ich dann nicht einen leicht lügenhaften Brief an Dich schreiben möchte. Ziehe also aus der Tatsache, dass es keinen Brief gibt oder dass es einen gibt, der Dir verzerrt oder unruhig vorkommt, keine Schlüsse. Es ist zwischen uns alles gesagt, mein Herz, und was Neues stünde doch nicht drin. Fällt mir zufällig eine Wendung ein, die wahr, überzeugend und doch zensurfähig ist, so schreibe ich gewiss. Es kann auch sein, dass ich schreibe, weil ich fürchte, dass es sonst auffällt, oder weil das die einzig Art ist, bei der mich der Beamte, der ja neben mir sitzt, in Ruhe lässt und nicht stört. Ich kann ja in seiner Gegenwart nicht laut Psalmen aufsagen, was mir sicher das Liebste wäre. Denn im Grunde glaube ich, mein Herz, dass ich Dich dann schon verlassen habe und Dich nur noch in Gott suche. Ich habe mich damit ja sehr viel befasst, und ich wünsche mir, dass ich geistig meinen Tod sozusagen vorwegnehme und nicht mit meinen Gedanken hinten nachhänge, sondern mich dem vor mir Liegenden zuwende. Vielleicht ist das alles Unfug, und vielleicht ist man so in die Technik und den Betrieb dieses Vorgangs eingespannt, dass man damit voll beschäftigt ist; vielleicht ist auch die Realität oder umgekehrt die Unwirklichkeit des Vorganges so gewaltig, dass alle Vorbereitung wie Staub verweht. Ich weiß es nicht, und es kann einem auch niemand sagen, denn es wird bei jedem anders sein. Ich schreibe es Dir nur, damit Du keinesfalls irgendwelche falschen Schlüsse ziehst.

So, jetzt werde ich zum Haareschneiden geholt. Leb wohl, mein Herz. Der Herr behüte Dich und uns, und wenn es ihm gefällt, so errette er mein Leben. J. …

Freya an Helmuth James, 9. November 1944

Donnerstag Nachmittag

Mein Lieber, heute ist nicht viel geschehen, aber der alte Strafrechtler Gens (Genz)[1] hat mir, wie auch Dix, zu J. R.[2] Hercher geraten. Er habe mit ihm zusammengearbeitet. Pfuel hat sich noch nicht geäußert. Marion war ja damals von seiner menschlichen Haltung sehr angetan. Er ist das, was man einen alten Herrn nennt, der sicher nicht das Format und die Gewandtheit und Schnelligkeit von Dix hat. Ich glaube aber nicht, dass wir den kriegen. Bald muss ich mich ja entschließen. … Dann habe ich noch einmal mit Haus telefoniert, der erst heute in den Westen fährt, und der sagte mir, er habe gestern beim Mittagessen mit Bürkner gesprochen. Dieser wisse nun schon, dass wir mit dem Bittgesuch kämen, billigte den Weg über Hewel und sei bereit, die Beförderung zu übernehmen. Das wolle Haus mir schon «zu meiner Beruhigung» sagen. Erfreulich war dann noch, Bürkner habe gesagt, er wisse bereits, dass Adrian bereit sei, die Sache seinerseits rückhaltlos zu unterstützen. Dass das schon ohne mein erneutes Auftreten funktioniert hat, ist mir sehr angenehm. Nun kann die Sache morgen starten. Um 15.30 Lansstr.[3] Bürkner und um 5 Dix. Am Vormittag der Versuch, zu Freisler zu kommen, bei mir der Besuch bei Schulze. Ich glaube aber sicher, dass F. Termin hat. Erst kommt Carl Viggo hierher frühstücken, und dann werden wir wohl das Gesuch im Entwurf tippen. Ich bin etwas in Furcht, wie das alles gelingen wird. …

Mein Herz, wenn ich mir klarmache, dass Du mir in solcher Stärke jetzt beistehst, dass Du mich, was auch kommt, für unseren künftigen Weg ausrüstest, dass von Dir auf mich Kraft und Ruhe und Zuversicht strömt, dann bin ich nicht nur voller Bewunderung, dass Du das kannst, sondern ich fühle deutlich, wie in Dir Gottes Kraft, Gottes Friede und seine Liebe wohnen. … Ja, wir bleiben verbunden und bleiben nah und leben weiter und werden uns wiederfinden und gehören für immer zueinander, aber das Sterben bleibt trotzdem schwer, und dem Tod gegenüber steht man immer allein. Da soll ich ja eben noch nicht mit, mein geliebtes, liebes Herz, aber vielleicht kann der Henker Dich wirklich nicht umbringen, weil das Rechte noch leben soll![4] Wie Gott will, mein Herz. Ich möchte hoffen, weil ich es zu schön finde, mit Dir zu leben, und ein bisschen dürfen wir auch hoffen, weil wir kämpfen wollen – wie gern. Mein Jäm, ich liebe Dich sehr. Schon lange liebe ich Dich mit großer Inbrunst. Ich verstehe noch immer meine Tränen, die Mami und Asta nicht verstanden, wenn ich mich vor unserer Hochzeit von Dir trennen musste. Mir erschien alles Leben sinnlos, was nicht neben Dir war. Inzwischen habe ich gelernt, dass es auf die physische Nähe nicht so sehr ankommt – es kommt auf sie auch an, weil wir eben so schwache Kreaturen sind, aber nicht nur auf sie –, aber mein Leben erscheint mir immer noch sinnlos, wenn es nicht mit dem Deinen verbunden ist. Ich habe mich schon in Grundlsee als für Dich da seiend empfunden, sofort. Ich glaubte ja an den Grashalm um Deinen linken Daumen. So ist es. Gott helfe mir, Dich richtig weiter zu lieben! Ich umarme Dich zärtlich und sage, was Du schon lange weißt und was ich doch immer wieder aus Herzensgrund sage: Ich bin und bleibe Dein P.

1 Gemeint ist Walter Gentz. *2* Justiz Rat. *3* Helmuths ehemalige Dienststelle am Tirpitzufer war in eine Schule in der Lansstraße ausquartiert worden. *4* Bezieht sich auf den Traum Helmuths von den siamesischen Zwillingen. Siehe seinen Brief vom 26. Oktober 1944, S. 86.

Helmuth James an Freya, 9. November 1944

Tegel, den 9. 11. 44.

Mein Lieber, was für köstliche Sachen Du mir gestern gebracht hast. Das war ja herrlich. Jedenfalls genießt sie Dein verfressener Ehewirt sehr. Auch Herr Gissel[1] war ganz entzückt und sehr bereitwillig, sodass mir scheint, dass er sich von diesen Sendungen auch etwas verspricht. Er ist aber ein rührender Alter. …

Vor einem Monat hatte ich doch große Nerven vor der mündlichen Verhandlung. Nicht nur, dass ich nicht sah, wie sie gut ausgehen sollte, das sehe ich auch heute nicht, sondern ich trieb auch völlig im Ungewissen, wie ich mich eigentlich verteidigen, ja, wenn ich ehrlich bin, ob ich mich ernsthaft verteidigen sollte. Das ist dank Pim, P. und vor allem dem lieben Gott besser geworden, und ich sehe der Verhandlung jetzt ganz gelassen entgegen. Den Zustand muss ich mir jetzt bewahren. Ob praktisch von dieser Verhandlung – auch in ihren mittelbaren Wirkungen – irgendetwas abhängt, weiß ich nicht; vielleicht ist es nur so eine Betriebshaltestelle, eine Haltestelle, wo der Schaffner klingeln muss, aber Ein- und Aussteigen nicht erlaubt ist. Aber das ist ganz gleich: Ich muss eben doch versuchen, da wenigstens das Gefühl zu hinterlassen, dass ich eine vertretbare Meinung verfechte. Es wäre natürlich alles viel leichter, wenn ich nicht für mein Leben, sondern nur für die Sache kämpfen wollte, denn die Kombination macht es so schwer. Aber ich bin jetzt ganz getrost. Ich habe das Gefühl, dass man mir im Termin mit irgendwelchen Überraschungen aufwarten wird, die ich nicht kenne, vielleicht aus Aussagen von Goerdeler, vielleicht von Leuschner. Nun, das muss ich abwarten, es ist eben ein unfaires Spiel, aber das habe ich ja immer gewusst: Mit der rechten Hand auf den Rücken gebunden soll man sich gegen Angriffe von vielen Seiten wehren, ohne dass man vorher überhaupt weiß, woher sie möglicherweise kommen; und die wichtigsten Zeugen sind tot, sodass man ihre belastenden Aussagen nicht erfolgreich bekämpfen, ihre entlastenden nicht mehr extrahieren kann. Goerdeler als Zeuge wird ja schöne Sachen über mich sagen, denn gerüchteweise weiß er sicher viel mehr über mich als ich.

So segne ich an jedem Tag diesen Monat: Von wo ich ihn betrachte, immer ist es ein ungeheuer kostbarer Monat, und wir müssen täglich, stündlich für ihn danken. … Gestern traf ich für meinen Pim Spr. 18,14.[2] Und für Deine Söhnchen, vor allem für C'chen, hoffe ich auf Spr. 20,11.[3] Dass ihm nur sein Herz erhalten bleibt und nicht in einer blödsinnigen Erziehung – nicht durch Dich – verhärtet wird. Er muss härter werden, als er ist, aber das wird er schon werden, aber sein Herz muss bleiben, wie es ist. Der Kummer, den ihm das bringen wird, die Wunden, die ein solches Herz empfangen muss, sind ein kostbarer Schatz; das muss er auch lernen. Wenn ich an die jetzt geltenden Erziehungsgrundsätze denke und an C'chen, so graust mir. Nur gut, dass die Praxis und das Leben eben doch stärker ist als solche Grundsätze. …

Ich umarme Dich. J.

Rasch zu dem Brief, den ich eben bekam: *1.* Wegen des Anwalts finde ich es richtig, Du versuchst Dix zu bekommen. Sichere Dir aber alternativ einen anständigen anderen. Das wichtigste ist, dass der Mann mir keinesfalls in den Rücken fällt, daher um keinen Preis den, den der Amtsrat wollte. *2.* Haltet Pfuel da draußen: der ist dumm und geschwätzig und zerstört alles, was er anfasst. *3.* Hewel ist gut. Der Mann nicht, aber der Weg Bürkner–Hewel ist gut, weil Hewel tatsächlich das Ohr von Hitler bis zu einem gewissen Grade hat. Es fehlt dann allerdings die militärische Note.[4] …

1 Einer der Wachtmeister. *2* «Wer ein fröhlich Herz hat, der weiß sich in seinem Leiden zu halten, wenn aber der Mut liegt, wer kann's tragen?» *3* «Auch einen Knaben kennt man an seinem Wesen, ob er fromm und redlich werden will.» *4* Der normale Dienstweg für die Weitergabe des Gesuchs ginge über den Generalfeldmarschall Keitel.

Helmuth James an Freya, 10. November 1944

Tegel, den 10. 11. 44.

Mein Lieber, meine Gedanken begleiten Dich auf all Deinen schwierigen und mühsamen Reisen heute. Sei nur nicht zu enttäuscht, wenn nicht alles so geht, wie man will. Das ist immer so. Was magst Du heute von Herrn Schulze gehört haben? Ob Du wohl eine Sprecherlaubnis bekommen wirst? ...

Ja, mein Herz, das Sterben ist und bleibt unangenehm, und alle Vorbereitung auf dieses Ereignis ändert daran garnichts. Das muss man sich auch ganz klar vor Augen halten, um nicht plötzlich von der Unannehmlichkeit des Vorgangs überwältigt zu werden. Nun, das ist letzten Endes doch ein äußerlicher Vorgang, und irgendwie werde ich mit dem schon fertig und nicht nur, weil ich muss. Das Problem des Todes ist doch in der tieferen Sphäre nur eine Frage des Glaubens. Diese zu meistern ist unvergleichlich viel wichtiger und schwieriger. Man darf, so scheint mir, das ganze Leben hindurch von Zweifeln geplagt sein, aber die 1½ Stunden von meiner Einlieferung in Plötzensee bis zu meinem Tode, die müssen vor Zweifel geschützt sein. Darum muss ich vor allem bitten. «Es ist aber der Glaube eine gewisse Zuversicht des, das man hofft, und ein Nichtzweifeln an dem, das man nicht sieht», sagt Hebräer 11,1. Das Nichtzweifeln ist eben das Entscheidende. Das Schlimme ist, dass in so hochgezüchteten Menschen wie wir es nun ein Mal sind, der Teufel immer Ansatzpunkte hat, so z. B. kann ich mir vorstellen, dass er einem dann eingibt: «Du zweifelst ja nur deshalb nicht, weil Dein Fleisch Angst hat und den Gedanken des Todes anders nicht ertragen kann.» Gegen diese und ähnliche Zweifel suche ich mich zu wappnen, so gut ich kann; aber alles Wappnen ist eitel, denn in solchen Augenblicken kann einem nur der heilige Geist selbst helfen, der einem die Kraft geben muss zu sagen: Weiche von mir, Satanas! Alles Andere versinkt dann doch. Mein Herz, ich schreibe Dir das, damit Du genau weißt, um was Du für mich bitten musst, denn ich will meinen Liebsten als Fürsprech nicht entbehren. Kommst Du ein Mal nahe, so hoffe ich, Dir ganz nah beistehen zu können, ganze nahe, mein Herz.

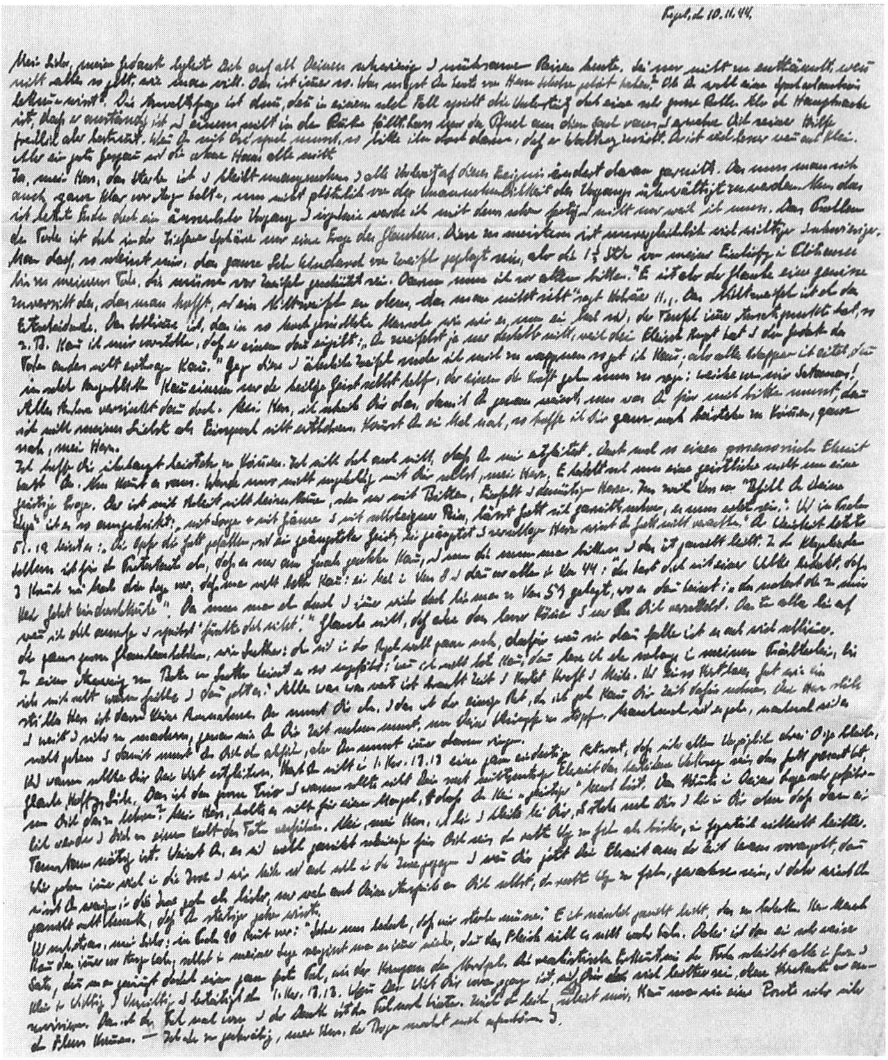
Tegel, d. 10.11.44.

Ich hoffe, Dir überhaupt beistehen zu können. Ich will doch auch nicht, dass Du mir entgleitest. Denk mal, so einen possessorischen Ehewirt hast Du. Nun kommt es raus. Werde nur nicht ungeduldig mit Dir selbst, mein Herz. Es handelt sich um eine geistliche, nicht um eine geistige Frage. Der ist mit Arbeit nicht beizukommen, sondern nur mit

Bitten, Einfalt und demütigem Herzen. … Alles, was was wert ist, braucht Zeit und kostet Kraft und Mühe. Und ein so kostbares Gut wie ein stilles Herz ist davon keine Ausnahme. Du musst Dir eben, und das ist der einzige Rat, den ich Dir geben kann, Zeit dafür nehmen, Dein Herz still und weit und sicher zu machen, genau wie Du Dir Zeit nehmen musst, um Deine Strümpfe zu stopfen. Manchmal wird es gehen und manchmal wird es nicht gehen, und damit musst Du Dich eben abfinden, aber Du musst immer darum ringen.

Und warum sollte Dir Dein Wirt entgleiten? Hast Du nicht in 1. Kor. 13,13 eine ganz eindeutige Antwort, dass über allem Vergänglichen drei Dinge bleiben, Glaube, Hoffnung, Liebe. Das ist das große Trio, und warum sollte nicht Dein sonst nichtsnutziger Ehewirt das bescheidene Werkzeug sein, das Gott gesandt hat, um Dich das zu lehren? Mein Herz, halte es nicht für einen Mangel, dass Du kein «geistiger» Mensch bist. Das könnte in Deiner Lage sehr gefährlich werden und Dich zu einem Kult des Toten verführen. Nein, mein Herz, ich bin und bleibe bei Dir und stehe neben Dir und bin in Dir, ohne dass dazu ein Tamtam nötig ist. Weißt Du, es wird wohl garnicht schwieriger für Dich sein, den rechten Weg zu finden, als bisher, im Gegenteil, vielleicht leichter. Wir gehen immer viel in die Irre, und wir beide sind auch viel in die Irre gegangen, und wenn Dir jetzt Dein Ehewirt aus der Zeit heraus vorangeht, dann wirst Du weniger in die Irre gehen als bisher, nur werden auch Deine Ansprüche an Dich selbst, den rechten Weg zu finden, gewachsen sein, und daher wirst Du garnicht recht bemerken, dass Du stetiger gehen wirst.

Und noch etwas, mein Lieber: Im Psalm 90 kommt vor: «Lehre uns bedenken, dass wir sterben müssen.» Es ist nämlich garnicht leicht, das zu bedenken. Kein Mensch kann das immer vor Augen haben; selbst in meiner Lage vergisst man es immer wieder, denn das Fleisch will es nicht wahrhaben. Dabei ist das ein sehr weiser Satz, denn man gewinnt dadurch einen ganz festen Pol, wie der Kompass den Nordpol. Die realistische Erkenntnis des Todes scheidet alles in Groß und Klein, in Wichtig und Unwichtig und bestätigt den 1. Kor. 13,13. Wenn Dein Wirt Dir voran gegangen ist, wird Dir viel leichter sein, diese Konstante anzuvisieren. Das ist der Pol nach vorn, und der Dank ist der Pol nach hinten. Zwischen den beiden, scheint mir, kann man wie eine Ponte[1] sicher über den Fluss kommen. – Ich werde zu geschwätzig, mein Herz, der Bogen macht mich aufhören. J.

1 Eine breite Fähre.

Freya an Helmuth James, 11. November 1944

Sonnabend Nachmittag

Mein Liebster, mein Jäm, Du wirst mit Spannung auf das Ergebnis dieser Tage warten, und zusammenfassend muss ich gleich sagen, dass ich keine große Verbesserung der Lage aus ihrem Ergebnis entnehmen kann. Es ist schon so, dass man wenig tun kann und es der Tod sein muss, den wir im Auge haben müssen. Ich werde wohl am besten chronologisch erzählen, aber vorwegnehme ich, dass ich die Sprecherlaubnis *habe*. Das ist ein großes Geschenk für uns, mein Herz. Ich freue mich riesig, mein Herz, und habe schon jetzt Furcht, mich wieder von Dir trennen zu müssen. Aber das gehört nun einmal zu dem Glück, und ich darf es mir dadurch nicht verkleinern. Ich trage also den Schein in meiner Tasche und bin heute noch nicht angerast gekommen: Ich möchte, dass auch Du vorher weißt, dass und wann ich komme, und ich möchte auch genießen, dass es noch vor mir liegt. Ich werde mit P. den Tag besprechen. Ich möchte auch vorher Ruhe haben. Von mir aus käme ich Montag. – So, jetzt erzähle ich. Carl Viggo kam gegen ½10 erst und ehe wir gefrühstückt hatten und er rasiert war, war es nach 10. Es gab aber Kaffee, und gleich nach dem Frühstück entwarfen C. V. und Carl Dietrich gemeinsam unter Einwürfen von mir den 1. Teil des Gnadengesuchs. Wir ließen es dann liegen, weil ich bis 12 bei Herrn Schulze sein musste. Wir hielten uns dann längere Zeit im V. G. H. auf. Freisler saß dort vor in einer Verhandlung. Seine Sekretärin sagte, er habe in der Woche von früh bis spät an allen 6 Tagen Termine gehabt. Sie nahm C. V. s Wunsch entgegen, sagte aber gleich, heute habe er auch Sitzung, und heute früh, als C. V. um 8.30 anrief, hatte sie ihn noch nicht gesprochen, und er war wieder fort. C. V. schreibt nun von Schätz aus sofort, schreibt, er wolle das Gnadengesuch einreichen, und er wolle am Termin teilnehmen, damit Freisler wenigstens davon weiß. Ich glaube nicht, dass er ihn empfangen wird. Mittlerweile war Schulze, auf den ich währenddessen gewartet hatte, zurückgekommen und empfing uns, sagte mir zunächst, dass «gestern oder vorgestern» Anklage erhoben sei, dass aber der Termin bestimmt nicht vor dem 20., eher später sein werde und erteilte mir die Sprecherlaubnis, dann ging ich und C. V. blieb. Ich ging eilends zum Amtsrat Thiele, einem Herrn, der im braunen Rang sehr viel höher ist als in der Justiz, der die Termine ansetzt und die Anwälte verteilt. Mich hatte mit Schrecken befallen, dass er Dir vielleicht den Weismann[1] auf unser Gespräch hin von sich aus zugeteilt hätte. Dem war aber nicht so, im Gegenteil, er

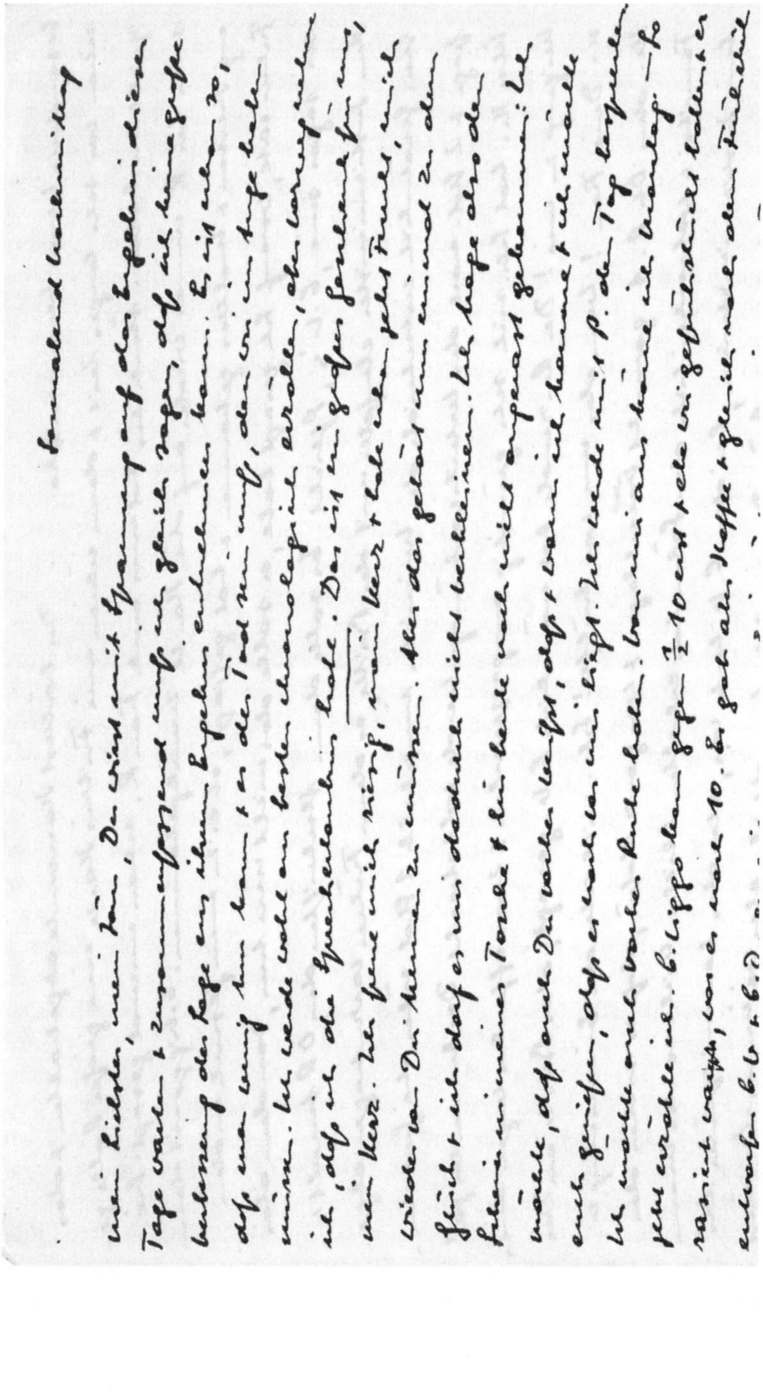

sagte, er teile sie erst zu, wenn der Termin feststehe, und der zöge sich noch hin, finde ganz am Ende des Monats, vielleicht, ja wahrscheinlich, erst Anfang Dezember statt. Ich sagte wieder, ich wolle in der Nähe sein, selbst wenn ich den eigentlichen Tag nicht kenne, und ob ich mich, wenn ich bald nach Hause führe, drauf verlassen könnte. Er sagte da, ob Ende oder Anfang hänge davon ab, ob noch die Salzburger Termine dazwischen kämen oder nicht. Das wisse er aber bis Mittwoch und dann solle ich wiederkommen. Hercher könne ich genauso gut haben wie Weismann. Ich könne unter den 7 frei wählen. Ich habe nun Hercher noch nicht gesprochen, will das aber Montag tun. Inzwischen war C. V. bei Schulze, und da hatte der eine LGD.[2] dem anderen LGD. scheints ziemlich das Herz geöffnet. Sch. sei ziemlich mitgenommen von der Sache. «Es nimmt ihn mit», sagte C. V. Er habe immer wieder gesagt, er könne nicht verstehen, wie Du solche Sachen hättest machen können, und die Sache als ganz hoffnungslos dargestellt. Mir schien aber nichts besonderes Neues herauszukommen. Du hättest Konvente abgehalten, und das schon vor sehr langer Zeit, und dann schien mir Fritzis Karte[3] eine große Rolle gespielt zu haben. Ähnliches hat mir auch Frau Reisert schon einmal gesagt. Sie seien bei R. immer wieder auf die Karte zurückgekommen. C. Viggo ist dann auf Kreisau und Moltkes gekommen und hat gefragt, ob er zu einem Gesuch an den Führer rate, worauf Sch. gesagt habe, er solle das nicht nur tun, sondern das sei sogar seine, C. V.'s, Pflicht. Er solle dann Abschriften dem Oberreichsanwalt[4] und dem Justizminister[5] ebenfalls mit der Bitte, es dem Führer vorzutragen, abgeben. Gewöhnlich entscheide der Minister innerhalb 1 Std. über die Gnadenfrage und 2 Std. nach der Urteilsverkündung werde vollstreckt.[6] Das kennen wir ja! Über Kreisau hat Sch. sich sehr günstig ausgesprochen, und zwar offenbar wegen seiner Neigung zu mir! Der Reizende hat nämlich C. V. gesagt, das Beste an Dir sei Deine Frau! Wenn das nur was hülfe! Sch. will aber die Einziehung von Kr. dem Oberreichsanwalt garnicht vorschlagen und war ganz dafür, dass es sicher der Familie und wahrscheinlich den Söhnchen erhalten bliebe.[7] Nicht so der Mann beim Justizministerium, bei dem C. V. heute war, aber das kommt später. ... Zu Hause machten wir das Gnadengesuch fertig, und daran tippte ich danach lange, weil ich es ohne Fehler machen musste. Wir schliefen dann hier, und ich konnte nicht zu den Freunden, was mir recht bitter war, auch heute früh nicht, weil ich bis 9.15 das Gesuch in der Lansschule haben musste. C. Viggo hatte um 10 noch im Justizministerium eine Verabredung, und da war es offenbar sehr unangenehm, ruppig und unfreundlich und war C. V. unangenehm. Er sprach 2 Männer. 1. Staatsanwalt Pieper und Ministerialrat Dr. Franke, die sagten, der Minister würde sicher die Sache nicht dem Führer vortragen, denn das sei ja 20. 7. C. V. sagte, nein, das sei es sachlich nicht, aber er erwiderte, Du hättest ja direkte Vorbereitungshandlungen zum 20. 7., soweit er wisse, begangen. (Das ist doch objektiv *nicht wahr!*) Es ist eben sehr ungünstig, dass Du unter der Flagge segelst. Kreisau würde sicher eingezogen, und wenn wir dann hinterher auf dem Gnadenweg, der insoweit sicher erfolgreich sein werde, versuchen würden, Kr. für die Familie zu erhalten, dann besser nicht für die Söhne. … – Ach, mein Jäm, wie uninteressant ist das alles verglichen mit Deinem Leben. Aber es ist wichtig, an die Söhnchen zu denken und wie es für die am Besten ist. Das Andere ist uninteressant. Wie geht es Dir nun mein Herz, nach diesen Exkursen? Bist Du deprimiert oder hattest Du Dir weise keine Hoffnungen gemacht? … Nachdem ich C. V. in seinen Zug gesetzt hatte, denn vorerst kann er doch nichts mehr machen, war ich ganz deprimiert und suchte mir mühsam unseren Felsen, und dann fuhr ich zu Frau Reisert und traf da die Freundin von Haubach,[8] und beide Frauen waren so rührend erfreut, mich zu sehen, und hatten beide so sichtlich das Bedürfnis, sich durch mich trösten zu lassen. Das ist nun merkwürdig: Ich sage ihnen immer wieder: Rechnet mit dem Tod, anderes hat keinen Zweck, und doch mache ich denen immer den Eindruck von Frische und gebe ihnen Hoffnung. Dabei war mir heute ganz arm zu Mute, denen aber noch ärmer, scheints. Bei Reisert muss ich allerdings sagen, dass ich nicht an ein Todesurteil glauben kann, aber Frau R. rechnet auch damit. Sie ist eine nette Frau, klug, tatkräftig und mit weichem Herzen, auch nett anzusehen. Heute sah sie nur so elend aus. …

Ich umarme Dich sehr. Ich lebe ganz nah bei Dir und innig mit Dir vereint. Es geht mir gut, weil ich uns so wohl geborgen weiß. Die anderen Menschen haben es sehr viel schwerer. In großer Liebe bin ich immer Dein P. …

1 Amtsrat Thiele hatte Freya am 8. November den Pflichtverteidiger Weismann empfohlen, von dem Poelchau abriet. *2* Landgerichtsdirektor. *3* Fritzi: Fritz Dietlof Graf von der Schulenburg. Vermutlich handelt es sich um die Landkarte, auf der die Gaue bzw. Wehrkreise eingezeichnet sind, für die der Kreisauer Kreis Landesverweser vorgesehen hatte. *4* Ernst Lautz. *5* Otto Georg Thierack. *6* Siehe Freyas Brief vom 24.–26. Oktober 1944, S. 83. *7* In den meisten Fällen war ein Todesurteil mit Vermögenseinzug verbunden. *8* Anneliese Schellhase.

Freya an Helmuth James, 12. November 1944

Sonntag Morgen

Mein Lieber, guten Morgen! Ich bin ganz in Deiner Nähe und werde wohl auch bis Mittag hierbleiben, um noch Antwort von Dir zu bekommen. Ich darf hier essen, und dann fahre ich wieder zu Carl Dietrich. Ich habe eine gute und schöne Nacht hier verbracht,[1] mein liebes Herz! Ich war gestern Abend erschöpft, nicht mit dem Körper, aber mit der Seele. Das viele Tun hatte mich doch mit Hoffnungen erfüllt, und dann erschien mir das Tun nicht gelungen, die Eindrücke deprimierten mich, ich fand es unwürdig, und ich hatte dann plötzlich keine Hoffnungen mehr. Wenn ich auch weiß, dass das der richtige Ort für unsere Herzen ist, so war es mir eben doch nicht gelungen, mein Herz dort zu halten, und der Sturz tut dann jedesmal wieder weh. Nun bin ich aber wieder unten eingerichtet, und nun geht es mir wieder fest und gut – ich glaube es mit Bestimmtheit sagen zu können. ...

Die lieben guten Freunde sahen mir schon von weitem an, dass ich nicht im Gleichgewicht war. Es muss wohl leicht zu merken sein, Du hättest es ja auch sofort gesehen, und so behielten sie mich in diesem herrlichen Hafen, und ich ließ allen Herren aus Verona[2] freien Lauf. Das war sehr wohltuend, und bald hatte ich mich wieder gefangen, Dich gefunden – nein, Dich hatte ich immer ganz fest, aber die wirkliche, unzerstörbare, ewige Verbindung zu Dir gefunden – und schlief dann gut und dankbar. Gott gebe, dass Du es auch nicht schwerer hast! Dir werden ja, mein Lieber, viel schwerere Prüfungen in Deiner Zelle auferlegt. Im Grunde ist das schönste, das diese Wochen uns geschenkt haben, unsere gemeinsame Vorbereitung auf Deinen Tod, mein Geliebter. Das ist das große Geschenk. ...

Noch etwas ist mir heute Nacht, richtiger über Nacht, klar geworden: Wir werden uns nicht so sehen, als sei es das letzte Mal, mein Jäm. Wir wissen es garnicht, wir können es nicht wissen, und wir machen es uns sonst zu schwer. Ich hatte mich gefragt, ob wir uns nicht bewusst so sehen müssten, als sei es der Abschied. Ob mein Herz das aushalten könnte, das bezweifelte ich sehr, und daher meine Furcht. Aber heute früh weiß ich ganz genau, dass ich Dich sehen muss in dem reinen Glück, Dich sehen zu dürfen, nur von Freude und nicht von Schmerz erfüllt und von der Tatsache des *Lebens*. So werde ich kommen, mein Jäm, so kann ich mich schrecklich freuen. Komm Du auch so und lass den Tod nicht zu uns herein. Da hat er noch nichts zu suchen. Ich weiß es heute früh ganz genau.

Weiter beschäftigt mich noch die Frage, ob man C. D. und Einsiedel nicht doch belastet, wenn man sie so bewusst hereinzieht. Auch P. hatte von sich aus darüber nachgedacht und war nicht sicher. Man muss es jedenfalls ganz genau überlegen. Sie sind doch sehr am Rande, besonders C. D., der doch eigentlich *nichts* gemacht hat. …

Mein Jäm, ich liebe Dich! Das fühlst Du ja aus jedem Wort. Ich bin und bleibe immer Dein P. …

1 Bei den Poelchaus, siehe Einleitung, S. 17. *2* Das heißt: den Tränen. Anspielung auf William Shakespeares Komödie *Zwei Herren aus Verona*.

Helmuth James an Freya, 12. November 1944

Tegel, den 12. 11. 44.

Mein Lieber, viel und zärtlich habe ich Deiner gedacht und gehofft, dass Du nicht in Gruben gefallen bist, denn solche Unternehmungen wie die, mit denen Du Dich beschäftigst, sind strapaziös und für die Seele manchmal recht unangenehm. Richtig, da fällt mir ein, ich habe mich an einem andern Liedvers als dem, den Du kennst, besonders erbaut: 232,4: «Meine Seele grämt sich nicht, liebt hingegen Gott im Leiden; Kummer, der das Herze bricht, trifft und ängstet nur die Heiden; wer Gott in dem Schoße liegt, bleibt in aller Not vergnügt.» Das, mein Herz, haben wir wohl beide gelernt, und jetzt heißt es, in dem Schoße bleiben. Das ist eben leichter gesagt als getan, denn das ist kein Besitz, den man getrost nach Hause tragen kann, sondern man muss ihn sich alle Tage, ja jede Stunde neu erringen. …

So, jetzt schreibe ich weiter an meiner Verteidigungsschrift, denn die will ich heute fertig bekommen und dann Anfang der Woche ein neues Exemplar für den Anwalt fertigen. Ich würde ihn, den Anwalt, allerdings sehr gerne rechtzeitig vor dem Termin sehen. Leb wohl, mein Herz, ich umarme Dich, der Herr behüte Dich und die Söhnchen und erhalte Dich in seinem Schoß. J.

Helmuth James an Freya, 12./13. November 1944

Tegel, den 12. 11. 44.

Mein Lieber, nein, ich bin garnicht deprimiert. Ich hoffe, dass Du gesehen hattest, dass ich Dich vor der Reaktion der Depression schon gewarnt hatte. …

Meine Verteidigungsschrift geht morgen ab, und ich nehme an, dass sie spätestens Mittwoch oder Donnerstag bei Schulze ist. Ich meine, Du solltest dann doch im Auftrage von Carl Viggo noch ein Mal zu Schulze gehen und fragen, ob er feststellen könne, ob C. V. zu Freisler könne. Vielleicht kannst Du bei der Gelegenheit feststellen, ob irgendeine Wirkung der Verteidigungsschrift zu spüren ist. – Auch den Brief C. V. an Müller musst Du bitte selbst im Vorzimmer abgeben, und zwar auch erst Freitag, damit dort dann auch die Verteidigungsschrift schon da ist.

Ist mit Adrian geklärt, ob Kaltenbrunner einen eigenen Mann in der Verhandlung hat oder auf die Nachrichten von Lange und Genossen angewiesen ist? …

Nein, mein Pim, Du hast es schwerer als ich: Der Trubel, die Anstrengung, die unvermeidliche Hoffnung, die Enttäuschung über Menschen, die Freude über Menschen, das alles ist viel anstrengender als der Aufenthalt in der Zelle. Wenn man sich da zu Hoffnungen verleiten lässt, so kommt es nur aus einem selbst, und man muss sich dafür züchtigen. Du, der draußen ist, hast es schwerer. Deswegen hast Du es auch schwerer, als Marion, Clarita[1] etc. es gehabt haben. Aber Du wirst ja dafür auch hoch belohnt. Man sollte sich überhaupt nicht mit anderen vergleichen, denn das Entscheidende ist ja garnicht, wie schwer man es hat, sondern das Entscheidende ist die Relation von Gewicht und Tragfähigkeit.

Mein liebes Herz, voller Glück denke ich des morgigen Tages. Wie schön, Dich zu sehen. Ob es das letzte Mal ist, ist ja ganz gleichgültig. Seit Jahren schon habe ich Dich jedes Mal in dem Gefühl verlassen, nun sähe ich Dich nicht wieder; das ist mir garnicht neu. Auch Kreisau habe ich jedes Mal so verlassen. Ich bin glücklich, wenn Du da bist, und bin glücklich, wenn Du da gewesen bist, denn dann ist ein neues Bild meinem Schatz zugefügt. Mein Pim-Bilderbogen hieß im August bis Anfang September: Grundlsee – Bahnhof Fürstenberg, dann hieß er bis Hof Tegel und ab morgen wird er heißen bis Tegel Haus I. Wenn Gott will, fügt er noch etwas hinzu, auf das wir ohnehin keinen Anspruch haben, und dankbar können wir auf jeden Fall sein.

Im Grunde habe ich garnichts mehr zu sagen, mein Herz. Ich fühle mich heut wie ein Fels und weich wie köstlichste Daunen. Solange der Herr mir diese Verfassung erhält, bin ich unberührbar für Herrn Schulze, Herrn Freisler und den Henker und bin empfänglich und voller Dank für jeden Strahl der Sonne, für jeden freundlichen Gedanken, für das Klirren im Schloss, wenn Poelchau kommt, für einen Brief vom Pim und für die Gegenwart des Pim. Sieh, wie reich ich bin, unermesslich reich.

… Leb wohl, mein Herz, schlafe gut. J. …

13. 11. morgens.

Mein Herz, wie freue ich mich dieses Tages. Welch ein Glück wird uns noch ein Mal beschert.

Da ich annehme, dass gleich der Vorsteher[2] kommt, meinen Brief an Müller und V. G. H. abzuholen, nur ein Wort über etwas, was mir heute Nacht eingefallen ist in Abänderung von 3. umseitig.

[Es folgt in der Handschrift ein Absatz, den Helmuth gestrichen hat, da er ihn im Folgenden wiederholt.]

Ich will das noch ein Mal wiederholen, vielleicht habe ich noch Zeit. Ich würde also den Brief an Reichsf. SS richten, und zwar gleich und etwa folgendes schreiben:

> Im Auftrage der Familie von Moltke überreiche ich in der Anlage ein Gnadengesuch für meinen Neffen H. J. M. an den Führer, und bitte darum, dass Sie, Reichsf., dieses Gesuch beim Führer befürworten.
>
> Wenn ich diese Bitte an Sie richte, obwohl ich weiß, dass Sie schon ein Mal bereit waren, Rücksicht auf den Namen Moltke zu nehmen,[3] so bestimmen mich dafür folgende Gründe:
>
> Die Familie v. M. ist eine ganz fest zusammengehörige Familie, die sich immer als Ganzes, als eine Sippe gefühlt hat und deren Mittelpunkt das meinem Neffen gehörige Gut Kreisau war. Die Familie hat als Ganzes nicht nur in der Vergangenheit Großes für das Reich geleistet, sie hat auch in den letzten Jahren in dem Botschafter in Warschau und Madrid[4] ihr hervorragendstes Mitglied aus der älteren Generation in den Dienst des großdeutschen Reiches gestellt. In diesem Kriege sind sämtliche waffenfähige Männer der Familie Soldaten, einer ist mit dem Ritterkreuz ausgezeichnet worden,[5] ein Bruder meines Neffen ist gefallen.[6]
>
> Das Verfahren vor dem Volksgerichtshof, das, wie uns gesagt wurde, zu erwartende Todesurteil treffen die ganze Familie in allen ihren

Gliedern schwer. Die Vollstreckung des Todesurteils würde aber diesem Makel der Familie den Charakter des Unabänderlichen, des Nichtwiedergutzumachenden geben. Die Familie bittet daher darum, sie davor zu bewahren und die Todesstrafe an ihrem schuldig gewordenen Glied nicht zu vollstrecken, damit ihm später Gelegenheit gegeben werden kann, das Geschehene vergessen zu lassen und nicht in Unehre zu sterben.

Eine solche Entscheidung, die nicht aus Gnade für das schuldig gewordene Familienglied erfolgt, sondern die den Schlag, den eine ganze Sippe fühlt, milderte, erbitten wir.

Noch ein Gedanke: Falls es nicht möglich sein sollte, das Gesuch jetzt zu befürworten, so wird gebeten, Gelegenheit zu geben, es nach dem Urteil zu erneuern, wenn diese noch zweifelhaften Fragen geklärt sind.

1 Clarita von Trott zu Solz. *2* Kurth, der Vorsteher von Haus I des Gefängnisses. *3* Siehe Einleitung, S. 29f. *4* Hans-Adolf von Moltke, war von 1934 bis 1939 Botschafter in Warschau und von Januar bis März 1943 Botschafter in Madrid. *5* Johannes Helmut von Moltke. *6* Helmuths Bruder Carl Bernhard.

Helmuth James an Freya, 13. November 1944

Tegel, den 13. 11. 44.

Mein liebes Herz, welch eine herrliche halbe Stunde haben wir genossen. Ich fühle mich wieder ein Stück reicher, sicherer, glücklicher. Ich war so froh zu sehen, dass Du wohl aussahest, und wie schön Dein Föhlchen[1] geworden ist. Mein Herz, wir sind ein paar Mal dicht an der Wehmut vorbeigeglitten, und auch das habe ich genossen, denn so spürte man doch die Lava unter uns und in uns, die wir ohne diese gefährlichen Momente nicht so gesehen hätten. Mein Herz, wie müssen wir erneut danken, danken, danken, dass uns dies Glück beschert worden ist. Und mein Herz, hast Du bemerkt, dass wir keine Sorgen haben, dass wir voneinander wissen, dass wir unsre scheinbar getrennten Wege immer zusammen gehen, Du mit mir in die Ewigkeit und ich zu Deiner Wärme auf Deinem weiteren Lebensweg. Ich schreibe das so ohne Alternative, weil ich will, dass wir auf dieser Basis aufbauen und uns nicht in Bildern eines gemeinsamen Lebens verlieren. Aber glauben, mein Herz, glauben, dass der Herr mich erhalten kann, wollen wir mit aller Macht. Dazu haben wir nicht nur ein Recht, sondern eine Pflicht, denn auf diesem Glauben basiert alles. Luk. 17,20 z.B. Wir dürfen nicht glauben, dass Gott mich erretten will; darum müssen wir ihn bitten, und ob er es erhört, hängt von seinem Ratschluss ab. Wir müssen aber glauben und keinen Augenblick zweifeln, dass er mich erretten kann. Habe ich Dir schon das Lied 230,2 geschrieben? «Dein Geist hängt nie an menschlichen Gesetzen, so die Vernunft und gute Meinung stellt. Des Zweifels Knoten kann Dein Schwert verletzen und lösen auf, nach dem es Dir gefällt. Du reißest wohl die stärksten Bande entzwei; was sich entgegensetzt, muss sinken hin; ein Wort bricht oft den allerhärtesten Sinn; dann geht Dein Fuß auch durch Umwege frei.» Auf diesen festen Glauben, dass bei Gott Wollen und Vollbringen eines ist, baut die Gewissheit, dass, wenn ich sterbe, er es so gewollt hat, und wenn er es gewollt hat, so war es zu Deinem und meinem Besten. Warum? Wieso? Was wäre sonst geschehen? Das sind Fragen, die uns nicht zustehen. «Und siehst Du ferner keine Spur, so glaube nur», sagt Lied 178 Vers 6. Mein Herz, Du weißt es ja auch, ich schreibe es nicht, um Dich zu belehren, sondern um Dich zu bestätigen, vor allem, wenn Du etwa ein Mal nicht weitersehen zu können vermeinst. Wenn der Herr mich in 10 oder 14 Tagen zu sich ruft, so ist für jeden leicht zu sehen, dass es zu meinem Besten sein kann und selbst vom menschlichen Standpunkt sehr wahrscheinlich ist. Aber dass es zu Deinem Besten ist, ist so viel schwerer zu sehen. Mein Herz, binde das Seil, an dem Du über den Strom steuerst, an die Pflöcke «Dank» hinter Dir und «Glaube» vor Dir, so wirst Du schon irgendwie über den Strom kommen. Und wenn Du die beiden Pflöcke ganz fest einrammst, dann solltest Du imstande sein, der Wellen zu lachen, wie hoch auch immer sie gehen mögen. …

Welch' ein Glück, dass Du in der Afrikanischenstr.[2] so beheimatet bist. Leb' wohl, mein Herz, ich höre auf und muss ein wenig mit dem Satan ringen, nicht schlimm, nur ein wenig. Ich umarme Dich. J. …

1 Vermutlich ein Kleidungsstück. *2* Harald und Dorothee Poelchau wohnten in der Afrikanischen Straße 140 in Berlin-Wedding.

Helmuth James an Freya, 14. November 1944

Tegel, den 14. 11. 44.

Mein Lieber, heute Nacht habe ich furchtbar mit dem Satan gerungen, und nur der Glanz Deines gestrigen Besuchs hat mich dann am Ende jedes Kampfes als Siegeskranz belohnt, und dann bin ich so zärtlich an Dich denkend immer wieder eingeschlafen, dass ich fast die Kämpfe zu segnen imstande war, die mir in der Ermattung das Bild meines Pim, rot, wohl, weich, lieb im grauen Föhlchen so schön anzusehen, verschafften.

Der Kampf ging um die Gnadensache, und schließlich bin ich zu dem Ergebnis gekommen, dass das Gesuch schlecht und der Weg falsch ist. Ich sage das so brutal, mein Herz, weil ich glaube, dass Du es genauso gut ertragen kannst wie ich. Der Herr hat es so gefügt, und wer weiß, ob es nicht gut ist. Der Fehler liegt teils bei mir, teils bei Carl Viggo. Ich will das auseinandersetzen, weil wir versuchen müssen, es zu reparieren.

1. Der Weg. M. E. wird Keitel es nicht vorlegen. Ich würde mich mit Erika darüber in Verbindung halten, und sie soll Bürkner um genaue Auskunft treten. Ich halte es für besser, Keitel legt nicht vor. Legt er vor, dann muss alles laufen, wie es jetzt eingefädelt ist, und wir müssen das Ergebnis Gott anheimstellen. Ich bitte Dich aber, Bü. so sagen zu lassen: Wenn Keitel es nicht selbst vorlegt, sondern entweder an Justizminister oder an Himmler weiterleiten will, dann soll er, Bü., das Gesuch zurückbringen. Dann würden wir direkt diese Wege gehen. Dieser Wunsch hinsichtlich des Weges ist meiner.
2. Der Inhalt. a. Ich darf überhaupt nicht vorkommen, denn das Gnadengesuch muss davon ausgehen, dass ich schuldig bin, und zwar den Tod verdient habe. Keine früheren Verdienste, keine Milderungsgesichtspunkte. Die weiß Himmler und Justizminister und sie sind wertlos.
   b. Es gibt nur ein Argument: Wir sind eine der großen Familien des Landes, und wenn die Familie sich geschlossen – auf dem Papier – vor mich stellt, dann ist das ein Argument: in dem einen Mann werden wegen der Geschlossenheit auch die übrigen betroffen, und alle zusammen können auf so große Verdienste verweisen, dass diese Gnade rechtfertigen. …

Mach morgen ein ganz neues Gesuch mit Dix und besprich mit ihm genau, wie es vorgelegt werden soll. …

Mein Herz, ich habe den Satan nun überwunden und habe nur Sorgen um Dich. Überwinde ihn. Ich hatte erst gedacht, ich würde ihn Dir durch Schweigen ersparen; aber wenn dann womöglich Mitte nächster Woche Bü. Dir gelegentlich sagen ließe, Keitel hätte Vorlage abgelehnt, dann wärst Du ja noch ganz anders in die Grube gefallen. So beiß Dich durch. Des Herrn Wille geschieht, und wenn er diese Wege wählt, so hat er seinen Grund. J.

Freya an Helmuth James, 14. November 1944

Dienstag früh

Mein liebes Herz, es war ein solches Glück, ein solches reines Glück, Dich zu sehen. Ach, mein Jäm, wie schön war es. Mit großem Glanz liegt die schöne Zeit in mir. Du sahst so wohl, so gut, so richtig aus, so wie Du aussehen musst, ganz wie mein Jäm, ganz wie immer. Ich kannte alles und sah es mit Entzücken und sah, dass alles von innen gut beschickt und ausgestattet war. Es war wirklich, mein Herz, so schön, wie es nur sein konnte, und ich weiß, dass Du auch zufrieden warst. Mein Jäm, es ist so außerhalb jeden Zweifels, dass wir eins sind und einig sind; es ist aber auch so fühlbar gewesen, dass Gott bereit ist, uns beizustehen, jetzt und in Zukunft. Er ist wirklich bei uns. Er hat uns, mir jedenfalls, auch geholfen, dass es so schön sein konnte. Als ich nämlich unterwegs zu Dir war, bekam ich plötzlich Furcht, was mein Herz machen würde, bis mir eine schöne Stelle einfiel, die ich am Sonntag hier bei den Freunden gelesen hatte: 1 Joh. 4,18.[1] Lies sie mal. Von da an hatte ich keine Furcht mehr, und als ich dann nach anfänglichem längerem Warten unerwartet schnell bei Dir war, war es nichts als Glück, obwohl ich durchaus den möglichen Abschied in dieser Welt im Herzen trug. Mein lieber Jäm, mein liebes Herz, mein Liebster, mein Ehewirt, wir müssen ihn auch im Herzen tragen. Ich sage es immer wieder. Ich sah, dass Du es tust, aber ich tue es auch. Es ist richtig so, und Du hast es sehr schön gesagt, dass wir nicht hoffen, aber glauben dürfen. Mein Jäm, Deine vielen lieben Worte, die Du mir in diesen Wochen auf den Weg gegeben hast, sind durch Deinen geliebten Anblick gestern alle bestätigt, beschienen und bestrahlt worden. Ja, Du bist wie ein Felsen und wie zarteste Daunen. Wie gerne will ich bitten, dass es so bleibt, dass Dein Glauben stark bleibt. Ich kann, ich vermag nicht zu zweifeln, dass es so bleiben wird und dass Gott Dir helfen wird. Aber nichts tue ich lieber, als darum bitten. Mein Jäm, mein Jäm, wie schön war es und wie dankbar bin ich. Ich hatte mir oft gesagt, dass es garnicht nötig wäre, dass wir uns sähen, aber das Sehen war nun eine so beglückende Bestätigung all dessen, was wir gelernt und erlebt und erfahren haben. Du sahest genau so aus, wie ich Dich fest in meinem Herzen trage, und alles war so, wie ich es kenne und so aus Herzensgrund, so innig, so zärtlich liebe. Hinterher ist mir nur eingefallen, dass ich mir Deinen Mund nicht allein besehen habe. Ich war so erfüllt von dem Ganzen, ich habe nur das Ganze gesehen, und das lag alles in den Augen und der Stirn. Wie lieb ich es alles habe, brauchte ich nicht erst zu finden, das wusste ich, und so war es nichts als eine mich tief beglückende Bestätigung, ein reiches Geschenk. Mein Jäm, ja, wir sind eins, und Gott will nicht, dass der Tod uns trennt. Ich weiß es fest und werde es über allen Kummer, allen Schmerz und alle Tränen hinweg durch mein ganzes Leben bis an sein Ende tragen dürfen. So bin ich manchmal wirklich getrost und freudig und weiß, was zählt und was nicht zählt, kenne die Pole vor und hinter mir. Du hast viel und schön an mich in Deinen letzten Briefen geschrieben. Sei nur recht geschwätzig. Das ist mein Glück und mein Gewinn. Dass wir aber im Fundament ganz einig sind und dass es darüber keine Worte mehr braucht, das bewies unser Beieinandersein auch!

Mein Jäm, ich habe wieder bei den Freunden geschlafen. Ich kam erst spät aus Nikolassee[2] hier an. Bill kam erst kurz vor 7 nach Haus, und ich konnte ihm das Gewünschte[3] ja nicht innerhalb 5 Minuten extrahieren. Er ist unglaublich alt und reduziert geworden. Ich war ganz erschüttert von seinem Anblick. Alle waren sie sichtbar älter geworden. Bald erschienen dann noch Karin und Heini Rittberg. Er ist vor 4 Tagen mit seinen 30 Jahren Oberstleutnant geworden. Man braucht ihn nur ansehen, um zu wissen, dass er unter Umständen große Karriere machen kann. Er ist klug und kalt, ein begeisterter Soldat, kein eindeutiger Charakter und menschlich ganz ungebildet. Seine Frau ist ihm hingegen darin weit voraus, ist so, wie man als Frau sein muss. Für uns würde er sicher nie auch nur das Geringste tun. Er habe sich bewusst aus allem herausgehalten, das verlange seine prekäre Stellung. Ich habe den Eindruck, dass er zur SS neigt. Deinen Brief an den Reichsf. fand er sichtlich bei weitem am besten. Ob das Gesuch an den Führer überhaupt Sinn hat, weiß ich deshalb nicht, weil der Führer alles, was auch nur entfernt mit dem 20. 7. zu tun hat, umbringen lässt. Ob er erfährt, dass das bei Dir nicht so ist, ist unsicher. …

Gleich muss P. gehen. Daher sage ich: Leb wohl, mein Herz. Ich liebe Dich sehr und voller Dankbarkeit und bin mir wohl bewusst des Satzes, unter dem wir beide leben. Ich bin und bleibe Dein P.

1 «Furcht ist nicht in der Liebe, sondern die völlige Liebe treibt die Furcht aus; denn die Furcht hat Pein. Wer sich aber fürchtet, der ist nicht völlig in der Liebe.»
2 Wohnort von Wilhelm von Moltke («Bill»). *3* Es handelt sich um seine Unterschrift für das Gnadengesuch.

Helmuth James an Freya, 14. November 1944

Tegel 14. 11. 44.

Mein liebes Herz, Poelchau musste weg, kommt noch ein Mal wieder, und da ich aus meinen Kämpfen bisher immer einen Brief an meinen Liebsten gemacht habe, will ich damit ruhig anfangen. Vielleicht ist es noch nicht soweit, und fertig wird der Brief sicher nicht.

Du siehst, Dein stolzer Fels ist mal wieder geborsten und hat wieder einige Zeit in der Hölle zugebracht. Eines ist sicher, wenn ich noch Monate in dieser Lage bliebe, dann würde ich die Hölle besser kennen als Kreisau. Ich habe nämlich entdeckt, dass man jedes Mal tiefer in sie hineindringt. Dieses Mal war es meine Hoffart, meine mangelnde Demut, die mich trieben, und wenn Satan mir letzte Nacht nicht mit Schweif und Klauen erschienen ist, so nur, weil ja nachts bei mir das Licht brennt. Dein schöner, köstlicher, herrlicher, erquickender Besuch, dieser Glanz, in dem sich noch ein Mal mein ganzes Leben zusammenzufassen schien, hatte eine Mittelschicht in mir mal wieder sehr deutlich darauf aufmerksam gemacht, dass ein so bewusster Abschied vom Leben eben nicht ein Verstandesakt, nicht nur etwas Formales ist, sondern eben ein Schnitt ins Lebendige. Mit der fleischlichen Sehnsucht nach dem Leben kam die Erkenntnis der im fleischlichen Sinne Aussichtslosigkeit meiner Lage, und da war ich bei dem Gnadengesuch und dem, was ich darüber geschrieben habe, und von da an fühlte ich mich plötzlich von Hitler und Keitel und Bürkner und Müller und Himmler abhängig, und schwupps war ich aus Gottes Hand gefallen, oder so fühlte ich mich. Nun habe ich ja in den letzten Wochen manches gelernt, sprach mir Psalmen und Lieder und Bibelstellen vor, und sozusagen als ein Routinier wusste ich immer genau, was nun dran war, und dann kam der 139. Psalm und dann das rettende Bußgebet und dann die Einsetzungsworte des Sakraments des Abendmahls, und nun, sagte ich zu mir selbst, muss eigentlich Frieden sein, und ich stand dem lieben Gott so gewiss mit der Forderung gegenüber: jetzt habe ich alles getan, jetzt her mit deinem Frieden. Und diese Hoffart, gerade die Routine in der Teufelsbekämpfung war der Fallstrick; es ging immer tiefer und immer tiefer, und der liebe Gott dachte garnicht daran, zu tun, wie ich wollte, sondern ließ mich vom Teufel so quälen, dass der 10. (?) Oktober geradezu ein Freudenfest dagegen war.[1] Denn ich bemerkte, dass meine Routine, dass gerade das, was ich über diese Fragen gelernt hatte, das Übel war. Hatte mich damals der 139. Psalm herausziehen können, so kannte ich ihn jetzt zu gut, und alle die Hilfsmittel versagten eben gerade deshalb, weil ich sie nicht mit einfältigem Herzen hinnahm, sondern sie «gebrauchte». Und die Einfalt konnte ich in meiner Hoffart nicht finden. So hoffärtig war ich, mein Herz, dass ich sozusagen auf meine Qualen stolz war und mir sagte: Wie wenige Menschen in ganz Deutschland gibt es, die überhaupt die Fähigkeit haben, so gequält zu werden. Ich konnte nicht glauben, so kehrte ich zum Dank zurück, und dann kam das Bild meines Liebsten so schön aussehend im grauen Föhlchen, und dankbar schlief ich ein. Aber bald wachte ich wieder auf, und das Ganze ging von Neuem los. Plötzlich war ich dann ganz allein mit meiner Angst, ich werde gehenkt werden – etwas, was geradezu antiquiert ist –, und dem Teufel, der Dinge in Zweifel zog, die mir in der Oktober-Prüfung als ganz fest und absolut erschienen waren.

Ich hoffe und ich bitte, dass es vorbei ist. Ich schreibe es auch nur, weil ich glaube und fühle, dass es vorbei ist. Ich fühle mein Inneres noch so zittern, aber ich meine, das ist nur der Abklang und es ist vorbei. – Mein Herz, ich schreibe es Dir auch deswegen, weil ich zwar wieder glaube, dass Gott auch mein Leben erhalten kann, aber auch weiß, dass ich darauf weder im menschlichen oder geistlichen Sinne rechnen kann. Und da will ich, dass Du wenigstens so an der Frucht dieses Kampfes teilhabest und es Dir vielleicht eine Hilfe ist, wenn Du versucht wirst. Ich glaube nur, mein Herz, dass Du eben jene Einfalt hast, die mir fehlt, dass Du meine Hoffart nie haben kannst, sondern Dich viel demütiger dem Willen Gottes hingibst. Gott erhalte Dir das und erspare Dir die Wege in die Hölle, die ich gehen muss.

Ob ich meiner Hoffart noch Herr werde, ehe ich sterbe? Siehst Du, dass schon diese Fragestellung hoffärtig ist? Ich lasse sie trotzdem stehen, denn Du darfst es ruhig wissen, und der liebe Gott muss mir auf diesem Gebiet so viel vergeben, dass er diesen Gedanken auch noch mit vergeben wird. Die Demut ist jetzt für mich eben wichtiger als der Glaube, denn in dem Zustand, in dem ich jetzt bin, kann die Hoffart mich des Glaubens berauben. Eins habe ich gelernt: Die Hölle ist tiefer, als man glaubt, und wenn ich heute wieder daraus hervorkommen sollte, dann kann der nächste Sturz vielleicht noch tiefer werden. «Betet mit Furcht und Zittern» steht irgendwo und im 51. Psalm «ein geängstet und zerschlagen Herz wirst Du, Gott, nicht verschmähen». Mein Lieber, segne Deine Einfalt und bete für Deinen Wirt. Diese Stunden sind so, dass ich mich nach dem Henker sehne, kannst Du Dir das vorstellen.

Poelchau hat mir dieses gesagt: Kein subjektives Mittel kann helfen. Wir müssen wissen, und wenn es nur mit dem Verstand ist, dass wir objektiv durch die Taufe Gottes Kinder geworden sind, dass objektiv

Christus für uns gestorben ist und dass das so ist, auch wenn wir es nicht fühlen, wenn uns die subjektive Gegenwart dieser Erkenntnis abgeht, ja wenn wir sie leugnen. Er hat mich auf Jes. 43,1 + 2[2] hingewiesen. Er hat recht. Aber es ist für ein hoffärtiges Gemüt sehr wenig und sehr bitter, denn es heißt, dass ich dann genau auf derselben Stufe bin wie Heinrich Himmler und Adolf Hitler, falls sie getauft sein sollten. Welch eine Demütigung! Aber er hat recht, und ich muss es lernen, und ehe ich das nicht voll in mich aufgenommen habe, wird es auch nicht wieder zu neuen Höhen gehen. Bitte für mich, mein Herz, dass Gott mir in seiner Gnade und aus seiner Barmherzigkeit die Demut schenkt und dass ich sie nicht wieder verliere.

Mein Herz, «bettete ich mir in die Hölle, siehe, so bist Du auch da»[3] sagt sich sehr schön, wenn man nicht oder jedenfalls nicht tief drinnen ist. Wenn einem aber aller Glaube und jede Gewissheit genommen wird, ist es sehr schwer zu sagen: Ich merke zwar nichts davon, vermag es auch nicht zu glauben, es ist aber objektiv so.

So, mein liebes Herz, der Brief ist doch fertig geworden, und ich habe Dir mein Herz ausgeschüttet. Mein Herz, Du siehst, wie groß das Glück des gestrigen Tages war, wenn ich Dir sage, dass die Dankbarkeit dafür und das Glück Deines Bildes mir die Ruhe mehrfach gebracht hat, die meine «weisesten» Gedanken nicht bringen konnten. Im 5ten Vers von «Der Mond ist aufgegangen» heißt es so schön «Lass uns einfältig werden». Denk mal, wie schön wäre es gewesen, wenn ich das Gedicht nicht gekannt hätte und gestern einfach darauf gestoßen wäre; aber ich kannte es ja, ich habe es mir über 10 Mal aufgesagt, und es nutzte nichts, eben weil ich es kannte und es wegen der erwarteten Wirkung und nicht einfältig aufsagte. Gruppenführer Müller würde das einen komplizierten Menschen nennen.

Mein Herz, in was für einer Welt lasse ich Dich zurück. Was Du mir so von Dieter[4] und Hans-Heini Rittberg schreibst, macht einem das Herz erstarren. Welch Unglück muss kommen, ehe diese Mentalität ausgerottet wird. Bewahre Dich in dieser Welt, mein Herz, und lass Deine Söhnchen nicht so werden. Ich will nicht sein wie der Pharisäer in Lukas 18,9–14, aber ich will lieber alle Wunden erleiden, als in die Herzenshärtigkeit jener zu verfallen; die werden 1. Kor. 13[5] nie verstehen und sind dann arme Menschen, wir aber, mein Herz, sind reich, so reich wie die es sich garnicht vorstellen können. Bewahre diese Fähigkeit den Söhnchen. Ich glaube auch, dass sie es haben, wenn es ihnen nicht durch falsche Erziehung – ich meine nicht von Dir – ausgetrieben wird. Darum bewahre sie vor der Technik, womit ich nicht technische Berufe meine, obwohl die gefährlich sind. Dieter aber und auch Carl

Viggo sind genau solche Techniker wie ein Bauführer. – Und, mein Herz, zum hundertsten Male: Lass Dich nicht anfechten. Wir wissen jetzt, was groß ist und was klein, was wichtig und was unwichtig; bewahre Dir diesen Maßstab, und ich hoffe, mein Lieber, dass das, was wir uns in diesen Wochen haben schreiben dürfen, Dir dazu helfen wird.

Auf Wiedersehen, mein Herz, in dieser oder in jener Welt. Hilf glauben, dass der Herr auch mein Leben retten kann, wenn er will, und dass, wenn er nicht will, es zu unserem Besten dient. Der Herr behüte Dich und uns. J.

1 Es handelt sich um den 11. Oktober 1944. Siehe Helmuths Brief vom 12. Oktober 1944, S. 64. *2* «Fürchte dich nicht, denn ich habe dich erlöst; ich habe dich bei deinem Namen gerufen; du bist mein. Denn so du durch Wasser gehst, will ich bei dir sein, dass dich die Ströme nicht sollen ersäufen, und so du ins Feuer gehst, sollst du nicht brennen, und die Flamme soll dich nicht versengen.» *3* Zitat aus Psalm 139. *4* Siehe Freyas Brief vom 3. November 1944, S. 104. *5* Preis der Liebe.

Freya an Helmuth James, 15./16. November 1944

Mittwoch Mittag

Mein liebes, armes Herz, mein Jäm, wie teuer hast Du unser schönes Beieinandersein bezahlen müssen. Denn es war ja doch die Auslösung zu diesem schrecklichen Sturz. Schon eine Weile hatte ich mich in Deinem leuchtenden Hoch auf das zu befürchtende Tief gerüstet. Es wäre auch ohne den Besuch gekommen, aber nicht so abrupt und nicht, vielleicht nicht, so qualvoll. Aber es mag schon sein, dass es Dich auch hat wieder trösten können. Mein Herz, es ist nicht so, dass mich die Überzeugung, ich war der Anlass dieses Sturzes, unglücklich macht. Ansätze dazu waren gleich überwunden. Ich weiß zu genau, dass auch ein großes Glück für uns Beide darin lag und bleiben wird. Ich verstehe überhaupt den ganzen Vorgang zu genau in Dir. Seine Qual sprach aus jedem Wort, und doch weiß ich, dass ich sie nicht, auch nicht entfernt, zu ermessen vermag, mein armes Herz. Was mir noch kürzlich unverständlich war: dieses Ausmaß von Kampf und Qual bei unseren größten Glaubenden, das kann ich jetzt plötzlich verstehen. Mein Herz windet sich, wenn ich es mir vorstelle, und doch ist es so, dass unsere höchsten Geister die schwersten Kämpfe gehabt haben und haben bestehen müssen, und eben weil sie hohe Geister waren und ihnen die Demut und die Einfalt vor Gott nicht gelang, sie dann entsetzlich kämpfen müssen, was Mamsell von selbst in sich trägt. Ihr Armen! Mamsell muss für Euch beten! Auch ich, mein Jäm, auch ich, und mit welcher Liebe, aber diese schöne Einfalt oder vor allem die Demut, mit der ist es bei mir auch noch nicht weit her, eher mit der Einfalt als mit der Demut. Es ist nun so, dass in dieser Welt die Hochs und die Tiefs sich ablösen. Solange wir darinnen sind, können wir daraus so wenig heraus wie aus der Zeit. Es folgt aus dem Tief genauso sicher ein (mindestens) Höher wie umgekehrt. Fraglich nur ob es so: ∼∼∼∼∼∼∼ geht oder so: ∩∪∩∪∩∪. Mein Herz, Du brauchst nur soviel zu glauben, dass Gott uns liebt und uns gnädig ist. Er wird kaum von Dir verlangen, dass Du ihn in Deinem Loch so liebst wie sonst, Du wärest ja dann schon heraus, aber wenn Du da unten doch noch zu glauben vermagst, dass seine Liebe groß und er eben viel größer als unser Herz ist, dann lass den Satan nur toben, er kann nichts Wirkliches ausrichten. Das kann er sowieso nicht. Das alles weißt Du ja selbst, mein Herz, und so Gott will, ruhst Du ihm jetzt wieder im Schoße; Deine Furcht wird nur sein, dass Dich ein Tief trifft in den Stunden, in denen Du es nicht gebrauchen kannst. Gegen diese Furcht hilft aber nur Gottvertrauen. Ich, mein Herz, kann es nicht glauben. Er kann Dich prüfen, aber nicht verlassen. Vergiss den Garten Getsemane[1] nicht und auch nicht die letzten Worte Christi am Kreuz.[2] Leicht ist es nicht und wird es nicht sein, aber Du wirst doch siegen können, denn Gott wird Dich nicht verlassen. Daran glaube ich fest, mein geliebtes Herz. Dass es für Dich, mein wirklich komplizierter Wirt, alles sehr schwer ist, ist mir ganz klar: Wir gehören ja zu den Pharisäern oder zum mindesten zu den Reichen, und daher ist der Weg besonders schwer, weil wir uns aller unsrer stolzen Güter und Bürden, die in vielem die Quelle sublimsten irdischen Vergnügens sind, entledigen müssen. Ach, mein Jäm, ich weiß! Dass wir im Grunde genau auf der gleichen Stufe wie Himmler, Hitler und Freisler stehen, ist uns sehr klar. Ich wage deren Funktionen und deren Gewicht auf Gottes Waage nicht zu beurteilen. So einfach ist es sicher nicht, dass auch Gott ihre Wege so wie wir verurteilt. Es bleibt zum mindesten das: «Vater vergib ihnen, denn sie wissen nicht, was sie tun». Mir scheint, mein geliebtes Herz, ich bin auch ein rechter Pharisäer, wie ich hier rede, dabei stehe ich mit Dir Hand in Hand und erwarte wie Du unser Schicksal aus seiner Hand. Ich möchte mit Dir in die Hölle und mit Dir heraus aus ihr und bin dessen garnicht fähig, bin viel zu primitiv und kann so stark garnicht empfinden. Es bleiben eben wirklich nur Glaube, *Liebe* – und die Hoffnung, mein Herzensjäm.

Jetzt, mein Jäm, muss ich zum Sachlichen schreiben. …

Die größte Gefahr des Gesuchs ist m. E. die, dass Hitler falsch drauf reagiert wegen 20. 7.-Verkoppelung. Was da genau drin steht, merkt dann A. H. garnicht. Wenn Keitel nicht funktioniert, was wir alle mit Sicherheit annehmen, dann bleibt noch abzuwarten, wie der Weg Adrian–Hewel funktioniert. Jetzt da wieder zwischen zu stoßen, wo es läuft und auch Freisler nun weiß, dass es läuft, scheint mir falsch, und ich habe den Eindruck, dass Du es im Lichte Deiner Depression übertrieben gesehen hast. Auch der Brief und Gesuch an den Reichsf. SS. ist jetzt auf gutem Wege. Der Adjutant von Müller sagte mir, M. habe den Brief sofort befördert, und er sei wahrscheinlich schon heute, spätestens morgen bei Himmler. … Das Ei ist nun einmal gelegt, und wir müssen seine Kratzer und Pünktchen in Kauf nehmen. Ein neues Gesuch hat neue Fehler. Günstig ist sicher, dass der Begleitbrief an Himmler besser ist als das Gesuch.

Mein Herz, mich schreckt das alles nicht so sehr, auch nicht, wenn Du mir neue Aufgaben gibst. Ich tue, was ich kann und was ich mit meinen schwachen Kräften mit möglichst guter Beratung fertigbringe. Dass mich meine Liebe und mein entschwindendes Glück antreiben, ist klar. …

Jetzt muss ich erst mal zu Dix gehen. Also: Carl Viggo hat Freisler heute gesehen, mich empfängt er morgen um 8.30. – Mein Liebster, nun muss ich schnell ins Bett. Wo bin ich also wieder!? Ich bin heute mit dem Körper müde und froh, dass ich nicht mehr zu reisen brauche. So starte ich von hier aus zu Freisler. Jetzt erzähle ich nur schnell noch. F. war sehr freundlich zu C. V., kannte aber die Akten noch nicht. C. Viggo hat das Gesuch angebracht, und F. hat gesagt, dass sowieso frühestens übernächste Woche Termin wäre. Er war natürlich aber im allgemeinen orientiert. Er wollte auch C. V. zum Termin kommen lassen, aber *Lautz* hat sich dem widersetzt. Der sei sehr kühl, sehr zurückhaltend und abweisend gewesen und habe gesagt, warum sich denn die Familie vor ihr schwarzes Schaf stellen wolle. Ganz im Gegenteil zu F. Über Kreisau habe F. gemeint, die Einziehung werde er vielleicht garnicht aussprechen. Er war also sehr umgänglich, aber ich habe nicht den Eindruck, als habe C. V. auf F. einen Eindruck gemacht. Haubachs Braut, die heute früh bei ihm war und Dix haben wollte, hat garnichts erreicht. Er hat dann herumgeredet und sie eingepackt. Ich werde auch nichts erreichen, aber ich gehe hin. Noch habe ich keine Angst, aber ich werde sie wohl noch kriegen.

Dix fand das Gesuch nicht schlecht. Es stehe nichts drin, was Hitler nicht gerne höre. Er gab den guten Rat, dem Exemplar beim Justiz M. noch einen Begleitbrief nachzuschicken: Es sei an Hitler und *Himmler* überreicht und man möge bis zur Entscheidung das Urteil (die Vollstreckung) aussetzen, damit, falls dann noch nichts entschieden ist, das wirklich abgewartet wird. Er meinte, sie würden dann doch Angst haben, ohne Bescheid zu vollstrecken. …

Hoffentlich schläfst Du schon, mein Geliebter, und kein Satan peinigt mein liebes Herz. Gleich schlafe ich auch. Ohne Hoffnung und mit vielen tröstlichen Wahrheiten gestärkt gehe ich müde in mein Bett. Dir gehöre ich, mein Herz, und beide sind wir des Herrn. Gute Nacht, mein Liebster. Mein Wille und der Wille zu Deinem Leben sind groß – glauben wir. Ich umarme Dich und bin und bleibe Dein P.

Guten Morgen, mein Herz. Ich frühstücke noch und dann gehe ich. Ich glaube nicht, dass es viel helfen kann, aber es ist in unserm Sinne, alles zu tun. Wie froh bin ich, dass heute Poelchau wieder zu Dir kommt. Aber ich bin voll Vertrauen, dass Du wieder im Gleichgewicht bist. In großer Liebe, Dein P.

1 Matthäus 26,39: «Mein Vater ist's möglich, so gehe dieser Kelch von mir, doch nicht wie ich will, sondern wie du willst.» *2* Matthäus 27,46: «Mein Gott, mein Gott warum hast du mich verlassen?» Lukas 23,46: «Vater, ich befehle meinen Geist in deine Hände.»

Helmuth James an Freya, 15./16. November 1944

Tegel, den 15. 11. 44.

Mein Herz, ich bitte den Vater, dass Du die Pein, die ich Dir gestern Abend verursacht habe, inzwischen überstanden hast, dass es nicht zu fürchterlich war, dass Du wieder die Gnade voll empfindest. Verzeih, mein Lieber, aber wir sind heute mehr verheiratet als je in den vergangenen 13 Jahren, und so kann ich Dir meine Schmerzen nicht ersparen. Gebe Gott, dass ich Deine Schmerzen in der kommenden Zeit mittragen darf, oh mein Lieber.

Ich will nur in meiner Erzählung fortfahren, damit Du nicht nur das Versinken bekommst, sondern auch das allmähliche an-Land-Kommen. Ich glaube, es ist vorbei, und er hat mir seine Gnade wieder gesandt. Er hat es ja eben doch nicht ganz schlimm gemacht, denn er hat mir den Dank für Dich und Deine Nähe auch im schlimmsten Augenblick erhalten. Ja, ich hoffe, dass es vorbei ist, ich wage noch nicht, auf dem wiedergewonnenen Boden mich zu bewegen, mich bangt um meine eigene Sicherheit, und mein Herz zittert noch nach, aber ich glaube, es ist vorbei.

Gestern Abend habe ich aus Angst davor, ich könnte irgendwelche Ansprüche stellen, nicht formuliert gebetet, sondern habe gehofft, dass mich der Geist vertreten würde mit ‹unaussprechlichem Seufzen›.[1] …

Als ich dann am Morgen aufwachte und an meinen Pim gedacht hatte, ging es mir wieder gut, nur vertrug ich das Warten auf das Aufstehen nicht, denn ich traute mich noch nicht zu beten oder in Bibel oder Gesangbuch zu lesen, und da kam eine kleine Angstpanik über das Gnadengesuch. Es war aber nur ein kleines, ganz kleines Nachhutgefecht, und mir schien es eher als eine Bestätigung, dass er mich meine Anwesenheit in seiner Hand spüren lassen wollte, indem er zeigte, dass ich damit wieder fertig werden könnte.

So steht es jetzt. Ich habe mein Zimmer gründlich aufgeräumt und nachher sollen wir baden. Ich werde den Morgen über wieder nicht lesen, sondern ruhig an meiner Verteidigung arbeiten und einfach warten, bis er mich wieder ruft.

Ist das alles klar, mein Herz? Wo wir doch eins sind, will ich Dir doch die Frucht unserer Qualen hinterlassen. Leb wohl, mein Guter. J. …

16. 11. 44.

… Inzwischen kam Dein Brief, der mich sehr befriedigte. Ich bin mit allem Sachlichen durchaus einverstanden; im Grunde ist es bei Gnadengesuch so, dass, je weniger ich davon weiß, umso besser. Ich will nur, dass Du Dich auch möglichst wenig damit belastest. …

Nun kommt meine heutige Vernehmung: Ich wurde geholt, um meinen Schriftsatz zu diktieren, also höchst loyal. Ich sagte, nun sei er schon auf dem Wege und ich hätte meinen Entwurf nicht mit. Ich hätte gedacht, ich werde nicht mehr gehört werden.

Dann Vernehmung über Adrian und Illemie: Merkwürdig und nicht ganz angenehm in der Fragestellung. Schlussfrage: Ob Adrian auch zu dem «Kreisauer Kreis» gehört und an den Besprechungen teilgenommen habe?[2] Wenn man bedenkt, dass der Fragende diese Besprechungen für Hochverrat hält, so ist es eigentlich ein starkes Stück, so etwas über einen aktiven Staatssekretär zu fragen. Der vernehmende Sturmbannführer machte aber eher einen törichten Eindruck und war nicht gut präpariert. Es ist also möglich, dass das nur ein Missgriff war und dass sie nur klären wollten, warum Steengracht sich für mich einsetzt.

Der zweite Punkt ist interessant, und dann kam die Pointe: Willo, Mami, Verbindungen mit den Großeltern während des Krieges, meine Absicht, im Falle eines Krieges nach England zu übersiedeln. Das letzte besonders schön angesichts der Tatsache, dass ich da bin. Ich fühle mich doch mehr als Engländer denn als Deutscher. Die Grundlage dafür war die Photokopie eines 2 Seiten langen Maschinenbriefes, der aber sehr sorgfältig fern von mir gehalten wurde. Aus einer Frage musste ich auch entnehmen, dass drin stand, Carl Bernd sei nicht tot, sondern zu den Engländern übergegangen. Ich kann mir nur eine Quelle denken, und das ist die Rentenannie.[3] Denn wozu sonst gehässige Ausfälle über Mami: Wir seien britisch erzogen von unsrer Mutter. Da ich über alles glatt Auskunft geben konnte und den schwarzen Punkt Willo[4] konzedierte, aber sagte, er sei für uns verschollen und abgeschrieben, und mit den Großeltern hätten wir nur R. K.-Korrespondenz gehabt, packte er die Sache wieder ein, ohne ein Protokoll aufzunehmen, und will sich meine Angaben zu meiner Person, die er nicht kannte, erst noch durcharbeiten. Ich nehme an, dass ich dann wieder geholt werde. Schön, nicht? Es ist mir glücklicherweise ganz wurscht.

So, mein Herz, jetzt höre ich auf. Mir geht es gut. Leb wohl, mein sehr Geliebter. Der Herr behüte Dich. J. …

1 Zitat aus Römer 8,26. *2* Gustav Adolf Baron Steengracht von Moyland hatte keine Verbindung zum Kreisauer Kreis. *3* Die zweite Frau von Helmuths Vater, der – nachdem Dorothy von Moltke 1935 gestorben war – Ende 1937 die 35-jährige Anne Marie Altenberg heiratete, die von den Kindern aus erster Ehe nicht akzeptiert wurde. Als der Vater 1939 starb, entstand ein Streit, der juristisch zu Gunsten von Dorothys Kindern ausging. «Rentenannie» wurde sie genannt, weil ihre Ansprüche der Familie gegenüber durch eine Rente abgelöst wurden. *4* Wilhelm Viggo von Moltke war, von Helmuth unterstützt, nach Amerika gegangen, also für die Nationalsozialisten «abtrünnig» geworden.

Freya an Helmuth James, 16. November 1944

Donnerstag Nachmittag

Mein liebes Herz, was für ein schreckliches Wetter. Ob es Dir in Deiner Zelle sehr auf die Nerven geht, mein Liebster. Ich bin schon viel im Matsch herumgepatscht, habe aber glücklicherweise kleine Gummischuhe an und bin daher von unten trocken. Sehr behaglich fühle ich mich trotzdem nicht, und bei schwachem Körper – keine Krankheit, nur Schwächung – ist die arme Seele sehr viel mehr den Gefahren ausgeliefert als sonst. Ich weiß das ja schon, aber Du weißt ja, dass das schönste Wissen nichts nutzen kann. An solchen Tagen sieht mein Leben ohne Dich an meiner Seite entsetzlich trostlos aus, und ich sehe mich schwach gegenüber der Aufgabe, es weiter mit Dir zu leben, auch wenn Du mir vorneweg geeilt bist. Es ist nicht überwältigend, aber es ist da, und ich weiß schon, dass mir erst wieder wohler ist, wenn ich bei den Freunden auf dem Bänkchen sitze. Sie allein kennen mein Leben, unser Leben, und daher bin ich bei ihnen aufgehoben. Ich schreibe Dir das, aber es darf Dich nicht belasten. Du weißt ja, dass es nicht immer leicht gehen kann. Ich erzähle es Dir halt.

Was soll ich Dir nun von Freisler erzählen. Auch er war sehr freundlich, aber Dix will er nicht. Es solle alles, was mit dem 20. zu tun habe, in einem möglichst kleinen Kreis von Anwälten bleiben. Stünde D. als Pflichtverteidiger auf der V. G. H.-Liste, dann ja, auch wenn er sich drauf setzen ließe, aber das wolle D. verständlicherweise nicht, denn dann bliebe ihm keine Zeit für die Privaten. Also nein. Ich habe dann versucht, ihm zu gefallen, aber auch wenn ich es getan habe, nutzt es nichts. Ich kenne ihn nun. Er ist ein gefährlich sprunghafter Mann, aber ein Mensch ist er auch irgendwo, wenn auch einer, der ständig Theater spielt und dazu phänomenal klug sein soll. Ein sehr gefährlicher Mann, aber nur unter Umständen. Ihm Achtung einzuflößen ist jedenfalls von Bedeutung für sein Urteil. Dass Carl Viggo an ihn garnicht rankommen konnte, ist mir klar. Er hat mir erzählt, es gebe auch Freisprüche, Bismarck sei freigesprochen. Ein Richter dürfe nie ein Fehlurteil fällen u. a. Phrasen mehr. So war es nicht unangenehm, aber gänzlich ohne Erfolg. Hinterher sprach ich erneut mit dem Amtsrat[1] und hörte noch nichts Neues, aber nach dessen ganzer Art muss ich entnehmen, dass er neulich den Rat mit R. A. Weismann auch ernst als Rat gemeint hat. Der ist auch nicht die Bosheit in Person. So was gibt es nicht. Die beten ihren Baal ganz reinen Gewissens und voller Überzeugung an. – Ich nahm also Hercher und war um 10 bei ihm und hatte einen sehr guten Eindruck von ihm. Der wird alles tun, was er kann, Dir zu helfen. Der fällt Dir nicht in den Rücken. Er ist energisch und etwas berlinerisch und alt, aber alles andere als mümmelig. Er ist ohne Frage ein solider alter Mann und ein anständiger. Mit so jemandem kann man arbeiten. Er hat Sinn für menschliche Sauberkeit. Kurz, er hat mir gefallen. Wann er zu Dir kommen kann, weiß ich noch nicht. In der nächsten Woche ist er furchtbar besetzt, und obwohl der Herr Chefpräsident gesagt hat, er käme schon in den nächsten Tagen zu Dir, stimmt das nicht. Er kann erst zu Dir, wenn der Termin bekannt ist, üblicherweise 2–3 Tage vorher, aber ich werde noch sehen, dass er übernächste Woche bestimmt kommen kann, denn schließlich habe ich das Wort des Präsidenten. …

Ich möchte Kräfte haben für die kommenden Wochen. Ich möchte, mein Liebster, die kostbaren Tage nicht verpassen. Ich will lieber Kummer und Leid tragen und kämpfen müssen, aber dafür noch neben Dir stehen und die letzten Wochen und Tage so nahe bei Dir sein, wie nur eben möglich. Gott helfe uns dazu. Ohne seine Hilfe geht es nicht. Ich umarme Dich zärtlich, mein Jäm, und bin und bleibe für immer und voller Liebe Dein P. …

1 Amtsrat Thiele.

Freya an Helmuth James, 17. November 1944

Freitag Nachmittag

Mein liebes Herz, … Eben bekomme ich einen Anruf. Freisler ist nicht weggefahren, wie er wollte. Es kann sein, dass der Termin dann doch schon eher als jetzt erwartet ist, denn er wollte 6 Tage weg sein. Ich habe sofort beim Senat angerufen, aber dort ist schon niemand mehr. Ich werde also morgen nicht um 8, sondern erst um halb 11 fahren, denn die Auskunft muss ich noch haben, und bin ich nicht sicher, dass die nächste Woche noch ruhig bleibt, so weiß ich noch nicht, ob ich nicht morgen noch hinter Adrian herjage, um festzustellen, wie weit die Sache bei ihm ist. … Den Tag des Termins werde ich alleine verbringen. Ich will mich nicht zerstreuen lassen. Ich werde sehen, ob ich erreiche, dass Hercher mich sofort anruft, wenn das Urteil gesprochen ist. Damit meine Gedanken und meine Gebete Dich danach begleiten können. Du sollst dann nicht mehr an mich denken, aber ich an Dich. Die einzigen Menschen, die ich an dem Tag sehen könnte, sind P.s. Ich meine, ich sollte keinen Versuch machen, ins Kammergericht zu kommen. Mein Anblick könnte Dich nur zerstreuen, und es ist beinahe unwahrscheinlich, dass ich Dich überhaupt sehe oder Du mich. Ich müsste dazu das Gelände genau studieren und die Frage, ob Ihr über den Gang in den Verhandlungssaal kommt, oder direkt. Ich kann das durch die Sekretärin im Anwaltszimmer feststellen lassen, die nett ist und die ich von Erwin her kenne. Ich möchte Deine Meinung hierüber haben. Schrieb ich Dir gestern schon: Der Amtsrat Thiele sagte mir: «Ich bin bisher in jeder Verhandlung gewesen. Man sieht schon am Auftreten und an der Haltung, ob einer schuldig oder unschuldig ist.» Ich bin sicher, dass Deine innere Haltung nicht nur für Dich, sondern überhaupt wesentlich ist. Ich glaube ja doch nicht, dass die Verhandlung *nur* eine Komödie, Tragödie ist richtiger, ist. Mindestens ist Deine Haltung für den Gang der Sache wichtig. Ich bin ja so froh, dass Du eine feste Linie hast und diese Linie kühn ist. Das erleichtert die Haltung. Mein Jäm, ich bin nicht ehrgeizig für Dich; die Schwere dieses Tages ist mir kaum ausdenkbar. Ich habe aber den Glauben, dass Du das gut überstehen wirst. Ich bitte Gott, dass er Dir Kraft und Stärke und Ruhe, Moltkesche Ruhe, geben wird. Außer dem Leben können sie Dir ja nichts nehmen! Ob Du das mit 38 oder 46 verlierst, ist so wesentlich nicht, wie, dass Du als reicher Mann stirbst: Du weißt wofür; Du stirbst im Glauben, Du stirbst nach einem kurzen, schönen Leben. Mich verlässt Du gestärkt, hast selbst mir dazu verhelfen dürfen, weißt, dass mir das Leben an sich leicht fällt; und wir beide wissen, dass wir uns nie verlieren werden, weil unsere Liebe uns auf immer vereint. Alle Höllen und alle Peinen, alle Tränen und alles Leid kann daran nichts ändern: «Furcht ist nicht in der Liebe, sondern die völlige Liebe treibt die Furcht aus.»[1] Findest Du das auch so trostreich und so schön, oder ist das nur für mich gerade so schön? Mein Jäm, Weihnachten wirst Du noch ganz nah bei mir sein, da musst Du mir wirklich helfen, denn sonst wird es zu schwierig. So, mein geliebtes Herz, jetzt fahre ich zu den Freunden. Ich hole mir unterwegs noch einen Brief von Mütterchen Deichmann. Als Haus vorhin anrief, freute ich mich richtig, dass der nette Mann wieder da ist. Er fährt aber nächste Woche noch einmal nach Godesberg. Jowo[2] will ich auf alle Fälle bestellen, Haus wird vielleicht auch da sein. Aber vor allem gibt es P.s – P. war weise und sagte, ich solle ruhig um 8 nach Kreisau fahren. Dorothee macht die Telefone, und sollte die Auskunft sehr beunruhigend sein, was wir alle nicht annehmen, so werde ich benachrichtigt. P. glaubt nicht, dass es so schnell gehen wird. – Über Deine Vernehmung bin ich starr! Es ärgert mich nicht, aber es ist doch erstaunlich. Ich dachte nicht, dass es so böse Menschen gibt! Über Adrian muss ich noch nachdenken. Aber auch das habe ich nicht für möglich gehalten. Ich hoffe, Du hast das für ihn eindeutig klären können. Mein 2. Brief ist ihnen doch in die falsche Kehle gegangen, scheint mir, aber das kann man auch noch nicht einmal wissen. Jedenfalls sehen sie Dich ganz falsch, und das ärgert mich beinahe. – Mein Lieber, und doch ist das alles «Kappes»,[3] und wir Glücklichen wissen, was zählt. Mein Lieber, meine Liebe ist groß. Gott behüte Dich, mein Herz, behüte uns. Ich bin und bleibe immer Dein P.

1 Siehe Freyas Brief vom 14. November 1944, S. 133 und Anm. 1. *2* Joachim Wolfgang von Moltke, Offizier in Norwegen, hielt sich während dieser Monate bereit, jederzeit Freya und Helmuth beizustehen. *3* Unfug.

Helmuth James an Freya, 19. November 1944 (offizieller Brief)

Strafgefängnis Berlin-Tegel
19. 11. 44.

Mein Lieber, vergangene Woche kam kein Brief von Dir;[1] so hoffe ich nun auf die ersten Tage der neuen Woche. Aber, mein Lieber, wie froh war ich, das Notwendigste wenigstens mit Dir besprechen zu können und Euch so wenigstens noch ein wenig beizustehen. Die Düngerfrage beunruhigt mich natürlich sehr, denn es gibt da nur die Wahl zwischen Herabsetzung der Intensität des Gesamtbetriebes oder dem Eingehen eines nicht unerheblichen Risiko's in der Halmfruchternte. Ich meine aber, dass wir den zweiten Weg gehen müssen. Wir müssen eben hoffen, dass uns das Wetter hilft und dass wir genügend Hilfskräfte haben werden, um durch Ackerpflege etwas von dem fehlenden Dünger zu ersetzen.

Mir geht es weiter im Ganzen gut. Ich habe mir durch meine kaputten Schuhe nasse Füße und durch diese eine Erkältung zugezogen, die in mir wandert und im Augenblick die Form eines Hexenschusses angenommen hat, nachdem sie vorher Kopf und Hals beehrt hatte. Es ist aber garnicht schlimm und wird in ein paar Tagen überstanden sein; ich erwähne es nur der Ehrlichkeit halber. Sonst sind Seele und Leib gesund und im Gleichgewicht.

Die Tage verfliegen mir wie im Sturm; sie sind so kurz, weil wir so lange im Bett liegen und so rasend viel schlafen. Heute beginnt mein elfter Haftmonat, und vor einem Jahr kam ich das letzte Mal für drei Tage friedlich nach Hause. Asta lag im Krankenhaus, und eh ich am 23. früh in Berlin ankam, war Derfflingerstr.[2] und Tirpitzufer[3] verbrannt, und danach gab es nur noch unbeschreiblich viel, wenn auch erfolgreiche Arbeit, bis zum 19. 1.,[4] mit dem die große Ruhe einsetzte.

Ob Du bei Deiner Rückkehr in Kreisau alles wohl und in Ordnung gefunden hast? Der November und Anfang Dezember sind immer unsere tückische Jahreszeit, in der alles dazu neigt zu kickern und bei dem ständigen Regen ist das gewiss eine Gefahr. Aber Frau Pick wird doch hoffentlich auf Deine Söhne gut aufpassen. Im späten Winter ist das dann nicht mehr so schlimm. Hast Du eigentlich in diesem Herbst Obstbäume bekommen? Wie ist es eigentlich in diesem Jahr mit dem Holzmachen? Zeumer sollte doch am besten den vorderen Teil des Hinterbusches fertig machen, müsste aber zum Frühjahr dort pflanzen. Ob Ihr noch Pflanzen bekommen könnt? Im Grunde wäre es sehr nötig,

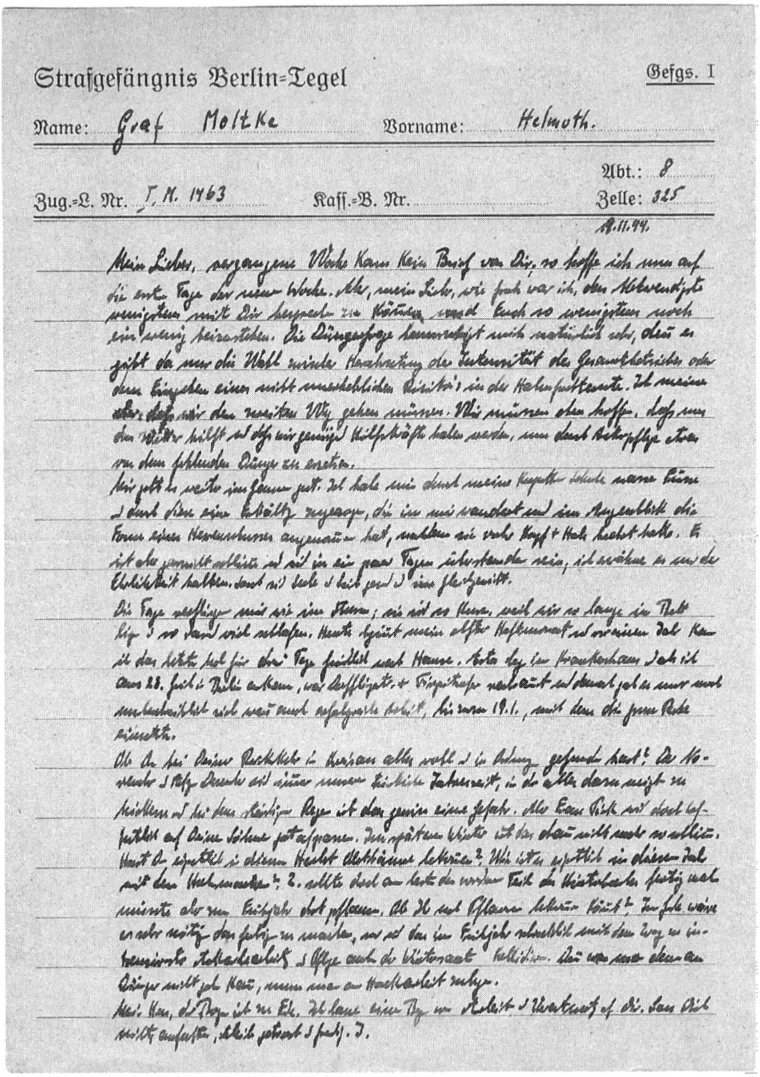

Strafgefängnis Berlin-Tegel Gefgs. I

Name: Graf Moltke Vorname: Helmuth.

Abt.: 8

Zug.-L. Nr. I. N. 1763 Kass.-B. Nr. Zelle: 325

19.11.44.

das fertig zu machen, nur wird das im Frühjahr schrecklich mit dem Zwang zu intensivster Ackerarbeit und Pflege auch der Wintersaat kollidieren. Denn was man denen an Dünger nicht geben kann, muss man an Hackarbeit zulegen.

Mein Herz, der Bogen ist zu Ende. Ich lasse einen Berg von Arbeit und Verantwortung auf Dir. Lass Dich nichts anfechten, bleib getrost und freudig. J.

1 Freya und Helmuth mussten die Genehmigung eines wöchentlichen offiziellen Briefes wahrnehmen, um keinen Verdacht auf ihre heimliche Korrespondenz aufkommen zu lassen. *2* Helmuths Wohnung in Berlin. *3* Sitz mehrerer Ministerien und Oberkommandos; auch Helmuth hatte dort bis November 1943 seine Dienststelle. Seine Abteilung wurde in die Lansstraße ausquartiert. *4* Der Tag seiner Verhaftung.

Helmuth James an Freya, 19. November 1944

Tegel, den 19. 11. 44.

Mein Lieber, … Komm nicht ins K. G.[1] Der Abschiedsblick würde uns nicht glücklich machen, verfehlen wir uns, dann bist Du unglücklich, sehe ich Dich, so weiß ich nicht, ob mich das für den Termin stärkt. Ich habe das Gefühl, dass ich mich am sichersten fühle, wenn ich vorher mit allem abgeschlossen habe und mich nur noch für diesen Kampf und seine Folgen rüste. Ein Blick zurück kann unter solchen Umständen gefährlich sein. – Bleib still zu Haus oder bei Poelchau's; stehe Deinem Wirt bei mit tiefer Ruhe. Lass Dich nicht zerstreuen an jenem Tag und sause nicht in der Weltgeschichte herum, es sei denn, dass sich irgendeine ganz außergewöhnliche Situation ergibt. Aber im Ganzen ist es so: Was bis dahin nicht präpariert ist, kann nicht mehr wirksam werden. …

Mein Herz, mit großer Zärtlichkeit habe ich heute früh, als um 6.30 die Aufstehglocke ausklang, Eurer gedacht, wie Ihr nun wohl zu dritt in Deinem Bett liegen würdet. Welch' ein liebes Bild war das. Hoffentlich findest Du zu Hause alles wohlauf. Heute vor einem Jahr kam ich das letzte Mal richtig friedlich nach Hause, denn der Schreck über Asta war schon im Abklingen. Am 21. waren wir zu dritt im Krankenhaus, und am 22. abends waren wir beide in Breslau, wo ich schlief; als ich um 11 nach Berlin kam, war die Derfflingerstr. verbrannt. Welch' ein Jahr für meinen Pim, und wie gut hat er es überstanden. Der Herr erhalte Dich in seiner Gnade, damit Du alles, was noch kommt, auch in dem Gefühl überstehst, dass Du in seinem Schoße liegst.

… Ich fühle mich auch ganz wegfertig. Aber das ändert nichts daran, dass mir das Sterben nicht einfach leichtfällt; das soll es wohl auch nicht; aber das merkwürdige ist, dass es mir jedes Mal, wenn ich mich wieder darauf rüste, schwerer wird, Abschied zu nehmen. Es ist so, als wenn Du eine Holzschraube immer wieder einschraubst und ausschraubst und dadurch der Gang etwas locker wird, sodass Du, wenn Du sie wieder einschraubst, eine Drehung tiefer schrauben musst, und das geht dann jedes Mal schwerer. Es tut garnichts, kommt mir auch garnicht darauf an, ist auch ein Zeichen dafür, dass der Lebenswille, den ich für den Termin brauche, da ist; ich will nur, dass Du weißt, dass man sich an so etwas nicht gewöhnt. Für Stauffenberg und auch für Peter war das viel leichter: Geschwindigkeit ist eine Erleichterung.[2] Trotzdem bin ich für jeden Tag dankbar, und wenn ich etwa nach meiner Verurteilung noch in der Prinz Albrechtstr. sitzen muss, so werde ich auch dort jeden Tag genießen; darüber ist kein Zweifel, aber ein schneller Tod nach dem Urteil ist eine Mildtätigkeit. Ob das eine absolute Gesetzmäßigkeit ist oder ob das am Alter liegt, weiß ich nicht; individuell ist es sicher nicht; ich habe den Eindruck, dass es nur ganz jungen Menschen, so bis 21 oder 25 viel leichter fällt zu sterben; je älter man wird, umso schwerer.

… Ja, Weihnachten macht mir auch Sorge, wenn ich da gerade frisch tot bin. Überleg' doch mal, ob nicht unter den Frauen eine ist, die Herrn Thiel bestechen kann. Bestechlich ist er sicher. Vielleicht kann er den Termin bis nach Weihnachten schieben. Schließlich wäre Dir Weihnachten doch leichter, wenn ich noch lebte. …

Leb wohl, mein Herz. Du kennst meine Gedanken, sodass ich nichts weiter zu sagen habe. J.

1 Zeitweilig tagte der Volksgerichtshof im Kammergericht. *2* Claus Schenk Graf von Stauffenberg wurde noch am Tag seines Anschlags hingerichtet, Peter Yorck am 8. August 1944.

Helmuth James an Freya, 21. November 1944

Tegel, den 21. 11. 44

Mein liebes Herz, heute bin ich mal ein wenig lustlos. Garnicht schlimm, aber so ein Gemisch von ein wenig Kleingläubigkeit, etwas Erkältung, etwas Druck von der Dunkelheit in der Zelle und dem ständigen Wind draußen. Das muss wohl mal sein. Dabei ist es nichts, was der ernsthaften Bekämpfung wert wäre; es ist auf einem zu albernen

Niveau. Heute Nachmittag werde ich mal nicht schreiben,[1] sondern mich ruhig fesseln lassen und in den beiden Büchern lesen und hoffe, dass es dann abends vorüber ist. Es liegt wohl auch daran, dass ich im Augenblick auf die Vernehmungen warte, denen mit einiger Sorge entgegen sehe und immerhin mit der Möglichkeit rechnen muss, dass ich zu diesem Zweck in die Prinz-Albrechtstr. überführt werde.[2] Das alles dürfte mich natürlich garnicht belasten, da ich schließlich auch in der P. A. in Gottes Schoß liege, aber «wie schwerlich lässt sich Fleisch und Blut, zwingen zu dem ewigen Gut».[3] Ich erzähle es Dir auch nur der Wahrhaftigkeit meiner Berichterstattung halber. …

Ich habe diese Tage, d. h. den Montag, nur so hingebracht, habe mich mittel gefühlt, nichts besonders Schönes gedacht und den Tag recht vertrödelt. Seit ich an meiner Verteidigung ernsthaft arbeite, passiert das leider zuweilen, dass ich viele Stunden mit diesem Mist verbringe. Aber ich habe das Gefühl, ich müsste es tun und im Technischen wenigstens vorbereiten, was sich vorbereiten lässt. Nur ist es wiederum Unrecht, von den wenigen Tagen, die ich wahrscheinlich nur noch habe, so viel Zeit auf diese Dinge zu wenden.

Mein Lieber, mir ist folgendes eingefallen, aber nur für den Fall, dass ich in die P. A. komme: Du kannst ja Hercher sagen, ich hätte Dir bei unserer Sprechstunde gesagt, dass ich mit Datum vom 12. 11. eine Rechtfertigungsschrift an den V. G. H. gesandt hätte, und ihn fragen, ob er die in der Akte gesehen hat. Hat er sie nicht gesehen, dann würde ich überlegen, ihm eine Abschrift von dem Exemplar zu geben, das ich mit dem letzten Wäschetausch rausgegeben habe. Denn wenn er nicht ein Mal weiß, wie ich mich verteidigen will, wie soll das dann gehen, zumal ja möglich ist, dass die Herren in der P. A. mich so präparieren, dass ich nicht mit voller Kraft selbst auf diese Dinge zurückkommen kann.

… Das ist kein schöner Brief, mein liebes Herz, und eigentlich hättest Du doch einen sehr schönen wegen Deiner Rückkehr verdient. Aber ich habe Dich, auch wenn ich lustlos bin, ganz, ganz fest lieb, mein liebstes Herz, mein Teil von mir, den ich lebend oder tot nicht lasse. J.

1 Gemeint ist: an dem Schriftstück schreiben, wofür Helmuth offenbar entfesselt wurde. *2* Helmuth musste in der Gestapo-Zentrale in der Prinz-Albrecht-Straße mit Misshandlungen rechnen. *3* Zitat aus der Bach-Kantate «Ach Gott, wie manches Herzeleid».

Freya an Helmuth James, 20. November 1944

Kreisau Montag Nachmittag

Mein Lieber, wie oft mögen Deine Gedanken uns hier gesucht haben. Mein liebes Herz, hier bist Du bei allem so sehr dabei. C.chen erörterte immer wieder die Frage, ob Du nicht bis Weihnachten herausgelassen werden würdest; alle denken so voller Liebe an Dich und voller Hoffnung auch. Ich fand jetzt den Abglanz meiner eigenen guten Stimmung, als ich das letzte Mal hier war, in allen Gemütern. Sie glauben alle, es stehe besser: Zeumer, Schwester, Tante Leno, Frl. Hirsch, mein, Dein ganzes Haus war wohlgemuter – ohne Grund, aber dass sie es waren, war doch ganz schön. Wie sie aber alle an Dich denken! Wie sie Dich lieben, wie sie für Dich bitten! Ich möchte Dir das zu gerne übermitteln. Mein 3.[1] Gedanke, wenn etwas erfreulich ist, ist: Könnte er es sehen!: Unser C.chen, als er Sonnabend mit Schultasche, im grünen Lodenmantel und spitzer Mütze, mit schmutzigem Mund und Schlamm bespritzten Beinen an der Bahn stand, und wie sein Gesicht erstrahlte, als er mich sah. Wir zogen dann zusammen nach Hause, und er sagte gleich, er hätte erwogen, mir in die Schule Gummischuhe mitzunehmen!! Er hat sich wieder sehr verändert, nicht in der Art, da ist er ganz und gar unverändert und sehr kindlich, aber die Schule wird ganz anders behandelt und betrachtet. Er arbeitet viel schneller und präziser und eigentlich recht gut. Er schreibt schnell und ordentlich und rechnet nun bis zum 1 × 4 ganz schnell und gut. Er hat es nun verstanden, es fluppt nun. Genau so, wie er bisher fand, er könne nicht viel, so findet er jetzt sachlich und ruhig, er könne nun schon viel mehr und stünde viel besser in der Klasse. Er teilte mir auch gleich mit, Krauses Trecker werde von den Soldaten eingezogen, er dürfe nur noch Zuckerrüben nach Weizenrodau fahren und was weiß ich sonst noch. Er ist sehr erwachsen mit dem Herzen und ein großer, lieber Freund und sonst noch ein Spiel-Baby. Er und Konrad saßen gestern im Wohnzimmer nach der Vesper auf dem Boden und spielten mit alten Spielkarten. Du weißt, wie und wo. Sie waren beide ganz versunken und sprachen eifrig dabei. Da dachte ich wieder: Könnte er doch einen Blick tun! Konrad, das arme Kind, hat arme Leut's Grind[2] auf dem Kopf und trägt eine merkwürdige Kapuze. Es stört ihn nicht sehr, aber es ist sehr unappetitlich, und anstelle seiner netten Löckchen hat er ölige Strähnen auf seinem Haupt. Mich stört es nicht. Die Söhnchen waren weitaus das Beste hier, sonst war es auch heimatlich und Dir nah, aber nichts besonderes gab es, aber ich empfand, was die Söhnchen in dieser bedrohlichen Lage für uns bedeuten, und war glücklich über sie. Sie sind dann auch so überströmend zärtlich mit mir, wollen beide nicht von mir lassen, und das ist sehr wohltuend für mich und eine große Verwöhnung. … Kaiser hat nun den 4. und letzten Sohn verloren. Ist es nicht schrecklich. Sein Bruder, aus Köln geflohen, wird die 14 und 13 im Schloss beziehen. Schmudkes 4. Sohn ist auch gefallen, schrieb ich das schon! Welches Leid für alle diese Menschen! – Zeumer besuchte ich gleich am Sonnabend Nachmittag mit C.chen. Es ging ihm nicht schlecht, er fährt seine Rüben jetzt nach Weizenrodau, weil absolut keine Waggons mehr zu haben sind. Die Kartoffeln sind raus und fertig. Geackert hat er eine ganze Menge, aber die Rüben sind noch nicht alle raus. Diese Woche werden sie aber herauskommen. Noch 17 Morgen müssen gegrächelt werden. Für den Rübenheber war der Herbst auch wieder zu nass. 150 Ztr. Rüben werden wir sicher ernten. Wieviel Kartoffeln es genau werden, hat Zeumer noch nicht errechnet. Es ist ein schwieriges Wirtschaften mit dem dauernden Regen, aber in den 14 Tagen hat er doch ganz viel vor sich gebracht, und vor allem freuen einen

[Der Brief bricht hier ab]

1 Freya meinte vermutlich «Mein 1. Gedanke». *2* Vor allem bei Kindern vorkommende Grindflechte.

Freya an Helmuth James, 21. November 1944

Dienstag Nachmittag

Mein Lieber, ich hatte mich gestern Nachmittag so friedlich zum Schreiben gesetzt in dem Gefühl, viel Zeit vor mir zu haben, aber ein so gemächlicher Brief verlangt davon viel, und ehe ich mich versah, kam Ulla, die jetzt viel in meinem Zimmer wohnt und sitzt, da Asta auch in meinem Bett schläft, und kurz drauf die Vesper und C.chen. … Nach der Vesper mussten wir aber gleich weg, da um 5 im Schloss bei Tante Leno gesungen wurde. … Während die Kinder sangen, ging ich; ein paar Lieder sang ich aber noch mit und sagte mir und fühlte, dass, was auch immer geschehen würde, wir beide den Sinn von «Oh Du fröhliche …»[1] Weihnachten auch noch wie heute zusammen bejahen würden und könnten. So hatte ich, während ich sang und auf mein zufrieden stotterndes C.chen herunter sah, einen von den beglückenden Augenblicken, in denen ich alles das, was wir beide als Gnade erfahren haben, in seiner ganzen Größe, Wärme und Fähigkeit, uns ganz zu erfüllen, empfand. Kennst Du das auch? Das brauche ich garnicht zu fragen. Ich weiß, dass Du es kennst. C.chen war ein bisschen traurig, als ich ging. Ich besuchte Schwester noch kurz und fuhr um 17.42. … Ich habe das II. Kl.-Fahren auch bei Nacht jetzt aufgegeben. Ich habe eine ganze Menge und gut geschlafen. Für P.s habe ich eine Riesenkiste mitgebracht, in der von Bauern-Freunden Gans, Kuchen, Mehl, Äpfel drin waren; für Dich, mein liebes Herz, habe ich lauter schöne Sachen und Berge. Wenn Du sie nur alle noch bekommst. Voller Glück habe ich sie angeschleppt, und dann bekam ich noch ein herrliches Päckchen von Davy: Orangenmarmelade, Pfefferkuchen edelster Art, Eier, Birnen und etwas Quittenbrot. …

So lange habe ich auf Deine Briefe nicht geantwortet, dass ich noch sagen muss, wie dankbar ich bin, dass Du mir so genau von Dir berichtet hast. Ich verstehe auch sehr gut, was Deine arme Seele leiden muss und warum, und wenn Du es beschreibst, so bin ich nichts anderes als sehr froh, dass ich daran teilnehmen darf. …

Ich freue mich, dass wir über mich am Tage der Verhandlung auch einig sind. Ja, ich will still zu Hause bleiben, und ich werde alles tun, Dir mit tiefer Ruhe beizustehen. Mein Lieber, mein Jäm, mein Ehewirt.

Ja, wir waren alle 3 am Sonntag im Bett und auch wieder lange. Er fing relativ spät – erst um 7 – mit einem Schrei von C.chen an, der nämlich den vorstürmenden Konrad davon abhalten wollte, mich zu wecken, was dadurch dann so spät geschah. Es wurde dann gekuschelt, gelesen, gelernt und gesungen.

Mein Herz, das ist ganz richtig, dass es immer schwerer für Dich wird, Dich aufs Sterben einzustellen. Das ist ja das Belastende an dieser langen Wartezeit. Das muss ja so sein. Im ersten Druck geht das viel, viel leichter. Du brauchst mir das garnicht auseinanderzusetzen, weil ich mir darüber ganz klar bin. Wir Menschen bringen es ja garnicht fertig, immer auf solcher Höhe oder Intensität zu leben. Wir gleiten immer wieder ab. Ich habe auch mit P. darüber schon gesprochen. Frage: Willst Du noch einmal insofern in die Welt zurückkehren, dass Du was Anderes liest, damit Du nicht ständig auf den Tod ausgerichtet bist? Ich weiß selbst nicht, ob das ein Rat ist, aber mir scheint es doch eine zu große Anstrengung, so lange warten zu müssen, obwohl es klar ist, dass wir gerne lange warten, und dass Du es Dir möglichst erleichtern und Dich entspannen solltest. Eugen[2] ist uns ja auf der anderen Seite beinahe unverständlich in seiner optimistischen Ruhe.

... Mein Jäm, ich höre zunächst einmal auf, schreibe an Mütterchen Deichmann und gehe zu den Freunden.

1 Auslassungszeichen im Original. 2 Eugen Gerstenmaier.

Helmuth James an Freya, 22. November 1944

Tegel, den 22. 11. 44

... Nein, mein Lieber, ich will mich nicht zerstreuen. Ich habe zuviel Angst, kostbare Zeit zu verpassen. Jede Stunde ist wertvoll, und ich muss sie nutzen, *a.* um mich auf meinen Tod zu rüsten und *b.* um mir das Vertrauen, dass Gott mir das Leben erhalten kann, zu verankern. Ob das schwer ist oder leicht, ist ganz egal; wir leben hier in der Zeit, und die muss ich benutzen. Ich weiß, dass das vor Gott kein Argument ist und dass ich seine Gnade nicht verdienen kann; dass er mir sie genauso schenkt, wenn ich Karl May lese, wie wenn ich mich mit Bibel und Gesangbuch befasse. Aber ich will darüber nachdenken, selbst wenn ich weiß, dass ich es nicht verstehen kann. Ich habe auch das Gefühl, dass ich Dir so mehr helfe, und ich genieße ja auch jeden Tag trotz der Belastungen. ...

Mein liebes Herz, wie schön, dass Deine Söhnchen Dir gefallen und dass Du eine Hilfe an ihnen hast. Mein liebes, liebes Herz, ob Du wohl noch ein Mal Sprecherlaubnis bekommst? Es ist eigentlich nicht glaublich. Vergessen wir nie, dass der Abschied auf dieser Erde etwas sehr Reales ist, damit wir nicht überrascht werden. Es ist ein Fall von «wachet und betet». Und vergessen wir nie, dass Gott mein Leben erhalten kann auf hunderterlei Weise und dass wir ein Recht haben, ihn darum zu bitten. Und danken wir für das, was wir gehabt haben. Leb wohl, mein Herz, bitte für Deinen Wirt. J.

Helmuth James an Freya, 23. November 1944

Tegel, den 23. 11. 44.

Mein liebes Herz, Dein herrlicher Kaffee und der heilige Geist haben mir gestern einen beschwingten und köstlichen Nachmittag verschafft. Ich habe selten einen Kaffee so genossen. Nun hoffe ich trotzdem, dass es weniger der Kaffee und mehr der heilige Geist war. Ich habe jedenfalls auf meinem Tisch gesessen, Lieder und Bibel gelesen und verglichen und mich an den schönen, wie zufällig auftauchenden Gedanken und Empfindungen gefreut. …

Mein Herz, den köstlichen Kaffee habe ich mit einer mangelhaften Nacht bezahlt, aber von den 13 Stunden im Bett habe ich sicher 8 geschlafen: Das wirkt nur hier schon mangelhaft; außerdem war ich sehr vergnügt noch im Bett. Dafür ist der Hexenschuss toll, und ich will morgen zum Arzt. Zu dumm, dass ich den wieder in Gang gebracht habe, nachdem er schon im Abklingen war. Solange man nichts von mir will, ist es egal, aber wenn ich gefesselt mit Koffer abziehen oder in einer Verhandlung längere Zeit stehen soll, wäre es sehr lästig. Vielleicht gibt mir der Dr. was zum Einreiben. …

Nun noch einige Bitten und Vorschläge:

– Delp bittet, dass, wenn möglich, Sperr gesagt wird, er, Sp., habe ihm doch von seiner Unterhaltung mit Stauffenberg erst nach dem 20. 7. berichtet.
– Ist über Peters etwas bekannt? Vielleicht kann Einsiedel den mal suchen: Luftwaffenführungsstab I c oder in seiner Wohnung.
– Gibt es Nachrichten von Husen?
– Je mehr ich darüber nachdenke, umso wichtiger erscheint es mir, dass ich Hercher vor der Akteneinsicht schon ein Mal gesehen habe, damit wir besprechen können, auf was er achten muss. …
– Ich will an Müller schreiben wegen der Vernehmungen und lege den Brief bei. Bitte Bescheid.

Mein Herz, ich muss abschließen, denn gleich werde ich gefesselt. Leb wohl, mein Lieber, wie kostbar ist jeder Tag, jede Minute, wo ich das noch schreiben, sagen, denken darf. Mein Lieber, ich glaube, dass ich das Recht habe, Dir zu sagen: Ich bleibe bei Dir, bis Du mir folgst.
J.

Ich sehe gerade, dass ich so tue, als stürbe ich. Das tue ich bei jedem Brief, denn er kann der letzte sein. Aber ich bin ganz stark im Glauben an mein Leben. Bleib' auch stark, mein Herz. Wir wollen mich diesen Leuten gegenüber nicht fallen lassen, kein Sekündchen. Aber in Gottes Willen wollen wir uns nicht nur ergeben, sondern freudig «Ja» dazu sagen. J.

Freya an Helmuth James, 24. November 1944

Donnerstag früh.[1]

Mein Liebster, jetzt ist endlich einmal wieder die wahre Schreibstunde. Es ist 6.15. Ob Du wohl schon wach bist? Sicher! Und sicher hast Du Deine liebevollen Gedanken schon zu mir gesandt. Mein Herz, wie geborgen und sicher ich mich bei und mit Dir fühle, das wird mir nur manchmal so recht klar, weil ich es meistens mit Selbstverständlichkeit hinnehme. Ich bin ganz fest bei Dir aufgehoben. Wie mag Dein Hexenschuss sein, mein Herz. Das kommt alles von der Erkältung. Ohne die kann es in einem so nassen Herbst auch nicht abgehen. Wickele Dich nur sehr gut ein. Ich werde Dir den schwarzen Schal schicken, wenn es geht. Wickele den um Dein Kreuz. Ich sagte Gissel gleich, er möge für Deine Wärme sorgen und das, meinte er, täte er auch. Sie täten ja überhaupt, was sie könnten, und so schlimm wäre es bei ihnen garnicht. Ich habe ihm wieder ein hübsches Ende Kreisauer Wurst verehrt, das hat er von allem, glaube ich, am liebsten. Mit Brigitte[2] steht er noch zarter, aber er tut ja viel für uns, und gestern hat er mir doch einen tüchtigen Berg Esswaren abgenommen. Auf nächsten Mittwoch haben wir uns schon verabredet, «damit ich auch da bin». …

Mein Jäm, Du hast mir wieder viele schöne Dinge geschrieben. Dass Du lustlos warst und vielleicht noch bist, kann ich gut verstehen. Das wird sich schon wieder geben. Mir wurde warm und glücklich, als ich dann am Schluss des etwas traurigen Briefes den schönen Satz von Deiner Liebe fand und dass Du mich tot und lebendig nicht lassen wirst. Mein Jäm, bitte nimm nie Rücksicht auf mich und schreibe weiter – solange wir noch das große Glück des Schreibens haben – genau so, wie es in Dir aussieht. Ich möchte auch die schwarzen Stunden immer weiter mit Dir teilen, da ich doch auch so viel Herrliches mit Dir erleben darf. Was mir aber in Deinen Briefen am wohlsten getan hat und mir sehr weitergeholfen hat in meinen Gedanken um Dich, war, dass Du schriebst, die Wartezeit stehe unter dem Tenor «wachet und betet». Ich war voller Sorge, wie Du das so lange aushalten solltest, aber so ist es richtig angesehen, denn so ist es nicht nur der Tod, auf den Du ausgerichtet zu sein brauchst, und auch nicht nur das Leben, sondern Du bejahst die unvermeidliche Spannung zwischen den beiden Polen und nimmst sie auf Dich und lebst in ihr, so gut Du kannst. Das ist sehr schön und tröstet mich sehr! Mein Jäm, ich möchte noch mehr schreiben, aber ich muss mich schon aufmachen. Unter

2 Stunden werde ich mit einem wirklich ausgeschriebenen Briefchen nicht fertig, brauche ich ja auch nicht, und heute Abend kann ich gleich wieder eins abliefern. Da bin ich wieder bei den Freunden. Jetzt will ich nur noch sagen, dass ich gestern mit Hercher telefonierte: Man sagte ihm, Mitte Dezember. Ich will aber nächste Woche versuchen, durchzusetzen, dass er zu Dir kommt, diese Woche ist er doch ganz und gar besetzt. Wegen der Sprecherlaubnis werde ich mich morgen erst umtun. Ich musste erst Zeit verstreichen lassen, weil ich doch gesagt hatte, ich wolle wieder nach Hause und daher den ungefähren Termin wissen. Ich kann ja nun wegen dringender Geschäfte wieder angereist kommen. Ich bin eigentlich ganz zuversichtlich, dass ich sie bekommen werde. Ich sehe heute Frau Reisert und Frl. Schellhase. Die sind ja sehr fleißig, und ich hoffe, da Tips zu bekommen.

Mein Lieber, mein Herz, mein Jäm, mein Liebster, mein Teil, ich umarme Dich zärtlich und voller Liebe. Spürst Du sie, mein Geliebter, mein Wirt? Ach, sicher, denn sie ist groß und stark. Gott helfe uns und behüte uns, Dir vor allem, mein Herzenswirt. P. bin ich, und zwar nur Deiner, sonst niemandes Deiner auf der Welt.

1 Vermutlich muss es Freitag früh heißen. *2* Brigitte Gerstenmaier.

Freya an Helmuth James, 24. November 1944

Donnerstag Nachmittag.[1]

Mein Lieber, ... Du schreibst, wir seien mehr verheiratet als je in den vergangenen 13 Jahren. Wie schön für mich, dass Du das so fühlst, wie schön. Es ist wahr, Du erzählst mir von Dir mehr, als Du je getan hast. Ich wollte manchmal mehr wissen! Wie glücklich und wie von Herzen dankbar bin ich dafür. Denke nie, Du könntest mich mit irgendetwas belasten. Du kannst mich nur beglücken. Dass von mir aus alles ist, wie es immer war, ist das Bezeichnende. Mein Jäm, ich liebe Dich schon in all den Jahren mit aller mir zur Verfügung stehenden Kraft. Vielleicht hat sich, ja, das hat er!, der Inhalt meiner Liebe, ihrer Möglichkeiten und ihr Ziel in diesen kostbaren Wochen geändert, nicht aber die Intensität. Ach, mein Jäm, es ist so schön, so lieben zu dürfen. Mir erzählte die kleine Schellhase heute, wie sehr Haubach und sie sich in diesen Wochen lieben gelernt hätten, wie es für H. Glück und Stärkung bedeute, dass sie so ganz für ihn da sei und ihn so liebe, dass er staune, es nach 46 Jahren und in einer solchen Situation zu erleben, und sie selbst auch, da sie trotz allem noch nie so glücklich gewesen sei. Ich war auch voller Staunen, welches Glück auch für diese beiden diese Wochen enthalten, und auch wieder beschämt und voller Dankbarkeit, wie gut wir es eine so lange herrliche Zeit gehabt haben. …

Ich lese Deine Sätze über Deinen Glauben, dass Du keinen Anspruch auf die Sicherheit und Gnade des Glaubens hast, dass Du Furcht hast, ob er Dir erhalten bleibt. Mein Jäm, ich möchte etwas dazu sagen und weiß selbst nicht recht, was. Ich verstehe, was Du meinst, und doch stimmt da irgendetwas nicht. Was ist es nur! Fraglos ist es eine große, die große Gnade, aber ich glaube, dass Gott sie wirklich gern schenkt. Er will doch viel lieber Gnade schenken, als nicht Gnade schenken. Er liebt uns ja, oder besser, er ist ja in der Liebe. Er will uns gewiss nicht verlassen. Man ist nur häufig nicht fähig, die Gnade zu ergreifen. Da ist sie doch immer. Es liegt wohl alles daran, dass Du es soviel komplizierter und schwerer hast als ich und viel bewusster jetzt drin lebst als ich. Du bist viel wacher und betest viel mehr, ich lass mich viel mehr wiegen. Das ist viel einfacher. Aber wie wäre mir, wenn ich in der Zelle säße!! Das weiß ich nicht. Eins ist sicher: In diesen Sorgen brauchst Du wirklich die Fürbitte, damit es in Dir hell und licht und einfach sein kann und Du Dich nicht zu quälen brauchst. …

Mein Jäm, heute war wieder so ein grauer, grauer Tag. Dann ist es dunkel bei Dir in der Zelle, und das ist schwer zu ertragen, mein Jäm. Hoffentlich war es nicht zu anstrengend. Der November ist schon an sich der schwierigste Monat des Jahres. … Mir wurden übrigens Pillen angeboten, die anregend und belebend wirken, berühmte Pillen.[2] Willst Du davon 4 haben für den Termin? Sie sind eine Art Stimulanz wie Kaffe oder Tee. Hättest Du auf so etwas Lust? Oder lieber nicht? Ich war mir nicht ganz klar, wie Du auf die Möglichkeit reagieren wirst. Äußere Dich doch bitte dazu.

… Jetzt gehst Du schon ins Bett, mein Herz, es ist 6. Hoffentlich ist Dein Herz zufrieden und still, Du fühlst meine zärtlichen Gedanken und Deine Fesseln stören Dich nicht. Gute Nacht, mein liebstes Herz. Ich bin und bleibe Dein P.

1 Vermutlich muss es Freitag Nachmittag heißen. *2* Vermutlich Pervitin. Siehe Helmuths Brief vom 10.–12. Dezember 1944, S. 196 und Anm. 2.

Freya an Helmuth James, 25. November 1944

Samstag früh.

Mein Liebster, nicht ganz früh ist es. Ich bin bei den Freunden, und wir haben eben gefrühstückt. P. ist weg, und ich will ein Briefchen für meinen Liebsten schreiben, das morgen früh zu ihm kommen soll. … Montag um 11 bin ich bei Hercher, und vorher will ich zum V. G. H. Gestern Nachmittag war es aber sehr schön! Ich hatte mir den gestrigen Tag für ein paar Wege in der Stadt vorgenommen. Ich wollte in die Päckchen unserer Soldaten was Nettes finden, aber das war ganz ausgeschlossen. Ich habe bei Amelang und Buchholz[1] ein paar nette kleine Bücher bekommen, aber sonst garnichts, ein paar Blöckchen, etwas Vorsatzpapier, ein paar Hampelmänner, das ist schon alles für einen ganzen Morgen. Ich hatte mir aber den Tag extra dafür vorgenommen, habe eine Sache nach der anderen probiert und habe nun mein Teil getan. An sich macht mir Weihnachten keine Sorgen, ich meine die Beschenkung. Ich habe noch soviel in Kreisau an alten Sachen, Stoffen und Kleinigkeiten, dass ich durch Lagerbrechen Weihnachten beschicken kann, ohne mich selbst zu sehr auszuplündern. Ich bin aber nicht bereit, Geld für Pröll[2] auszugeben. Anderes gibt es nicht. … Mein Herz, wie kommen Dir diese Berichte aus einer sehr uninteressanten und lustlosen Welt vor? Das passt alles so schlecht zu dem, was in uns und auch in der anderen Welt, im Westen und Osten, meine ich, geschieht. Ich beschreibe es Dir aber, weil es nun einmal alles in meinem Leben auch vor sich geht und daher dazugehört. Als ich dann nach Hause kam, war ich müde in den Beinen, aber nicht erschöpft. Ach ja, vorher wollte ich noch sagen, dass ich Dich aber auf allen meinen Spaziergängen ständig sehr fest und gut in mir herumgetragen habe. Es sah sehr friedlich und schön in mir aus. Ich war mit Dir ganz beschäftigt und hatte die schöne und starke Gewissheit unserer Untrennbarkeit. Das ist ein herrlich beglückendes Gefühl! Mit diesen Gefühlen, Deinem letzten Brief und dem Buch habe ich mich dann auf ein Sofa gelegt und bin 2 Stunden da geblieben, habe die Stellen gelesen, die Du mir angegeben hattest, habe sie wieder gelesen und andere auch. Für mich ist es ja geradezu schön, was ich noch alles vor mir habe an ungehobenen Schätzen! Ich habe an Dich gedacht, für dich gelesen und einen glücklichen Nachmittag so verbracht. …

Wie mag es aber Dir gegangen sein! Ich freue mich schon sehr darauf, wieder eine Nachricht von Dir hoffentlich morgen Mittag zu bekommen. Wie mag der Hexenschuss sein? Ob Du auf Deinem Tisch gesessen bist und also zufrieden warst! Der Brief an Müller gefiel mir. Ob Du geholt worden bist, aber doch wohl noch nicht. Ich sehe mir alle Polizei-Autos in der Stadt immer an, ob Du vielleicht drin sitzt. Wie es Dir vorkommen mag, plötzlich durch Berlin zu fahren aus Deiner Zelle heraus. An sich, mein Jäm, lebst Du jetzt wie ein Mönch und solltest auch so leben und die Früchte eines solchen Lebens genießen. Du tust das auch, aber die Liebe Deines P. zieht Dich immer wieder in die Welt hinein. Das ist eine Erschwerung für Dich, aber ich kann es nicht ändern, denn ich weiß zu genau, dass Du gemacht bist, eine Frau zu haben, und zwar, mein Jäm, gerade mich, die Dich zwar zerstreut, die Dir aber mit ihrer großen Liebe das Leben wärmt, solange Du es hast. Gott gebe, mein Geliebter, dass es Dir noch einmal wiedergeschenkt wird.

Ich umarme Dich zärtlich. Du weißt, wessen ich bin und bleibe: Dein P.

1 Zwei Buch- und Kunsthandlungen in Berlin. 2 Schund.

Helmuth James an Freya, 26. November 1944

Tegel, den 26. 11. 44.

Mein Lieber, … der Weg Hapig[1] ist m. E. für uns nicht gangbar. Hingegen ist mir etwas Neues eingefallen. Du könntest ja Konrad[2] – nach sehr sorgfältiger Vorbesprechung mit P. – folgendes Projekt vortragen: Meine Linie: Nach Besetzung ist die Kirche der Hauptrückhalt des Deutschtums. Jetzt, nachdem die ersten deutschen Gebiete besetzt sind, bietet die Kath. Kirche ihren Schutz in den besetzten Gebieten allen an, den N. S. wie ihren Schäflein. Die Bischöfe werden entsprechende Instruktionen an ihren Klerus geben, dass insbesondere alle bestehenden innenpolitischen Differenzen zu begraben sind und dass auch denen zu helfen ist, die bisher die Kirche angegriffen haben; außerdem Gegenhalten gegen alle separatistischen Tendenzen. – Dafür mit der Erklärung, dass es sonst schwer wäre, den Klerus, der ja überall irgendwo angegriffen worden ist und von dem jeder irgendeinen kennt, der im K. Z. ist oder hingerichtet, für eine entschlossene Verfolgung dieser Linie zu gewinnen, kann verlangt werden vom n. s. Staat: Verzicht auf Hinrichtung zum Tode verurteilter Geistlicher und Verzicht auf Hinrichtung der «Moltke-Leute», ob sie katholisch oder protestantisch sind. Ich kann aus folgenden Gründen da sehr gut herein:

a. weil ich diese Linie, dass Kirche Rückhalt sein muss, immer vertreten und dafür gewirkt habe, im Episkopat dafür bekannt bin, auch die aktivsten Katholiken, die Jesuiten, dafür gewonnen hatte;

b. weil mit meinem Kopf wahrscheinlich die Köpfe von Delp, Rösch und König fallen; (da Wienken gesagt worden ist, dass Rösch und König gefangen sind,[3] so ist klar, dass es auf die drei erstreckt werden muss);

c. weil ich eine causa celebris[4] bin, der Reichsf. SS sich damit befasst hat und befasst und an meinem Namen der einzige in den 20. Juli verwickelte katholisch-kirchliche Sektor hängt, ich auch in der Kirchenabteilung des S. D.[5] bearbeitet werde. Daher ist in meinem Fall leicht eine grundsätzliche Entscheidung zu bekommen, weil der Fall bekannt ist, und ferner deckt mein Fall als Präjudiz alle anderen Geistlichen, denn wenn der Jesuitenprovinzial leben bleibt, dann gilt das a fortiori für die anderen.

(Randnotiz: *d.* Weil über mich ein Einbruch in die katholischen Bischöfe möglich ist, denn dass ich mit ihnen gesprochen habe, steht durch viele Quervernehmungen fest.)

Es gibt natürlich unendliche Einwände. Zunächst muss klargestellt werden, ob Preysing so etwas überhaupt mitmachen würde. …

Mein liebes Herz, Du hast so ein liebes, schönes Briefchen geschrieben. Es war so schön ruhig und geklärt und hat mich sehr erfreut. Mein Herz, der Herr erhalte Dir Dein Gleichmaß, auch wenn er mich zu sich ruft. Heute ist Totensonntag, und ich habe den Tag mit 1. Kor. 15 und Johannes 20+21 begonnen. Man gedenkt ja vor allem derer, die uns vorangegangen sind, aber heute ist es natürlich so, dass wir beide wohl mehr noch meinen Tod bedenken. Ich fühlte mich ihm heute Nacht, als ich aufwachte, nah und garnicht fremd, und später war er mir wieder sehr wenig willkommen. Wir sind eben ein schwankes Rohr,[6] und es erfordert täglich, ja stündlich neue Arbeit zu sehen, dass man aufrecht bleibt in allem Wind. Mir ist durch die letzte Krise alle Freude am Aufrechtstehen genommen, nein, nicht alle Freude, sondern aller Stolz. Es war bis dahin für mich auch so eine Art Prestigefrage, dass mich keine Schwäche überfiele. Aber der Herr hat mir ja nun sehr eindringlich gesagt: «Lass Dir an meiner Gnade genügen.» So bin ich für jeden Augenblick, in dem ich diese Gnade fühle, dankbar, weiß, dass ich es nicht verdient habe, und bitte darum, dass sie mir erhalten bleibe.

Mein Herz, meine Gedanken suchen Dich immer und finden Dich stets. Es kommt mir manchmal vor, als seiest Du mein Herz, das ganz groß und ruhig weiterschlägt, was immer geschieht, weil es eben nicht von meinem Nervensystem abhängt, sondern seine Kraft und Stabilität aus anderen Quellen schöpft. Verstehst Du das? …

Mein Lieber, ob Du mir am Mittwoch etwas Tannengrün mitbringen kannst? Ich will doch auch etwas für Advent tun, besonders wenn es mein letzter ist. Sicher wird nächster Sonntag zu Hause sehr schön. Genieße ihn nur, denn ich genieße ihn durch Dich. …

Mein liebes Herz, ich höre auf. Lass es Dir wohl ergehen; ich mute Dir an Aufgaben wirklich arg viel zu. Nimm nicht zuviel Verantwortung auf Dich, damit Du Dir nicht für irgendwelche schiefgegangenen Dinge später Vorwürfe machst. Das musst Du mir überhaupt versprechen, dass Du nie denken wirst: Hätte ich damals das oder jenes anders gemacht, so wäre mein Jäm vielleicht noch am Leben. Ich kann Dir alle diese Aufgaben nur zumuten, wenn Du das ganz fest versprichst. … Leb wohl, mein sehr liebes Herz. Ich umarme Dich. J.

… Noch etwas zur Sache Konrad: Selbst wenn aus der ganzen Sache nichts wird, würde es für mich schon ungeheuer wichtig sein können, wenn in der P. A. Str. der Eindruck entsteht: Hier geht ein Korn von Moltke's Samen in einer für uns interessanten Weise auf. Das wäre schon erreicht, wenn ein ganz inoffizieller Vorfühler losginge.

1 Marianne Hapig wollte versuchen, durch bestimmte Personen Einfluss auf Heinrich Himmler auszuüben. *2* Konrad Graf von Preysing. *3* Augustin Rösch wurde erst am 11. Januar 1945 verhaftet, Lothar König wurde nie vom Sicherheitsdienst gefasst. *4* Ein berühmter Rechtsstreit, hier: aufmerksam verfolgter Prozess. *5* Der für Helmuth im Sicherheitsdienst zuständige SS-Sturmbannführer Karl Neuhaus war als ehemaliger evangelischer Theologe unter anderem für kirchliche Angelegenheiten zuständig. *6* Anspielung auf Friedrich Schiller, *Wilhelm Tell*, II,1.

Freya an Helmuth James, 26. November 1944

Sonntag Abend

Mein liebes Herz, heute Nacht bin ich wieder bei den Freunden. Sie sind schon im Bett, aber ich möchte Dir noch schreiben, weil P. morgen früh weg will und ich auch. Als ich am Mittag heute hier ankam, lag Dein Briefchen da. Ich las ihn aber erst nach dem Essen, auch Deinen Brief an Konrad. Den tippte ich dann gleich ab zur Erleichterung für ihn und zog alsbald los, ihn hinzubringen. Es ist ein schöner Brief. Exzellenz war zu Hause und saß bescheiden in einem der Krankenzimmer des großen, modernen und unversehrten Krankenhauses in

Hermsdorf. Da er da war, ließ ich mich bei ihm melden, wollte ihm den Brief lieber selbst in die Hand geben. Als er hörte: ein Brief von Dir, meinte er, der müsse aber gleich verbrannt werden, und las ihn gleich. Ich wartete und betrachtete ihn, der 2 × schwer seufzte, seine Umgebung, seine schönen Schuhe und den Ring und den klugen, durchaus pfäffischen Kopf. Aus seiner ganzen Art, wie er das Projekt behandelte, sprach, das muss ich vorausschicken, alles andere als Angst, was Du aus dem obigen Satz schließen könntest, auch ist er Dir fraglos wohlgesonnen und wünscht zu helfen, aber das Projekt lehnte er zunächst einmal aus 2 Gründen ab. Der 1. und wesentlichste: In Wahrheit habe die Kirche nichts zu bieten, denn sie hätten keinerlei Kontakt oder Einwirkungsmöglichkeit auf ihren Klerus in den besetzten Gebieten. Sie wüssten vom Aachener Bischof z. B. nichts mehr, und das Gleiche würde in Kürze mit Köln und Trier passieren. Die SS interessiere sich auch garnicht dafür, was aus den Deutschen in den besetzten Gebieten würde, und daher sei das, selbst wenn es objektiv Wert habe, für die ganz uninteressant. 2. habe er nun seit 12 Jahren immer wieder die Erfahrung gemacht, dass ein Eingreifen der kath. Kirche gegenüber der SS nur gefährdend und nicht nützlich sei. In diesem wichtigen Falle würden die sicher hoch befriedigt sein, dass die Kirche sich die Sache offenbar etwas kosten lassen wolle und sie daher also wirklich einen guten Schlag getan hätten. Das sei dann nur eine Bestätigung für sie, dass es gefährlich gewesen sei, und außerdem werde man es der Kirche als Schwächezeichen auslegen. Endlich sei es so gut wie ausgeschlossen, den Kardinal[1] und Wienken für die Aktion hochzukriegen. Also Ablehnung auf der ganzen Linie. Er verblieb allerdings so, dass er sich die ganze Sache reiflich überlegen werde, und falle ihm ein besserer Weg in dieser Richtung ein, so werde er Dix benachrichtigen. Der Hapig'sche Plan missfiel ihm auch. Der sei nur für kleine Fälle begehbar und wohl auch dann und wann erfolgreich gewesen. Das war der Besuch. Er sagte, es vergehe kein Tag, dass er nicht Deiner und all der vielen Anderen gedenke, und er baue immer noch darauf, dass man Dich Deines Namens wegen nicht umbringen, sondern kaltstellen werde. Vielleicht wäre es besser gewesen, den Brief vorerst nur abzugeben und später mit P. hinzugehen, aber nach seiner ganzen Art glaube ich kaum, dass viel anderes herausgekommen wäre. …

Mein Jäm, Dein Satz über das Herz, das ich sein soll, macht mich sehr glücklich. Ich glaube, ich verstehe auch, was Du meinst. Wie gerne möchte ich immer weiter für Dich schlagen, wie schön, dass Du es manchmal so empfindest. Als ich hier an dem runden Tisch in Frieden saß und Deinen mir so lieben Brief in Deinen lieben Buchstäblein entzifferte und an den schönen Satz kam, wurde ich mir unseres großen Glücks wieder so stark bewusst. Welcher Reichtum ist uns geschenkt, mein liebster Jäm, und welch eine Gnade, das in seiner ganzen schönen Fülle empfinden zu dürfen. Dem gegenüber verblassen dann wirklich die Abschiedsschmerzen, und es bleibt das Gefühl des unverlierbaren köstlichen Besitzes. Sag mir mal, mein Herz: Bezieht sich Matth. 18,18 + 19[2] auch auf uns?

Nun muss ich gleich ins Bett und möchte Dir doch noch schnell erzählen, dass ich gegen 7 von meinem Ausflug zurückkehrte, und da kamen die Freunde auch bald. Wir aßen und saßen dann. P. las eine schöne Predigt von Gollwitzer vor, und daraus erfuhr ich manches und auch, dass es anderen Menschen auch nicht leichter zu gehen scheint mit ihrem Gehaben, denn die Predigt handelte vom Beten. Mein Jäm, hier bin ich Dir so nahe, und so im Hafen bin ich hier! Wie wäre das alles ohne die Freunde! Warum sind sie eigentlich beide so mit mir, als gehöre ich ganz zu ihnen. Ich nehme mir auch große, dicke Stücke von dem Kuchen, den sie mir immer anbieten. Ich bin nicht einmal beschämt. Ich bin nur dankbar und ganz darein ergeben, dass man solche Freundschaft nur hinnehmen und ganz nie vergelten kann. Es ist auch merkwürdigerweise viel bescheidener, zu nehmen, ohne an die Vergeltung zu denken. Ich bin ein scheußlicher Pharisäer von Natur und möchte immer mehr gegeben haben als nehmen und mich daran dann erbauen. Das ist auch vor Gott nicht besser, als alles für sich zu behalten, vor allem, wenn man sich selbst durchschaut. Bei Schönchen[3] mag es wohl noch angehen! Meine Lust ist ja viel raffinierter als die der primitiven Egoisten, denn vor den Menschen stehe ich noch groß dabei da! So ist es, mein Jäm, nun versuche nicht, mit zärtlicher Hand Deines P. s Fehler zu beschönigen. Ich weiß ja, wo ich sie hintragen darf!

Mein Jäm, ich liebe Dich, ich liebe Dich, so sehr ich vermag, und möchte Dich behalten. Das brauche ich wohl nicht zu sagen, und dass es darauf nicht ankommt, weiß ich auch. Heute Nacht darf ich aber noch an Dich schreiben: Schlaf gut, mein Herz, und ich umarme Dich. Das ist schon schön. Dein P. bleibe ich immer.

1 Adolf Kardinal Bertram, Erzbischof von Breslau. *2* Vers 18: «… was ihr auf Erden binden werdet, soll auch im Himmel gebunden sein.» Vers 19: «… wo zwei unter euch eins werden auf Erden, warum es ist, dass sie bitten wollen, das soll ihnen widerfahren von meinem Vater im Himmel.» *3* Manon Schönberg.

Helmuth James an Freya, 27. November 1944

27. 11. 44.

Mein Lieber, Konrad ist ein sehr kluger Mann, und seine Argumente sind sicher richtig bis auf eines: Ich meinte, dass weniger die Verbindung mit den jetzt besetzten Gebieten aufgenommen wird, als dass allen Geistlichen in gefährdeten Gebieten die generelle Weisung gegeben wird, also vor der Besetzung. Ob er im übrigen Recht hat, vermag ich natürlich nicht zu beurteilen, denn das hängt von der jetzigen Situation ab. Ich hätte das vor drei Monaten genauso beurteilt, und es geht auch erst, wenn die Herrscher sich etwas angeschlagen fühlen. Wann das der Fall sein wird, kann ich natürlich nicht sagen. Ich glaube aber, dass der Gedanke generell richtig ist, dass man versuchen muss, den Löwen daran zu hindern, im Todeskampf besonders giftig um sich zu schlagen. –

Matthäus 18,18 passt nicht, wohl aber 19 sehr. 18 bezieht sich m. E. auf gebunden wegen Sünden. – Mein liebes Herz, ich habe in mir einen Gedanken, einen Wunsch verborgen für den Fall, dass Du noch eine Sprecherlaubnis bekommst, worauf ich garnicht zu hoffen wagte, deswegen habe ich bisher nichts gesagt. Aber jetzt höre ich, dass Du dann eventuell schon in den nächsten Tagen kommen willst. Dieser Gedanke ist, ob wir nicht im Anschluss an die Sprecherlaubnis bei P. das Abendmahl feiern könnten. Wir haben es nie zusammen gefeiert, und es wäre so ein Schlussstein auf dem bisher durchschrittenen Wege. Aber die Hauptfrage bleibt, ob P. das für möglich hält. Es darf weder ihn noch uns gefährden, denn wir können es auch im Geiste zusammen feiern. Aber wenn er meint, dass der Vorsteher das zulassen würde, ohne dass daraus eine Affäre wird, dann wäre es schön. Ich habe mit ihm nicht darüber gesprochen, weil Du es wirklich wollen musst, nicht nur, um Deinem Wirt eine Freude zu machen.

Leb wohl, mein ruhiges, liebes, starkes Herz, J.

Freya an Helmuth James, 27./28. November 1944

Montag Nachmittag

Mein Lieber, für Dich ist jetzt schon Abend, es ist 17.30. Ich bin fertig mit meinem Programm und sitze in der hintersten Ecke des Wartesaals. Hier werde ich wohl eine Weile bleiben, denn ich kann bei den guten P. s. nicht schon so früh erscheinen, und hier sitze ich sehr friedlich und ungestört. Ich kann doch nicht mehr zu Carl Dietrich fahren. Das ist zu weit. Mein Jäm, das Beste: Ich habe eine neue Sprecherlaubnis in der Tasche. Mein schöner Antrag hat Herrn Thiele so gut gefallen, wie er vorher Herrn Schulze gefallen hat. «Ja, Frau Moltke, Sie sollen die Sprecherlaubnis haben», hieß es. Aber erst heute Mittag, denn heute war wieder große Verhandlung im K. G. und da waren alle Herren. So sprach ich Stier[1] nicht und versuche es morgen früh wieder, aber ich bin zunächst einmal glücklich, dass ich Dich wieder sehen werde. Ach, mein Jäm, wie freue ich mich, wie schön wird es wieder sein, meine Augen über Dich wandern zu lassen, Dich anzufassen, Dich zu sehen. Wie schön, mein Jäm! Mein Lieber! Nun weiß ich noch nicht, ob ich morgen schon kommen soll. Wenn es wieder beim Vorsteher ist, kann ich keine Wäsche tauschen, d. h. kein Essen bringen,[2] das will ich daher Mittwoch wie immer tun. Da bleiben nur Dienstag und Donnerstag, und da Du doch vielleicht geholt wirst, ist es wohl besser, es morgen schon zu versuchen. Ich freue mich gerne ein bisschen an dem Besitz in der Tasche. ½ Std. ist uns zugesprochen!

Als ich unverrichteter Dinge um 9 vor dem VGH. stand, beschloss ich, Frau Lukas aufzusuchen, von der mir Frl. Hapig neulich erzählt hatte, sie sei da und ganz verlassen und verzweifelt. Ich war auch entsetzt, wie ich sie vorfand. Ich habe sie kaum erkannt. Sie hat Lukas einmal gesehen, er sei furchtbar gequält worden und das scheints vor allem in Breslau, er sei ganz weiß geworden und habe geweint. Aber mir scheint, im Ganzen ist er nicht schlecht im Stand, er hat nur seinem Herzen einmal Luft machen müssen. Er kann lesen und rauchen und ist in der Lehrter Str., noch sind die Akten nicht beim 1. Senat, aber sie fürchtet, dass es schnell gehen wird. Sie sieht alles viel schlechter, als man es sehen muss, und hat keine Seele, die sie tröstet. Sie kann einen sehr jammern in ihrer Hilflosigkeit. Ich habe ihr eine Stunde zugesprochen, aber hatte nicht das Gefühl, dass es ihr sehr half. Die arme Frau! Wir müssen Kontakt mit ihr behalten. Bis ich dann wieder bei Carl Dietrich war, war es 12. Dort fand ich einen Anruf von Frl. Hapig, ich solle doch noch einmal kommen. Da ich vorher zu Thiele und hinterher zu Hercher wollte, konnte ich mir nur noch einen Grießbrei kochen, ein paar Brote essen und wieder losgehen. Dann ging es bei Th. glatt. Frl. Hapig war selbst von ihrem Projekt abgerückt und hatte nun das neue, mich mit Frau Planck zusammenzubringen. Warum nicht?! Sie hat ihre Wünsche über Frau Himmler an Himmler herangebracht, aber ich glaube nach wie vor, dass der alte Planck der Grund war.[3] Im übrigen hat sie es noch nicht schwarz auf weiß. Alle diese Dinge spielten sich in der Großen Hamburger Str. ab. Ich lerne wirklich Berlin langsam recht ausgiebig kennen, denn der Vormittagsbesuch war in der Nähe des Kottbusser Tors. Frau Planck sehe ich nun morgen zw. 1. 15 und 1.30, und das vermittelte ihr Beichtvater, der nebenbei ein Bruder von der Frau Kleinert in Gräditz ist! ... – Hier hieß es, es sei «dicke Luft»,[4] worauf ich mich umgehend auf den Weg machte. Ich kam auch noch an, und es war harmlos, wie Du ja auch gemerkt hast. P. ist heute Abend nicht da, aber ich fand Dein liebes Zettelchen. Ja, mein Lieber, Du weißt doch, dass ich will.[5] Ich fände es sehr schön. Ich glaube, dass ich ganz darauf gerüstet bin. Nein, nicht um Dir eine Freude zu machen, nein, dafür könnte ich es nicht tun. Ich teile und bejahe Deinen Wunsch von ganzem Herzen und sage dazu *«ja»*. Ob es aber gehen wird, muss P. sagen. Ich lasse ihm daher das Zettelchen da und komme morgen noch nicht, es sei denn, P. bestellt mich, weil es entweder schon geht oder nicht geht. – ... Brigitte ist ganz bereit, sich an der Bestechung von Thiele zu versuchen, und sie hat auch gewisse Talente dafür. Sie soll mit einer Gans winken, aber wir müssen das Projekt erst noch ausführlich mit P. besprechen. Heute sagte er[6] mir, es stehe noch nichts über den Termin fest, und dabei besah er sich gedankenvoll das Programm, das er, wie er sagte, eben gemacht hatte. Er ist Ortsgruppenleiter von Rengsdorf, Herr Thiele, der mager und blass und sächsisch, aber wenn man ihn achtet, sehr freundlich ist. Ich habe bisher noch nirgends die leiseste Unfreundlichkeit zu spüren gekriegt. Da ich aber in dieser Angelegenheit mit ganz erhobenem Kopf herumgehe, so ist das auch schwer. Es kann aber noch kommen, macht mir aber nichts. ... – Mein Herz ist voller Liebe und auch voller Glück, denn ich bin ganz Dir gehörig und bin so fest und gut mit Dir verbunden. P.

1 Landgerichtsdirektor Martin Stier. *2* Siehe Einleitung, S. 20 f. *3* Erwin Planck, ein Sohn des bekannten Physikers Max Planck, war seit Juli 1944 in Haft und am 23. Oktober 1944 zum Tode verurteilt worden. Sein Vater hatte sich mit Bittschreiben an Hitler und Himmler um eine Begnadigung bemüht, zunächst erfolgreich. *4* Kurz vor einem Bombenangriff. *5* Freyas Antwort auf Helmuths Vorschlag eines gemeinsamen Abendmahls. *6* Amtsrat Thiele.

Helmuth James an Freya, 28. November 1944

Tegel, den 28. 11. 44.

Mein Lieber, wie glücklich bin ich über die Sprecherlaubnis. Ich hatte das garnicht zu hoffen gewagt. Es wäre sehr schön, wenn wir anschließend das Abendmahl bei P. feiern könnten, aber schön ist es auf jeden Fall. – Ich habe erst wieder ein paar Kleinigkeiten, die mir eingefallen sind: *1.* Wenn Ihr (Wir) Kreisau behalten, dann muss für Carl Bernd's Andenken etwas geschehen.[1] Ich hatte immer gedacht, an die Ecke des neuen Familienbegräbnisplatzes einen großen Feldstein zu setzen und in den eine Platte einzulassen mit Blick ins Tal, nicht etwa auf den Weg. Oder eine Platte in das Steinmäuerchen bei Mami. *2.* Ich bitte Dich, einen neuen Block mitzubringen; zwar reicht der noch einige Zeit, wenn ich aber weiter so fleißig schreibe, brauche ich später vielleicht doch noch einen. *3.* Ich lese täglich aus den Evangelien 3 Kapitel und bin jetzt, d. h. gestern, bei Matthäus 19–21, wo Du auch gerade warst. Heute kommt also 22–24. Da Du auch gerade an der Stelle bist, dachte ich, wir könnten vielleicht zusammen weiterlesen, und wollte es Dir sagen.

Mein liebes Herz, alles, was Du schreibst, ist so lieb und stärkend und schafft mir so das Gefühl des Geborgenseins. Wenn Du nur Dein Gleichmaß durch all die möglichen Unglücke behalten mögest. Es ist eine Gnade, die Dir, nein uns, geschenkt ist, und um die wir alle Tage neu bitten müssen. – Die arme Frau Lukas. Ja, wenn Du Zeit hast, versuche ihr zu helfen. Vielleicht kann sie ein Mal feststellen, was Lukas über mich gesagt hat. Ich habe nichts gesagt, was ihn belasten könnte, außer, dass ich über die sachlichen Fragen: Selbstverwaltung und Kirche und Staat mit ihm gesprochen hätte und dass ich, als er mich 42 fragte, wer eigentlich Herr Goerdeler sei, ihm geraten hätte, ihn nicht zu sehen. Ich fürchte aber, dass er sich in neuerer Zeit irgendwie hat in die Sache hereinziehen lassen.

Ja, mein Herz, ob man an der Verschiebung des Termins arbeiten soll, müsst Ihr besprechen. Ich vermag es nicht recht zu beurteilen. Eines ist sicher: Die Kriegslage ist mal wieder labil und kann uns mindestens als Argument helfen, je später wir dran kommen. Aber mit menschlichen Augen ist kein Urteil über diese Frage zu gewinnen, denn u. U. kann ein Vorrücken der Feinde über den Rhein zu hastiger Verurteilung aller anstehenden Sachen führen, und ich habe ja überhaupt nur dann eine Chance, wenn man mir Zeit widmet: Über den Daumen gepeilt, muss ich gehängt werden. Mir ist diese ganze Erörterung ein klein wenig peinlich, und ich sehe daran, wie ich mich doch etwas verändert habe. Ich sehe zu klar, dass das alles Dinge «unter dem Strich» sind, dass ich eben in Gottes Hand stehe und ihm lebe und sterbe. Aber beredet die Frage ein Mal. Das primäre menschliche Gefühl ist, dass Zeit kostbar sein kann, denn die Feinde wollen ganz offenbar jetzt durch und werden alles daran setzen. Brechen sie an einer Stelle wirklich durch, dann kann alles sehr schnell gehen.

Mein Herz, ich schreibe nichts weiter, denn ich hoffe auf Dein Kommen, und dann sehen wir das, was ich jetzt noch sagen könnte, mit unseren Augen. Darauf hoffe ich. Leb wohl, mein sehr geliebtes Herz, umarme Deine Söhnchen, wenn Du sie siehst, und grüße alle. J.

1 Helmuths Bruder Carl Bernhard war am 30. Dezember 1941 gefallen.

Freya an Helmuth James, 29. November 1944

Mittwoch Abend und Nachmittag

Mein liebes Herz, ich bin noch sehr voll von dem, was wir heute Vormittag zusammen erlebt haben.[1] Es war sehr schön für mich, nur schön war es und nicht traurig. Eigentlich, mein Herz, ist es so, dass ich garnichts darüber zu sagen vermag. Ich bin anders als vorher und weiß doch nicht, wieso. Seit ich wusste, dass wir dies zusammen erleben dürften, habe ich immer wieder darüber nachgedacht und vor allem heute früh meine Gedanken ganz dahin gesammelt. In mir war die große Furcht, ich könnte trotz allem nicht würdig sein, aber ich war mir dann ganz klar; zum Gedächtnis des Todes Christi, in der Bereitschaft, seinen Weg als den einzig wirklichen Weg zu Gott zu erkennen, und durch seine Vermittlung und seine Hilfe das auf uns zu nehmen, was er uns beschieden hat, vor allem aber uns vor ihm und durch ihn zusammenschließen zu lassen. Ich war ganz fertig dazu, und als es dann soweit war, habe ich an das alles nicht mehr denken können. Ich war sehr benommen und empfand nichts als unsere große Bereitschaft: Welches Geschenk, mein Geliebter, neben Dir knien zu dürfen und mit Dir aus unseres Freundes Hand das empfangen zu dürfen. Mein Liebster, ich vermag noch nicht zu sagen, was in mir vorgegangen ist und was in mir wachsen wird. Ich fühle mich so, als hätte auch ich Kreuzchen auf der Stirn. P. hat es so schön und liebevoll gemacht. Er weiß ja so genau, was in unseren Herzen vorgeht zwischen Totensonntag und Advent. Es handelte so garnicht von Deinem Tod, sondern von unser beider Leben. Wir haben unsere Verbundenheit über den Tod hinaus besiegelt bekommen, und was auch kommen wird, dieses Siegel wird immer auf uns bleiben. Hattest Du auch heute früh die 3 Kapitel 25, 26 und 27[2] gelesen, die so besonders schön zu unserem Fest passten? Ich bin sehr glücklich, mit Dir immer weiter 3 Kapitel zu lesen. Das gefällt mir sehr. Ich habe auch den kleinen Katechismus[3] gelesen. Mein Herz, hier sitze ich, mein Herz ist übervoll, und ich vermag Dir nur von meiner Liebe zu sagen und der Gewissheit, dass wir für alles geborgen sind. – Dass es schön war, vorher bei Dir zu sein, weißt Du ja. Ich habe garnicht das Gefühl begrenzter Zeit gehabt, schon von Anfang an nicht, ich habe das Gefühl, eine lange Spanne mit Dir zusammengewesen zu sein, und das Zusammensein war mir gar kein Ereignis, sondern ein vertrauter Zustand. Oft ist Deine Nähe so stark und konkret, dass ich die Trennung garnicht empfinde. Deshalb war auch der Abschied für mich nicht so schmerzlich, denn Du bist mir nicht weggenommen worden. Mein Geliebter, das ist überhaupt die kostbare Frucht dieser Wochen, dass ich jetzt ganz sicher weiß, dass wir untrennbar verbunden sind. Erst musste ich mir das immer wieder klarmachen, aber jetzt gehört es als Bestandteil zu mir. Ich stehe immer wieder so wie Du erschüttert vor dem Reichtum dieser Wochen, und dazu gehört der heutige Tag in einer noch nicht von mir ausgeschöpften Tiefe. …

Mein Lieber, mein heutiger Tag: P. sagte mir, als Du weg warst, ich solle bei Dorothee essen und ihn gegen 2 für den Besuch bei Dix treffen. Das tat ich, denn hier konnte ich alleine sein und mich fassen. Ich war nicht verzweifelt, aber voller Tränen, eigentlich der Dankbarkeit, aber ich kann sie so wenig beschreiben wie meinen gesamten Zustand. Der Besuch bei D. war nicht eigentlich erfolgreich. P. kann Dir davon ja sein klügeres Urteil sagen. Er sah durchaus die über-Moltkeschen Möglichkeiten in dem Projekt, aber wusste auch keinen Weg, es in Angriff zu nehmen. Deinen geplanten Brief an Himmler fand er im Plan nicht schlecht: Es kommt aber natürlich sehr auf die Form an. Wir kehrten dann gemeinsam um, und ich blieb wieder hier. Jetzt ist es Abend, und ich fahre zu Carl Dietrich, wenn der Brief zu Ende ist. Dort packe ich morgen früh und komme dann noch einmal nach Tegel, wo ich meine Handschuhe liegen ließ. Dort kann ich mir wahrscheinlich dann noch einen Brief von Dir holen, den ich gerne auf meinen Weg mitnähme. Harald meint – ich sage übrigens noch Poelchau und Sie wegen der anderen Frauen und weil das jetzt noch praktischer ist –, ich solle schon mittags fahren, weil das weniger anstrengend sei. So fahre ich also. Obwohl 2 liebe Söhnchen mich erwarten, reiße ich mich mit Anstrengung von Deiner Nähe los. Ich bliebe lieber, aber es ist richtig und nötig, dass ich fahre. Wir sind einander doch nah, und wenn auch die Söhnchen mit Recht auf dem 2. Rang sitzen und meiner auch garnicht so sehr bedürfen, so ist es richtig, *1.* Advent bei ihnen zu sein. Wir sind ja einig. Es waren wieder sehr schöne Tage bei Dir, sehr kostbare. … Ich fühle mich gesegnet für unser künftiges gemeinsames Leben: sehr reich fühle ich mich. Dich umarme ich in zärtlicher Liebe. Ich bin und bleibe immer Dein P.

1 Das gemeinsame Abendmahl. *2* Matthäus 25–27 mit der Darstellung des Abendmahls. *3* Martin Luthers Einführung in den christlichen Glauben.

Helmuth James an Freya, 29./30. November 1944

Tegel, den 29. 11. 44.

Mein Lieber, diesen Tag will ich nicht enden lassen, ohne noch ein Wörtchen mit Dir gesprochen zu haben. Mein Herz, unsere Abschiedsfeier, denn die war es und bleibt es, auch wenn Du noch ein Mal kommen solltest, hat wieder ein neues Stück Reichtum, einen neuen Schatz in uns gelegt, mit dem wir dem entgegen gehen können, was Gott uns bestimmt hat. Wir sind, dank der Tatsache, dass wir noch Zeit hatten, wiederum ein Stückchen besser gerüstet, alles zu ertragen, was uns auferlegt werden mag. Die Verbindung, die wir gefunden haben, die uns auch außerhalb dieser Zeit, ja außerhalb jeder Zeit bindet, die hat ein äußerliches Siegel empfangen; dabei ist das Wort äußerlich falsch; es ist nur in dem Sinn eines greif- und fassbaren Siegels gemeint. Mein Herz, wir nehmen das nun mit auf unseren Weg, der gemeinsam bleibt, eine communio, auch wenn wir uns nicht mehr mit diesen Augen sehen, mit diesen Ohren hören und mit diesen Händen fassen können. Wir gehen dahin, wohin er uns führt und sendet. Lies ein Mal das 21. Kapitel aus dem Johannes-Evangelium, Vers 18–23.[1] …

Ich habe noch ein Stündchen hier im Dunklen gesessen und nur voller Glück und Dankbarkeit an unsere gemeinsamen Reichtümer gedacht. Dazu gehört ja auch die Sprechstunde, die nur von der Feier überschattet war. Du sahst wohl aus, mein Herz, und so schön unvergrämt. Ich denke manchmal, wie schwierig alles wäre, wenn ich eine vergrämte Frau zurückließe und vielleicht jetzt schon die Spuren ihres Grams an ihr sähe. Leid ist gut, Gram ist schlimm. Vielleicht fällt Dir in 14 Tagen noch etwas Neues ein, dessentwegen Du mich sprechen musst, und vielleicht lebe ich dann noch. Ich wage nicht zu hoffen, aber ich hoffe, dass Du es jedenfalls versuchen wirst, und vielleicht gelingt es Dir, Herrn Thiele zu überrennen. …

Mein Herz, ich habe P. darum gebeten, mir eine Kerze, und eine Tülle zu geben. Sonntag um ½6, wenn ich ins Bett gehe, werde ich meine Birne ausschrauben, denn zu der Zeit sind keine Kontrollgänge, und die Kerze anstecken, denn Ihr werdet wohl gerade singen, und dann kann ich mit Euch singen; meist pfeife ich allerdings. Dabei fällt mir ein, dass ich Dir noch nie eine Beschreibung meiner jetzigen Zelle geliefert habe.

1. Kübel = Clo
2. Kleiderschrank und 2 Fächer offen für Wasch- und Essgeschirr
3. Lampe
4. Tisch 80–50 cm
5. Stuhl mit Lehne
6. Wasserkrug
7. Klappbett 1.95 × 1 m ganz gut
8. mein Koffer

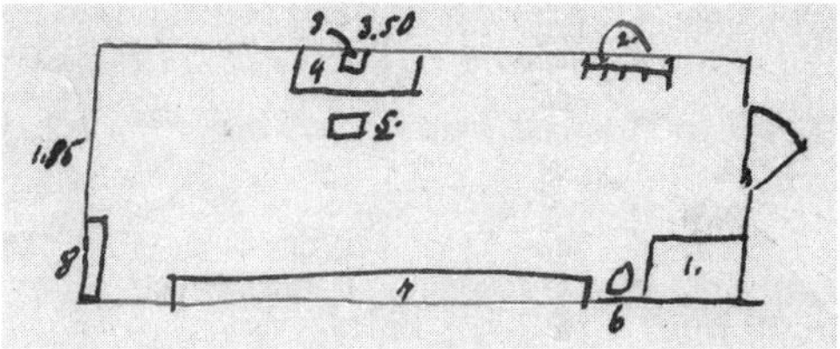

Das Fenster, das früher ganz gut war, wohl 75 cm², ist durch eine Sperrholzplatte ersetzt, in der ein 20 × 20 Fensterchen sitzt. Das Fenster beginnt in 2 m Höhe, die Zelle ist etwa 2.75 hoch. Wenn ich im Bett liege, sehe ich jetzt folgendes Bild:

Da soll also dann mal die Kerze dran.

… Genug für heute, mein Lieber; nur noch eines: Mach doch mit Dix für nächste Woche einen Termin aus; bis dahin habe ich etwas Neues ausgearbeitet. Dich, mein Herz, und die Söhnchen umarme ich als der Dir Verbundene.

30. 11. 44.

Guten Morgen, mein Herz, ich habe schon viel und heftig Deiner gedacht vom frühen Morgen an; nach einer guten Nacht, in der auch meine Schmerzen wieder ein wenig besser geworden sind, war heute früh der Abschiedsschmerz mal wieder groß. Es tut nichts, mein Lieber, und ist nur ein Zeichen für den Wert des Besitzes; ich hatte es auch erwartet und erzähle es Dir nur der Vollständigkeit halber. Es war nicht ein Mal eine Grube, nur eben Abschiedsschmerz.

Ich füge den Entwurf eines Briefes an Himmler bei; besprecht den mal nächste Woche am besten mit Dix. Ich weiß nicht, was klüger ist, nichts zu tun oder gegen den Stachel der «Verachtung» zu löcken. Jedenfalls diese Grundfrage muss erst ein Mal geklärt sein, ehe man sagt, wie man den Brief bauen soll. Ich möchte aber dieses Problem ein Mal zur Diskussion stellen. …

1 Jesus zu Petrus: «… und ein anderer wird dich gürten und führen, wohin du nicht willst. … Folge mir nach!»

Freya an Helmuth James, 4. Dezember 1944

Montag Abend

Mein Lieber, ich schreibe auf dem 1. Blatt von dem Block, den ich Dir mitbringe. Hoffentlich, mein liebes Herz, kommt er gut in Deine Hände und Du wirst es sein, der ihn beschreibt. Ich war so unbesorgt in diesen Tagen in Kreisau, und ich frage mich nun doppelt gespannt und besorgt, wie ich morgen alles vorfinden werde. Wie freue ich mich, wieder in Deine Nähe zu kommen. Mein Jäm, mein Herz ist voller Liebe! Ich schreibe dies im Schreibzimmer des «Reichshofs»[1] in Liegnitz. Eigentlich wollte ich jetzt bei Asta sitzen, aber ich verpasste in Königszelt den Anschluss und musste gleich durchfahren. Ich verließ Kr. schon um ½8 und ziemlich eilig und wäre sehr gerne noch 2 Std. länger geblieben, aber dafür habe ich nun sehr viel Muße in diesem Schreibzimmer, das ich schon auf der Hinfahrt entdeckt hatte, als ich auch den Anschluss verpasste und also erst nachts um ½3 in Kr. ankam. Es war heller Mondschein, als ich ankam. Das Ankommen ist mir jetzt immer schwer, weil es mir ohne Dich doch eben garnichts wert ist, und doch war es so schön, und diese Schönheit tat mir weh, als ich auf dem mondhellen Pfad vom Bahnhof kam. Ich zwang mich aber, das Thema zu wechseln, und zog mich rasch aus und besuchte die sanft schlafenden Söhnchen. C.chen erwachte voller Liebe und freute sich rührend, Konrädchen pümpelte[2] fest. Ich dann auch in dem geschätzten eigenen Bett. Asta war noch im Haus. Morgens kamen gleich beide Knäbchen, und wir kuschelten und lasen sehr zufrieden, bis Asta kam und sich noch dazusetzte. ... Sonntag Mittag sagte ich, als wir um halb 2 noch beim Essen waren – es dauerte sogar bis 10 vor 2 –, jetzt denkt der Pa, dass wir schon fertig sind mit Essen. «Und», sagte C.chen, «er denkt, dass ich heute mit Euch essen kann.» Als Sonnabend am Tage einmal das Telefon klingelte, als er bei mir Schularbeiten machte und ich am Schreibtisch saß, sagte er – und ich wusste schon, was er sagen wollte, als er anhub zu sprechen –, «Wie schön wäre es, wenn das der Pa wäre und sagte, er wäre raus aus dem Gefängnis und morgen wäre er bei uns!» Ach, mein Jäm! Ich bin ja glücklich, dass er Dich so wirklich von sich aus und ganz ohne mein Zutun und so sehr liebt. Der Kleine führt Dich auch ganz häufig im Munde, denn er weiß, dass ich zu Dir fahre, und dass das Eier für den Pa sind, sagt er von sich aus, aber er kennt Dich ja doch nicht wirklich.

Zeumer sah ich Freitag nur kurz im Hof. Er ist noch mit seinen Rüben beschäftigt, hat noch keinen Mist gefahren, war aber ganz guter Dinge. Am 6. feiert er Silberne Hochzeit. ...

Sonnabends habe ich dann noch Pfefferkuchen gebacken, während Frau Pick 9 junge Hühner ausgenommen hat! Hinterher habe ich dann noch Papierengelchen für die Singe-Kinder gemacht. Es machte mir große Freude, aber dass es ein solcher Erfolg werden würde, das hatte ich nicht erwartet. Du wirst auch einen bekommen. Ich machte 9, und das Komische war, dass sie alle verschiedene Gesichtsausdrücke hatten. Wenn sie nun in Mengen nebeneinander standen, war es wirklich ein herrlicher Anblick.

Sonntag Morgen feierten wir wie gewöhnlich. Bald können wir «Brich an du schönes Morgenlicht». Nach dem Frühstück ging ich mit beiden Söhnen los. Die Sonne schien und Kreisau war winterlich, aber schön. ... Wir waren dann noch bei Schmolkes. Unsere beiden Söhne gingen selig ab an den Teich, während ich die armen vergrämten Schmolkes besuchte. Sie sehen beide so traurig und so alt aus. Fast bin ich solchen armen Menschen gegenüber froh, dass wir es auch nicht leicht haben. Ich konnte garnichts sagen zu solchem Schmerz. Die beiden lebenden Söhne waren da, und ich sprach dann schließlich mit denen über den Volkssturm[3] usw., während die beiden armen Alten teilnahmslos und so traurig dabei saßen. Unsere Söhnchen fand ich dann höchst zufrieden mit Binsen bewaffnet wieder, und wir zogen zum Essen nach Haus. Es gab fürstlich zu essen, zu Hähnen den wunderschönen Endiviensalat, der dieses Jahr in großen Mengen geraten ist. Dann ging Konrad schlafen und C.chen draußen unter Geschrei mit den von Zeumer geraubten Papieren spielen und ich an die Adventsvorbereitungen. Wir haben einen sehr schönen Kranz, dieses Jahr aus Tannen. Frl. Hirsch hat sie extra aus Ludwigsdorf geholt, wir hätten nirgends Tannen. Stimmt das? Ich weiß nicht, wo, aber das ist kein Grund. Tante Leno und ihre Kinder und die verlassenen Reichweinchen wollten alle kommen, damit Du uns auch, mein geliebtes Herz, wirklich im Berghaus finden würdest. ... Gesungen haben wir im großen Wohnzimmer. Dort hatten wir lauter Kerzenstümpfchen. Erst sangen wir von etwa 5–½6 mit Klavier. Das war für mich das beste Singen, denn ich brauchte nur an Dich zu denken und nicht die Kinder an der Stange zu halten. So sang ich und fühlte all das, was wir in diesen kostbaren Wochen erlebt haben. Um ½6 ging Tante Leno mit ihren Kindern, um unten[4] für Tante Ete noch weiter zu singen, und wir holten dann noch Störcher und sangen mit Dir, mein Herz, ohne Klavier. C.chen war ganz begeistert, dass Du jetzt beinahe dabei wärest. So war es sehr schön! War es das auch bei Dir, mein liebes Herz, oder hattest Du Heimweh und warst traurig? Diese Frage beschäftigte mich sehr. Ich wollte so gerne, dass Du nicht traurig wärest. – Mein Jäm, ich muss schon zum Zug! Wie schade. Ich bin noch lange nicht fertig. Alles Wichtige ist noch nicht gesagt, aber ich muss jetzt weg!

1 Ein Hotel neben dem Bahnhof. *2* «Pümpeln» ist der von Helmuth und Freya häufig gebrauchte Ausdruck für sanft schlafen. *3* Militärischer Heimatschutzbund, bei dem sich seit Oktober 1944 alle Männer zwischen 16 und 60 Jahren melden mussten. *4* «unten» bezieht sich auf das Schloss, das tiefer liegt als das Berghaus.

Helmuth James an Freya, 5. Dezember 1944

Tegel, den 5. 12. 44.

Mein Lieber, Samstag war Hercher da, und ich konnte die 17 Seiten lange Anklageschrift überfliegen. Wenn es irgend möglich ist, muss ich sie so schnell wie möglich wieder bekommen, am besten eine Abschrift, die ich behalten kann, denn es steht so viel vollkommner Unsinn drin – ich hätte Goerdeler bei Beck ausstechen und mich an die Stelle Goerdeler's setzen wollen –, dass ich das einfach nicht behalten kann.

… Mein Herz, die Anklageschrift ist ein Wunder, denn der Angriff liegt vollkommen falsch. Von ernsthafter Kenntnis über Goerdeler wird bei mir überhaupt nicht – bis auf die eine Unterhaltung – gesprochen, und bei den anderen fast nicht. Von Vorbereitungshandlungen für 20. 7. ist keine Rede; eigentlich ist bei mir auch die Möglichkeit des Hochverrats bereits aufgegeben und es bleibt nur Defaitismus. Nun muss man dazu folgendes sagen: *a.* Defaitismus, wenn er als erwiesen angenommen wird, reicht auch. *b.* Freisler wird es auf die Wahrheit garnicht so ankommen. *c.* wenn vorn steht «hemmungsloser Defaitist» und «erbitterter Gegner des N. S.», so tut's das auch. *d.* schließlich können sie ja in der Verhandlung noch mit neuen Fakten kommen, mindestens zur Unterstützung der beiden Epitheta.[1] Also: Zu menschlicher Hoffnung ist garkein Anlass. Aber, mein Herz, wir sind verpflichtet, diesen Vorgang als ein Zeichen dafür zu werten, dass Gott uns hört; es wäre eitel Unglaube, das nicht zu tun. …

Eben kam Dein Brief, den ich aber erst nachher lesen will, denn nun bin ich voller Bitten an Dich, die ich erst loswerden will.

1. Ich brauche im Grunde z. Zt. nur Butter (+ Salz), alles andere ist zusätzlich; Wurst vor allem habe ich noch genug.

2. Wäsche: Ich bitte um 2 Hemden, Taschentücher, warme lange Unterhose, eventuell 1 Pyjama.

3. Dix: bitte
 a. Brief an Himmler begutachten.
 b. meinen Entwurf zu einer Äußerung; ist so etwas besser am Anfang oder Schluss? Angriff gegen Anklage oder ruhige Gegenüberstellung? Genügt das zur Kriegslage Gesagte, um aus dem Defaitismus heraus zu kommen?

4. Information von Haubach und Steltzer ist wichtig; aber dass die Frauen nicht hinlaufen.

5. Wichtig ist, wenn möglich festzustellen, wie lange wir noch Zeit haben. Kann aber Brigitte machen.

6. Hercher: wenn irgend möglich, möchte ich nächstes Mal eine Abschrift der Anklage haben. Überlegt, wie man ihm das sagt.
 : wenn die Zeit knapp sein sollte, soll er Abschrift meines Schriftsatzes z. d. A.[2] schicken, falls er da nicht ist.
 : bald neue Rücksprache.

7. Haubach: vielleicht bezieht sich sein Geständnis nur auf
 a. Kenntnis der Regierungsbildung Goerdeler im Juni 44
 b. Kenntnis über illegale Gewerkschaftsorganisation
 und nicht auf Kreisau.

Fliegeralarm. Hoffentlich stößt Dir nichts zu. P. ist ja im Hause. Ich packe dann immer alles weg, aber da es so lange dauert, schreibe ich jetzt auf meinen Knien und packe nur weg, wenn es wieder in die Nähe kommt.

8. Wenn von Lukaschek geklärt werden könnte, was er über mich gesagt hat, so wäre es gut.
9. Ich bitte um meinen Tauf- und Konfirmationsspruch.[3] Frau Pastor kann sie raussuchen. …

Mein Lieber, Deinen Brief habe ich während der Pausen im Alarm gelesen. Ein sehr liebes Briefchen. Danke, mein Herz. Da P. gleich kommt, nur noch ein Wort: Advent war bei mir sehr schön; die Kerze brannte schön, ich war in Gedanken bei Euch und pfiff Weihnachtslieder; zwischendurch sang ich auch mal ein Verschen. – Ich bin leider recht steif, kann vor allem nur schwer stehen und fast nicht gehen; ich sacke dabei immer nach vorn zusammen. Heute ist auch der ganze Brustkasten schmerzhaft. Dabei sind die Schmerzen im Ruhezustand viel besser als zuvor. Ich will am Freitag, falls ich dann noch da sein sollte, mal sehen, ob der Arzt mich nicht ins Lazarett nimmt, damit ich einmal 2 Tage im Bett bleiben und schwitzen kann. So stört es mich garnicht, aber für die Verhandlung wäre es sehr hinderlich.

Mein Herz, ich höre auf, weil ein tückischer Wachtmeister eben die Station übernimmt. Leb' wohl, mein Lieber, lass es Dir wohl ergehen. Bitte weiter für Deinen Wirt und behalte ihn lieb. J.

1 Zusätze. *2* Zu den Akten. *3* Siehe Freyas Brief vom 15./16. Dezember 1944, S. 210.

Freya an Helmuth James, 5./6. Dezember 1944

Dienstag Nachmittag

Mein Liebster, wie schrecklich muss es heute früh für Dich wieder gewesen sein. Es waren ja so sehr viele Flieger. Mein Armer! Warst Du gefesselt? Hast Du Dich sehr gequält oder fühltest Du Dich zu sehr in seinem Schoße, mein Herz. Ich saß bei Dorothee und dachte an Dich und hoffte, dass Du Dich nicht zu sehr quälen müsstest. Bei uns war es harmlos. Man hörte nur die vielen, vielen Flieger, und wir dachten eigentlich, die Anstalt[1] wäre verschont geblieben. Die Kirchtürme lagen so unversehrt und friedlich da, als wir uns vom Dach die Lage ansahen. Allerdings hatte Borsig wieder viel abbekommen,[2] wenn auch lange nicht soviel wie «Argus».[3] Mein Herz, wie entsetzt war ich, als

Dorothee mir sagte, die Anstalt sei wieder schwer getroffen. ... – Mittwoch. Ich sitze und warte, dass Gissel mir die Sachen abnimmt. Brigitte sitzt neben mir: Sie hat Sprecherlaubnis, auch die 2. Es ist heute voll hier und daher die Stimmung nicht so gut, wie sie sein könnte. Mein Herz, ich sitze ganz in Deiner Nähe, und Du weißt es noch nicht. P. kommt nachher auch und soll dann dies Briefchen haben. Ich bin noch nicht sehr weit mit meinen verschiedenen Aufgaben. Dix spreche ich um ½3. Die Sache Haubach ist an sich schon weit fortgeschritten, aber ich muss dafür Frl. Schellhase noch einmal treffen. Durch den Alarm ist alles etwas ins Stocken geraten. ... – Jetzt ist Gissel wieder herunter, und ich habe die gute Nachricht, dass es Dir besser geht, mein Herz! Wie froh bin ich, aber ich besorge doch noch das Medikament bei P. s Freundin, einer Ärztin, auch Schmerzpillen und auch das Belebungszeug. Du kannst dann sehen, ob Du das alles gebrauchst oder nicht. Brigitte ist eben zum Vorsteher gewandert, und ich habe Eugen auf dem Gang die Hand gegeben. Ich warte auf sie, und vielleicht kann ich P. dann hier gleich den Brief noch lassen. Ich bin also noch in Deiner Nähe, mein liebes Herz, und Du weißt es wieder nicht! ... – Mein Jäm, hast Du auch gestern das 1. Kap. bei Lukas gelesen? Es freut mich jeden Tag, dass wir das gemeinsam tun! Wann liest Du es immer? ... – Mein Herz, ich fürchte, ich muss mich doch aufmachen, sonst komme ich nicht rum. Ich schreibe wieder in Frieden, hoffe ich. Ob ich bei den Freunden schlafen kann, steht noch nicht fest, da vielleicht Brigitte abends hinkommt. Leb wohl, mein Liebster, ich umarme Dich zärtlich und fühle mich Dir in jeder Hinsicht sehr nahe. P. bin ich und bleibe ich die Deinige ganz und gar.

1 Gefängnis Tegel. *2* Die an der Rüstungsproduktion beteiligten Borsigwerke in Tegel wurden während des Krieges weitgehend zerstört. *3* Vermutlich die Argus Motorenwerke, ebenfalls ein Rüstungsbetrieb mit Zwangsarbeitern als KZ-Außenlager in Reinickendorf.

Helmuth James an Freya, 6. Dezember 1944

[Unter Freyas Brief vom 5./6. Dezember 1944]

Bin heute Lukas 4–6. Ich lese meist nach Tisch. Über das Problem «Unglauben» habe ich sehr schön mit P. gesprochen, der mir sehr geholfen hat. Hoffentlich gelingt es Dir, Hercher davon zu überzeugen, dass ich ihn bald wieder sprechen muss. Bitte erörtert noch ein

Mal die Frage, ob und gegebenenfalls wie man den Termin über Weihnachten verschieben kann. Natürlich mit P., nicht mit Hercher. Vielleicht kann Frau Reisert da helfen. Mir geht es besser, aber ich muss sehr

[Die Notiz bricht hier ab]

Helmuth James an Freya, 5. Dezember 1944

Tegel, den 5. 12. 44.

Mein Lieber, eben war der Regierungsdirektor[1] bei mir und hat auf meinen Antrag wegen meines Rheumatismus meine Entfesselung angeordnet. Er will morgen noch ein Mal mit dem Oberreichsanwalt[2] darüber sprechen, und ich hoffe, dass der nicht muckt. Jedenfalls ist mir dadurch der Abend geschenkt, denn ich kann jetzt ins Bett gehen, wann ich will und so will ich diese zusätzliche Zeit benutzen, Dir, mein Herz, in Ruhe zu schreiben. ...

In meinen besten Augenblicken jetzt fühle ich mich wie ein kleines Eisenteilchen, das auf einer reibungslosen Fläche liegend von einem Magnet bewegt wird. Dann ist alles leicht: ob ich vor meinem Auge mich zum Galgen gehen sehe mit auf dem Rücken gefesselten Händen oder ob ich mich im Geist den Weg vom Bahnhof zum Berghaus machen sehe, beides scheint mir irgendwie gleich gnädig, auch wenn mein Fleisch nur die zweite Alternative will. Aber wenn ich bitten will, dann ist alles schwierig: bitte ich nur um mein Leben, dann scheint mir das Anmaßung und mangelnde Ergebung in Gottes Willen, bitte ich zugleich um Gnade für den Weg zum Galgen und für meinen Eingang in sein Reich, dann scheint mir das nach den Zeichen, die er mir gegeben hat, Unglauben und unzulässig und falsch. «Ein zu komplizierter Mensch», würde Herr Müller sagen. Ist das nun zu kompliziert, fehlt es mir eben an Einfalt und Demut? Mich hat das heute Nachmittag arg gequält, nicht unangenehm gequält, sondern eben so, wie einen so etwas quälen muss. – Wenn ich denke, «er will mich am Leben erhalten» und «so musst Du bitten», dann sage ich, Dein Fleisch redet; denke ich, «ich ergebe mich genauso gerne in seine Hände am Galgen», dann sage ich, das ist der Unglaube. Mein Herz, Du machst das sicher viel besser als ich, und daher bitte Du für mich; hilf Deinem schwachen Ehewirt. Der Satz «Leben wir, so leben wir dem Herrn, Sterben wir, so sterben wir dem Herrn», der geistlich und geistig so befriedigend und auch einfach ist, ist eben in Wirklichkeit sehr schwer, wenn man eben jene Demut, Ergebung und Einfalt nicht hat, die so bitter nötig ist. «Verkaufe alles, was Du hast, und gib es den Armen und komme und folge mir nach»[3] gilt eben für alle Gaben des Geistes genauso wie für die materiellen Güter. Von jenen sich zu trennen ist wohl noch schwerer als von diesen, und es geschieht eben nur aus Gnade.

Dass mein 1. Advent schön war, habe ich Dir schon geschrieben. Ich bin auch nie so darauf vorbereitet gewesen. Aber manchmal am Tage sehe ich mir den Zweig ganz glücklich an. Er ist zwar schön, er ist aus Kreisau, er ziert meine Zelle prächtig, aber er ist doch so schön arm. Er drückt so schön, so harmonisch jene vollkommene Armut aus, vor der eben alle Pracht und Herrlichkeit der Welt nichts ist. Und damit drückt er eben den ungeheuren Reichtum aus, der uns geschenkt ist. Auch sehe ich Dich, wenn ich den Zweig sehe, inmitten all der Kinder. Dass C'chen so rührend meiner gedenkt, beglückt mich natürlich sehr. Alles, was Du von den Söhnchen erzählst, finde ich schön. Hoffentlich bleibt das C'chen nur Weihnachten gesund. – Mein Herz, es ist sehr nahe an Weihnachten, wenn ich jetzt umgebracht werde, und ich zittere etwas für Dich, dass das dann noch garnicht verdaut ist. Ist das Verfahren noch nicht vorbei oder bin ich zum Tode verurteilt und noch nicht hingerichtet, so ist das eigentlich noch schlimmer. Wappne Dich, mein Herz: «Kummer, der das Herze bricht, trifft und ängstet nur die Heiden; wer Gott in dem Schoße liegt, bleibt in aller Not vergnügt.» Hoffentlich vermagst Du das, denn die vielen Kinder haben ja einen Anspruch auf eine fröhliche Weihnacht, auch wenn ihre Väter gerade umgebracht worden sind.

Ich habe ja doch Angst vor dem Termin. Das kann ich garnicht leugnen. Immer wenn ich Nachrichten bekomme, dass es nun jeden Tag kommen kann, dann schrecke ich ein wenig auf. Ich sehe das Ende unserer lieben, innigen fassbaren Verbindung, und ich sehe die Prinz-Albrechtstr. mit den möglichen Schrecken, die sie birgt, und ich sehe jene Verhandlung, von der mein Leben abhängt. Und es kostet mich dann jedes Mal eine neue Überwindung, mir klar zu machen, dass das alles Akzidentialia[4] sind und dass alles Wesentliche in Gottes Buch geschrieben steht. Wir sind eben schwache Menschen, erschütternd schwach. – Meist ist ja das Übel, wenn es ein Mal da ist, viel weniger schlimm als die Vorstellung, die man davon hatte. Wenn ich mit ruhiger Seele und mit Gottvertrauen dahin komme, wird das schon gehen.

Mein Herz, die Karte, die Du mir geschenkt hast, will ich nicht mit mir nehmen. Ich lasse sie im Gesangbuch liegen. Auch all Deine Briefe und die Photos von den Kindern gebe ich P. dieser Tage mit. Die Leute sollen garnicht in die Lage kommen, etwas von mir zu wissen, und dass Deine Karte in den Akten des Oberreichsanwalts enden könnte, ist mir sehr grässlich. Der Henker, von P. befragt, wie es ihm ginge, sagte neulich: Wir hatten wieder 10 Figuren. Wenn ich schon gehenkt werde, dann will ich eben auch eine Figur sein und sonst nichts. Ich trage Euch, mein Herz und die Söhnchen, in meinem Herzen, und woanders brauche ich Euch nicht.

... Dich aber, mein Herz, befehle ich in Gottes Hände. J.

1 Der Direktor des Gefängnisses Tegel. 2 Ernst Lautz. 3 Lukas 18,22. 4 Zufälligkeiten.

Freya an Helmuth James, 6. Dezember 1944[1]

Berlin, d. 6. 12. 44

Mein Lieber, heute ist Nikolaus. Er bringt auch Dir was, mein Lieber! Du findest aber vor allem 2 Bonbons von Casparchen in ein Papierchen eingewickelt, die er Dir ausdrücklich schickt.

Wie geht es Deinem Rücken? Bitte genaue Auskunft! Ich bin in Kontakt mit einem Arzt.

Unter den Pfefferkuchen ist Dörrobst, alles natürlich von zu Hause.

Man sagt, der Termin sei für den 20./21. angesetzt. Hercher schien aber davon noch nichts zu wissen.

Mein Lieber, sonst bringe ich nichts besonderes außer meiner Liebe. Die aber ist groß und heiß und zärtlich.

1 Brief mit Wäschetausch.

Helmuth James an Freya, 6. Dezember 1944

[Unter dem Brief mit Wäschetausch von Freya vom 6. Dezember 1944]

Mein Lieber, heute wesentlich besser und keine wirkliche Unannehmlichkeit mehr; ich hoffe, dass es nun besser wird. Besonders kaum noch Schmerzen außer bei heftigen Bewegungen und nur Beschwerden im Aufrechterhalten beim Gehen.

Pyjama und Handtuch gebe ich noch ein Mal zurück, falls ich wegkomme. Ich brauche beides erst nächsten Mittwoch.

Sonst alles wie immer. J.

Helmuth James an Freya, 6./7. Dezember 1944

Tegel, den 6. 12. 44.

Mein Herz, ... Mir ist zweierlei eingefallen: Kleist, ein Mitgefangener, ist heute freigekommen. Von dem könntest Du gehört haben, dass Herr Claus, mein Hauptwachtmeister, sehr nett zu mir ist. Erörtere mal mit P., ob Du ihm nicht ein paar Erbsen[1] ins Haus geben kannst oder sollst.

Das andere ist wichtiger. Ich würde an Deiner Stelle nicht zu Frau Kleinert gehen. Sondern mir scheint der richtige Weg der zu sein, dass P. Frl. Hapig vorschlägt, über den Bruder von Frau Kleinert und eventuell über einen katholischen Geistlichen in Schweidnitz, falls Hapig dahin eine gute Verbindung hat, eine Legende über mich in Umlauf zu setzen,[2] etwa folgenden Inhalts: hat mit 20. 7. garnichts zu tun; hat aber einiges für einen Ausgleich zwischen den Konfessionen getan und war vor allem mit vielen katholischen Geistlichen sehr befreundet. Das ist S.D. ein Dorn im Auge gewesen; daher wollen sie Gelegenheit der Verfahren 20.7., bei denen es nicht so genau genommen wird, benutzen, Moltke unschädlich zu machen. Im übrigen dürfte das von der Wahrheit garnicht so weit entfernt sein. Aber denkt noch ein Mal darüber nach, was man am besten sagt. Du darfst keinesfalls bei der Aktion in Erscheinung treten, auch der Hapig gegenüber nicht; sie muss es vielmehr aus dem Born ihrer Kenntnisse geschöpft haben. Diese Art der Unterstützung von den Katholiken der Gegend würde Dir die Unterstützung von Krebs und ähnlichen Leuten auch sichern und segensreich wirken, vor allem gleich vorbeugend gegen meine Verurteilung im Rahmen 20.7. wirken; und damit habe ich ja wahrlich nichts zu tun. Wenn man die betriebsame Hapig darauf ansetzt und ihr klar macht, dass das für Deine Stellung in der Gegend sehr wichtig sein und den Nachteil meiner Hinrichtung in dieser Beziehung wieder aufheben kann, so wird das schon gehen. ...

7. 12. 44.

Guten Morgen, mein Herz. Hoffentlich ist der Afrikanischen Str.[3] nichts zugestoßen heute Nacht. Nun, im Laufe des Tages werde ich es ja hören. Bei uns war es nicht so schlimm wie am Dienstag: Gesehen habe ich nur eine Bombe, d. h. ihren Feuerschweif, in der Luft gehört 2, und wohl insgesamt 3 oder 4 Explosionen waren so nah, dass das Haus schepperte. Das ist für unsere Verhältnisse nicht schlimm, und Angst hat man sowieso immer, sobald zu bemerken ist, dass sie diese Gegend gewählt haben. Da komme ich, solange die intensiven Geräusche anhalten, nicht drüber hinweg. Ich sage mir dann meist laut vor, um mich zu trösten. Man vergisst es aber sehr schnell. …

Mein Lieber, solltest Du diesen Sonntag nach Hause fahren, so bringe doch einen neuen Tannenzweig mit. Der wird mir hier, wenn ich tatsächlich am dritten Advent noch hier sein sollte, zu dürr und zu brandgefährlich, sodass ich ihn am nächsten Mittwoch gerne ersetzte. …

Mein Lieber, ich habe eigentlich nichts mehr zu sagen. Ich denke viel darüber nach, wie es Dir und den Söhnchen nach meinem Tode ergehen wird. Wie Ihr leben werdet. Eigentlich mache ich mir garkeine Sorgen darüber. Ich habe nur das Gefühl: Wenn Du meine Hinrichtung gut überstehst, dann wird Dich «das bisschen Chaos» auch nicht schrecken.[4] Und dass Du sie gut überstehen wirst, das glaube ich mit Sicherheit erwarten zu dürfen, denn ich fühle so sichtlich, dass das von allen meinen Bitten die ist, die Gott am liebsten hört. …

Mein Herz, ich höre auf. Leb wohl, mein sehr liebes Herz. Ob ich Dich noch ein Mal sehe? Ich bin unbescheiden, aber ich hoffe, dass ich auch dankbar bin; ich bemühe mich jedenfalls darum, für das Füllhorn der Gnade, das über uns ausgeschüttet worden ist, dankbar zu sein. Dich aber umarme ich. J. …

1 Wegen der Nahrungsmittelknappheit waren Erbsen ein willkommenes Geschenk. *2* Mit der Legende wollte Helmuth feindlichen Reaktionen auf die Nachricht seiner Verhaftung vorbeugen, siehe Helmuths Brief vom 30. September 1944, S. 45. *3* Siehe Helmuths Brief vom 13. November 1944, S. 131. *4* Die Vorhersage sollte sich im Jahr 1945 als ganz richtig herausstellen.

Helmuth James an Freya, 7. Dezember 1944

Berlin, den 7. 12. 44.

Mein Herz, es ist für hiesige Verhältnisse schon wüstes Nachtleben, gewiss nach 7 Uhr, wahrscheinlich bald 8. Ich bin auch schon sehr müde, weil ich heute wie wild gearbeitet habe. Denn ich habe den Schriftsatz für den V. G. H. fertig; kommt Hercher nicht in absehbarer

Zeit, schicke ich ihn einfach los. Desgleichen geht der Brief an Himmler ab, wenn ich nicht höre, Hercher werde in absehbarer Zeit wiederkommen. Dann brauche ich ihn lieber als Boten, weil ich sonst zuviel Angst vor dem Dienstweg habe. Mit beiden Schriftstücken bin ich eigentlich recht zufrieden: Es steht viel drin, obwohl sie kurz sind, und vielleicht merkt Herr Freisler, dass der Schriftsatz sich besser liest als das Geschwafel der Anklage. Ich habe auch den Eindruck, dass die Zensoren[1] ganz zufrieden waren. Wenn ich morgen früh genug Zeit habe, bekommst Du von beiden Abschriften mit, damit Du alles hast. …

Und derweil arbeitet mein armes Herz unentwegt für seinen Wirt, immerzu, immerzu, mit der Gewissheit, dass es nichts nutzt, und dem Gefühl, dass man trotzdem alles tun muss. Wenn ich bedenke, was Du da alles für Gänge tun musst, immer von einem zum anderen, während ich nichts tue, als meine lästigen Aufträge für Dich auszuhecken. Mach' Dir nur keine Hoffnungen, mein Herz. …

Mir will scheinen, dass die Herren vom V. G. H. schon Nebel verbreiten und uns die Sache eines Tages über den Kopf schicken. Aber ich werde ja morgen Neues hören: Es wäre mir sehr lieb, wenn es sich noch über Weihnachten hinauszöge,[2] dann kann ich vielleicht das Saargebiet in die Zahl der Territorien, in denen mein geistiger Widerstand jetzt blühen müsste, einbeziehen. Jedenfalls können mir durch Zeitablauf immer noch neue Argumente zuwachsen. Schließlich ist Elsass-Lothringen auch erst ein Ergebnis der letzten 3 Wochen, und das klingt doch schon besser als nur Eupen-Malmedy und Aachen.[3]

Sag' mal, mein Lieber, Du spuckst immerzu Speck und Gänse und Butter und Hühner und Eier und Zucker und und und mittelbar und unmittelbar für Deinen Ehewirt aus. Verhungerst Du nicht dabei? Das war alles ganz schön, als wir glaubten, es dauere 3 Wochen, aber nun geht es 2 Monate so, und das geht doch nicht so weiter. Willst Du nicht wenigstens den Vielfraß persönlich etwas kürzen? Er kann ja wirklich mit weniger auskommen, er brauchte z. B. keine Eier, keine Butter, kein Hühnchen und wäre mit Honig und Wurst und ab und zu einem Apfel auch schon sehr gut versorgt. – Der Kaffee war herrlich. Ich trinke jetzt immer nur die Hälfte warm und lasse die andere Hälfte für den Donnerstag Morgen. Der ist auch kalt noch sehr gut, und außerdem beeinträchtigt er meinen Schlaf so nicht. Du hast doch noch genug Kaffee, nicht wahr?

Wenn ich mir ansehe, mit wem ich zugleich verurteilt werde – Delp rechne ich auch dazu –, so ist wohl sicher, dass es in dem Komplex kaum ein 8er Team geben dürfte, das so sehr ausgesprochen «positiv christlich»[4] ist, denn selbst Haubach ist ja vor einem Jahr wieder zur evangelischen Kirche beigetreten und hat dabei von Gerstenmaier das Abendmahl empfangen. Steltzer, Eugen und ich sind ja eine gute Repräsentanz der Protestanten und Delp und Reisert der Katholiken, dabei weiß jedermann, dass Rösch da fehlt, weil sie ihn nicht haben,[5] und dass 4 katholische und 1 protestantischer Bischöfe uns sehr gewogen sind. Immerhin ist das eben doch besser, als mit Goerdeler und seinen Leuten umgebracht zu werden; das sind ja alles recht alberne Erwägungen, aber ich denke nun eben ein Mal daran, wie man aus unserem Tod, wenn der liebe Gott es so bestimmt hat, wenigstens Kapital schlagen kann, und das ist in dieser Kombination eben möglich, man muss es nur dick herausstreichen, und zwar müssen das die Katholiken vor allem tun.

Jetzt, mein Lieber, will ich nur noch mein Kompott essen, das ich mir eingeweicht habe. Ich schreibe Dir morgen, ob es gelungen war. Und dann gehe ich schlafen. Gott behüte Dich, mein liebes Herz, und uns. Und das wird er schon tun, darauf können, dürfen, nein müssen wir bauen. J.

1 Gemeint sind vermutlich Dix und Poelchau. *2* Hoffnung auf das Vorrücken der alliierten Truppen. *3* Gebiete, die von den Alliierten erobert worden waren. *4* Die Nationalsozialisten verstanden ihre Ideologie seit 1924 als «positives», das heißt von allen jüdischen und kirchlich-konfessionellen Elementen gereinigtes Christentum. Traditionell meinte «positives Christentum» dagegen seit der Aufklärung das Christentum als Offenbarungsreligion, analog zum positiven Recht. *5* Augustin Rösch war nach dem 20. Juli 1944 untergetaucht. Siehe Helmuths Brief vom 4./5. November 1944, S. 107.

Freya an Helmuth James, 8. Dezember 1944

Freitag früh

Mein Liebster, es ist 6.15. Ich bin bei den Freunden, aber werde, bis P. geht, nicht genug Zeit haben, mich ganz auszuschreiben, das weiß ich schon. Ich habe gestern Abend hier wieder ein so schönes und so langes Briefchen bekommen, und zu allem möchte ich so viel sagen. Gestern Vormittag, nachdem ich von Hercher zurückkam, hätte ich gleich schreiben sollen, da hatte ich Zeit bis 3, aber da hatte ich vielerlei anderes zu tun und zu schreiben, was eilig war, und nachher habe ich noch eine Stunde geschlafen. Ich habe etwas Mangel an Schlaf diese Woche, und das muss ich schleunigst aufholen: Gestern Nacht ging ich Brigittens wegen gegen 10 mit ihr weg, und da blieben wir erst in

Friedr. Str. 50 Minuten, dann aber auf halbem Wege wegen einem Blindgänger auf den Schienen ganz hängen und mussten dann auf Umwegen und hauptsächlich zu Fuß, gut geleitet von 2 freundlichen Eisenbahnern, die den gleichen Weg hatten, nach Lichterfelde Ost kommen. Um 1 waren wir da, um 6.30 musste ich raus, um beizeiten mit meiner Gans auf dem Rücken bei Hercher zu stehen. Wie das war, interessiert Dich am meisten: Er hat mir sehr viel gesagt, war ganz ohne Hemmungen mir gegenüber. Überhaupt hat er das Laster der alten Leute und redet gern und viel. Er hat mir also vor allem von dem Goerdeler-Punkt viel erzählt, den er für das Gefährlichste hielt. Von Dir hat er m. E. ganz das Bild, was er haben muss: Er hält Deine Ideen für ganz unpraktisch – besonders den Einsatz der Kirche findet er unmöglich, er findet, dass alles Hirngespinste (mein Wort, nicht seines etwa) sind, aber er hält Dich für einen reinen Idealisten und für ganz und gar unehrgeizig und weit davon entfernt, zu irgendeiner Macht zu streben. Das stimmt ja auch. Er hat auch schon ganz fleißig mit Deinen Unterlagen gearbeitet, hat aber die Niederschrift über den Goerdeler-Punkt noch nicht durchgearbeitet. Eine Abschrift der Anklage macht er nicht, aber er sagte: Dann muss ich wieder hin, damit er sie noch einmal lesen kann. Nun wird er ja, wie es scheint, auch Delp verteidigen. Da müssen wir erreichen, dass er Dich in der Zeit seines 1. Besuches bei Delp die Anklage lesen lässt. … Anschließend fuhr ich zu P.s Freundin, einer Ärztin, die etwas wie Frau Du.[1] ist. Sie hat 8 Kinder, 7 Lebende und dazu eine blühende Praxis. Sie hat mir für außen und innen etwas verschrieben, was ich nun heute besorgen will; sie hat mich aber außerdem vor den Belebungspillen sehr gewarnt, nach deren Wirkung ich gefragt habe: Es käschere zwar auf, bringe eine Art Geltungsdrang hervor, nehme aber gleichzeitig eine Redehemmung weg. Ein ähnliches Zeug hätten die Russen in ihren Monsterprozessen den Angeklagten gegeben! Du bekommst es also nicht, obwohl ich es schon in der Tasche habe. «Ich hasse dieses Zeug», sagte sie, und sie macht einen durchaus gewichtigen Eindruck. … – Merkwürdigerweise hatte ich mich mit Deinem neuesten Projekt, die Fliegerangriffe betreffend,[2] auch schon, aber eigentlich rein negativ, beschäftigt. Wenn es missglückt, bedeutet es Deinen sofortigen Tod, und dass es missglückt, halte ich für sehr wahrscheinlich. Daran, dass ich die Folge des sofortigen Todes so befürchtete, bemerkte ich einmal wieder, wie sehr der Hoffnungspegel wieder wider allen anderen Willen, ganz hinter meinem Rücken, gestiegen ist. Es ist die alte, schwere, schwere Kunst, ihn auf richtiger Höhe zu halten. Henssels haben keine Wohnung mehr in Berlin. Frau Sarre hat, soviel ich weiß, lauter Rheinländer im Haus, aber das werde ich feststellen. Man wird auf Dich möglicherweise auch eine halbe Million aussetzen! Du hast ja gesehen, dass das fast immer gezogen hat. Kurz, ich habe Angst, aber vielleicht fällt mir noch was besseres ein und sie gibt sich. Du bist so scheußlich auffallend.[3]

... Mein Herz, wie gut haben wir es noch immer, wie nah sind wir einander. Wie schön ist das! Ich habe Dich sehr lieb und bin und bleibe immer Dein P.

1 Nicht bekannt. *2* Der Gedanke, den Helmuth wahrscheinlich mit Poelchau besprochen hatte, im Chaos eines Bombeneinschlags die Flucht zu versuchen. *3* Helmuth war zwei Meter groß.

Freya an Helmuth James, 8. Dezember 1944

Freitag Mittag.

... Mein Herz, ich bin so erleichtert, dass Du entfesselt bist; besonders für die Nacht ist es Deinem armen Körper sicher eine wirkliche Entspannung. ... – Sehr recht hast Du mit den Gaben des Geistes. Wir gehören ganz und gar zu den Reichen und haben es daher sehr schwer. – Auch die Armut des Tannenzweiges gefiel mir sehr. – Ich bin jetzt voller Hoffnung, dass Du Weihnachten noch keinen Termin gehabt hast. Wer hätte das Anfang Okt. für möglich gehalten!

Es ist klar, dass Du Angst vor dem Termin hast, mein Lieber. Mir graut, wenn ich denke, was das für Dich bedeutet und was der Tag von Dir verlangen wird, aber, mein Jäm, ich weiß, dass Du ihn mit Gottes Hilfe meistern kannst, was dabei «meistern» heißt, weiß ich selbst nicht, das wird ja dann der Tag ergeben. Ich habe hier kürzlich eine Predigt von Gollwitzer, einem Freund von P., gelesen, darin fand ich, dem Sinn nach, den Gedanken, vor wem man Furcht habe, der sei der Herr des Fürchtenden. Schade, dass ich den Text gerade nicht finden kann. Ich fand das sehr einleuchtend und sehr ermunternd. Dass Freisler Dein Herr ist, kommt aber garnicht in Frage! – Jetzt ist auch P. gegangen. – Im übrigen finde ich wie Du alles, was mit der Nähe des Termins zusammenhängt, sehr beängstigend und traurig, aber, mein Herz, dann müssen wir uns tragen lassen und glauben und wissen, dass wir nicht allein sind. Aber wir zittern vor unserer eigenen Schwäche, ach, mein Herz. – Ich glaube nicht, dass die Prinz Albrecht Str. dann noch besondere Schrecken birgt, P. glaubt es auch nicht. ...

Ich fürchtete genau wie Du, dass es Vornebel um den Termin war, aber das scheint mir nicht der Fall zu sein. Ja, wenn es doch nur noch recht lange dauerte! – Ich wäre verzweifelt, wenn ich Dir freiwillig auch nur ein Krümchen entzöge. Speck und Wurst sind alle noch vom alten Schwein, das neue wartet schon aufs Schlachten.[1] Bei den Wenigsten legen schon die jungen Hühner, daher habe ich Eier. Die Hühner mussten vor der Zählung am 4. 12. tot sein. Mein Haushalt hat sicher 10 Hühner verzehrt. Die haben satt zu essen und gut und solide gekocht, Luxus ist nicht am Platz. Meine Butter isst Du schon bald ein Jahr, und das ist mein ganzes Glück, verdirb mir das nicht. Ich war ganz traurig, als ich im Sept. so viel Butter zu essen hatte. Hier esse ich manchmal, meistens sogar, Butter auf Kosten des Haushaltes, das kann ich nicht ändern. Die sitzen ja nicht im Gefängnis, und in der Stadt hätten sie eh nur die Hälfte. Die Kinder bekommen reichlich. Zucker haben Borsigs eine große Tüte gestiftet, aus der Du auch bekommen hast, da habe ich also nicht soviel geleistet. Ja, Tee und Kaffee habe ich noch. Ich versuche zu sparen, aber langsam, langsam gehen die Vorräte natürlich zurück.

Heute Mittag habe ich hier auch Dörrobst-Kompott gegessen. Ich hatte noch garnicht gelesen, dass Du Dir welches gemacht hattest, und sagte zu P. s «H. hat das gleiche Kompott heute gegessen»; es war aber gestern.

… Mein Jäm, Thiele hat Hercher vorgestern gesagt, die Sache käme noch vor Weihnachten dran! Das braucht nicht zu stimmen, kann aber, und Brigitte muss Dienstag nun doch zu Thiele gehen. Wie mag sich das alles zusammenreimen?! Mir ist es wieder sehr in die Knochen gefahren. Es ist mir auch sehr unangenehm, Dich damit zu beunruhigen. Es ist schon so, dass Du gewappnet sein musst. Hercher meinte, Montag Klarheit zu bekommen. Außerdem erzählte er mir allerhand. Er hatte nämlich das Gnadengesuch zu Hause, und da fuhren wir miteinander dorthin. Er sagte auch, was mir wichtig schien: Man merke Freisler immer gleich zu Anfang an, wie ernst es stehe. Grundsätzlich ist das Urteil eben gefällt, ehe es anfängt, und umso wichtiger ist es, dass er die 2. Verteidigungsschrift vorher bekommt. Das muss jetzt heraus wie auch der Brief an Himmler. … – Mein Jäm, mein Herz, mein Geliebter, wie mag alles für Dich gehen! Mein Herz zittert, aber ich bin getrost. Vor allem müssen wir dort bleiben, wo wir wohl aufgehoben sind, und uns dem göttlichen Willen fügen. Schlaf gut, mein Allerliebster. Gute Nacht. …

1 Landwirtschaftliche Betriebe unterlagen einer Kontrolle des Eigenverzehrs. Für das Schlachten von Schweinen brauchte man eine Genehmigung. Es war ein wichtiges Element der Ernährung in Kreisau und musste einschließlich Verwertung sorgsam geplant werden.

Helmuth James an Freya, 8. Dezember 1944

Berlin, den 8. 12. 44.

... Ja, mein Lieber, die große zusätzliche Schwierigkeit, die das Auftauchen eines Schimmers menschlicher oder schein-menschlicher Hoffnung bedeutet, ist groß, merkwürdig groß. Der Tod ist mir eben nicht mehr ein so selbstverständlicher und auch ganz vertrauter und insoweit lieber Gefährte, wie er es war. Das ist sehr schade, denn es bedeutet, dass, wenn ich ihn wieder voll realisieren will oder muss, ich mich neu dahin durchkämpfen muss. Es ist so, dass man Gottes Willen, wenn er einem in den Kram zu passen scheint, freudig akzeptiert, und die Ergebung in einen dem Fleisch unangenehmen Weg eben sehr viel schwieriger ist. Das ist vielleicht etwas überspitzt ausgedrückt, aber leider ist etwas Richtiges daran. ...

Diesem Wirrwarr gegenüber kann man sich eben nur immer wieder auf den einzig festen Standpunkt stellen: Gott ist alles möglich. Will er mich erhalten, so kann er es auf hunderterlei Weise tun, ohne dass wir vorher eine Ahnung davon haben, will er mich zu sich rufen, dann wird er eben, nachdem mein Freispruch gesichert erscheint, eine Bombe auf meinen Kopf fallen lassen. Könnte man diese Erkenntnis, die uns von der Laune des Herrn Freisler oder den Zufällen eines Gnadengesuchs oder eines sonstigen Schrittes frei macht, könnte man diese Erkenntnis ständig gegenwärtig und lebendig halten, so wäre man ein großes Stück weiter. Aber der Zug, an den «Hoffnungen» zu arbeiten, verwirrt den Blick und macht dadurch das Herz immer wieder unruhig. Wir sind eben ein ganz großer Misthaufen und sonst nichts, und das lernt man in einer solchen Lage eben immer wieder aufs Neue. Alles, was in einem nicht schlecht ist, ist eben schon ein Akt der Gnade, und diese Erkenntnis wäre doch auch viel schöner, wenn sie einem immer real gegenwärtig wäre. Aber auch dazu reicht es nicht. – Genug gestöhnt, mein Herz, das quält mich leider alles nicht so, wie es mich quälen müsste.

... Von den Fragen, die ich in früheren Briefen berührt hatte, will ich Dich nur erinnern an: Propaganda, Peters, Steltzer, Husen.[1] – Schließlich meine ich, dass wir für eine Zusammenarbeit unserer Anwälte sorgen müssten und jeder seinem Anwalt sagen muss, er solle keinesfalls zu Lasten eines Mitangeklagten Vorteile herausschlagen. Aber wichtiger als das ist doch eine Abstimmung der Anwälte untereinander und die gegenseitige Unterrichtung über die Verteidigung. Ich werde Hercher jedenfalls darauf verpflichten, und mit Fugger und

Eugen ist das schon besprochen, sodass Du nur die Lehrter Str. für diese Linie zu gewinnen hättest. …

So, mein Herz, mein Allerliebster. Du wirst wohl jetzt bei den Freunden sein, wo ich Dich geborgen weiß, und ich werde pümpeln gehen. Ob Weizenkörner unter solchen Umständen immer so widerspenstig sind, wenn sie in die Erde gesenkt werden sollen?[2] Trotz allem weiß ich aber doch, dass sein Wille gut und zu unserem Heil ist und dass ich mich mit Freudigkeit darein ergeben will, ich glaube auch, wenn es da ist, wird es daran nicht fehlen. …

1 Gemeint sind die Propaganda im Dorf Gräditz und die Informationen für den im Gestapo-Gefängnis Lehrter Straße inhaftierten Theodor Steltzer und die Kreisauer Freunde Hans Peters und Paulus von Husen, denen noch kein Prozess drohte.
2 Bezieht sich auf Johannes 12,24: «Es sei denn, dass das Weizenkorn in die Erde falle und ersterbe, so bleibt's allein; wo es aber erstirbt, so bringt es viele Früchte.»

Freya an Helmuth James, 9. Dezember 1944

Sonnabend Nachmittag

Mein Lieber, ich habe Deinen Brief noch nicht gelesen, aber bekommen, und sitze noch voller Glück auf meinem ungehobenen Schatz. Eben bin ich bei den Freunden angekommen und habe nicht mehr allzu viel Zeit. Es ist ¾5 und um 6.02 geht mein Zug von Zoo. … Auf dem Weg hierher habe ich noch Frl. Schellhase gesprochen. Sie brachte die Antwort von Haubach. Sie möchte gerne Haubach noch einmal Deine Verteidigungslinie etwas ausführlicher reingeben. Kannst Du dafür eine kleine Notiz machen? Ich gebe Dir die Sachen rein. Es bezieht sich alles auf Goerdeler, und nur die Sache scheinen die Anwälte gefährlich zu finden. Schreib doch auch für Steltzer ein Zettelchen, wie Du es haben willst. Ich tippe das ab. – Jetzt habe ich doch Deinen schönen Brief gelesen. Mein armes Herz, wie anstrengend ist es für Dich. Da hat es Eugen leichter in seiner absoluten Sicherheit. Ich billige sie aber nicht. Mein Lieber, es ist ja ganz berechtigt, dass das alles in Dir vorgeht, und Du darfst Dich nicht zu streng beurteilen. Der liebe Gott weiß ja auch, dass wir arme und schwache Leute sind, aber er ist bereit, in uns zu wohnen! – Ich muss aufhören. Bald bin ich wieder da. Mein Herz bleibt hier und alle meine Gedanken. Wie ich Dich liebe, mein Herz! Deine bin und bleibe ich. P.

Ich bin da! Der Zug war ausgefallen. Ich bin bei den Freunden! Armes C.chen! Ich ließ eben anrufen! …

Helmuth James an Freya, 9./10. Dezember 1944

Tegel, den 9. 12. 44.

Mein Herz, ich will rasch ein kleines «Moll»-Briefchen anfangen, denn das gehört ja auch dazu. Hercher ist eben weg. Ich bin sehr erfreut, dass er da war, denn so sind wir wieder ein Stückchen weiter gekommen. …

Er meinte, wir kämen bestimmt noch vor Weihnachten; das habe Thiele ganz definitiv gesagt mit der Erklärung, «Hermes, Fehr und so weiter kommt dann erst nach Neujahr». – Weiter hat er gesagt nach Durcharbeitung meiner Unterlagen, er hielte den Fall für sehr schlecht, weil das Gericht «meine Erklärungen sicher garnicht werde hören wollen». Daher rechnet er mit Todesurteil. Das ist nicht neu, aber es ist doch geeignet, die etwas optimistischeren Versionen zu zerstören. Außerdem sagte er mir, es werde sicher sofort vollstreckt, wenn auch einige Ausnahmen davon gemacht worden seien. Votum im Ganzen: Weihnachten erlebe ich nicht mehr. Bei aller Moll-Stimmung auf diese Darlegungen hin fühle ich mich im Augenblick bei unserem Vater geborgen und bitte, dass er mir dieses Gefühl erhalten möge, nicht Gefühl, diese Gewissheit. Mein Herz, und auch Dich wird er in seiner Gnade halten.

Unter diesem Aspekt ist Adrian beides, wichtig und auch eilig.[1] – Jetzt gibt es Essen.

Abends. Ich bin gerade fertig mit Abendbrot, und der Wachtmeister hat mir schon gute Nacht gesagt. Nun schreibe ich erst, ehe ich weiterlese. Das Votum von Hercher auf Grund meiner Unterlagen – die Gerichtsakte will er Anfang der neuen Woche ansehen – ist folgendes: Gefahr Nr. 1 ist diese einzige Unterhaltung mit Goerdeler und Beck[2] plus meinem Schuldbekenntnis. Gefahr 2 Defaitismus,[3] Gefahr 3 einzelne Punkte aus dem um Kreisau herum gerankten Gespräch, darunter vor allem die Landkarte. Jedes dieser Dinge kann tödlich ausgehen, und zusammen müssen sie eigentlich tödlich sein. Er hat das alles nicht so pointiert gesagt, aber das ist es, entspricht ja auch meinem Votum. … Die Erde ist wieder schön hart unter den Füßen, und die rosa Wölkchen sind zerstoben; trotzdem ist eine so schlechte Anklageschrift ein Vorteil; nur seien die immer so schlecht, meinte Hercher. …

Mein Herz, denke nicht, ich sei niedergeschlagen. Nein, das bin ich nicht. Aber es ist nur richtig, vollkommen auf den nahe bevorstehenden Abschied gerichtet zu sein und sich nicht in allerhand Hoffnungen zu verlieren. Es gibt nur eine Hoffnung und das ist die auf den Herrn. Er hat uns in diesen Wochen so sichtbar gesegnet, dass wir nach dem Spruch: «Wer hat, dem wird gegeben», alles «Recht» haben, mehr zu erwarten. Wir dürfen mehr erwarten, denn wir haben bemerkt, dass er uns hört. Weißt Du, mein Lieber, warum ich Dir so gerne über dieses Thema schreibe? Nicht nur, weil ich Dich lieb habe, nicht nur, weil ich Dir und mir noch möglichst viel mitteilen möchte, ehe ich von dannen gehe, sondern auch, weil mir dabei licht und leicht um die Seele wird. Ich sehe es dann schwarz auf weiß vor mir, wie es zu sein hat; ich habe alles an meines Liebsten Herz gelegt, und dann sagt es sich so viel leichter zu dem manchmal müden Ross: hic rodus hic salta.[4] Wenn ich nicht den Kampf in Gethsemane kennte, so würde ich mich täglich in die Hölle verdammen. Aber dann sage ich mir, wenn Jesus getrauert und gezagt hat, darfst Du es ja wohl auch noch. Welche ungeheuere Realität alle diese Worte bekommen haben. Weißt Du, ich habe vordem garnicht gewusst, was Trauern und Zagen in dem Zusammenhang ist; ich habe auch nicht gewusst, was dahinter steckt, wenn er sagt «... ich trinke ihn denn, so geschehe dein Wille.»[5] So lerne ich das nun und denke voller Schmerz an Leute, die jenes Vorbild, jenes Licht nicht haben; die können nur verzweifeln oder darüber hinhuschen, es vor sich selbst verbergen. Ich bin dankbar, dass ich das nicht brauche: Jeden Abend wenn ich einschlafe, steht er ganz sichtbar vor mir, und mein erster Gedanke, wenn ich nachts oder am Morgen aufwache, ist an jenen Gang zum Galgen, den ich vielleicht in 10 oder 14 Tagen antreten muss. Das ist der Sporn, der mich zu jenem «wachet und betet» zwingt, und dazu wird man eben nur gezwungen; die Jünger konnten garnicht anders als schlafen, denn ihnen fehlte dieser Stachel. Außer mit diesen Gedanken und dem, was aus Euch nachher wird, befasse ich mich nur, aber immer wieder, mit meiner Verteidigung. Die Zeitung lese ich zwar noch von Anfang bis Ende, aber manchmal erst nach 2 Tagen; ich lese sie nur, wenn ich auf etwas warte und mich nicht erst konzentrieren will oder unruhig bin und mich nicht gleich konzentrieren kann oder müde bin.

In unserer Freistunde gehe ich jetzt immer schleichend im inneren, kleinen Kreis auf gleicher Höhe wie Delp und Eugen im großen, und da haben wir stets das gleiche Gespräch über den Glauben. Sie behaupten, man müsse beten für sein Leben und daran glauben, dass diese Bitte erfüllt werden wird, während ich eben immer wieder sage, dass das zu weit geht: Was Gott will, kann ich ihm nicht vorschreiben, auch nicht vorglauben. Ich kann nur glauben, dass er mein Bestes will und Dein Bestes und der Söhnchen Bestes. Weiter geht es nicht. Über Nacht fallen dann allen dreien neue Argumente ein, und am Morgen geht es weiter. – Delp hat übrigens mit uns Termin, sagte Hercher. Das heißt also, dass man nicht mehr damit rechnet, Rösch und König zu bekommen. – Dass Delp gestern in den Jesuitenorden aufgenommen ist,[6] ist mir eine rechte Freude. Nicht nur, weil es gelungen ist, das im Gefängnis zu machen, sondern vor allem, weil ich es ihm Anfang 43 verdorben habe, weil ich Rösch gesagt hatte, ich fände es doch toll, dass ausgerechnet die Jesuiten einen so undisziplinierten Bruder hätten;[7] ich wusste damals nicht, dass Delp noch nicht das große Gelübde abgelegt hatte, und Rösch sagte mir darauf, er werde ihn erneut zurückstellen. Das war ja nicht beabsichtigt.

Genug des Geschwätzes für heute, mein Liebster. Du bist nun hoffentlich bald zu Hause und verpasst nicht den Anschluss in Liegnitz. Ob ich Dich vielleicht nächste Woche sehe? Der Herr behüte Dich und uns, mein liebes Herz. J.

10. 12. 44.

Guten Morgen, mein Herz, es ist 7 Uhr, und ich wähne Dich jetzt mit den beiden Söhnchen im Bett, mit dem einen lesend und lernend und den anderen in Ruhe haltend. Welch' liebes Bild für mich. Ich bin gerade fertig mit Aufstehen und Bettmachen – das ist ja wegen der Entfesselung auch eine halbe Stunde früher –, und nun will ich nur schwarz auf weiß sagen, dass meine Gedanken sehr zärtlich bei Euch sind. Denn zu erzählen habe ich fast nichts. Doch, vielleicht dreierlei: Ein Luftangriff, der bei uns mittlerer Güte war – ein Mal war es arg hell über uns, vier Bomben gesehen und vielleicht ein Dutzend Einschläge so, dass Türen und Fenster tüchtig schepperten –, ist gnädig vorübergegangen. – Zweitens ist mir folgendes eingefallen: Du machst doch mit Hercher ein neues Gnadengesuch. Pass nur auf, dass, wenn dieses etwa nach dem Urteil eingereicht wird, es nicht das andere aussticht. Denn das Gnadengesuch nach dem Urteil ist eine reine Formalität und muss abgelehnt werden. Es muss also klar – ob im Text oder Begleitschreiben ist wohl gleich – darauf hinweisen, dass das Hauptgnadengesuch dem Führer und dem Reichsführer SS vorliegt. Bitte berede das mit P. und dann mit Hercher. Mir ist alles recht, was Ihr macht, ich habe garkeine Anlage zur Panik im Augenblick wie vor einem Monat, sondern wollte nur auf das mögliche Durcheinander hinweisen. Weitere Frage: Wie wäre es, wenn man auf irgendeinem Wege, denn Du kannst das nicht tun, in den SS-Kanal gibt, vielleicht über das Ersatzheer, vielleicht über Keitel: Wenn Ihr den Mann schon nicht zu Zuchthaus begnadigen wollt, dann begnadigt ihn doch zu einem Himmelfahrtskommando, so wie es bei zum Tode verurteilten Soldaten gemacht wird. Besprich das mal mit P. ...

Leb wohl, mein Lieber, mein allerliebstes Herz. Der Herr behüte Dich und uns, und seinem Willen wollen wir uns freudig fügen. Mehr kann ich nicht sagen, leb wohl. J. ...

1 Es handelt sich um das vom Auswärtigen Amt zu befürwortende Gnadengesuch an Adolf Hitler über Heinrich Himmler. *2* Am 22. Januar 1943 in der Wohnung von Peter Yorck von Wartenburg. Siehe auch Helmuths Brief vom 21. Dezember 1944, S. 227. *3* Fehlender Glaube an den Endsieg war für die Nationalsozialisten ein schweres Delikt. *4* «Hier ist Rhodos, hier springe.» Auf Aesop zurückgehendes geflügeltes Wort, sinngemäß: Zeig hier und jetzt, was du kannst! *5* Auslassungszeichen im Original. *6* Dass dies gelang, hatte eine große Bedeutung für Alfred Delp. Siehe Roman Bleistein, *Alfred Delp*, S. 331. *7* Helmuth hatte dies sicherlich als Kompliment gemeint.

Helmuth James an Freya, 10.–12. Dezember 1944

Tegel, den 10. 12. 44.

Mein liebes Herz, eben habe ich die Kerze am Tannenzweig über meiner Tür ausgeblasen, und damit ist meine 2te Advent-Feier beendet; es wird wohl 6.15 sein, und nun drängt es mich, mal wieder mit meinem Liebsten zu reden. Mein Herz, Dein schöner Engel steht neben mir und deckt seine Flügel über mich. Dank, mein Herz. Ich habe kurz nach ½6 schon die Kerze angesteckt, ein Stück Zweig angesteckt, damit es weihnachtlich dufte, wobei sich herausstellte, dass der Zweig sehr dürr und abfallend ist, sodass es schön wäre, wenn ich einen frischen bekommen könnte für den Fall, dass ich dritten Advent noch erlebe. Dann habe ich Deine große Kerze auf meinen Tisch gestellt, Deinen Engel dazu und habe den Anfang der Evangelien Lukas und Johannes gelesen, d. h. Lukas 1,26–56 und die Hartmann'schen Adventslieder aus dem Gesangbuch, dann habe ich nur noch still dagesessen, das Licht betrachtet und des kommenden Herrn, meines Pim und der Söhnchen gedacht, bis es Zeit war, die Kerze auszublasen, damit ich gegebenenfalls noch etwas für nächsten Sonntag habe. Richtig, Jesaja 59,16–21 und 60 habe ich auch noch gelesen.

... Bitte benachrichtige Ulla, dass es jetzt anscheinend in das letzte und damit entscheidende Stadium tritt. Ich lasse ihr sehr danken für ihre bisherige Hilfe, aber sie sei weiter sehr nötig, denn mit menschlichen Augen sei unverändert kein Land zu erblicken, sondern nur ein ganz mechanischer Ablauf von der Abfahrt in Tegel bis zum Kamin in

Plötzensee, bei dem der V. G. H. in Wirklichkeit nur so eine Betriebshaltestelle ist, eine Haltestelle, wo der Schaffner «freie Bahn» läuten muss, aber keiner aus- oder einsteigen kann.

… Noch etwas, hat Dir P. erzählt, dass mir der Gedanke gekommen ist, meine blödsinnigen Aussagen[1] seien durch Pervitin (?)[2] hervorgerufen? Die haben mich nämlich nach der zweiten schlaflosen Nacht um 10 wieder geholt und haben mich dann bis 2 sitzen lassen, weil der Regierungsrat nicht zurück sei. Dann kamen sie mit dem Vorschlag, ob ich nicht etwas essen wollte, und dann kam «aus der Kantine» ein großer Teller ganz gute dicke Suppe. In dem kann das Teufelszeug ja gewesen sein; gleich nach dem Essen ging dann die Vernehmung los, und ich erinnere mich wohl des Geltungsdrangs, an dem ich doch sonst nicht leide. Am 28. haben sie das Gleiche noch ein Mal gemacht. – Ich weiß es natürlich nicht, aber das gäbe wenigstens eine rationale Erklärung für mein kaum fassbar törichtes Verhalten. Nur, es kann auch Dummheit plus Gemeinheit sein, wobei die Dummheit überwiegt. – Schließlich habe ich heute eine lange Unterhaltung mit Claus gehabt und habe da unsere Legende von der kirchlichen Einstellung als wahre causa angebracht. Und das hat gefunkt, kann ich Dir sagen; Feuer und Flamme war er dafür, denn auch er und dieser und jener seien in ihrem Fortkommen behindert, weil sie in die Kirche gingen und ihre Kinder konfirmieren ließen. Wie ein Sturzbach kam das raus und hat mir gezeigt, dass die Legende richtig ist; sie muss nur mit aller Macht jetzt verbreitet werden. – Der Herr behüte Dich und uns. J.

11. 12. 44.

Den ganzen Tag über habe ich mich schon auf den Abend gefreut, an dem ich wieder mit meinem Liebsten schwätzen will. Dabei gibt es garnichts zu berichten. Aber ich sehe mein Stundenglas auslaufen und denke: Rede mit ihm, derweil Du noch kannst. – Ich habe heute über Tag ein mittellanges Notizchen über meine Verteidigungslinie gemacht, das ich Dich bitte, wenn das geht, allen 4 in der Lehrter Str. Sitzenden[3] zuzustellen mit der Bitte, etwaige Unstimmigkeiten mitzuteilen. Besonders dankbar wäre ich für eine Mitteilung von Sperr darüber, was er eigentlich gesagt hat. Sperr ist auch noch ein Mal daran zu erinnern, dass er Delp über seine Unterhaltung mit Stauffenberg erst nach dem 20.7. unterrichtet hat. Schließlich bitte ich auch, ein Exemplar dieser meiner Verteidigungslinie auf dünnem Papier herzugeben, damit Eugen und Delp es noch schwarz auf weiß sehen. …

Mein Herz, ich bin riesig besorgt um Dein Weihnachten, aber ich kann's nicht ändern. Ich sage Dir ganz klar, dass ich finde, dass ich vorgehe, es sei denn, dass feststeht, dass wir nicht mehr vor Weihnachten drankommen. Mir ist Deine Gegenwart in Berlin riesig kostbar, vor allen Dingen bei der Verhandlung und nachher. Ich will dann das Gefühl haben, dass Du mit ungeteiltem Herzen und ungeteilter Aufmerksamkeit mir beistehst. Verstehst Du das? … – Mein Lieber, das ist alles sehr anspruchsvoll, aber ich denke, die Sache ist doch so wichtig, dass ich das sagen darf. Vergällen werde ich Dir Weihnachten in etwas auf alle Fälle, und voriges Jahr haben das die Söhnchen besorgt;[4] Du hast schon eine taktlose Männerschar.

Mein Herz, und bin ich Weihnachten tot, was ja der bisherigen Normal-Praxis entsprechen würde, so ist es ja auch nicht schön, nach Hause zu fahren und Weihnachten zu feiern. Mein armes Herz, das alles bedrückt mich, und ich wäre sehr glücklich, wenn wir es noch bis Neujahr hinausschieben könnten. Strengt Euch jedenfalls an. Ich kann nur immer hoffen, dass wir durch die lange Vorbereitungszeit, die uns der Herr geschenkt hat, nun wahrlich beide so gerüstet sind, dass wir dies alles zu meistern vermögen, mit seiner Gnade. Denke mal, wie alles wäre, wenn ich am 10.9. mit Adam[5] hingerichtet worden wäre, wie ursprünglich vorgesehen war. Die Welt sähe für Dich doch sehr anders aus, und ich wäre auch anders abgeschieden. …

12. 12. 44.

Guten Morgen, mein Liebster, eben höre ich, dass wir heute in einer Woche Termin haben sollen. Fugger's Anwalt hat es ihm gesagt. Wenn ich nur fest in Gottes Hand bleibe und Du auch, so wird dieser Tag gewiss ein Tag Gottes sein wie jeder andere auch, ohne Schrecken. Der Herr war gnädig mit mir, als Fugger es mir eben sagte, und ich habe mich garnicht darüber erschreckt. Wenn ich nur bei ihm bleiben darf, aber darauf traue ich. Was auch jener Tag für uns bringen mag, mein Herz, unsere Liebe kann er nicht antasten, sondern sie wird auch aller Ereignisse jenes Tages Herr bleiben. Leb wohl, mein Herz. J.

1 Vermutlich bezieht sich Helmuth auf seine Verhöre im August 1944 in Drögen oder in der letzten Septemberwoche im Gestapo-Gefängnis Lehrter Straße, siehe seinen Brief vom 1. Oktober 1944, S. 48. *2* Psychopharmakon aus der stimulierenden Substanz Methamphetamin. *3* Gemeint sind Theodor Haubach, Franz Reisert, Franz Sperr und Theodor Steltzer. *4* Durch ihre Erkrankung. *5* Adam von Trott zu Solz.

Freya an Helmuth James, 11. Dezember 1944[1]

Montag Nachmittag

Mein Lieber, der große Block liegt bei den Freunden und da er Mittwoch zu Dir wandern soll, werde ich so wie so nicht mehr auf ihm schreiben. Ich muss mir in Kreisau noch einen holen, müsste, mein Herz, denn ich fürchte, die langen Briefe, die ich so gerne schreibe, sind gezählt. Ganz sicher scheint es nicht zu sein, dass sie noch vor Weihnachten mit Euch fertig werden. Sie möchten gerne, aber ob sie mit ihrem Programm nächste Woche fertig werden, ist wohl noch nicht ganz gewiss. Diese Woche wird es wohl mit Sicherheit nicht mehr sein. ... Es ist schon eine besonders anstrengende Woche, die vor Weihnachten. Wie wird das alles gehen, mein Jäm! Dieses ist kein Verzweiflungssatz, es ist nur ein Seufzer. Es wird alles schon irgendwie gehen. Wir müssen uns beide tragen lassen und in das schicken, was Gott uns auferlegt hat. Es liegt ein gewisses Glück, eine Möglichkeit der Entspannung in der teueren Gewissheit, dass wir ganz vereint, ganz untrennbar in Gottes Hut sind. So sehe ich Kummer, Schmerz, Leid und einen schweren Weg für Dich vor mir, aber keine Verzweifelung, und bis zum Schluss bleibt mir der Glaube, dass Gott Dich am Leben zu halten vermag, sicher. Mein Jäm, wieviel reicher lässt Du mich zurück, wenn Du sterben musst, wie vor 3 Monaten. Wir hatten ein reiches, glückliches, harmonisches, gesegnetes, nie getrübtes gemeinsames Leben hinter uns und erkannten es voll Dankbarkeit und Glück, wir waren reich im Anblick der Vergangenheit, aber, mein geliebtes Herz, jetzt sind wir reich im Hinblick auf die Zukunft. ...

Ja, mein Herz, wir werden uns also diese Woche noch einmal sehen und sprechen können.[2] Das ist eine wunderschöne und liebe und kostbare Aussicht, mein Liebster. So wie ich jetzt gerade hier sitze, würden mich aber alle Kräfte verlassen und ich würde meine Tränenbäche fließen lassen. Das geht aber nicht, denn das ist nicht schön für Dich und mit Gottes Hilfe wird es auch anders kommen, ich will es ihm lieber überlassen, wie es gehen wird, denn es ist an sich unser beider Herzenswunsch. –

Mein Jäm, Dein «Moll»-Briefchen ist schön; ich besitze es gerne. Ja, bei mir sind die rosa Wölkchen auch weg. Auch mir geht es im Fundament gut und sicher und ich bin Dir so nah, so nah, mein Herz. Ich verstehe so gut, dass Du mir das immer wieder sagen willst, was uns hält und bindet. Ich kann es auch gar nicht genug hören und bin immer wieder dankbar und glücklich über jedes Wort, das Du mir sagst. ...

Ich bin und bleibe immer Dein P.

1 Nur in Kopie erhaltener Brief. Das später eingefügte Datum 18. 12. 44 ist unwahrscheinlich. *2* Amtsrat Thiele hatte Freya kurz zuvor eine Sprecherlaubnis für die nächste Woche zugesagt.

Helmuth James an Freya, 12./13. Dezember 1944

Tegel, den 12. 12. 44.

Mein Lieber, ... aller Wahrscheinlichkeit nach, d.h. nach rein menschlicher Rechnung, bin ich heute in einer Woche um diese Zeit schon tot. Ich habe heute an meinen alten Abschiedsbrief an Dich[1] gedacht und mir überlegt, dass ich Dir eigentlich einen neuen schreiben müsste und dass ich es jetzt eigentlich nicht könnte. Mir ist im Augenblick so wenig nach Abschied zu Mute; es ist nur eben so, als wäre das, was ich mit meinem menschlichen Verstand als den entschiedensten Abschied ansehen müsste, eben kein Abschied. Gebe Gott, dass diese Gewissheit Dir und mir fest und unverbrüchlich erhalten bleibt; wenn er uns diese Sicherheit erhält, so hat er uns das größte Geschenk gegeben, was er uns überhaupt zu geben vermag. Wenn er mir nun noch die kreatürliche Angst vorm Sterben nähme, dann würde ich ganz fröhlich nach Plötzensee ziehen in dem Bewusstsein, dass er mich ruft und ich ihn sehe, in ihm leben, in ihm auch Dich weiter lieben und finden werde. ... Der 31. Psalm ist mir im Augenblick ein ständiger Gefährte meines Tages geworden, und ich lese ihn sicher 2 oder 3 Mal täglich.

Mein Lieber, mir ist mal wieder etwas Praktisches eingefallen: Es ist ja möglich, dass die Hyänen,[2] die den Raub plündern wollen, eher in Kreisau aufkreuzen als Du; denn Du kannst doch hier noch aufgehalten werden. Du musst Asta und Zeumer für diesen Tag klar instruieren, dass das Berghaus mir nicht gehört und dass die Sachen im Berghaus mir auch nicht gehören, dass die Leute da also nichts zu suchen haben. Asta muss nach meinem Urteil in Kreisau bleiben, bis Du kommst, denn Ulla kann das Haus nicht allein verteidigen. Sie muss eben für die Zeit auf ihren Wend[3] verzichten. Haben die nämlich dort erst ein Mal die Speisekammer ausgeräumt und das restliche Haus umzingelt, dann ist es schwer, etwas zu machen. Asta muss sich dem stellen und sagen: «mein Miteigentum, mein Miteigentum»,[4] und Zeumer muss sie darin unterstützen. ...

13. 12. 44.

Denke Dir, mein Lieber, eben kommt P., der wider Erwarten herkam. Ich hatte riesige Lust, Dir zu schreiben, sah den Engel an, der vor mir stand, und der sagte: Nein, denn sonst verdirbst Du Dir den Abend, an dem es sich so viel besser schreibt. Und da kam P. – Mein Herz, die Hauptsensation ist, dass wir anscheinend nicht 19. oder 20. Termin haben, sondern 19. und 20. Sollte sich das bewahrheiten, was ich kaum zu hoffen wage, so bietet das eine Chance, denn es heißt, dass Freisler uns anhören wird. Wenn das wahr ist, dann ist das wohl ein Erfolg meines Schriftsatzes. Ich bin aber glücklich, dass mich solche Nachrichten aber nicht nach oben[5] in Bewegung setzen; wenn ich nur immer so klar vor Augen halten kann: «Meine Zeit steht in Deinen Händen». Verstand und Glaube sagen es mir, und doch ist es garnicht leicht, es immer zu wissen. Die Kreatur, die wir eben auch sind, ist schon etwas Verächtliches.

Mein Herz, Dein «Wäschetausch» war ja herrlich heute. Der Fußsack wärmt mich ganz köstlich, die Schokoladenbonbons sind einfach himmlisch, hoffentlich hast Du auch welche gegessen, und das Kärtchen sehr lieb. Ich bin jetzt mit allem für den voraussichtlichen Rest meines Lebens versorgt. Bring mir am Montag nichts mehr mit, auch keinen Kaffee, denn ich muss die Nacht von Montag auf Dienstag gut schlafen. Wäsche brauche ich auch nicht mehr, auch keine langen Unterhosen.

Nun komme ich noch ein Mal zu Weihnachten unter der Unterstellung, dass der Termin bleibt. Es kann drei Entscheidungen geben: Todesurteil, kein Todesurteil, Vertagung. Du fährst ab, wenn Vertagung, kein Todesurteil oder vollstrecktes Todesurteil. Das ist ganz klar. Das Problem erhebt sich nur, falls ein Todesurteil herauskommt, das vor Weihnachten nicht mehr vollstreckt wird. In diesem Fall solltest Du, meine ich, am 23. mittags nach Hause fahren und am 27. wieder hier sein. … Zieht sich dieser Schwebezustand, ohne Entscheidung und ohne dass ich irgendwo wieder auftauche, längere Zeit, also etwa über den 6. Januar hin, und ist klar, dass Du doch nichts mehr tun kannst, sondern er Dich nur noch foltert, so fahre nach Hause.

Wenn ich am 21. noch nicht hingerichtet bin, so sieh doch zu, am 22. zu mir durchzudringen. Dann brauche ich wieder etwas Wäsche und etwas Essen. Das wird Dir schon gelingen, auch in der P. A. – Über meine Hinrichtung müsst Ihr einen Nachrichtendienst organisieren, damit Du es jedenfalls sofort erfährst. Ich möchte annehmen, dass, wenn ich im S. D.-Gewahrsam bleibe, Neuhaus oder Lange,[6] jedenfalls aber Müller für mich zuständig ist. Werde ich von der Justiz verwahrt, so komme ich wahrscheinlich nach Tegel, jedenfalls aber werde ich nicht lange verborgen bleiben. – Werde ich also noch verwahrt, so versuche ich, Schreiberlaubnis zu bekommen, und Du versuchst, Wäsche zu tauschen – immer nur wenig. …

Claus war sehr glücklich über den Speck. Ich sagte ihm, er hätte ein Weihnachtspaket bekommen sollen, aber da ich nun weg wäre und meine Frau keine Lust hätte, nach meinem Abgang noch herzukommen, käme eben etwas so formlos. Claus hat richtige Angst um uns. Er war über unseren Termin noch aufgeregter als wir und ganz bleich. «Es würde mir das ganze Weihnachten verderben, wenn Sie nicht durchkämen». Außerdem ist er ganz unglücklich, dass er voraussichtlich nächste Woche die Abteilung nicht hat, weil er Nachtdienst machen muss, und uns deswegen am Mittag nicht verabschieden kann.

… Zur Zeit zittere ich garnicht vor dem Termin, sondern bin eigentlich froh, dass es nun durchgestanden ist. Ich glaube, eine Hinausschiebung wäre mir jetzt eher unangenehm, wenn ich mich auch in mancher Hinsicht darüber freuen würde. Aber alle früheren Male, wenn ich den Termin um die Ecke zu sehen vermeinte, hatte ich Angst und war immer in der Gefahr einer gewissen Panik, dass dieser oder jener Schritt nur noch rechtzeitig vorher gemacht würde. Das alles fehlt jetzt. Ich kann nur immerzu bitten, dass mir diese Sicherheit erhalten werden möge.

Mein Herz, am Dienstag lesen wir zusammen die Passionsgeschichte aus dem Johannes-Evangelium, aber auch das herrliche 21. Kapitel, welches sagt: Beide sind Jünger: der, der nachfolgt dem Kreuz, und der, der nicht nachzufolgen braucht. Und am Mittwoch lesen wir Himmelfahrt und Pfingsten. Und Du liest für mich am Dienstag die Geschichte, wo Bileam geholt wird, um zu fluchen, und statt dessen segnen muss.[7] … Ich bin in garkeiner Märtyrer-Stimmung, nicht die Spur, aber ich verstehe jetzt, dass es garnicht so unerhört war, dass die frühen christlichen Märtyrer singend sich von wilden Tieren zerreißen ließen. Es ist im Grunde viel leichter, sich singend in so etwas zu schicken, als zu murren. Nur, ob man singt oder murrt, das vermag man selbst nicht zu fabrizieren, sondern das ist eben ein Akt der Gnade. Das aber ist für Menschen, die nicht in ähnliche Lage kommen oder sie jedenfalls wirklich miterleben, eigentlich nicht zu verstehen.

Was werden nur die Söhnchen eines Tages zu diesen Dingen sagen? Werden sie solche Probleme verstehen? Werden sie aus unseren Anstrengungen etwas lernen, etwas ja auf alle Fälle, denn Du wirst sie doch nach der Erfahrung dieser drei Monate anders erziehen, als es ohne diese drei Monate gewesen wäre. Das ist ganz sicher. Wenn sie nur verstehen lernen, was dahintersteckt. Ich denke manchmal, ob unsere Söhnchen eines Tages diese Briefe lesen werden und sie verstehen? Weißt Du, was uns vor allem noch fehlt: das Bewusstsein, einer sichtbaren Kirche anzugehören. Wir sind in diesen Dingen doch noch zu individualistisch. Vielleicht kommt auch das noch, und wenn es kommt, wird eben auch die Institution der Kirche wieder blühen.

Es fällt mir noch etwas ein. Ich würde in die P. A. gerne Honig mitnehmen, darf aber in die P. A. kein Glas und kein Metall nehmen. Kannst Du vielleicht eine Marmeladendose aus Papier-Maché (schreibt man das so?) auftreiben? Auch ist bis dahin meine Einreibe zu Ende, und ich bitte Dich, mir noch eine Flasche zu beschaffen. Ich gieße es dann hier in Gefängnis-Behältnisse um und hoffe, dass die P. A. mir die dann gestattet. Immerhin ist möglich, dass ich am Dienstag Abend vom langen Stehen rasende Schmerzen habe und am Mittwoch wieder auf Draht sein muss. Denn dass ich den Hauptteil bestreiten muss, ist ganz klar: Stehe ich durch, so ist die Schlacht für die anderen halb gewonnen, selbst wenn sie mich umbringen, lasse ich mich kleinkriegen, ist sie für die anderen ganz verloren und Carl Dietrich, Einsiedel und Husen etc. sind gefährdet.

Mein Herz, ich höre auf, denn ich kann nur immer wieder das Gleiche sagen. Der Herr behüte dich und uns, oder wie es seit tausenden von Jahren heißt: «Der Herr segne dich und behüte dich; Der Herr lasse sein Angesicht leuchten über dir und sei dir gnädig; Der Herr erhebe sein Angesicht über dich und gebe dir Frieden.»[8] ... J.

1 Vermutlich Helmuths Brief vom 1. Oktober 1944. *2* Gemeint sind Vertreter des Sicherheitsdienstes nach Einzug des Vermögens. *3* Wend Wendland, der Ehemann von Helmuths Schwester Asta. *4* Das Berghaus hatte Helmuth als gesondertes Vermögen gemeinsam mit seinen Geschwistern geerbt. *5* Gemeint ist die obere Gemütslage, in der er sich leichter Hoffnungen macht. *6* Siehe Helmuths Brief vom 30. September 1944, S. 43 und Anm. 15 und 16. *7* 4. Mose, 22–25. *8* Mose 6,23–26.

Freya an Helmuth James, 14. Dezember 1944

Donnerstag früh.

Mein liebes Herz, bei den Freunden bin ich und habe herrlich geschlafen. ... Deine Briefe genieße ich unglaublich. Sie sind so schön und wie Gespräche. Es dauert richtig lange, bis sie gelesen sind, und ich finde dann immer wieder noch was Neues. Ja, mein liebes, liebes Herz, wir können uns wirklich keine Abschiedsbriefe mehr schreiben; es ist nicht mehr zu sagen, aber immer wieder das Gleiche, und das können wir wohl auch beide immer wieder hören. Der liebe Gott möge uns nun helfen, das zu leben, was wir erfahren haben. Ohne ihn geht es nicht, aber ich bin voller Zuversicht auf seine Hilfe so wie Du. …

Mein Herz, was schreibst Du da von Ansprüchen um Weihnachten herum. Das ist ja alles Unsinn. Ich gehöre doch zu Dir. Soweit ich es kann, gehe ich den Weg *mit Dir*, den Du gehen musst. Ich muss beinahe lachen, wenn Du Dich um mein Weihnachten besorgst. Ich bin doch da ganz uninteressant. Das relativ glücklichste Weihnachten feiere ich in Deiner Nähe, aber natürlich sind die Söhnchen zu bedenken, und zu denen muss ich, wenn eben möglich am 24., und zwar nur am 24. Alle anderen Tage sind uninteressant. Nach dem 24. komme ich, wenn der Fall so liegt, dass es richtig ist – und Deine Darstellung der Möglichkeiten ist so richtig –, so schnell wie möglich wieder. …

So, mein Liebster, jetzt brauchst Du noch einen Bericht. Der Wäschetausch war lieb. Ich bin so zu Hause in Deinem Bau da! Merkwürdig, wie heimatlich selbst Gefängnisse zu werden vermögen. Das Wartezimmer, P.s Zimmer, des Vorstehers Zimmer und gegenüber Gissels Stube, wo ich ihm immer die Sachen übergebe, das sind mir sehr liebe Räume. Hinter der Tür geht es dann zu Dir, und jedes Klirren dieser Tür verbindet mich ein wenig mit Dir. Ich habe immer einen kleinen Drang, hinzulaufen und rauf zu sehen, ob ich Dich nicht entdecken kann, und ich sehe Dich immer wieder bei unserem 1. Sehen dort die Treppe heraufgehen und Dich nach mir umdrehen. Mit Gissel besprach ich das Abholen der Sachen. Ich meine: Ich komme Montag noch mal, aber lasse die Sachen ruhig noch da. Ich habe immer die Hoffnung, dass es doch vielleicht ohne die P. A. Str. gehen könnte, gleich von «zu Hause» aus. Du solltest alle die winzigen Annehmlichkeiten so lange wie möglich haben. Sie gehören jetzt schon so zu Deinem Inventar in «25».[1]

Zu Adrian kam ich zu spät, weil mich nämlich Frl. Schellhase am frühen Morgen 30 Min. vergeblich hatte warten lassen. Die fehlten mir dann. Bei Dir habe ich mich nämlich bis zum Schluss nicht gehetzt, habe mich noch in aller Ruhe mit Gissel unterhalten, das war mir wichtiger. So musste ich eben bei Adrian warten und schrieb derweilen an Mütterchen Deichmann, zu der ich wieder eine Verbindung haben werde, weil Haus nun ein Büro in Godesberg hat. Adrian war freundlich, herzlich und voller Mitleid für mich. Er hat das Gesuch hin und her und her und hin überlegt, ganz bereit, das zu tun, was Dir am förderlichsten sei. Er war aber dann nicht für den Weg: vom A. A. zu

Himmler. Er meinte, wenn Himmler dasselbe Gesuch, das doch nicht an ihn gerichtet sei, so oft bekäme, das könne unter Umständen ungünstig wirken. Er meinte, ich solle es wenn, dann lieber über Keitel versuchen, weil das eine klare Zuständigkeit sei, und meinte weiter, ich solle doch selbst noch einmal an Himmler ein paar Worte schreiben und die ev. Absendung mit Müller besprechen. Ich solle sehen, was Onkel Peter in seiner Nachfrage erreicht habe. Hewel habe gesagt: Ja, aber ich muss unbedingt einen günstigen Moment abpassen. Ob das gewesen sei, wisse Adrian nicht. Er meinte aber, wenn bis jetzt noch nicht, dann zurücknehmen. So war das. Enttäuscht es Dich? ...

Das Kassiber-Geschäft[2] ist noch nicht sehr weit. Geschrieben ist es – die Bressalina[3] ist in München, aber ich habe ihre Maschine –, und heute bekommen Eugen und Delp es, aber es scheint mir etwas umfangreich für Reisert und Sperr. Haubach wird es wohl bekommen, aber ob es heute früh die alte Freundin[4] von Steltzer schluckt, muss ich erst sehen. Ich habe etwas Angst, in letzter Minute unvorsichtig zu sein. Frau Reisert kommt erst heute aus Bayern zurück. Carl Dietrich und Einsiedel sollten es auch gestern Abend noch studiert haben. Heute Mittag um 1 hoffe ich Peters zu treffen.[5] Das ist m. E. das wichtigste. Die Propaganda habe ich noch nicht bewältigt.

Claus und Gissel bekommen in jedem Fall ein Weihnachtspaket. Gissel hat auch Angst vor dem Termin. Ja, dass 2 Tage angesetzt sind, wusste ich. ...

Bleibe ruhig, mein vielgeliebter Jäm, mein großer unverlierbarer Schatz, mein Herz. Morgen, denke ich, werde ich Dich besuchen! Du weißt, wie sehr ich Dir gehöre: Ich bin und bleibe für immer Dein P.

1 Helmuths Zellennummer, auf offiziellen Briefen Nr. 325. *2* Siehe Helmuths Brief vom 10.–12. Dezember, S. 196. *3* Katharina Breslauer. *4* Frau Graf. *5* Hans Peters, der bereit war, Freisler aufzusuchen, sollte diesen bitten, Helmuth geduldig anzuhören. Siehe Helmuths Brief vom 10. Dezember 1944, in: *Abschiedsbriefe*, 2011, S. 301 f.

Helmuth James an Freya, 14. Dezember 1944

Tegel, den 14. Dezember 1944.

... Mein Lieber, mir ist vor allem wichtig, dass an dem oder den Verhandlungstagen Du und Ulla und alle, die es können und wollen, für mich bitten. Ich möchte, wie immer es ausgeht, das Gefühl haben, während dieser Stunden fest umgeben zu sein; das ist mir ganz unglaublich wichtig, denn es hängt so unendlich viel davon ab, dass ich nicht schwach werde, und zwar nicht nur für mich. Denke an das Gleichnis von der bittenden Witwe.[1] Es geht sicher so, wie Gott will, aber vielleicht, nein sicher, will er gebeten sein. Ich rede jetzt garnicht vom Ausgang, sondern vom Verlauf. Es muss mir gelingen, die erste Wucht der Offensive wie ein Wellenbrecher zu teilen, damit sie nicht Lust verspüren, weiter bei uns zu rühren, denn dann greift das auf zu viele andere über. Sie dürfen auch bei mir keine weiteren Kenntnisse vermuten. – Ich habe zur Zeit garkeine Nerven und bitte darum, dass der Herr mich in dieser Verfassung erhält und mich in dieser Verfassung den Termin überstehen lässt, aber ich darf auch keine kriegen. – Mein Herz, ich habe so viel Grund, nicht nur dankbar zu sein, sondern auch mit Gottvertrauen der Verhandlung entgegen zu blicken. Wenn ich es recht betrachte, habe ich in meinem Leben nur aussichtslose Sachen zu machen gehabt, und er hat mich immer durchgesteuert: von den Arbeitslagern und der Arbeit für Waldenburg,[2] die als undurchführbar galten, über die Sanierung von Kreisau,[3] die kein einziger Sachverständiger für möglich hielt, über meine Anwaltstätigkeit, die uns wie ein Wunder ernährt hat, über die Sache Kempinski,[4] die völlig verloren war, als ich sie anfing, bis zu meiner Arbeit im O. K. W., die mich in diesem Staat eigentlich in lauter Gewissenkonflikte hätte stürzen müssen. Ich habe deswegen allen Grund zu wissen, dass er auch dieses Verfahren wunderbar zu lenken vermag, wenn er es für richtig hält – aber er kann ja auch meinen, dass ich nun genug gelernt hätte.

... Und schließlich, wenn er mich in 11 Monaten der Haft nie verlassen hat, wenn er mich in diesen Monaten nur 3 Mal hat peinigen lassen und mich nachher gelehrt hat warum, weil nämlich meines Herzens Härtigkeit und Blödigkeit Dinge nicht erkannte, die es hätte erkennen müssen, – warum sollte er mich da im Kammergericht oder vor dem Galgen in Plötzensee verlassen? ...

Mein Herz, ich denke, dass ich jetzt aufhören werde. Heute Abend schreibe ich ja weiter. Der Herr behüte Dich und uns. J.

1 Lukas 18,1–7: Das Gleichnis von der bittenden Witwe und dem ungerechten Richter sowie der Ermunterung zum Bitten, welches Gott erhören wird. *2* Siehe Biographische Notiz, S. 337. *3* Helmuth übernahm 1929 von seinem Vater die Verantwortung für das hochverschuldete Gut, das kurz vor der Übernahme durch die Gläubiger stand. *4* Helmuth war Rechtsberater der jüdischen Familie Kempinski.

Helmuth James an Freya, 14. Dezember 1944

Tegel, den 14. 12. 44.

Mein Lieber, es ist Abend und obwohl ich Dir heute früh ausführlich geschrieben habe, gibt es ja wahrlich viel Neues, und ich habe ein reiches Feld vor mir. Erst wollen wir mal hoffen, dass der 8.1. nicht eine Finte ist, sondern stimmt. Und dann geht es weiter. Wenn es stimmt, so kann man nur mit dem 118. Psalm sagen: «Es ist vom Herrn geschehen und ist ein Wunder vor unseren Augen.» Denn dass diese Verschiebung nicht nur ein Vergnügen für uns ist, sondern auch ein sachlicher Vorteil, ist ganz unzweifelhaft. Ich war übrigens zunächst garnicht so begeistert, wie ich hätte sein müssen, weil ich so auf den 19., 20. präpariert bin und war.

Nun müssen wir alles neu überlegen. Ich bin dafür, dass Du nun am Samstag nach Kreisau fährst und erst nach Weihnachten für den Endspurt zurückkommst, mit neuen Kräften. Ich bin nicht dafür, dass Du noch ein Mal hin und her reist; es ist zu mühsam, und Du solltest Deine Kräfte schonen. Es sind dabei folgende Sachen zu überlegen: meine Versorgung, der Kassibertausch, das Gnadengesuch, Besprechung mit Haus. – Meine Versorgung ist zwar unwichtig, aber das wirst Du nicht wahrhaben wollen. So lass doch jemanden aus Kreisau kommen. Vielleicht kann Lenchen das noch machen. Die soll eben mitbringen, was nötig ist, und Du kannst es mir noch einfiltern, wenn Du willst; sonst tut es sicher auch Brigitte. Ich habe Essen und Wäsche bis Donnerstag, den 21. einschließlich. Für die Zeit nachher reicht nur Honig und Zucker, sonst nichts, auch keine Wäsche. – Der Kassibertausch hat ja, wenn definitiv feststeht, dass wir über Neujahr verschoben werden, Zeit. Mach bloß nichts Unvorsichtiges und veranlasse auch die anderen nicht dazu; sie sollen nur tun, was absolut sicher erscheint, denn ein Fehlschlag kann uns ganz mächtig in die Bude hageln. – Das Gnadengesuch. Zunächst Deine Besprechung mit Adrian. Ich verstehe den ganzen Stand nicht, will mich auch nicht reinmischen, lasst nur die Sache nicht schludern. Eine Entscheidung brauchen wir nicht; damit haben wir garkeine Eile, wir müssen aber sicherstellen, dass das Gesuch so plaziert und bekannt ist, dass SD und Justizminister vor der Entscheidung nicht vollstrecken. Das musst Du m. E. mit Hercher und zuvor Kontrolle mit Dix besprechen. …

Mein Herz, der 8.1. bedeutet, dass noch ein Mal drei volle Wochen geschenkt sind, von denen Du allerdings eine den Söhnchen und der Heimatfront widmen musst, damit Du mit ganz freiem Rücken den

Endspurt beginnen kannst. Wir müssen jedenfalls ungeheuer dankbar sein. Es zeigt uns eben immer wieder, dass er bei uns steht, und so dürfen wir auch hoffen, dass er uns weiter seine Gegenwart spüren lässt. – Mein Herz, mich überfällt die Müdigkeit, und ich muss pümpeln. Schlaf gut, mein Herz; Du telephonierst wohl heute mit Jowöchen. Der Herr behüte Dich und uns. J.

Freya an Helmuth James, 15. Dezember 1944

Freitag früh

Mein liebes, liebes Herz, anstatt eines langen, schönen Briefes bekommst Du nur ein paar Worte, weil ich gestern nach meinem unbeschreiblichen Glück über die weitere Atempause vollkommen in Kopfschmerz-Lethargie versank, aber so komplett wie schon lange nicht mehr. Ich sah noch Peters, der sehr nett, sehr willig und sehr erfreut war, dass er das mit Zeit vor sich machen könne, und dann fuhr ich nach Hause und verfiel der Lethargie. Dass ich nicht zu den Freunden ging, wird Dir ja das beste Zeichen sein. Um 6 ging ich ins Bett. Übrigens hatte ich die Anlage schon am Morgen, aber das Glück hat es dann wohl zu gut mit mir gemeint und ist über meine Kraft gegangen. Ich habe ein wenig Furcht, dass Du, mein geliebtes Herz, innerlich schon so gerüstet warst, dass Dir die Umstellung Anstrengung macht. Ich weiß es nicht genau. Ich, mein Herz, bin einfach selig! Und so dankbar! Dankbar dem lieben Gott, der uns hilft! Es sollte sogar schon Mo/Di sein und Mittwoch hatte Hercher Hermes, und der kommt auch wirklich schon dran, das bedrückt mich richtig, denn um den steht es auch schlecht,[1] sagt Hercher. – Mein Lieber, ich schreibe jetzt schon in der S.-Bahn. P. will früh weg, ich bin zwar auch früh aufgestanden, aber es ging nicht hurtig, und ich musste mir einen Brei kochen und Tee, und dann rief Marinkchen[2] an, der ich telegraphisch Bescheid gegeben hatte. Die waren auch alle ganz selig.

Jetzt ist es kurz nach 7. Ich war aber ganz außerstande, gestern Nachmittag zu schreiben. Auch unsere 3 Kapitel habe ich mit den heutigen noch nachzulesen. Jetzt muss ich Dir noch erzählen, wie das gestern bei Thiele war: Ich sagte, ich komme schon um die Sprecherlaubnis, da ich befürchtete, man werde Dich in die P. A. schon am Sonnabend holen. Da sagte Herr Th.: «Ja, aber der Termin findet jetzt garnicht statt. Der Chef hat dringend nach Klausenburg fahren müssen.» «Dann wird es also zw. W. und Neujahr sein.» «Nein, aber nein! Frühestens Anfang Januar! Über die Verschiebung werden ja Einige sehr froh sein.» «Zu denen gehöre ich auch.» Dann eine Unterhaltung über die Kinder. Herr Th. hat einen Sohn von 2½ von dem er sehr begeistert ist. Hierauf zückte ich meinen den Dünger betreffenden Antrag und sagte gleich, ich werde aber wohl erst nächste Woche zu Dir gehen. Darauf bekam ich 30 Min. Sprechzeit – ihm sei es egal, wann ich gehe. Dann kam ein fremder Mann herein in Weihnachtsstimmung. Der wollte wissen, wann der Senat mit seinen Sitzungen nach W. wieder anfange. «Ach, nicht vor Anfang Jan.! Warten Sie mal!» Dann besah er den Kalender: «Vor dem 8.1. nicht mit größeren Sachen; kleinere Sachen vielleicht, das müssen wir erst sehen.» Dann ging der fremde Mann und ich auch. So glücklich war ich schon lange nicht mehr. Ich telefonierte gleich in der Zelle, im Automaten, und erreichte P. noch, und so erfuhrst Du es wohl auch schon zw. 10 und 11. Auch benachrichtigte ich alle meine Genossinnen gleich und kam mir vor, wie ein Weihnachtsengel. Ich war so selig. Hoffentlich bist Du auch zufrieden. Ich bin gespannt, was P. gleich sagen wird. Ach, mein Jäm, es ist so schön, mit Dir noch Weihnachten zu feiern und, so Gott will, auch mit Dir noch 1945 zu beheben. Seit Du mir voriges Jahr zu Neujahr schriebst, wir könnten dankbar sein, wenn wir 44 alle gemeinsam noch verlassen würden, hat mich dieser Gedanke nie losgelassen. Nun sind die Aussichten gut, dass wir noch zusammen sind. Obwohl wir dieses Jahr nicht nah beieinander sind, werde ich Dir vielleicht in Wirklichkeit näher sein denn je. Ist das nicht auch ein Wunder! Ach, mein Jäm, wie dankbar müssen wir wirklich sein.

Nun noch etwas Technisches: Zw. dem 22. und 24. kann ich nicht reisen. Da ruhen alle Geschäftsreisen und nur dringende Familien-Reisen sind gestattet. Ich muss also am 21. schon hier weg. Ich muss aber auch noch mal nach Kreisau, um vielerlei zu holen. Was soll ich also tun: Dieses Wochenende kurz fahren und dann wieder am 21.? Soll ich Dich dann am 21. besuchen? Wie hast Du es am liebsten? Über Neujahr kann ich ja dann ruhig bei Dir bleiben. Es entsteht dann nur noch die interessante Frage, wann das Schwein stirbt:[3] ob vor dem Termin oder erst hinterher. Dazu muss ich nämlich in der Woche 2–3 Tag zu Hause sein ohne Lenchen. Das ist ein herrliches Problem, aber doch für die Ernährung des Berghauses von höchstem Interesse. …

Der Brief ist unordentlich, aber die Liebe und die Dankbarkeit riesig. Du weißt es. P.

1 Andreas Hermes wurde ebenfalls zum Tode verurteilt; seine Hinrichtung wurde aber mehrmals aufgeschoben, so dass er schließlich beim Einmarsch der sowjetischen Truppen freikam. *2* Helmuths Schwester Asta. *3* Siehe Freyas Brief vom 8. Dezember, S. 189 Anm. 1.

Freya an Helmuth James, 15./16. Dezember 1944

Freitag Abend bei Carl Dietrich
= 3. Advent! ½6 Uhr!

Mein Lieber, mein Herzensjäm, mir war ganz klar, was in Dir vorgehen würde, wenn Du jetzt wieder auf Pause umstellen müsstest, wo Du schon ganz gerüstet für die Fahrt, für die Schlacht warst. Für mich war dieser Wechsel leichter als für Dich und mehr «nur angenehm». Für Dich, mein Herz, ist der erneute Übergang zur «Entspannung» viel schwerer. Du warst bei allem Lebenswillen jetzt auch wieder so nah beim Tod und ganz vertraut mit ihm. Nun geht alles von Neuem an. Mein Herz, das Ganze ist nun einmal eine große Prüfung für Dich, eine ganz schwere, und Du hast Dich von vorneherein dazu entschieden, sie so, wie sie sich Dir bietet, ganz auszutrinken. Da hast Du es schwerer als Eugen, der seiner Hoffnung so sicher ist, und schwerer als Delp, der nichts hat, was ihn so ans Leben bindet wie Dein lebendiger Pim. Derselbe Unterschied ist bei den beteiligten Frauen. Aber Du hast auch viel Hilfe, bekommst viel Kraft geschenkt, bist nie verlassen und wirst Deinen Weg schon gehen. Meine Liebe geht mit, soweit sie kann, mein liebes, liebes Herz. Wieder ist jedenfalls diese Verschiebung eine erstaunliche Fügung.

… Nein, mein Herz, ich will jetzt nicht mehr als eine Woche von Dir weggehen, nein, nein. Ich fahre morgen um 10.30, ohne noch Deinen ausdrücklichen Segen zu haben; ich bin doch ganz schön bei Kräften, und so anstrengend ist doch das auch garnicht. Ich hatte erwartet, P. werde 2 × bei Dir sein und mir noch Antwort von Dir bringen. Ich bin dann um 7 in Kreisau, und Sonntag Nacht fahre ich wieder zurück, sodass ich dann wieder bis Donnerstag bei Dir sein kann. Ich kann Dir dann von allem zu Hause berichten und heranbringen, was Du essen kannst und was P. s vielleicht freut. … P. fand, ich solle nicht reisen, aber heute früh klang C.chens Stimme so dringend, als er fragte: «Kommst Du Sonntag?» Da sagte ich gleich ja. Bis über Weihnachten weg sein, bei der Vorstellung dreht sich mir das Herz im Leibe um. Hier lebe ich ja mit Dir, hier gehöre ich hin, und die Knäbchen muss ich besuchen. Hoffentlich bist Du nur einverstanden.

... Sachliches schreibe ich heute Abend nicht mehr, nur eins noch, weil ich weiß, dass es Dich freut, mein Herz: Heute schrieb Frau Pastor mir Deine Tauf- und Konfirmationsverse, und die sind so besonders schön und passen so gut zu Deinem Leben und seinen jetzigen Wegen, dass es eine Freude ist: Taufe Röm. 8,38/39,[1] siehe dazu Lied 150 11,12; Konfirmation 1. Kor. 15,58.[2] Das freut Dich sicher! Du bist wirklich eingerahmt von schönen Sprüchen ohne und mit P. Nun gute Nacht, mein liebes Herz. Es ist nach 11. Du schläfst hoffentlich schon gut! ...

So, mein Herz, jetzt sitze ich bei den Freunden. Zu schreiben habe ich eigentlich nichts mehr. D. h. wann könnte ich aufhören zu schreiben: Ich kann immerzu mit Dir reden. Mein Lieber! Mach Dir nur einmal recht klar, dass nur die Söhnchen und ich es sind, die Dir Deine jetzige Lage wirklich schwer und anstrengend machen. Tust Du uns aus Deinem Sinn, so wird das Sterben für einen Mann, wie Du es bist, ganz leicht, trotz der blühenden Apfelbäume und der Sonne über den Kreisauer Bergen. Ich bin mir darüber ganz klar, weil es mir trotz allem liegt, mir nichts vorzumachen. Ich habe von jeher gewusst, dass meine Existenz Dein Leben leichter und erträglicher macht, dass ich Dich aber an diese Welt und ihre Freuden binde. Ich bin eben viel mehr eine Kreatur dieser Welt als Du und vom Geist sehr weit entfernt. Deswegen wird sich der liebe Gott meiner auch annehmen, da ich ja mit zu seiner Schöpfung gehöre, also zu ihm braucht die Verbindung nicht weit zu sein, aber Dich ziehe ich auf die Erde herab, mache Dich lebensfähiger und glücklicher zum Leben auf dieser Welt und binde Dich an sie. Nun ist es wahr, dass unsere Liebe mehr als das ist. Das weiß ich und glaube ich. Die hilft Dir ja auch sterben, aber der Pim im Föhlchen, den man anfassen und sehen kann, der macht es Dir schwer! Mein armes, süßes, liebes Herz, trotzdem ich das weiß, bejahe ich mich dennoch neben Dir; ich weiß, dass ich es Dir schwer mache und will es garnicht ändern. Es ist eben schwer für Dich. Gott weiß auch das und hat mich mit Dir vereinigt und vereint. Ich bin ja auf Dich losgestürzt mit Urgewalt, als ich Dich traf. Wenn das keine Führung war! Für mich gab es garkeine Wahl mehr; als ich Dich gesehen hatte, tat mein Herz sich auf, und drin wohnst Du und bleibst Du. Hätten wir nicht geheiratet, säßest Du auch noch drin, und das wusste ich von Anfang an. Ich habe es Dir oft erzählt. Aber jetzt hänge ich Dir wie ein lieber Klotz am Bein und habe meine irdische Macht noch durch 2 Söhnchen verstärkt. Sei Dir darüber nur ganz klar, vielleicht hilft Dir diese Klarheit. ...

Mein Herz, ich reiße mich los! Gott behüte Dich, uns; er lasse Dich nicht alleine. So schnell ich kann, komme ich wieder in Deine Nähe. Aber auch in der Entfernung ändert sich nichts.

Dein P. bin ich und bleibe ich immer

1 «Denn ich bin gewiss, dass weder Tod noch Leben, weder Engel noch Fürstentümer noch Gewalten, weder Gegenwärtiges noch Zukünftiges, weder Hohes noch Tiefes noch keine andere Kreatur mag uns scheiden von der Liebe Gottes, die in Christo Jesu ist, unserm Herrn.» *2* «Darum, meine lieben Brüder, seid fest, unbeweglich und nehmet immer zu in dem Werk des Herrn, sintemal ihr wisset, dass eure Arbeit nicht vergeblich ist in dem Herrn.»

Helmuth James an Freya, 16. Dezember 1944

Tegel, den 16. 12. 44.

Mein Lieber, wenn nicht das Wunder geschehen wäre, dann säße ich jetzt in der P. A. und könnte Dir nicht schreiben. So schreibe ich nun an diesem Brief mit besonderer Dankbarkeit. – Zum Plänemachen kommt dieser Brief zu spät. Ich will nur eines, dass Du Dich nicht mit Hin- und Herfahren abrackerst, denn der Januar hat es ja dann in sich, und Dein Zusammenbruch, wenn auch kleinerer Art, über die Erlösung von dem vorweihnachtlichen Termin ist ein deutliches Zeichen dafür, dass Du Schonung brauchst. – Lass mich lieber ohne Sachen, als dass Du 2 Mal fährst; aber mir scheint, es müsste sich doch jemand finden lassen, der Dir bringt, was Du brauchst. – Das Schwein würde ich vor mir sterben lassen, denn es ist möglich, dass Du nach dem Termin hier noch Versuche machen musst, es ist auch möglich, dass Du dann ab sofort nicht mehr als Selbstversorger giltst, jedenfalls nicht an das Schwein rankommst, da hängt man doch von der Gnade des schlesischen S. D. ab, und dem sollte man sich nicht aussetzen. Kannst Du nicht für die 2 Tage des Schlachtens die Ida borgen. Die hat doch um diese Jahreszeit sicher mal 2 Tage Zeit. Mir scheint es das beste, wenn Du das alles gleich anschließend an Weihnachten machst und nicht hin- und her-jükkelst. Vorausgesetzt, dass das Schwein reif ist. Vielleicht schlachtet er Dir's auch noch vor Weihnachten, obwohl das eine Hetze und nicht wahrscheinlich ist. Ich wäre also dafür, dass Du spätestens am 20. nach Haus fährst, am 27., 28. schlachtest und am 29. oder 30. hier wieder anrückst. Dann haben wir gerade noch eine Woche vor uns, denn wenn am 8. Termin ist, komme ich am 6. weg.

Jetzt kommt leider viel Technisches, was Dir auch wieder etwas Arbeit machen wird: Gestern wurde ich zur Vernehmung zu Lange geholt, der riesig freundlich war – was immer ein übles Zeichen ist –, dem ich sogar wieder die Hand geben musste, eine Handlung, von der ich jetzt 4 Monate dispensiert war. Die Vernehmung kann nur ein

Vorwand gewesen sein, denn es war über einen mir ganz unbekannten Mann, gegen den gewiss nichts vorlag, und es war Lange auch sichtlich gleichgültig, was ich sagte, das ganze Protokoll 20 Zeilen. Vorher aber sagte er mir, er habe vom Gruppenführer meinen Schriftsatz bekommen – der lag vor ihm, völlig zerlesen –, und er habe mir zu sagen, und zwar von Müller, dass diesem eine solche Unverschämtheit doch noch nicht vorgekommen sei, ihn als Entlastungszeugen anzuführen;[1] er könne sich nicht denken, dass das eine sehr geschickte Art der Verteidigung sei. Selbstverständlich würden sie den Schriftsatz weitergeben; ihnen sei das ganz egal. Sie hätten selbstverständlich nichts gewusst und wenn sie mal so täten, als wüssten sie was, so sei das noch lange kein Grund, nicht anzuzeigen. Ich sagte daraufhin, das wäre ich nicht bereit zu glauben, denn erstens hielte ich dazu zu viel von ihnen und ihrer Intelligenz, und zweitens habe Müller es mir selbst bestätigt. – Dann kam die Vernehmung. Dann sagte er, über Mami und Willo würde ich noch vernommen, und dann, also vielleicht eine halbe Stunde nachdem wir das Thema geschlossen hatten, fragte er, ob ich noch etwas zu meinem Schriftsatz zu sagen hätte, worauf ich erwiderte: Nein. – Das Ganze sehr merkwürdig. Jedenfalls war klar, dass sie den Schriftsatz noch nicht weitergereicht hatten, vielmehr ist das Exemplar, das jetzt beim V. G. H. ist, das Doppel, was ich beigelegt hatte und das offenbar – wie ich gehofft hatte – der Oberreichsanwalt gleich abgenommen und dabehalten hat. Hoffentlich kommen sie nicht dahinter. Sicher ist, dass der Schriftsatz irgendwo getroffen hat, denn sonst wäre das Exemplar nicht so zerlesen gewesen. Wenn meine Anführung von Müller als Zeuge ihn nur verärgert hat, wäre es dumm, wenn es aber zugleich das Bild des naiven Utopiers bestätigt hat, kann es nützlich sein.[2] Wie immer es ist: alea jacta sunt,[3] und ich kann jetzt nicht mit der Wimper zucken, sondern muss schnurgerade auf dieser Linie bleiben. – Klar ist aber, dass sie das Todesurteil durch meine Schrift nicht gefährdet sehen, denn sonst hätten sie mehr Anstrengungen gemacht, Gegenminen zu plazieren.

Nun war heute Hercher da, hat hauptsächlich mit Delp gesprochen, mir aber die Anklage zu lesen gegeben. Aus der Unterhaltung mit ihm war klar, dass er die Gerichtsakte zwar gelesen hat, aber flüchtig. Ich habe ihm nun bestimmte Fragen gestellt, vor allem festzustellen, ob vielleicht Vernehmungsprotokolle von mir fehlen. Ruf ihn doch bitte noch ein Mal an; wenn er die Gerichtsakten einsieht, möchte er, bitte, feststellen, ob alle Protokolle von mir und ob meine beiden Briefe an Huppenkothen[4] da sind. Aber auch, ob die Kiep-Protokolle bei den Akten sind. – Weiter hat er erklärt, er hielte die Kenntnis der Polizei für keine Verteidigung; die Anzeigepflicht bestehe absolut. Ich habe ihn an Dix verwiesen. Bitte rufe Dix an und sage ihm das. Ich ließe ihn sehr bitten, Hercher tüchtig einzuheizen, denn wenn er mich in diesem Punkt mit seinem Plaidoyer verlässt, so ist das übel. Dix soll ihn ganz scharf machen. Nun zur Anklage. Der Eindruck ist weiter der gleiche, dass kaum verständlich ist, warum die Offensive so falsch liegt. Nur in einem Punkt hat das genaue Studium eine neue Schwierigkeit gezeigt; meine Hauptbelastung ist nicht Maaß, sondern offenbar Steltzer. Von dem stammt vieles, was nach meinem ersten Eindruck von Maaß zu stammen schien. Unter diesen Umständen wäre es wichtig, *a.* ihn mit meiner Verteidigungslinie vertraut zu machen, und *b.* von ihm eine klare Darstellung zu bekommen, wie er sich in diese Linie einfügen kann. Vielleicht kann das Frau Graf (?) im Weihnachtstrubel erledigen. Von Maaß kommen einige ganz dumme Anwürfe und eine ganz blödsinnige Darstellung der Besprechung in Kreisau «im August 43». Damit müssten wir fertig werden. Von Steltzer kommt der Mist über «Führungskreis aus Bischöfen und Gewerkschaftlern», die eine Art Regierungsersatz oder Führerersatz darstellen sollten. Außerdem behauptet er – nach der Anklage –, in meinem Auftrag nach München gefahren zu sein. – Wir müssen also versuchen, von Steltzer eine Zusage zu bekommen, dass er seine Aussagen so halten kann, dass sie mit meiner Verteidigung harmonieren, denn ich habe keine Lust, von Freisler in einen Konflikt mit St. gebracht zu werden.[5] – Die Aussagen Sperr und Reisert passen, soweit ich sehen kann, sehr gut, und von der ganzen Korona scheint mir nur noch Steltzer nicht in Reih und Glied zu stehen.

Nun kommt meine Gesundheit: Der Ausflug gestern ist mir ganz miserabel bekommen. Ich war in der P. A. so steif, dass ich die größte Mühe hatte, die Treppen hinaufzuklimmen, und war nur noch in meinem Ischias-Nerv. Die restlichen Rheumaschmerzen sind weg, der Ischias aber reagiert auf unfreundliche Kälte oder starke Beanspruchung sofort. Ich würde gerne etwas dagegen tun, denn in dem jetzigen Zustand kann ich keine 15 Minuten hintereinander stehen. Und dabei ist mir nun ein anderer Gedanke gekommen. Wir müssen ja ruhig weiter versuchen, den Termin zu verschieben, denn es bleibt dabei, dass jeder Tag ein Gewinn ist. Frage: Ob Du Anfang Januar mal mit Thiele sprichst, ihm sagst, ich sei so krumm, dass ich nicht stehen könne, wolle aber nicht ins Lazarett, weil der Termin bevorstehe und ich vorher auch durch Lazarettbehandlung nicht in Ordnung kommen könnte. Ob nicht wenigstens soviel Zeit noch wäre, dann würde ich am Freitag, das ist immer der Arzttag, meine Übernahme ins Lazarett

betreiben; aber das hätte eben nur Sinn, wenn ich mindestens 14 Tage bis 3 Wochen liegen könne; alles andere nutzt nichts. …
– Schluss des sachlichen Teils, glaube ich.

Mein liebes Herz, Dein Zusammenbruch auf die gute Nachricht und die dadurch bewirkte Entspannung hat mir ein Mal wieder recht klar gemacht, wie anstrengend das alles für Dich, mein Armer, ist. Das geht nun schon 2½ Monate so, und ich denke mit Schrecken daran, wie es Dir gehen mag, wenn nun das Wahrscheinliche eintritt und ich umgebracht werde. Mein Armer, dass Dich das Glück der gewonnenen drei Wochen so mitgenommen hat, zeigt, dass Du Dich schonen musst. Ruhe Dich bis Neujahr aus, denn in der Zeit ist hier sachlich doch nichts zu machen; es ist daher die Zeit, wo Du am ehesten entbehrlich bist. Nur das Kassibergeschäft musst Du vorher so entriert haben, dass es während Deiner Abwesenheit abgewickelt wird. – Richtig, das Schwein Weber, der mich abholte, fragte, ob Du schon ein Mal Sprecherlaubnis gehabt hättest. Das kann nur Geschwätzigkeit gewesen sein. Aber bitte sei vorsichtig, vor allem mit unseren Briefen. Du musst im Grunde immer mit Deiner Verhaftung rechnen, wenn es auch jetzt ohne besonderen Anlass nicht mehr zu erwarten ist. Richte Dich jedenfalls so ein, dass kein Unglück geschieht, wenn Du verhaftet werden solltest.

Ja, mein Lieber, natürlich bin ich über die Verschiebung froh und dankbar. Ich habe allerdings den Eindruck, dass ich dadurch weniger berührt war als P. und Du, Eugen und Delp und Claus. Ich fühlte mich so geborgen, dass ich dem Termin ohne innere Anspannung und Anstrengung entgegen sah. Ich war dafür sehr dankbar und kann nur darum bitten, dass er mich wieder so in seinen Schutz nimmt, wenn der Termin heranrückt. Aber dadurch war es keine solche Erlösung. Ja, ich freue mich auch, Weihnachten noch ein Mal erleben zu dürfen, und es ist bei aller Ungewissheit doch auch in Kreisau für Dich und die anderen leichter, als wenn ich gerade tot oder verurteilt, aber noch nicht hingerichtet wäre.

… Komme übrigens nicht am letzten Tag zu mir, denn es ist immer möglich, dass ich zu einer Vernehmung geholt werde. Lebe wohl, mein Herz, ich will pümpeln. Schlaf gut. Der Herr behüte Dich und uns. J.

1 In der Verteidigungsschrift behauptete Helmuth, dass die Gestapo von den Aktivitäten von Carl Friedrich Goerdeler wusste und daher keine Pflicht bestand, ihn anzuzeigen. *2* Helmuth hoffte, dass der Volksgerichtshof ihn als abgehobenen Theoretiker betrachten würde. *3* «Die Würfel sind gefallen.» *4* Helmuth schrieb im März 1944 im Konzentrationslager Ravensbrück zwei Briefe im Zusammenhang mit den Verhören zum Solf-Kreis und Otto Carl Kiep an die Gestapo. Siehe *Im Land der Gottlosen*, S. 98 und 103. 5 Der Prozess gegen Theodor Steltzer wurde im Januar 1945 abgetrennt.

Helmuth James an Freya, 17. Dezember 1944

Berlin, den 17. 12. 44.

Mein Lieber, um ½6 habe ich meine Kerzen am Zweig angezündet, ein wenig guten Geruch durch Anbrennen eines Ästchens verbreitet, die lange Kerze hinter mir aufgestellt und angesteckt, das elektrische Licht ausgedreht, abwechselnd Advents- und Weihnachtslieder gelesen, gesungen oder gepfiffen und nur die Kerze angeschaut und während der ganzen Zeit lieb und zärtlich an Dich und die Söhnchen gedacht, wie Ihr wohl gerade mit all den anderen Kindern sänget. Ich habe am Schluss die große Kerze ausgemacht und zugesehen, wie die Kerze am Ast ganz ausbrannte. Dann habe ich erst den Weihnachtsbrief an C'chen geschrieben, und jetzt siehst Du ja, was ich tue. – Dieser Abend war sehr schön und wird es bleiben, und das ist mir besonders lieb, weil ich einen «müden» Tag hatte, müde im Geist. Ich war nicht eigentlich traurig, sondern es war eben nur so, dass Kopf, Herz und Seele nicht mehr recht wollten; sie wollten garnichts tun, und das ist immer schlimm, weil das dann entstehende Vakuum unweigerlich von Erwägungen über den Termin und seine völlige Aussichtslosigkeit und über die militärische Lage, die auch keinen Lichtblick «one way or another» bietet,[1] angefüllt wird. Das ist immer sehr gefährlich, denn das ist das obere Ende einer schiefen Ebene. Kannst Du Dir einen «müden» Tag vorstellen: Am liebsten würde ich dann, so fühle ich mich in diesen Augenblicken, bis zum Termin fest schlafen; nur nicht noch ein Mal die intellektuelle Anstrengung, den Stoff zu meistern und ihn verstehbar darzustellen, nur nicht noch ein Mal die Kampfbereitschaft neben der Todesbereitschaft «herstellen» und erkennen, sondern eben nichts mehr; bis es soweit ist.

Im übrigen bin ich undankbar, denn der Tag hatte zwei weitere Lichtblicke: P. kam wieder wie jetzt jeden Sonntag; und dann brachte er einen Brief. Der arme P. hat sich ganz scheußlich an der Oberlippe geschlagen, aber es scheint gerade noch ein Mal gut gegangen zu sein. Der Brief, mein Herz, freute mich sehr. Über Tauf- und Konfirmationsspruch bin ich riesig glücklich. Beide gehören zu meinem eisernen Bestand, und ich habe sie mir beide im Laufe dieses Jahres viele hundert Mal vorgesagt, ohne zu wissen, dass es meine Sprüche waren. Ist Dir auch aufgefallen, dass mein Konfirmationsspruch räumlich, aber vor allem geistig Konrädchen's Taufspruch[2] benachbart ist. Es sind jedenfalls beides besonders schöne und mir jetzt auch sehr nahestehende Sprüche.

Was Du über Deine Funktion in meinem Leben schreibst, billige ich, glaube ich, nicht ganz. Es liegt darin eine Überschätzung zu meinen Gunsten. Aber ich will nichts weiter dazu sagen, weil ich mich heute weniger kenne als je zuvor. Ich kenne mich zur Zeit bei mir garnicht aus, und je mehr ich unter dem Druck von mir selbst gesehen habe, umso weniger kann ich mir, wenn ich ehrlich bin, einen Reim auf mich selbst machen. Sterbe ich, so bin ich so oder so auf die Gnade angewiesen, und ich brauche mich mit meinen eigenen Rätseln nicht herumzuschlagen; sollte der Herr mich aufbewahren, so wird sich das alles schon wieder in irgendeinen Rahmen hineinziehen und hineinpassen.

... Mein Herz, er behüte Dich und uns. J. ...

1 Die Einschätzung könnte sich auf die am Vortag begonnene Ardennenoffensive beziehen, den letzten Versuch der Deutschen, den Ring der Alliierten im Westen zu durchbrechen. *2* 1. Korinther 16,13: «Wachet, stehet im Glauben, seid männlich und seid stark.»

Helmuth James an Freya, 18. Dezember 1944

18. 12. 44.

Guten Morgen, mein Herz. Ob Du eine sehr schlimme Nacht gehabt hast? Ich scheue diese Reise für Dich und denke immer, dass bei der großen Anstrengung, die diese Zeit für Dich bedeutet, diese Reise doch sehr viel wird. Schlaf' Dich nur gut aus. Ich will Dir nun auch ein Mal den Anfang der Anklage schreiben, denn daraus wirst Du die Tonart schon bemerken:

> Graf Moltke, der auf Grund starker kirchlicher Bindungen und infolge skurril gemischter föderalistischer, teils reaktionärer, teils marxistischer Ansichten seit jeher Feind des n. s. Reichs und seit Jahren hemmungsloser Defaitist ist, verstand es schon seit 1940, eine Reihe von Staatsgegnern verschiedener Richtungen an sich heranzuziehen. Dieser Kreis setzte sich aus Vertretern der Adelsschicht wie Yorck, Schulenburg, Schwerin, Haeften, Trott, Einsiedel, Trotha und Husen,[1] ferner aus Geistlichen beider christlichen Konfessionen wie Delp, König, Rösch, Gerstenmaier und aus dem kirchlich stark

gebundenen Steltzer, sowie aus alten Marxisten und Gewerkschaftsfunktionären wie Mierendorff, Leuschner, Maaß, Reichwein, Haubach und anderen zusammen. Von Moltke versammelte seine politischen Gesinnungsfreunde in den Jahren 1941 bis 1943 wiederholt zu oft mehrere Tage dauernden Versammlungen auf seinem Schloss in Kreisau um sich, wo dann zahlreiche politische Fragen in bewusster Gegnerschaft zum N. S. und in betont defaitistischer Haltung erörtert wurden. Dabei versuchte er im Laufe der Zeit in zunehmendem Maße und schließlich mit sichtbarem Erfolg, die zunächst mit den gegensätzlichsten Anschauungen erschienenen Teilnehmer dieser Zusammenkünfte auf eine von ihm vertretene staatsfeindliche Linie von einer gewissen einheitlichen Geschlossenheit auszurichten. Neben den Besprechungen in Kreisau fanden zahlreiche, denselben Gegenstand betreffende, kleinere Unterredungen mit wechselnder Beteiligung in Berlin in den Wohnungen von Moltke's und Yorck's, aber auch in München statt. In allen diesen der Zahl nach nicht mehr feststellbaren Zusammenkünften propagierte v. M. unentwegt den Gedanken, dass Deutschland den Krieg mit Sicherheit verlieren und damit der Führer und der N. S. beseitigt werden würde. Es gelte, so führte er weiter aus, sich schon jetzt auf diesen Zeitpunkt zu rüsten und dafür ein Not- und Auffangprogramm aufzustellen. Als solches entwickelte er folgenden Plan: An die Stelle des die Volksgemeinschaft tragenden N. S. hätten die christlichen Kirchen beider Konfessionen als das politische Zeitgeschehen überdauernde Ordnungselemente zu treten.

Weiter bin ich mit dem Abschnitt nicht gekommen. Hinterher kommt noch eine üble Stelle bei Steltzer, die so heißt:

Im Spätfrühjahr 1943 hielt Steltzer im Auftrage des Grafen von Moltke in der Wohnung des Pater's Delp in München eine Besprechung ab, an der weiter Dr. Mierendorff, Rösch, Reisert und Fugger teilnahmen. Einleitend erklärte Steltzer, er habe im Auftrage des Grafen von Moltke einen Bericht über die militärische Lage zu geben, so wie sie das O. K. W. sehe.... (Fazit: Krieg verloren).[2] Ebenso fasse auch Moltke eine deutsche Niederlage ins Auge, die gleichbedeutend mit dem Sturz des n. s. Regimes sei. Für diesen Fall wäre erforderlich, schon jetzt ein Rahmenprogramm aufzustellen. Dabei sei daran gedacht, dass ein populärer General als Reichsverweser die Situation zu retten versuche. Dann müssten in den Gauen Leute sein ...[3] Streng föderalistische Verfassung mit weitgehender Selbständigkeit der Gliedstaaten. Die Moltke'schen Ideen würden sich nur im Rahmen einer Militärdiktatur verwirklichen lassen.

Es wäre wichtig, Reisert über diesen Schmarrn zu informieren, auch Steltzer, wenn das geht. Es ist aber notwendig, dass mit Steltzer und Sperr irgendein Zeichen ausgemacht wird, aus dem sich ergibt, dass sie die Sachen bekommen haben, selbst wenn sie keine Antwort geben können.

Mein liebes Herz, leb wohl, ich will ein wenig an meiner neuen Besprechung mit Hercher arbeiten. Der Herr behüte Dich und uns. J.

1 Helmuth schrieb «Hülsen», sicherlich ein Versehen. *2* Auslassungszeichen im Original. *3* Auslassungzeichen im Original.

Helmuth James an Freya, 18./19. Dezember 1944

Tegel, den 18. 12. 44.

Mein Lieber, aus Versehen schrieb ich beim Datum ganz in Gedanken verloren hinter der 18. eine 10. Zu 18. gehört eben 10,[1] so scheint es mir. …

Wie magst Du gereist sein? P. hatte noch keine Nachricht; aber mir ist eingefallen, dass Du ihn ja in Brandenburg wähntest, und deswegen vielleicht Dich garnicht meldetest. Es wäre sehr ärgerlich, wenn Du die Nacht in Liegnitz hättest verbringen müssen. Nun werde ich wohl morgen früh Nachricht bekommen. Du wirst ja auch wohl morgen oder übermorgen oder Donnerstag zur Sprechstunde kommen, und darauf freue ich mich schon sehr. Wie schön, mein Lieber. Vergiss nicht, zum Schluss mir Kreuzchen auf die Stirn zu machen. Das hast Du schon in Grundlsee getan, und ich will, wenn der Herr es so bestimmt hat, auch mit einem Kreuzchen vom Pim zum Galgen gehen.

Mein Herz, kannst Du mir wieder einen frischen Tannenzweig zu Weihnachten mitbringen? Die stauben hier so schnell voll und sind dann grau und nicht grün. Um 2 ist die hiesige Weihnachtsfeier, und Du wirst dann wohl gerade aufbauen: ein winziges Weihnachten, denn Asta wird wohl auch in Breslau sein, oder wird es gelingen, Wend nach Kreisau zu bekommen? …

Mein Herz, ich habe nichts mehr zu schreiben, als dass ich Dich immer wieder ermahnen muss, Dir klar vor Augen zu halten, dass mir nach aller menschlichen Erkenntnis der Galgen absolut sicher ist, dass daher alles Machen und Treiben und Rennen zu keiner menschlichen Hoffnung berechtigt. Nur bitten dürfen wir, und Gott führt es ja doch, wie er will, und er kann mich retten; dass er es will, darum dürfen wir ihn bitten. Aber weiter, mein liebes Herz, kann ich Dich daran erinnern, dass er uns die Gewissheit gegeben hat, dass uns kein Tod trennen kann und dass wir letztlich zusammen nur ein Schöpfungsgedanke von ihm sind. So ist's, so war's, so bleibt's. J.

19. 10. [12.] 44.[2]

... Nachts ist mir noch folgendes eingefallen. Um die Frage, wieweit Kenntnis von Abwehr und Polizei ein Entschuldigungsgrund ist, wird möglicherweise ein harter Kampf entbrennen, wenn Freisler nicht, um dieser Diskussion zu entgehen, einfach sagt, die haben nicht gewusst, basta! ... Wie beurteilt Dix die Lage, wenn als nicht nachgewiesen angesehen wird, dass die Polizei, wohl aber, dass die Abwehr wusste? Denn dass Abw. wusste, hat Lange selbst am Freitag mir nicht abgestritten. Ist ein Wehrmachtsangehöriger[3] nicht schon dann entlastet, wenn er wusste, dass die zuständige militärische Stelle unterrichtet war? Muss er dann darüber hinaus die Polizei benachrichtigen? Gibt es über diese Fragen vielleicht Entscheidungen, die Du mal nachlesen könntest? – Weiter: wie weit kann ich mich hinter Haubach's Anzeige decken,[4] wenn nachgewiesen wird, dass er in meinem Auftrage oder im Einvernehmen mit mir zur Polizei gegangen ist? Willst Du bitte diese Fragen mal ganz technisch mit Dix ganz genau prüfen und mir ein Gutachten machen? Wir sind uns klar, dass es sich in Wahrheit nicht um Juristerei handelt, aber trotzdem ist es besser, das juristische Gerüst genau zu kennen. Ich werde mir hier den Dalcke[5] geben lassen, den es hier gibt. – Bitte tritt Dix, dass er das sorgfältig macht, obwohl er mich nicht vertritt. Ich habe den Eindruck, dass um diese Frage der heißeste Kampf entbrennen wird.

Leb wohl, mein Herz, ich warte jetzt noch ein Mal auf Nachrichten. Hoffentlich bist Du wohl und kräftig. J.

1 Der 18. Oktober 1931, Helmuths und Freyas Hochzeitstag. *2* Hier schrieb Helmuth versehentlich 19.10.44. Siehe den Anfang des Briefes. *3* Helmuth war durch seine Tätigkeit im OKW Angehöriger der Wehrmacht. *4* Siehe Helmuths Brief vom 21. Dezember 1944, S. 226 f. *5* Albert Dalcke, *Strafrecht und Strafverfahren*, eine Sammlung der wichtigsten Gesetze des Strafrechts und des Strafverfahrens, in zahlreichen Auflagen erschienen.

Freya an Helmuth James, 17./18. Dezember 1944

Sonntag Abend

Mein Lieber, ich bin gespannt, wie es sich auf dem gewellten Papier schreiben wird. Diesen Block ließ C.chen auf dem Schlitten liegen, und ein Freund von ihm ließ den Schlitten auf dem Steg bei den Kiefern in den Graben rutschen, und da wurden halt die ersten Bogen nass, aber nur die ersten. C.chen hatte aber großen Wert darauf gelegt, den Block eigenhändig rauf zu transportieren. Es war ein wunderschöner Wintertag mit warmer Sonne und blauem Himmel und jetzt am Abend hellen Sternen; dazu eine dünne Schneedecke, aber immerhin so dick, dass beide Söhnchen im Schlitten mitkamen und C.chen nach Tisch mit Skiern in die Sonne verschwand und darauf ganz munter herumrutschte. Wie schön Kreisau da aussah, kannst Du Dir, mein liebes armes Herz, ja vorstellen. Ich bin auch nicht weit gegangen, nur vom Berghaus in den Hof und zur Schwester, aber das war alles strahlend und schön. … Im Hof gibt es einen großen Kummer: Der Krause ist vermisst. Kaum war er draußen, war er versprengt, und man weiß von seinem Schicksal nichts. Plätschke ist gefallen, der mit ihm eingezogen wurde im Sept., und Kammel ist – aus Wierischau – vermisst. Die arme Krausen ist ganz verzweifelt und unglücklich und so mit Recht. Man kann ja auch wenig wirklich Tröstliches sagen. Am tröstlichsten ist ihr sicher, dass ich auch schwere Sorgen habe. Ich hatte, während die Jungen vorm Schloss in der Sonne mit ihrem Schlitten spielten, eine lange Unterhaltung bei der Ida mit ihr, der Krausen und der Rosen. Sie waren alle drei rührend und voller wirklicher Anhänglichkeit für Dich. Der Gustav frage in jedem Brief nach Dir. Du habest doch immer Allen geholfen. Sie seien doch mit Dir hier aufgewachsen, und so lang und breit. Keiner spräche was Schlechtes. Ich holte mir dort eine schöne Gans für P. s und dann 20 braune Eierchen, wovon ich 15 hier im Sack für meinen Jäm habe. … Mein Herz, ich freue mich riesig auf den Besuch bei Dir und werde morgen versuchen zu kommen. Mein Jäm, wie herrlich die Aussicht, Dich zu sehen. Ich liebe an Kreisau nicht, dass es mir dort viel schwerer, zeitweise unmöglich ist, Dir meine bewusste, ungeteilte Aufmerksamkeit zu geben. Das ist klar, denn es ist zuviel zu tun, und ich möchte, wenn ich schon da bin, auch alles beieinander halten, die Zeit für die Knäbchen und die Dinge nützen. Ich weiß, dass Du in mir immer drin bist, ich verliere Dich nicht eine Sekunde, und die Verbundenheit geht manchmal mit wärmender, beglückender Gewissheit in mir bewusst auf, aber das genügt mir jetzt nicht. Ich möchte viel konzentrierter auf Dich hin leben, und das kann ich nur hier. …

Ich muss Dir noch erzählen, dass mich gestern nach Tisch Romai eine Weile besuchte. Ihre Haltung ist schön und würdig und nicht so ungelöst, wie es den Anschein hat. Sie ist eine tapfere und tüchtige Frau. Wenn sie sich nur der Welt gegenüber, nein ihrem Inneren und den dortigen Möglichkeiten gegenüber nicht zu sehr verhärtet! Das ist die Gefahr. Sie muss es ihrer Fassung wegen, denn sie trägt sehr schwer an ihrem Schmerz. Marion ist viel gelöster und dem Peter auch weiter sehr stark verbunden, während bei Romai die Trennung viel schärfer zu sein scheint. Sie sucht die Arbeit, Marion die Muße, das ist ein sehr bezeichnender Unterschied. …

Gute Nacht, mein liebes Herz, gute Nacht. Ich bin so froh, wieder nah zu sein. Schlaf gut, mein Herz, und wohl aufgehoben. Du weißt ja, wessen ich bin, und Neues gibt es nicht zwischen uns, aber das Alte gut und fest. Ich umarme Dich zärtlich. Dein P. bin ich und bleibe ich immer. –

Helmuth James an Freya, 19. Dezember 1944

Tegel, den 19. 12. 44.

Mein Lieber, nun ist die kostbare halbe Stunde wieder in unseren Besitz eingegangen und wie anders war sie wieder als die früheren. Nur in einem war sie gleich: dass sie beglückend und herrlich war. Mein Herz sah sehr wohl und lieb aus, nicht erschöpft und nicht überanstrengt. Mein Herz, bei mir war der Hauptunterschied zu den früheren Sprechstunden, dass ich vom ersten bis zum letzten Augenblick nicht den Willen, sondern die vollkommene Gewissheit hatte, dass ich mit Dir weiterleben werde. Ich schreibe Dir das nur, weil ich mich gewiss fühle, dass Du daraus keinerlei Hoffnung schöpfst; ich kann Dir nicht sagen, woher diese Gewissheit kam, ob von oben oder aus dem animalischen Lebenswillen, der durch Deinen Anblick immer stark angeregt wird. Es ist auch ganz gleich, denn ich bin zu sicher, dass ich mich Gottes Führung blind anvertrauen muss und dass er nicht daran denkt, mir vorher zu offenbaren, wohin er mich führen will. Da ich das so genau weiß, so glaube ich, dass kein Rückschlag kommen wird.

Nun, um gleich meine Äußerungen zu meiner Gesundheit zu korrigieren: Die Schmerzen sind heute fast nicht vorhanden, solange ich krumm bleibe. Die Krümme ist echt, der Bericht über die Schmerzen war ad usum delphini[1] gefärbt. …

Mein Herz, Deine Nachrichten aus Kreisau freuten mich sehr, denn so im Ganzen klingen sie gut. … – Nun kommt Romai. Sage ihr bitte, wir alle empfänden den Schmerz über Meister Erwin's Tod sehr stark und das wäre garnicht dadurch gemildert, dass wir wahrscheinlich hinterher müssten, nein, wirklich nicht. Wir wüssten aber ganz genau, dass das für die Frauen viel schlimmer wäre als für uns, und wir könnten nur bitten, dass sie den Frieden in sich bewahrten und dass alle unsere Frauen so gut es ginge zusammenhielten, unser geistiges Erbe verwalteten und unseren Kindern hülfen, eine richtige Einstellung zur Hinrichtung ihrer Väter zu bekommen; denn Hass oder Widerstand seien keine zulässigen Haltungen. Wir wissen ja nicht, wie das, was wir wollten, eines Tages beurteilt werden wird, wir wissen nicht, ob das Samenkorn nicht trotz oder vielleicht gerade wegen unseres Todes aufgehen wird, wir müssen's abwarten.

Mein Herz, dies ist der Weihnachtsbrief für ein merkwürdiges Weihnachten. Durch Gottes Fügung lebe ich noch, während ich normalerweise wohl gerade vor 3 Stunden etwa umgebracht worden wäre, und so Gott will, lebe ich auch Weihnachten noch. Ich wünsche Dir, den Söhnchen, Deinem Haus und allen, die dazu gehören, ein gesegnetes Fest. Uns wird dieses Fest in diesem Jahr wohl mehr bedeuten als je zuvor, denn wir wissen eben doch viel genauer als früher, was diese Geburt für uns, für Dich, für mich und die Söhnchen bedeutet. … – Ich, mein Herz, werde gewiss eine frohe Weihnacht feiern und werde weder am Freitag Nachmittag noch am Sonntag um 2 bei unserer Feier, noch am Sonntag Abend wehmütig sein, sondern glücklich Eurer gedenken.

… Schlaf' gut, mein Herz, nach diesem schönen Tag, der den 12ten Monat[2] eröffnet. Morgen werde ich noch ein wenig schreiben, ehe Du übermorgen den Brief bekommst.

1 «Zum Gebrauch des Kronprinzen», sinngemäß: für den Empfänger zurechtgemacht. Helmuths Schilderung der Schmerzen in einem offiziellen Brief vom 17. Dezember 1944 war für den Zensor/die Mitlesenden «gefärbt». *2* Seiner Inhaftierung.

Freya an Helmuth James, 20. Dezember 1944

Mittwoch Vormittag

Mein liebes Herz, es war so schön, bei Dir zu sein. Es war aber so, dass ich garnicht an eine Trennung zu denken vermochte, dass ich garkeine Sensation empfand, da bei Dir zu sitzen, weil ich Dir so erstaunlich nahe bin. Das Sehen ist ein großes Glück, aber es ist nicht in sich das Wichtigste. Ich weiß zu genau, wie alles aussieht, es gehört so zu mir, ich liebe es so, es ist meins, und ich bin ihm, dem lieben Herz, so nahe; das ist das größte Glück. Aber eines kommt zum anderen, und so war es ein großes liebes Geschenk. Es wäre nur noch schöner, wenn man garnichts zu sagen brauchte, denn wir füllen die Zeit uns mit Reden und könnten sitzen und uns besehen. Das wäre das Beste. Ich war etwas entsetzt über Deine Krummheit und weiß nach dem Briefchen, das ich gestern Abend noch bekam, nun nicht, ob ein bisschen Simulieren dabei war. Sonst sahst Du richtig aus, so wie Du auch von innen bist, und ich habe mir alles sehr zärtlich betrachtet. Ach, mein liebes Herz, so bin ich: Zwar fühle ich deutlich, wie wir zusammen vor Gott stehen, fühle mein Herz offen und bereit für alles, was uns bevorsteht, bin ruhig und bei Dir sehr glücklich, aber da wir nun noch ein bisschen Zeit haben, so ist Dein Tod gleich wieder in die Ferne gerückt, nicht weil ich viel Hoffnung habe, sondern weil eben noch etwas Zeit ist. …

Deine Kreuzchen habe ich auch schon bedacht, ehe ich sie in Deinem lieben Briefchen fand. 1 × hast Du sie nicht bekommen, als wir uns zum 1. Mal in Tegel sahen. Aber in Grundlsee hast Du einen Kuss auf die Stirne bekommen. Wann die Kreuzchen angefangen haben, weiß ich auch nicht, aber den Kuss auf die Stirn erinnere ich ganz genau – wie wir in dem Zimmer nach hinten heraus standen, in dem Du meinen Sonnenstich gepflegt hattest. Es war meine Initiative, und Du dachtest wohl, es zielte woanders hin, aber ich wollte nur dorthin, weil mir der Gedanke noch garnicht gekommen war, dass ich Dich auch woanders hin küssen könnte. Dabei hatte ich Dich schon schrecklich lieb und zitterte dann bis Köln um den 1. Brief! Ach, mein Jäm, eine aus der Flut zärtlichster, liebster Erinnerungen. Neulich an irgendeiner dunklen Stelle fiel mir plötzlich unser 1. Spaziergang auf die Alm mit den beiden Eichhörnchen ein. Weißt Du das auch noch, und wie schön, lieb, zärtlich und dabei so bescheiden das war. Wir haben es schon sehr gut gehabt. … – P. gab mir eben den Umschlag zu Weihnachten. Wie ich mich freue. Mein Lieber, ich habe Dich lieb von ganzer Seele, ganzem Herzen, ganzem Gemüte.[1] Wie glücklich hast Du mich mit Deinem «Schöpfungsgedanken» gemacht.[2]

Weg muss nun Deine.

1 Matthäus 22,37. *2* Siehe Helmuths Brief vom 18./19. Dezember 1944, S. 219.

Helmuth James an Freya, 20. Dezember 1944

Tegel, den 20. 12. 44.

Mein liebes Herz, sehr glücklich war ich, Deinen Brief zu bekommen und Dir meinen angefangenen mitzugeben. ... Den Brief an Ulla nimm bitte mit und gib ihn ihr so, dass Asta es nicht merkt. Sie könnte sonst gekränkt sein, dass sie keinen hat, und das möchte ich nicht. Ich kann aber nicht einfach einen normalen Brief jetzt schreiben und über diesen Weg laufen lassen, bei dem P. sein Leben riskiert,[1] und etwas Anderes habe ich Asta nicht zu schreiben. Darum sieh bitte, dass das keine Panne gibt.

Ja, mein Lieber, ich habe gerade in letzter Zeit an den Weg zu Adler, den Weg auf die Alm, den Grassring, den Weg nach Aussee am Tage nach Daisy's[2] Abreise, den Weg auf die Felswand und ähnliches mich erinnert. Ich habe mir immer eingebildet, es sei ein Kreuz und ein Kuss auf die Stirn gewesen, aber vielleicht habe ich das Kreuz nur in Gedanken unterschoben.

Den Morgen habe ich heute in einiger Unruhe verbracht, weil einer unserer Leute hier, Wentzel-Teutschenthal, um ½8 zur Hinrichtung fertig gemacht wurde, ich wusste, dass P. nicht kommen wollte und die den unglücklichen W. mit offener Zellentür, in der Herr Claus oder ein anderer Beamter stand, bis ½1 warten ließen und ihm dann sagten, er werde um 2 geholt werden. Inzwischen kam aber P., und das war gut, und nun ist Wentzel schon eine halbe Stunde weg und wird wohl jeden Augenblick gehenkt werden. Erzähle Zeumer, dass W. tot ist, und auch Scholz-Babisch interessiert Z. vielleicht.

Eben kommt Claus mit der Nachricht, dass zu unserem Termin noch ein 9ter kommt. ... Wenn es Husen ist, so muss er meine Verteidigungslinie recht bald bekommen. ...

Mein Ischias ist heute eher wieder etwas besser. Die Schmerzen sind im Lauf der letzten Tage wesentlich geringer geworden, nur muss ich mich eben krumm halten; mich gerade zu halten ist sehr anstrengend und auf die Dauer auch schmerzhaft. An den Feiertagen will ich im Bett bleiben und sehen, ob es dadurch besser wird. An Werktagen bleibe ich so ungern im Bett, weil ich dann so unfertig bin, wenn ich abgeholt werden sollte. Ja, Vernehmungen sind bei mir jetzt immer möglich, und das ist ein unangenehm unsicheres Gefühl. Es kann aber auch sein, dass sie die bis nach dem Urteil aufsparen, weil sie dann ganz ungehemmt mit mir umspringen können. Ob das kommt oder nicht, steht glücklicherweise in Gottes Hand, und wenn er mir das zuteilt, so wird er mir auch die Kraft zuteilen, es zu tragen. Wenn er mich nur nicht in das Gefühl sinken lässt, als wäre ich von Müller, Freisler oder gar von Lange abhängig. Solange ich das Gefühl habe: «Ein Christenmensch ist ein freier Mensch und niemandem untertan»[3] geht alles.

Nun, mein Herz, wird P. gleich kommen, den Brief abholen, und damit Du nicht wieder einen ohne Schluss bekommst, höre ich auf. Reise gut, mein Herz, komm gut wieder zurück, grüße alle zu Haus, die Söhnchen und Asta und Ulla, die Pickin und Liesbeth u.s.w., u.s.w. Allen wünsche ich ein gesegnetes Fest. «Freut Euch in dem Herrn allewege, und abermals sage ich: Freuet Euch!» heißt es in Philipper 4,4, und das, mein Herz, gilt auch für uns. ... Mein liebes Herz, ich bin und bleibe allerwege Dein J. ...

1 Helmuth war bewusst, dass Harald Poelchau mit *jedem* Brief sein Leben riskierte.
2 Daisy von Freyberg. *3* Martin Luther.

Freya an Helmuth James, 21. Dezember 1944

Donnerstag früh.

Mein liebes Herz, gestern Abend war ich sehr beschäftigt mit Deinem Weihnachtszubehör – Geschenk kann man es wirklich nicht nennen – und danach mit dem Präparieren der Gans – die schön und fett ist – und dann mit meiner eigenen Müdigkeit, sodass ich das Schreiben auf die frühen, lieben Morgenstunden verschob. So sitze ich jetzt – eben angezogen –, die Freunde schlafen noch. Mein Lieber, ich entledige mich erst des Sachlichen. ... Noch ist Dein Werk bei keinem der Männer in der Lehrter Str.[1] Es ist so groß. Graf und Schellhase haben es in Händen. Reisert ist nervenkrank und ganz unfähig, etwas aufzunehmen. Frau R. ist dabei, ihn in eine Nervenklinik bringen zu lassen. Er macht immer wieder Selbstmordversuche, ist ernstlich krank und wird wohl vielleicht dann garnicht mit drankommen. Das für Husen behält P. Die Weihnachtskuchen sind an sich die wahren Transportmittel. Ob es wirklich Husen ist! Nicht angenehm! Sperr haben wir raus gelassen. Er hat noch keinen Kassiber bekommen, sagt er! Dann hat er ihn also verschlungen![2] ... Gestern Nachmittag kam dann noch ein ausführlicher Besuch bei Felix.[3] Es ist ja doch ein Jammer, dass der Dir nicht beisteht, denn es jückt ihn, und er legt dann gleich los, und was man auch gegen ihn sagen kann: das versteht er glänzend. Na, er ist der nicht! – Selbstverständlich wird er Hercher entschieden anfeuern. ... Was nun das Wissen der Abwehr angeht, so bejahte er auch da schon Deine Entlastung. Wenn Du wusstest, dass Dein nächster militär. Vorgesetzter wusste, und das auch noch die für solche Fälle zuständige Stelle war, so musste Dir das als Offizier genügen. Du konntest annehmen, dass Canaris anzeigte. Sonst hättest Du ja angenommen, dass er ein Staatsfeind ist: «Wollen Sie mir zur Last legen, dass ich wusste, dass Canaris nicht weitergäbe!» Entscheidungen gibt es über diese Frage nicht. Felix ist der Meinung, dass Du durch Haubach, wenn er wirklich angezeigt hat mit Deinem Wissen und Einverständnis, auch gedeckt bist. (Dazu folgendes Zettelchen, das ich gestern von Haubach empfing: Helmuth: meine 2. Information zu Gestapo Winter 42/43. Unser Gespräch Frühjahr 43: Helmuth: «Dieses verbrecherische und lächerliche Treiben der Goerdeler-Leute kann ich nicht mehr ansehen. Will Anzeige machen.» Ich: «Ist nicht nötig, habe schon getan.» Helmuth sehr einverstanden, auch mit der Angabe über Kreisau {seine Bemerkung: weiß der SD ja schon lange – wir haben auch nichts zu verbergen}, versprach strengstes Stillschweigen und hielt dies auch.) …

Jetzt muss ich aufhören, und nachher komme ich Dich besuchen.

P.

1 Es handelt sich um die Verteilung der Kassiber an Steltzer, Haubach, Reisert und Sperr. *2* Der Kassiber war im Gebäck enthalten. *3* Im weiteren Verlauf wird für Dix der Deckname Felix benutzt.

Helmuth James an Freya, 21. Dezember 1944

Tegel, den 21. 12. 44.

Mein Lieber, mit lauter Schätzen erschien Gissel heute morgen, und da wusste ich, dass mein liebes Herz im Hause war, garnicht weit entfernt. Und so packte ich mit doppelter Freude die Köstlichkeiten aus, die mein Lieber für mich hergebracht hatte; wie lieb und prächtig das war. Dann kam ein ganz prächtiger Zweig, wirklich ein ganz besonders schöner, der nun meinen Eingang ziert mit der weißen Kerze, die des 24ten harrt. …

Die Sache mit Theo[1] verhält sich anders. Im Herbst 42, wahrscheinlich November, jedenfalls nach Kreisau, sagte ich Carlo, wir müssten den Onkel[2] schrecken, damit er dem Oberbürger[3] den Laufpass gäbe. Deswegen müsste eine formelle Anzeige bei der Stapo gemacht werden, obwohl das sinnlos wäre, denn die wüssten ja, warum sie nicht zuschlügen.[4] Immerhin sollte er oder Theo das tun, damit sie den Onkel über die Reaktion unterrichten könnten. Darauf berichtete mir Carlo

14 Tage später, es sei bei dem Besuch in der Prinz Albrechtstr. nichts Verwendbares herausgekommen, denn die hätten gesagt: «wissen wir, wird beobachtet, weiteres ist nicht zu veranlassen». Ob Theo oder Carlo da waren oder beide, ist mir nicht mehr erinnerlich. Dann kam die Unterhaltung mit Theo etwa so, wie er sie schildert, aber m. W. haben wir dann besprochen, dass noch ein Vorstoß gemacht werden sollte, den dann wieder einer von ihnen machen wollte, weil sie ja nun die Leute kannten. Für mich ist ziemlich wesentlich, dass die erste Initiative von mir ausging, und das hat Carlo dem Theo doch sicher gesagt. …

Im Jahr 40, zwischen Norwegenfeldzug und Frankreichfeldzug, drangen die ersten Gerüchte über Pläne von Beck–Goerdeler an mein Ohr. Die kamen von Peter von Abwehr. Die steigerten sich und verdichteten sich in den folgenden Jahren, ohne dass ich je mit irgendeinem Goerdeler-Mann wissentlich in Verbindung gestanden oder von einem solchen etwas über diese Pläne gehört hätte. Alles kam immer aus Abwehr- oder Polizeiquellen. Im Herbst 42 erfolgte dann meine Bitte an Mierendorff, anzuzeigen, um damit Leuschner zu schrecken; um dieselbe Zeit etwa der Brief Canaris an Bamler, in dem C. sagt, er habe mit Reichsf. SS darüber gesprochen. Dann kam die Unterhaltung mit Schulenburg, in der Sch. mehr oder weniger behauptete, dass Beck und Goerdeler sich ernstlich mit Umsturzplänen trügen und mich dafür gewinnen wollten. Nachdem ich das abgelehnt hatte, meinte er, mindestens für den Fall der Niederlage sei eine Abklärung mit Beck und Goerdeler gut. Das lehnte ich zunächst auch ab. Darauf sagte er, B. sei garnicht festgelegt, und es sei durchaus möglich, dass ich feststellte, dass er einen Umsturz genauso ablehne wie ich, und deswegen solle man ein Mal über die sachlichen Probleme reden. Darauf brachte er eine Besprechung Beck–Goerdeler–Popitz–Hassell–Peter–Adam–Eugen–ich zustande, die ich nun vor allem dazu benutzen wollte, Beck von allen Umsturzgedanken abzubringen und ganz klar zu machen, dass das für uns nicht in Frage käme. Daher fing ich mit einer geharnischten Philippika gegen jeden Umsturz an und bat Beck, sich nun dazu zu erklären. Das hat er nicht getan, und wir sind nach allgemeinem Geschwätz auseinander gegangen, sodass von Umsturz an diesem Abend überhaupt nur ich gesprochen habe. 2 Tage darauf hat Beck mir im Namen der anderen alten Herren sagen lassen: *a.* sie seien über meine Attacke höchst ägriert; *b.* er stelle fest, dass niemand außer mir über Umsturz gesprochen hätte, *c.* die Unterstellung, dass irgendeiner der älteren Herrn an einen Umsturz dächte, weise er mit Entschiedenheit zurück; sie hätten keine Absichten dieser Art, und er bäte mich, das zur Kenntnis zu nehmen; alle anderweiten Gerüchte seien ohne jede reale Grundlage.

Frage: Entsteht durch die Unterhaltung Schulenburg eine konkrete Anzeigepflicht? Entsteht sie durch die Besprechung zu 8 erneut? Denn von diesen beiden Besprechungen wusste die Polizei und die Abwehr nichts. Was sie wusste, war nur, dass sich Goerdeler und Beck mit Umsturzplänen trügen. Sie wusste also lediglich das, was mich zu der Vermutung veranlasste und meine Attacke hervorrief, der aber kein Echo folgte.

Aus all diesen Erwägungen sehe ich jedenfalls eines: Jeder Tag, den wir gewinnen können, um über diese Dinge nachzudenken, ist unendlich viel wert, denn es wimmelt von Komplikationen, die bedacht werden müssen; im Grunde sind wir eben noch lange nicht fertig. Es ist seit dem 22. oder 23. 10., als ich anfing, die allerersten Argumente für eine denkbare Verteidigung zu ahnen, doch kaum eine Woche vergangen, in der mir nicht irgendetwas Neues eingefallen wäre. Wenn nur der Hercher besser wäre! Aber das wichtigste ist schließlich, dass er menschlich in Ordnung ist und einem nicht in den Rücken fällt.

Gute Nacht, mein Herz, jetzt jükkelst Du hoffentlich schon auf der Strecke Liegnitz–Kreisau. Ich höre für heute auf. Schlaf wohl, und der Herr behüte Dich und uns. J.

1 Theodor Haubach. *2* Wilhelm Leuschner. *3* Carl Friedrich Goerdeler war von 1930 bis 1937 Oberbürgermeister von Leipzig. *4* Die Kreisauer entschlossen sich erst zur Anzeige, nachdem sie wussten, dass der Fall der Gestapo bekannt war.

Helmuth James an Freya, 24./25. Dezember 1944

Tegel, den 24. 12. 44.

Mein Lieber, ein Wort muss ich mit meinem Liebsten auf dem Papier reden, ehe die Kerzen gelöscht werden müssen. Es wird wohl 6 Uhr sein, und meine Gedanken, die Dich schon den ganzen Tag begleiten, suchen Dich seit einer halben Stunde beim Singen, Lesen und Bescheren. Mein Herz, von Dir kam, soeben erst geöffnet, Krippe, Strahlenkranz und Liederbüchlein. Die Krippe, die Du wirklich prächtig erdacht hast, steht auf meinem Tisch und sieht auf mich herab, den Stern mit Strahlenkranz habe ich so an die Tischkante gehängt, dass ich ihn stracks anschaue, wenn ich liege, und das Büchelchen habe ich zu etwa zwei Dritteln beim Schein der hinter mir stehenden großen Kerze gelesen, die mir auch zu diesem Brief leuchtet, während die Weihnachtskerze am Zweig über der Tür brennt. – Ich liege ja seit gestern fest im Bett bis Mittwoch, in der Hoffnung, dass mein Bein das gerne haben wird. – Heute Mittag habe ich der Weihnachtsfeier zugehört, die Poelchau sehr nett gemacht hat. – Mein Herz, ich höre jetzt auf, denn ich will die Kerzen löschen und das Licht wieder anmachen und damit das Weihnachtsfest beenden, das wahrscheinlich mein letztes ist. Ich bin nicht traurig, nein, dankbar bin ich, dass ich es noch ein Mal erleben durfte, denn gerade das Gefühl, dass es wohl mein letztes ist, macht mir das Geschenk dieses Tages doppelt groß und doppelt froh. – Alle meine Gedanken sind bei Dir, mein Lieber, und erbitten Gottes Segen für uns. J.

25. 12. 44.

... Gestern Abend und in der Nacht habe ich den Propheten Jesaja ganz gelesen, und zwar zum ersten Mal in meinem Leben so in einem Niedersitzen. Eines ist ganz klar, nämlich dass man es tun und immer wieder tun muss, denn bei dem stückweisen Lesen verliert man zu viel von dem Zusammenhang. Es ist aber eine sehr schwere Lektüre, sehr viel schwerer als selbst das Johannes-Evangelium oder die paulinischen Briefe. Ich glaube aber, dass es noch größer, noch gewaltiger ist. Du wirst staunen, dass ich das sage. Aber ist nicht der, der nicht sieht und auch weiß, dass er keine menschlich fassbare Bestätigung bekommen wird, größer als der, der verkündet, was er gesehen oder in objektiver Form erfahren hat? Die vollkommene Gewissheit des in keiner Weise offenbarten Erlösers, die Jesaja erfüllt, ihn in aller Anfeindung sicher macht, die den Jeremia nicht verlässt, da er in die Schlangengrube geworfen wird, die Hiob beseelt, ist sie nicht stärker, gewaltiger als das, was nach der Geburt des Heilands kommt, eben weil es sich nicht auf irgendwelche Daten, sondern nur auf viele hundert Jahre zurückliegende Verheißungen stützt. Man wird ja traurig, wenn man sieht, was damals Menschen gegeben ward und wie schwer wir schon um viel simplere Dinge ringen müssen. – Ich will nun heute Nacht das Johannes-Evangelium lesen und will sehen, dass ich in ein paar Tagen den Jesaja noch ein Mal lese. Man müsste ihn 50 Mal lesen, dann würde man anfangen, ihn zu verstehen. Das Schöne, für mich, gerade am Jesaja, aber auch am Jeremia ist, dass nichts Außergewöhnliches passiert, wie bei Elias und Elisa, David und Jona u.s.w. Das sind alles ganz prosaische, unpathetische Geschichten. – Je mehr ich in diesen Monaten gelesen habe, umso fester hat sich in mir die Überzeugung verankert, dass das «Neue Testament und Psalmen» eine Missgeburt[1] ist. Man sollte es niemandem ersparen, das A. T. zu kennen. Und so unglaublich schwer das A. T. für uns ist, so glaube ich doch, dass es für demütige Herzen viel leichter ist als für uns und sicher leichter, als wir glauben. …

Damit, mein Herz, sind wir wieder bei der alten Weisheit. Und dann kann ich nur noch darum bitten, dass ich wirklich, ‹ich lebe oder sterbe› des Herrn sei. J.

1 Im Dritten Reich geläufige Ausgabe der Bibel ohne Altes Testament.

Helmuth James an Freya, ohne Datum, Dezember 1944

Mein Herz, das ist zwar nicht gelungen, aber ich wollte doch, dass Du wüsstest, wie es hier aussieht, ehe ich ausziehe. Da Du die Gegenstände sicherlich erkennen wirst, so sage ich Dir: Der Kreis ist die Lampe; darunter hängt Dein Stern, genau in Augenhöhe, darunter steht Deine Krippe und rechts davon Dein Engel, rechts davon das Gesangbuch, links von der Kerze das Tintenfass und ganz links die Bibel aufgeschlagen. – Trotz aller Stümperhaftigkeit bin ich zufrieden mit der Skizze und mache keinen zweiten Versuch, denn ich bin sicher,

dass Deine liebenden Augen erkennen werden, dass es «zellig» ist und dennoch lieb und nicht verlassen. Und das gerade wollte ich vermitteln. Dass der Tisch schiefe und ungerade Beine hat u. s. w. u. s. w. musst Du dafür in Kauf nehmen. Der Stern hängt genau in Augenhöhe beim Sitzen, und ihn schaue ich ganz unverwandt an, wenn es nötig ist. Er ist dabei ein sehr wichtiges Requisit.

Freya an Helmuth James, 24./25. Dezember 1944

Kreisau d. 24. 12. 44

Mein Lieber, der Tag ist zu Ende. Tausend mal sind meine Gedanken zu Dir geflogen und immer haben sie Dich gefunden. Hoffentlich war es so, wie ich hoffte, dass Du ruhig und zufrieden und geborgen warst, wie es mein Herzenswunsch war. Ach, mein Jäm, es war kein schwerer Tag, denn ich fühlte Dich uns so nahe, so nahe, dass es noch nicht einmal wehmütig war. Es war ein glücklicher Tag, weil ich immer und ständig voller Dankbarkeit war, dass Du noch da bist und mit uns so verbunden lebst, voller Dankbarkeit für – Du weißt ja, was alles! Glücklich aber auch im Anblick der 2 beseligten Jungen. Das war das einzig wirklich Traurige, dass ich es genoss und Du den lieben Anblick nicht haben konntest. Es war ganz und gar ein Tag der Beiden, und ich bin nun am Abend froh, zur friedlichen Besinnung zu kommen, und werde wohl das alles nicht mehr genau berichten, was ich Dir haargenau erzählen möchte: Das bleibt für morgen. Der Tag soll uns nicht zu Ende gehen, ohne ein Wort der Liebe an Dich, mein geliebtes Herz, geschrieben zu haben. Sicher haben Deine liebenden Gedanken mich davor bewahrt, diesen Abend in verhetztem Zustand zu begehen. Ich bin ganz schön mit allem fertig geworden, habe die beiden Nächte allerdings zum Teil dazugenommen, hatte aber dadurch heute einen ganz friedlichen Tag mit vielen Gedanken an Dich. Jetzt will ich die noch weiterspinnen und Dein liebes Geschenk und das der Freunde mit ins Bett nehmen und noch ein wenig feiern. … – Nun ist der 25. Es ist kurz nach 7. Ich bin eine halbe Stunde erst wach und habe sie schön verbracht, habe Dein Geschenk genossen, an Dich gedacht, an alle Freunde, habe unsere 3 Kapitel gelesen und mich Dir nahe gefühlt. Viel und gut habe ich geschlafen. Ausnahmsweise schlafen beide Jungen noch ihre glückliche Erschöpfung aus. Mein Herz, ich erzähle Dir zuerst mal von gestern: Ich musste am Vormittag die Geschenke in dem Hof herumtragen, dazu nahm ich beide Söhnchen mit. Die Sonne strahlte über einen sehr kalten Morgen und es war unheimlich glatt. Beide Knaben sind nicht nur wohl, sondern sehen auch richtig blühend aus. Die November-Krise ist vorüber, der scharfe Frost und Sonne bekommt ihnen gut. Konrädchen, von Mutz[1] und mir – sie kam in der Nacht meiner Ankunft, ich schrieb es über den VGH. – schon etwas scharf herangenommen, stampfte mutig durch die Gegend, C.chen kegelte, lief, hüpfte, beide mit ihren rotberänderten Zipfelmützen und Konrad jetzt schon in Deinem Mantel mit Futter drin. C.chen verließ uns schon beim Schloss auf der Peile,[2] wo es ja auch sehr anziehend war. Ich zog dann mit Konrad alleine weiter. Ich habe dieses Jahr dem Zimmer und dem Kaiser je ein Paar Stiefel von Papi geschenkt, ebenso Störcher, und alle 3 waren einfach selig. Auch das Resultat der Bescherung bei Schwester sammelte ich ein und fand richtige Freude darüber vor, was ich garnicht erwartet hatte. Vor allem redete ich aber überall über Dich, lange und ausführlich und überall Deine Grüße verteilend, und überall fand ich herzliches Echo, Mitleid, Sorge, Empörung in verschiedenen Graden, überall aber viel Anhänglichkeit an Dich, und das so spontan, dass ich dran glaube und es Dir weitergebe ohne Verschönerungen, ganz objektiv. Du weißt, dass ich von jeher skeptisch über die Anhänglichkeit der «Leute» gewesen bin. Ich muss aber sagen, dass ich ein natürliches, nicht herrschaftliches, sondern nachbarliches Freundschaftsgefühl empfunden habe, das mich für uns, aber vor allem auch für Dich sehr freut. Ich habe ruhig gesagt, das ich mir sehr Sorgen um Deine Zukunft mache, und habe auch auf Erwin verwiesen, der auch nicht viel gemacht hätte, der nämlich überall hier sehr populär war. So war ich gut beschäftigt, mein Herz. … Nach Tisch schliefen die Kinder, C.chen freiwillig auch, schon um die Zeit, die schreckliche Zeit, zu erschlagen! So schliefen sie beide wie die Säckchen, und Mutz und ich hatten schwer zu tun. Dass alle meine Gedanken nach 2 bei Dir waren, während ich den Baum schmückte, das weißt Du. Ach, mein Herz! Ich stellte es mir so deutlich vor! Mein liebes Herz. Wir haben einen ganz wunderhübschen Baum. Könntest Du ihn sehen! Er ist zierlich, geht, nachdem wir ihn noch mit Büchern etwas erhöht haben, bis zur Spitze des Spiegels, ist ganz, ganz ebenmäßig gebaut, ganz und ganz schlank, ganz voll, ganz reizend ist er. In ihm hängen nun außer dem Lametta und weißen Kerzen eine ganze Menge von den kleinsten rotwangigen Äpfeln, die Du, mein Herz, jetzt immer isst. Das sieht wunderhübsch aus und ist so recht aus Kreisau. … Am Abend vorher hatte mich die Verzweifelung gepackt, dass Deine alte Eisenbahn eben doch nur noch ein Wrack ist, trotz aller Reparaturen, aber wir haben sie dann ganz nebensächlich aufgebaut, und natürlich erwies es sich dann, dass es auch schon herrlich ist, dass die Lokomotive ohne Wagen rückwärts zeitweise fahren kann. Die Wagen werden eben geschoben, aber das kommt erst gleich. ... Wir feierten aber sehr schön und sehr andächtig. Erst sangen wir «Ihr Kinderlein ...»[3] Das war besonders schön, weil ganz wider mein Erwarten und ganz nach Deinem: Konrad schon die 1. Strophe ganz schön richtig und voller Begeisterung mitsang. Beide Jungen saßen auf dem Kölner Bänkchen in weißen Blusen und mit Schlipsen – auch K. bestand darauf. Zwischen ihnen und mir war der brennende Adventskranz. Da saßen sie nebeneinander und sangen: C.chen laut und wie ein Junge, K. ein bisschen hinterher, aber voller Begeisterung. Es war ein so lieber Anblick, und mir drehte sich nun das Herz deshalb herum, weil ich ihn Dir, Dir, Dir, mein Herz, so sehr gegönnt hätte. Es sind wirklich so liebe kleine Jungen! Dann las Ulla, Du weißt, wie schön, und K. kam auf meinen Schoß. Dann sangen wir «Stille Nacht» und C.chen sagte völlig ungeniert und ganz flüssig und mit liebenswürdigem Gesicht – am liebsten hätte er die Hände in den Taschen gehabt – «Brich an Du schönes Morgenlicht» auf. Dann sangen wir «Oh du fröhliche», und ich verließ sie, während sie noch einmal die «Kinderlein» und «Vom Himmel hoch» sangen. Dann ging die Türe auf und das Glück begann. ...

Mein Herz war still und dankbar und blieb es, nahe an Deinem. Wir haben allen Grund dazu. Ich las Dein Geschenk, ich las den schönen Spruch und Bild der Freunde. Wie lieb von ihnen, dass sie es erst bei Dir hatten. Ja, es ist eigentlich Dein Spruch, aber deshalb gerade auch meiner. Gerade das macht mich ja so glücklich, dass Dein Spruch auch meiner sein kann. Nun sammele ich aber ohne Dich den äußeren Reichtum von Kreisau dazu, und ich möchte Dir die Liebe und Heimatlichkeit, den Weihnachtsglanz so gerne vermitteln, dieses alles, was schon unsere vergangenen Jahre so schön gemacht hat, und da bin ich traurig, dass Du in Deiner Zelle es nicht sehen kannst, sonst bin ich nur dankbar. – Jetzt, mein Herz, ziehe ich mich an und schreibe weiter, sobald es geht, denn es ist noch viel zu erzählen, was Dich freut, aber das Wichtigste ist wenigstens gesagt. – Es ist bald 12, und da wollen Carl Viggos kommen und schon um ½2 wieder wegfahren. Sie sollen diesen Brief dann befördern. Ich habe aufgeräumt, gefrühstückt, mit C.chen gespielt und Ulla besucht. Dort haben wir lange über Dich, Mami und unseren Glauben gesprochen, nachdem ich ihr Deinen Brief vorlesen durfte, der sie offenbar sehr beglückt hat. Es ist auch, mein Herz, ein sehr schöner Brief. Es steht alles drin, es ist ein schönes, klares Bild von Dir in Deiner schweren Lage und wie gut Du doch geborgen bist. Ulla hatte ihn schon 2 × gelesen. Ich habe ihn ihr erst gestern gegeben. – Ich muss Dir noch von C.chen erzählen: der 1. Jubelschrei über die Eisenbahn! Und dann gleich «die kann man ja hemmen»! (Man kann auch fast nichts anderes mit der Lok. machen). Dann heute, als er gefragt wurde, was am schönsten sei: «Die Eisenbahn!» Sie ist unerreicht! «Die Waggons fahren besser als die Lok.» Das sind Aussprüche, aus denen Du die objektive Qualität des Geschenkes ermessen kannst. Aber er sitzt den ganzen Tag auf dem Boden und arbeitet an seinen Schienen und fuhrwerkt mit den alten Wägelchen, auf die der Stellmacher neue Dächer gemacht hat. – So, jetzt ist Carl Viggo da, und wir haben sehr gut gegessen, und ich habe alle auf Dein Wohl trinken lassen. Das nutzt ja nichts, aber kein Sekündchen dürfen sie alle vergessen, dass Du hier bist, hier hingehörst, hier entscheidest und hier bleibst: Du und was Du vertrittst. Da saßen wir, Deine Söhnchen und ich, und Du warst ganz fest bei uns! Jetzt höre ich auf, und bald schreibe ich den nächsten Brief über Schwester und alles Andere.

Voller zärtlicher Liebe bin und bleibe ich Dein P.

1 Maria Schanda. *2* Ein Flüsschen. *3* Auslassungszeichen im Original.

Helmuth James an Freya, 27./28. Dezember 1944

Tegel, den 27. 12. 44.

... Mein Lieber, ich habe die Tage im Bett vielleicht noch mehr an Dich und Deine Söhnchen gedacht als sonst, weil ich eben manchmal lange Zeit nichtstuend gelegen habe, was ich sonst nicht tue. So habe ich Euch verfolgt, mir überlegt, ob Dein Bett oder das Weihnachtszimmer am 25. früh für die Söhnchen die größere Anziehungskraft hatte, ob Ihr wohl draußen wart, ob Ihr schönes Winterwetter hattet u.s.w. So war ich ständig lieb beschäftigt. Nun bin ich auf Nachrichten sehr gespannt.

Ich habe dann den Weg überdacht, den Gottes Gnade uns vom 28.9. an geführt hat. Die vielen Beweise seiner Gegenwart, seiner Fürsorge, seine Liebe, die er uns hat spüren lassen; wie er uns gezeigt hat, dass er uns auch in dem Unglück meines Todes, auch in der Betrachtung dieses Unglücks halten und tragen kann, wie er durch eine Fülle von einzelnen kleinen «Zufällen» es uns ermöglicht hat, aus dem vollkommen hoffnungslos verlorenen Tatbestand ganz allmählich eine Verteidigung aufzubauen, die, wenn ich die an sich richtige Behauptung, dass alle Nachrichten von Polizei und Abwehr stammten, aufrecht erhalten und glaubhaft machen kann, zum ersten Mal selbst menschlich gesprochen eine Chance bietet. Das alles ist ein Wunder, und wir müssen es dankbar annehmen. Wenn ich nur die beiden wildgewordenen Theologen[1] nicht hätte, die mir immer einreden wollen, sie hätten dem lieben Gott in die Karten geguckt und wüssten daher, wie das Spiel ausgeht. Sonst sind sie mir sehr lieb, aber in der Beziehung unerträglich. …

Mein Herz, wir müssen ja damit rechnen, dass wir nur noch bis zum 6. Zeit haben, und da die Woche mit dem 2. beginnt, hast Du sehr wenig Zeit, Deine vielen Aufträge unterzubringen. Vielleicht bekommen wir mehr Zeit, aber zunächst wissen wir es nicht. Da scheint mir nun das Wichtigste Felix und die genaue Argumentation zu sein, dann auch Haus;[2] alles Andere kommt erst in ziemlich weitem Abstand, wenn ich auch die Schriften von Freisler gerne hätte, aber mit Auswahl; nur das, was in etwa einschlägig ist. Sieh mal zu, wie Du das alles ineinander dividieren kannst. Das beste wäre schon, Herr Thiele bzw. sein Chef würden noch einige Zeit an dem Termin schieben. Ob mein Ischias ein Argument ist?

Weißt Du, worüber ich u. a. besonders glücklich bin? Dass jetzt die Sonne scheint und ich nachmittags immer so ein bis 2 Stunden ohne elektrisches Licht sitzen kann. Dieses ewige, schlechte elektrische Licht ist nämlich grässlich, zumal es nachts auch brennt. Am 21.12 habe ich mir den Sonnenstand um 3 nachmittags eingezeichnet und sehe mit Freuden, dass die Sonne schon erkennbar unter dem Strich bleibt, also höher steht. …

28. 12. 44.

… Es gibt nichts Neues, mein Herz, außer dass ich Dich sehr lieb habe; das ist nämlich alle Tage neu. Vor allem bin ich gespannt auf Nachrichten von zu Hause. Weißt Du, heute vor einem Jahr bin ich zum letzten Mal zu Hause weggefahren. Oder war es am 27.? Wir fuhren um 3 in die Stadt und gingen zu Schönchen, die gerade wieder zum Leben zurückkehrte, und dann zum Tee zu Landrats und von da nach Breslau, wo wir einen Blick auf C'chen taten, und dann fuhr ich ab. Ich habe im Augenblick eine mir selbst nicht geheuere Zuversicht, dass ich diesen Weg eines Tages wieder zurückfinden werde, und warte nur auf einen tüchtigen Dämpfer. Es ist so schwer, in dem richtigen Gleichgewicht zu bleiben; dazu müsste man den ganzen Tag beten, und dann ist es auch eine Frage der Gnade. Hilf auch Du mir, mein Lieber, ich habe es bitter nötig. J. …

1 Gemeint sind Alfred Delp und Eugen Gerstenmaier. *2* Helmuth hatte Sorge, dass Bürkner zu seiner, Helmuths, Verteidigung befragt werden und «blödsinnige» Aussagen machen könnte. Er wünschte daher, dass sein früherer Mitarbeiter Haus als Jurist zugezogen und vorher gut instruiert würde. Siehe *Abschiedsbriefe*, 2011, S. 408.

Helmuth James an Freya, 28. Dezember 1944

Tegel, den 28. 12. 44.

Mein Lieber, infolge der vielen Briefe, Schriftsätze und Entwürfe, die ich meist in mehreren Ausfertigungen herstellen muss, kurz infolge der großen Produktion des Dezember, geht mein Block wieder zu Ende, und ich muss sparen, bis ich von Dir wieder einen neuen bekomme. Darum bekommst Du heute diesen halben Bogen. – Heute kam Dein herrlicher Brief über den 24ten. Das hat mich alles sehr beglückt, besonders natürlich die Beschreibung über die Söhnchen. Ich bin so froh, dass Du offenbar keine neuen Sorgen in Kreisau vorfandest, dass vor allem alles gesund war. Jetzt geht es ja bergauf und Krankheiten sind nicht so eklich. Nett, dass Mutz da war. Ihr wäret sonst arg wenig gewesen, und sie ist doch eine Hilfe. Aber den V. G. H.-Brief habe ich nicht bekommen, überhaupt keinen seit dem 22.11. Du musst ihnen sagen, dass ich Dich bei der Sprechstunde gefragt hätte, warum Du nie mehr schriebest, sonst ist das womöglich eine Falle, obwohl ich daran bei der Justiz nicht recht glaube. Dabei fällt mir ein – obwohl das nicht hierhin gehört –, wie angenehm es ist, in einem Justizgefängnis zu sein. Die Atmosphäre atmet eben doch noch einen Rest von Recht, und man hat nicht das beängstigende Gefühl, überall könnten Fallen, Spitzel, Abhörapparate sein, plötzliche Vernehmungen zu unmöglichen Nachtzeiten u. s. w. Ich habe es in Ravensbrück doch wahrlich gut gehabt, aber ich bin lieber hier und wäre auch ohne P. lieber hier.

... Ich freue mich auch, dass alles wieder nett üppig war. Wie mag Weihnachten 45 werden? Mal hat der Ausverkauf ja ein Ende. Allerdings werden auch relativ schäbige Geschenke mit der fortschreitenden Verelendung immer kostbarer, und Dein ganzer Koffer alter Schuhe kann nächstes Jahr eine Goldgrube sein. – Auch dass Du mit Ulla eingehend gesprochen hast, ist mir sehr lieb und wichtig, und ich bin gespannt zu hören, was sie meint. – Ist Carl Viggo noch oder schon wieder da? Ich dachte, er sei am 20.11. wieder an die Front gegangen.

Ein merkwürdiges Jahr geht für mich zu Ende. Ich habe es eigentlich vor allem unter Leuten verbracht, die für einen gewaltsamen Tod präpariert wurden, und viele von denen haben ihn inzwischen erlitten: Kiep, Frl. v. Thadden, Langbehn, Hassell, Peter, Schwerin, Schulenburg, Popitz (?),[1] Maaß, Leuschner, Wirmer und sicherlich 10 oder 11 K. Z.-Häftlinge. Mit all diesen Leuten habe ich doch in einem Hause gelebt, an ihrem Schicksal teilgenommen, gelauscht, wenn sie zu Verhören weggeholt wurden oder wenn sie ganz weggebracht wurden, fast mit allen über ihre Angelegenheit gesprochen und gesehen, wie sie mit allem fertig wurden. Und hier in Tegel sind auch schon, glaube ich, etwa 10 aus meiner Gruppe hingerichtet worden. Der Tod ist so ein Begleiter des ganzen Jahres geworden. Und wenn mich am Anfang die Aufforderung an «Emil» zu einem «Spaziergang ums Lager» riesig aufregte, so sind eben diese gewaltsamen Tötungen so zum Alltag geworden, dass ich das Verschwinden einzelner Männer traurig, aber doch wie ein Naturereignis hinnahm. Und nun, sage ich mir, bin ich dran. Kann ich es bei mir auch wie ein Naturereignis hinnehmen? In der Verfassung kam ich her; eigentlich war mir nur der Umweg über den V. G. H. lästig, und hätte mir jemand gesagt, Todesurteile können auf Antrag des Angeklagten auch durch Strafbefehl verhängt und dann gleich vollstreckt werden, so hätte ich Ende September den Antrag gestellt. So sehr war ich in der Atmosphäre befangen, dass man über das Hingerichtetsterben nur keinen «fuss»[2] machen dürfe. Und wo bin ich jetzt? Die Landschaft ist einfach nicht wiederzuerkennen. Jetzt will ich ganz definitiv nicht sterben, darüber ist garkein Zweifel. Das ständige Arbeiten an den Argumenten, mit denen das zu vermeiden sei, hat in mir den Willen, um diese Sache herumzukommen, ganz mächtig angeregt. …

So endet das Jahr, das ich in unmittelbarer und ganz vertrauter, ich möchte sagen vertraulicher Nachbarschaft mit dem Tode verbracht habe, in einem Widerstandswillen, der viel entschlossener ist, als er es auch nur am 19. Januar war, oder vielmehr am 24. 1.[3] …

Ich denke jetzt manchmal – was ich seit Monaten nicht getan habe – darüber nach, wie alles wäre, wenn ich am Leben bliebe, und wundere mich, ob ich das wohl alles wieder vergessen würde oder ob man aus dieser Zeit doch ein reales Verhältnis zum Tod und damit zur Ewigkeit behält. Ich komme zu dem Ergebnis, dass auch das Fleisch und Blut alles daransetzen würden, diese Erkenntnis wieder zu verdrängen, sodass ein ständiger Kampf nötig wäre, um die Früchte dieser Zeit zu retten. Wir sind eben ein jämmerliches Geschlecht, darüber ist kein Zweifel, nur wissen wir es meist gar nicht, wie jämmerlich wir sind. Jetzt weiß ich auch, warum Paulus und Jesaja, Jeremia und David und Salomo, Moses und die Evangelisten nie veralten: sie waren eben nicht so jämmerlich; sie hatten ein Format, das für uns unerreichbar ist, auch durch Menschen wie Goethe, ja selbst wie Luther nicht erreichbar. Was diese Männer erlebt und erfahren haben, das werden wir nie ganz verstehen. … Gute Nacht, mein Herz, der Herr behüte Dich und uns. J.

1 Johannes Popitz wurde erst am 2. Februar 1945 in Plötzensee hingerichtet. *2* «Kein Aufheben machen». *3* Seit dem 19. Januar 1944 im Gestapo-Gefängnis in der Prinz-Albrecht-Straße inhaftiert, war Helmuth an diesem Tag ersten langwierigen Verhören ausgesetzt. Siehe *Im Land der Gottlosen*, S. 57.

Freya an Helmuth James, 26./29. Dezember 1944

Kreisau Dienstag Abend,
Weihnachten

Mein liebes Herz, nun geht Weihnachten zu Ende. Wie mag es bei Dir gewesen sein! Ich weiß so genau, wie ich es für Dich wünschte. Ob Du bis heute früh wirklich im Bett geblieben bist, ob es still, friedlich, dankbar, weihnachtlich in Dir war, ob Du uns und unserem friedlichen Trubel mit Deinen Gedanken nahe gewesen bist! ... Ganz abgesehen von unserem persönlichen Schicksal, habe ich oft in diesen Tagen mit Entsetzen den Unterschied zwischen dem schrecklichen Krieg im Westen und der mit Weihnachtenfeiern beschäftigten Stimmung bei uns bedacht. Hier ist es so vollkommen friedlich – noch! Es waren zwei für Kinderherzen ideale Weihnachtstage. So fand auch Konrädchen, als er gestern Abend müde und zufrieden von sich gab: «Es war ein schöner Tag heute früh»! Beide Tage voller Sonne und Kälte und abends voller spielender Kinder. Dem konnte sich auch Romai nicht entziehen. ... Mit ihren Kindern ist sie, glaube ich, recht zufrieden im Schloss, obwohl es technisch für sie da oben wirklich nicht leicht ist.[1] ... Wenn man aber dort heraufkommt und sieht die Bilder dieses lebendigen, lebensvollen, beweglichen und zur Aktion bereiten Mannes überall an der Wand hängen mit einem Tannenzweig dahinter, dann steigt einem Wut, Kummer und Schmerz immer wieder in die Höhe, ja auch Wut – eine seltene Regung bei mir, die sicher falsch ist. Ach, mein Jäm, und was steht Dir, was uns bevor! Dazu kann man nur eines sagen und das wissen wir! ...

Freitag ... Mein Lieber, nun bin ich wieder da! Wie mag es Dir, mein Herz gegangen sein. In mir war es all die Tage allzu unbesorgt. Das habe ich nicht gerne. Ich habe an Deinen Tod garnicht gedacht; ich war nicht imstande, ihn zu fassen, ich hatte in mir eine kaum bis zum Bewusstsein stoßende Sicherheit, dass Du leben wirst; es war nicht bewusstes Hoffen, keineswegs, aber diese merkwürdige Sicherheit. Denke nicht, dass ich an sie glaube, im Gegenteil, ich fürchte sie, aber die ganzen Weihnachtstage war sie vorhanden. Es fehlt dann das so wichtige Wachen; die innere Wachheit ist mir selbst so wichtig, und sie gelingt mir in Kr. nicht so gut, wie ich es richtig und angenehm finde. ... – Das Schwein zu schlachten gelang mir nicht, denn zwischen Weihnachten und Neujahr hat der Fleischer mit sich selbst zu tun. Er ist von jetzt an bestellt bis zum 19. 1. Zu dem Termin habe ich ihn nun anberaumt. Im Notfall kann ich es auch plötzlich umbringen lassen und kann es auch ohne mich sterben. Es war anders nicht zu machen. Es wiegt schon 4 Ztr. und alle anderen haben schon geschlachtet, aber haushaltstechnisch bin ich garnicht eilig. ...

Marion geht es gut. Das ist wirklich schön und sehr erfreulich zu erleben, weil es nicht Haltung, sondern Inhalt ist; Haltung ist es bei Romai. Und Marion ist auch nicht sie selbst, sondern sie ist in sehr viel besseren Händen. Sie ist viel mehr Gefäß, und das ist sehr schön. Sie ist so garnicht zerstört, und dadurch ist die Kontinuität so gesichert. Nirgends ist ein Bruch. Das ist ein Wunder!

So, mein Herz, bald kann ich aufbrechen. Jetzt stricke ich noch einen Daumen zu meinen Handschuhen. Ich habe nämlich keine Wollhandschuhe mehr. Die sind alle kaputt.

Ich umarme Dich zärtlich. Gott behüte Dich weiter! Das ist mein größter Wunsch! P.

1 Rosemarie Reichwein wohnte nach der Zerstörung ihrer Berliner Wohnung seit August 1943 mit ihren vier Kindern im Schloss Kreisau und ab Frühjahr 1945 mit den Moltkes im Berghaus.

Helmuth James an Freya, 29./30. Dezember 1944

Tegel, den 29. 12. 44.

Mein Lieber, es ist zwar garnicht meine Schreibezeit, aber ich bin so zufrieden über Deine ausführlichen Nachrichten und über Deinen Besuch und die Schätze, die Du mir wieder geschickt hast, und die Zelle ist dank des klaren Wintertages hell, sodass ich kein Licht brauche, und das Fenster ist offen, weil es so milde draußen ist, dass ich mir das leisten kann, und ich muss die neuen Federn ausprobieren, und Krippe, Stern und Engel schauen so ermunternd zu – Du wirst zugeben, dass das zwingende Gründe sind, Dir zu schreiben, obwohl ich eben erst, nach dem Essen, mit dem Wegpacken Deiner Schätze fertig bin. Mein liebes Herz, was immer mich «drüben» erwarten mag, ich bin doch sehr dankbar, diese Tage und damit Euer ganzes Weihnachten noch miterlebt zu haben. Das ist ein großer Schatz, den ich im Schatzhause verwahre. Ich habe hier so schön Zeit, mich ganz bewusst zu freuen, während ich mich draußen zwar auch freute, aber zugleich doch immer etwas anderes zu tun hatte. – So, heute Abend geht es weiter.

30. 12. 44.

Abendliche Ruhe ist eingezogen, und da ich morgen auf eine Transportmöglichkeit hoffe, so will ich jetzt in Frieden schreiben. ...

Ich freue mich, dass das Schwein so fett ist, jedenfalls so schwer. Der 19. ist natürlich ein riskanter Tag, aber das ist schließlich ab 8. jeder, und es ist besser einer, der am Schluss der Woche liegt, wie der 19., da Du am Donnerstag, wenn ich nicht abgeholt bin, getrost abreisen kannst, da dann vor Montag nichts ist, während Anfang der Woche immer Überraschungen möglich sind. Nun, zunächst müssen wir mal abwarten. Das Wettrennen zwischen dem Schwein und mir ist also noch nicht, wie ich annahm, zu Gunsten (?) des Schweins entschieden. Das ist über den Tod wahrscheinlich genau meiner Meinung: dass 4 Ctr. noch kein zureichender Grund ist. ...

Ich schicke den Haftbefehl mit.[1] Für mich habe ich eine Abschrift gemacht, dachte aber, dass Dir das Original, auch wenn es keinen Stempel hat, u. U. nützlich sein könnte. Du musst es nur sicher aufbewahren, denn das segelt an sich als «Geheime Reichssache» – g. Rs. beim Aktenzeichen – unter dem höchsten Geheimschutz, den die zivilen Behörden kennen. ...

Nun berichte ich zunächst, dass ich gestern den Arzt sprechen wollte und ihm hatte sagen lassen, ich wollte von ihm vor allem ein Attest haben, damit ich bei der Verhandlung sitzen könnte, denn Stehen wäre ganz ausgeschlossen. ... – Mein Zustand ist so, dass ich im Sitzen nichts und im Liegen fast nichts verspüre, die Schmerzen überhaupt ganz geringfügig sind, das Gehen und Stehen aber einfach nicht geht. Nach 3 Runden, das sind wohl 100 m, muss ich mich eben setzen. – Es wäre zu überlegen, ob man das benutzen kann, um eine Verschiebung oder späte Ansetzung des Termin's zu erreichen. ...

– Mein Herz, ich habe das Gefühl, dass ich Dir die Sachen in den letzten zwei Briefen zu rosig geschildert habe. Ich will das auf alle Fälle korrigieren. Wenn man mich heute fragte, wie ich den Prozess beurteile, so würde ich ohne Einschränkung sagen: Todesurteil. Nicht wahr, dabei müssen wir bleiben. Aber ich gebe zu, dass ich rein menschlich gesehen die Chancen heute höher als 1 % schätze, nicht viel höher, aber doch höher. Dabei gehe ich allerdings davon aus, dass Steltzer's Aussagen sich so deuten lassen, dass ich da rauskomme und dass es keine mir noch unbekannten Haken gibt, etwa durch Husen, dadurch, dass König gefangen wird, oder Ähnliches. Ich arbeite jetzt eben hauptsächlich an dem Goerdeler-Komplex, weil Hercher den für den schlimmsten hält, aber wenn ich da das Gefühl habe, dass wenigstens Hercher Licht sieht, dann muss ich mich wieder den Kreisauer Sachen zuwenden, denn da halte ich persönlich die Gefahr des Defaitismus für das schwerste. Deswegen ist aber Zeit wichtig und jeder Tag, den wir gewinnen, kostbar. Deswegen müssen wir wenigstens einen Versuch machen, aus meinem Ischias Kapital zu schlagen. Kommen wir nämlich von der Liste der relativ dringlichen Sachen herunter, dann haben wir sicherlich wieder 1 Monat bis 6 Wochen gewonnen. – Da Du ja gestern und heute sicher nichts machen konntest, es sei denn, dass Du mit Haus gesprochen hast, so steht Dir eine tolle Woche bevor, vor allem wenn wir gleich Anfang der übernächsten Woche drankommen sollten.

Mein liebes Herz, morgen schreibe ich wieder, und ich feiere mit dem alten Zweig und dem Kerzenrest auch morgen um ½6 Silvester, sprich Jahresschluss plus Nachweihnacht. Und dann fängt das neue Jahr an. – Ich schreibe morgen, ich will nicht jetzt an den ganz anders ausgefallenen Brief noch neue Gedanken, d. h. alte, anhängen. Die können für morgen bleiben.

Gute Nacht, mein Herz, schlafe gut. Der Herr behüte Dich und uns, er, dem wir schon so viel Dank schulden. J.

Es kam Dein V. G. H.-Brief vom 7. 12.

1 Siehe Anhang, S. 331 f.

Freya an Helmuth James, 30./31. Dezember 1944

Samstag Abend.

Mein liebes Herz, ich sitze bei den Freunden. Sie schreiben auch rechts und links von mir am runden Tisch, an dem wir damals zusammen gevespert haben. Ich sitze auf dem Söfchen unter der Lampe auf meinem Stammplatz. … Mein Herz, ich habe keine Ahnung von Jeremia, von Jesajas, von Hesekiel und Jona! Du wirst sie mir aber mit der Zeit verschaffen. Es hat mir ziemlichen Eindruck gemacht, dass Du diese Männer für *so* bedeutend hältst. Ist die Weisheit nicht nur deshalb so zeitlos, weil die menschlichen Nöte, Bedrückungen, Sorgen und Qualen im Grunde immer gleich bleiben und diese Männer den Weg gefunden haben, ihrer Herr zu werden, und dieser Weg auch ganz gleichgeblieben ist? Aber ich kann und darf das nicht beurteilen und höre es mir einstweilen mit Staunen an. …

Mein Lieber, es stimmt, was Du vom vorjährigen 28. 12. sagtest. Nur hast Du vergessen, dass wir noch zu Asta schlafen gingen und in Wends großem Bett zusammen schliefen und Du erst am nächsten Morgen abfuhrst. Ich brachte Dich auf die Bahn, wir hatten eine ganze Weile auf den Wiener Zug zu warten und gingen auf und ab. Ich sehe auch noch vor mir, wie der Zug sich in Bewegung setzte und Du winktest – wie immer, mein Herz, und ich Dich ganz gefasst und ruhig ziehen ließ. So war es. Bald drauf schriebst Du mir dann, die Aussichten für die Zukunft für Dein Kommen nach Kreisau seien sehr schlecht und wir müssten uns an die Vergangenheit halten. Ach, mein liebes, liebes Herz, wäre es Dir vergönnt, den Weg zurückzufinden! Ich wage dies garnicht auszusprechen. …

Mein Herz, ich habe noch garnichts getan, seitdem ich hier bin. Gestern bin ich immerzu hier sitzen geblieben. Nach Tisch habe ich geschlafen und blieb doch schläfrig. Die Truchsessin kam zur Vesper mit der sehr netten dicken Braut vom jüngsten Bonhoeffer, die, dem Truchseß verwandt, ihn[1] hier laufend betreut. Das war eine sehr schöne Vesper. Wir haben uns über lauter höchst fesselnde Dinge unterhalten, und sie gefiel mir wieder so gut. Gefällt er Dir auch? Ist er auch so schlicht und gerade, dabei hat sie sehr viel Charme und Schwung und eine Klugheit, die aus dem Herzen kommt. Ich bin ganz beschämt in ihrer Gegenwart, aber ich lasse mich gerne beschämen. Sie hat wirklich viel von Annemie Webski, nur ist sie weniger simpel und weltgewandter. Der Vorsteher scheint das Ehepaar auch sehr zu lieben, denn sie haben 65 Min. gesprochen! Über 45 sind wir, glaube ich, noch nicht gekommen, aber ich sehe nie auf die Uhr. Bei Truchsessens tut es auch die Maria von Wedemeyer (besagte Braut).[2] Mir kommt aber die Zeit bei uns eigentlich doch immer lang vor, nicht kurz. Dir auch? Der Fall Truchseß ist aber überhaupt milder, und abgesehen davon gönne ich jedem seine «lange» Zeit von Herzen. …

Sonntag, noch im Bett: Mein liebes Herz, fröstelnd und mit Halsschmerzen bin ich ins Bett gegangen und wache nun wohl und glücklich nach einer langen und köstlichen Nacht wieder auf. Ja, ausgesprochen glücklich und dankbar bin ich wieder aufgewacht: Der ganze Reichtum meines, unseres Lebens war mir gleich ganz bewusst, Deine Nähe und unsere große Geborgenheit. So durfte ich den letzten Tag dieses Jahres schön, dankbar friedevoll beginnen – mit Dir und fest in Gottes Hand. … Mein Herz, möge er Dir Kraft, Stärke und Frieden geben, alles, was vor Dir liegt, zu bestehen mit seiner Hilfe. All dessen bin ich ganz zuversichtlich. 1945 wird uns noch schwerer werden als 1944, aber unsere Schritte sind viel sicherer geworden, weil wir sie weniger auf uns gestützt tun. Angst, Furcht, Elend, Verzweifelung und der Tod werden die Welt regieren, und wir Glücklichen kennen die Hand, die durch das alles hindurch helfen kann. So betrete ich mit Dir 1945 voller Hoffnung, nicht voller konkreter Hoffnung, aber mit einem nicht zu definierenden glück- und dankvollen Gefühl der Zuversicht, das von Deinem vielleicht so nahen Tod garnichts weiß. Merkwürdig! Dabei steht der Anfang des neuen Jahres für uns fraglos unter: «Wachet und betet»! Wie schön, dass ich bei den Freunden, also bei Dir sein kann. Ganz nah, ganz nah! So schlafen wir wohl beide, wenn 1945 beginnt. Ob wir drin leben oder sterben, wir bleiben beieinander und sind doch nicht unser, sondern des Herrn. Er muss uns helfen, diese Erkenntnis in uns zu verwirklichen. Gott behüte Dich und uns. Ich umarme Dich, mein geliebtes Herz, und bin und bleibe Dein P.

1 Dietrich Bonhoeffer. *2* Maria von Wedemeyer betreute in Tegel auch Dietz Baron von Truchseß.

Helmuth James an Freya, 31. Dezember 1944/1. Januar 1945

Tegel, den 31. 12. 44.

Mein Lieber, dies ist der letzte Abend eines für uns sehr bedeutsamen Jahres, das sich, wir leben oder sterben, aus unserem Leben mit großer Strahlkraft hervorheben wird, denn es hat uns gemeinsam etwas geschenkt, was uns hoffentlich nie verloren gehen wird: einen festen Glauben. Es ist ganz gewiss das wichtigste Jahr in meinem Leben gewesen, und wenn ich bedenke, dass es unter einem Zustand verflossen ist, der gemeinhin als Prüfung angesehen wird, so frage ich erstaunt: Wo ist die Prüfung? Ich habe drei Tage in diesem Jahr gehabt, die mir schwerer waren, als mir je etwas gewesen ist, der 24. März,[1] der 10. Oktober[2] und der 13. November.[3] Aber ich habe doch nachher immer gesehen, dass es nur der Preis war, der für das Überwinden einer neuen Stufe gezahlt werden musste, und überdies hatten diese Tage nichts mit der Haft zu tun oder mit der Ungewissheit des Kommenden. Nein, mein Herz, ich kann mich über das Jahr nicht beklagen, und auch Dein Schicksal in diesem Jahr vermag ich nicht schlimm zu finden, obwohl es schlimmer war als meines, weil Du in steter Ungewissheit leben musstest. Wahrlich, wir können nur mit Dank auf 1944 zurück sehen.

Was nun kommt, steht in Gottes Händen, und aus diesen wollen wir es freudig und getrost annehmen, auch wenn es mein Tod vielleicht schon in wenigen Tagen sein soll. In diesem Fall, mein Herz, verlasse ich Dich in dem Gefühl, dass Du durch die letzten Monate so wohlgerüstet bist, das, auch das zu tragen, dass Dir kein Unfall zustoßen wird. Und um Dich an meinen verehrten Jesaja zu gewöhnen, will ich Dir sagen, was der Herr durch ihn in 46,4 verheißt: «Ja, ich will euch tragen bis ins Alter und bis ihr grau werdet. Ich will es tun, ich will heben und tragen und erretten.» Bitten wir, mein Herz, dass er uns die Fähigkeit gibt, uns heben, tragen und erretten zu lassen, und sei es am Galgen in Plötzensee oder im Keller der P. A., in der Ungewissheit, die vielleicht Dein Teil ist, und in wilder Soldateska und brennendem Berghaus.

Die unmittelbare Nähe meines Todes, die ich eigentlich seit dem 20. Juli ständig gespürt habe, ist seit Weihnachten nicht mehr da. Was ich daraus machen soll, weiß ich nicht. Ich bin nicht uneingeschränkt glücklich darüber, weil ich das Gefühl habe, dass das auf einer Schwachheit des Fleisches beruht, das das ‹wachet und betet› satt hat. Aber es ist kein Zweifel, dass mein inneres Klima sich verändert hat. Intellektuell ist dafür kein Grund einzusehen, und ich rechne durchaus damit, nächste Woche umgebracht zu werden; aber zwischen dem ‹damit rechnen› und der spürbaren Gegenwart des Todes ist ein himmelweiter Unterschied.

Nun kehre ich zu Jesaja zurück. Nein, Jesaja hat nichts Menschliches ausgesprochen, hat keine Lösung für menschliche Nöte gefunden. Jesaja redet von ganz etwas Anderem, nämlich von Gottes Willen mit der Welt. Von menschlichen Nöten und ihrer Überwindung durch den Glauben redet Hiob, bis zu einem gewissen Grade Jeremia, aber der größte der Propheten, Jesaja, interessiert sich für die Nöte der Menschen nicht, denn er berichtet von Gott. ... Der Mann ist über die menschlichen Anfechtungen zu erhaben, jedenfalls dann, wenn er als Prophet redet. Mir ist Daniel und Salomo und die Psalmen viel lieber als Jesaja, weil ich eben ein kleines Gräschen bin, das gerne Trost und Hilfe sucht und bekommt, ich bin eben kein Heroe. Aber die Größe des Jesaja sehe ich stehend, wie eben ein Gräschen aus dem Tal die Spitze des Himalaja betrachtet in der traurigen Erkenntnis, dass dort in jenen Regionen ein Gräschen nicht wachsen kann.

Na, das wäre ja wahrlich ein Brief für Herrn Freisler. Ob er das verstünde? Er müsste mich ja umbringen lassen, und zwar sowohl, wenn er es nicht versteht, wie noch viel mehr, wenn er es versteht. ...

Mein liebes, starkes, gutes, mutig klopfendes Herz, bleibe bei mir. Der Herr behüte Dich und uns. J.

1.Januar 1945.

Mein Herz, jetzt wünsche ich Dir ein gesegnetes neues Jahr. Ich habe gerade unsere heutige Römerstelle 10–12 gelesen, und die enthält einige sehr schöne Sätze für uns und für dieses Jahr. So wollen wir es denn getrost beginnen und aus Gottes Hand entgegennehmen, was er uns schickt, es sei Tod oder Gefängnis oder Freiheit, es sei Mühsal oder wilde Soldateska oder Zerstörung oder Verschleppung oder Friede. Die Spanne an Möglichkeiten, die dieses Jahr sichtbar vor uns ausbreitet, ist ungeheuer groß, und wir können nur um eines bitten, dass wir in Gottes Hand uns weiter fühlen dürfen und dass er uns seine Gnade, seinen Beistand nicht entzieht. ...

Leb wohl, mein Herz, der Herr behüte Dich und uns. J. ...

1 Siehe Helmuths Brief vom 26.März 1944, abgedruckt in: *Im Land der Gottlosen*, S.224. *2* Helmuth meint den 11.Oktober 1944, siehe seinen Brief vom 12.Oktober 1944, S.64. Am 11.Oktober hatte er seinen Abschiedsbrief an die Söhnchen geschrieben. *3* Am 13.November 1944 hatten Helmuth und Freya Sprecherlaubnis.

Helmuth James an Freya, 1./2.Januar 1945[1]

Tegel, den 1.Januar 1945.

Mein Lieber, nun ist der Ernst wieder ganz handgreiflich nah, und wir müssen uns damit befreunden, dass ich vielleicht schon in wenig mehr als einer Woche umgebracht bin. ...

Über die Zeit nach meinem Tode ist doch wirtschaftlich und außerwirtschaftlich alles gesagt. Ich nehme an, dass Du es Dir entweder notiert hast oder es rekonstruieren kannst. Ich rede also nicht noch ein Mal davon. Nur folgendes will ich wiederholen: Die tote Hand darf nicht regieren, d.h. dass alles von mir nur Anregungen sind, an die Du Dich in keinem Fall gebunden fühlen darfst. – Was Kreisau angeht, so bin ich der Meinung, dass Ihr das Berghaus zäh verteidigen solltet und das auch könnt, dass aber in allen anderen Fragen die Aufrechterhaltung der Würde wichtiger ist als das Ergebnis; glücklicherweise bist Du ja materiell nicht von Kreisau abhängig; aber Deine Forderungen an Kreisau würde ich auch verteidigen. – Unseren Tod sollt Ihr, sobald sich Gelegenheit bietet, mit aller Entschiedenheit ausnutzen, politisch und, wenn in Kreisau ein Usurpator sitzt, wer immer er sei, auch wirtschaftlich. ...

Werde ich zum Tode verurteilt und nicht gleich hingerichtet, so solltest Du, getreu unserer These, alles tun, was dann noch möglich ist; vor allem scheint mir dann die Frage Hewel akut und der Weg an die SS, sei es Müller direkt, sei es Kaltenbrunner. Am besten wäre es, Du besprächest das mit Felix zuvor und ließest Dir sowohl von Adrian wie von Felix eine Zeit für den 11. frei halten, damit Du dann auch wirklich gleich losschießen kannst. Es ist klar, dass die Chancen dann 1 : 100 000 sind. Aber versuchen sollte man es auch dann. Es bleibt allerdings zu überlegen, ob Du nicht Carl Viggo oder Jowo für den 11. auf alle Fälle bestellen solltest, denn ich finde immer, dass Du zu sehr mitverurteilte Partei bist und dass eben nur die Familiengesichtspunkte ziehen können und die kannst schließlich nicht Du vertreten. – Mit Buchholz müsst Ihr in Plötzensee ein sorgfältiges Nachrichtensystem ausdenken, damit Du telephonisch über meine Hinrichtung unterrichtet werden kannst; denn offiziell darf er es nicht sagen.

Werde ich nach dem Urteil in der P. A. festgehalten, so musst Du versuchen, erst über das Gefängnis, dann über Lange und schließlich über Vorzimmer Müller die Erlaubnis zum Wäschetausch zu bekommen. Vielleicht kann dazu Hercher helfen. Aber immer nur ganz wenig Wäsche, damit es bald wieder nötig ist. Gib mir auch immer ein Inselbändchen mit, und ich werde dann versuchen, durch Anstreichen Nachrichten zu geben. Damit das nicht zu leicht entzifferbar wird, wollen wir ausmachen, dass ich auf einer ganzen Anzahl Seiten anstreiche, aber nur die geraden oder nur die ungeraden gelten. Welche, musst Du rauskriegen. – Gebe mir gleich ein Inselbändchen mit; es muss aber frei von Anstreichungen sein, denn ich habe keinen Gummi.

... Denk Dir, dass ich neulich beim Briefschreiben tatsächlich unsere liebe Nacht in der Arndtstr. voriges Jahr vergessen hatte und unseren letzten freien Spaziergang auf dem Bahnsteig. Dabei hatte ich kurz zuvor, wie in diesen Monaten mehrfach noch sehr lieb an jenen Abend zurückgedacht, auch daran, dass wir das Mozart'sche Requiem gespielt haben, wenn auch nicht ganz bis zum Ende. Und außerdem vorher «Dans un coin de mon pays».[2] Das weißt Du sicher auch noch genau. Das war sehr lieb.

Mein Herz, hast Du Lindi[3] bei Dir? Ich bin etwas unglücklich, dass das nun in Tage fällt, wo Du aufgerauht bist. Denn es ist mir doch sehr wichtig zu fühlen, dass Du Dich ganz geborgen fühlst und aus Deiner festen Burg[4] mir mit Deinen Gebeten und Gedanken beistehst. Das Beste an der Sache ist die gründliche Vorbereitung und die 3 Tage.[5] Wenn ich die Widersprüche meiner früheren Aussagen einigermaßen überzeugend beseitigen kann, und ich glaube, dass das möglich ist, so liegt in der Gründlichkeit eine Chance. Denn ich bin oberflächlich vom n. s. Standpunkt verdammungswürdig und in der wahren Tiefe ganz verdammungswürdig; aber dazwischen gibt es eine dünne, wenn auch sehr dünne Schicht, in der ich akzeptabel oder notfalls akzeptabel bin. Dass Freisler bis in die wahre Tiefe vordringt, halte ich für ausgeschlossen; das wird er höchstens ahnen. Tut er es, na, dann sterbe ich wenigstens für das Richtige. Wahrscheinlicher ist, dass er nur die Oberfläche durchdringt, und da ist es eben denkbar, dass ich ihm die dünne Mittelschicht plausibel machen kann. – Im übrigen, eines ist ganz sicher: Es ist besser, von Hitler gehängt zu werden, als von einer Bombe zu sterben. Das hat doch noch mehr Sinn.

Ich hoffe, mein Lieber, Du bemerkst, dass ich ganz getrosten Mutes bin. Angenehm ist mir die Aussicht, heute in 8 Tagen schon dran zu sein, natürlich nicht, aber das verlangt auch niemand von mir. Mich beschäftigt der Termin auch ungeheuer, und in meinem Kopf tauchen immer wieder die schwierigen, empfindlichen Punkte auf, auf denen Freisler sicher rumhacken wird. Ich werde mich in allen diesen Tagen auch immerzu damit beschäftigen, und das wirst Du auch an den Briefen merken. Aber das musst Du mir gestatten. …

Nun gute Nacht, mein Lieber, der Herr behüte Dich und uns. J.

2. I. 45

Mein Lieber, eben war ich beim Arzt, der meinen Rücken abgeklopft und festgestellt hat, dass es nur die Nerven sind, die neuralgisch affiziert sind. Er will mir nun zusätzlich Lichtbäder geben und ein Attest, dass ich nicht zu stehen vermag, sondern sitzen muss. Das ist sachlich ganz beruhigend, aber für die Verschiebung des Termins zu wenig. Immerhin kannst Du ja einen Vorstoß machen, denn das kann Dir niemand übelnehmen; das gehört ja unzweifelhaft zu den Privilegien der Ehefrau. … – Die Frage, ob nicht das Sitzen für mich auf alle Fälle ein Vorteil ist, ist m. E. garnicht entschieden. Denn einen sitzenden Mann brüllt es sich viel schlechter an, er kann sich dem psychologischen Druck solcher Aktionen besser entziehen, und schließlich kann ich mich dann auch immer wieder mit einem Blick in meine Aufzeichnungen erfrischen, und das kann auch nützlich sein. Kurz, versuche es, eine Verschiebung zu erreichen, aber wenn es nicht gelingt, ist es auch nicht schlimm.

Mir, mein Herz, geht es gut, ich bin ganz getrost und freudig und bin mir ganz klar darüber, dass es gehen wird, wie der Herr es will. Solange ich daran keinen Zweifel habe und nicht anfange, mich von

Herrn Freisler oder dem Henker, oder Herrn Müller oder Heinrich Himmler abhängig zu fühlen, ist alles gut. Du wirst ja die Woche schwer zu arbeiten haben, mein Herz. Der Herr behüte Dich und uns. J. …

1 Dieser Brief blieb versehentlich eine Nacht auf Harald Poelchaus Schreibtisch im Gefängnis Tegel liegen. *2* Ein von Jacques Pills gesungenes Chanson aus dem Jahr 1940. *3* Gemeint ist die Monatsblutung. *4* Mit Burg ist wiederholt Freyas Körper mit seiner Verlässlichkeit gemeint. *5* Die für die Verhandlung angesetzten drei Tage.

Freya an Helmuth James, 2. Januar 1945

Dienstag früh.

Mein liebes Herz, ich schreibe im Bett, denn die Wärmeverhältnisse haben sich bei den Freunden durch Koksmangel sehr verschlechtert. Nur am Abend kommt eine erträgliche Temperatur zustande, und nachts hört die Heizung wieder ganz auf. Dieser Tatsache verdanke ich es aber, dass ich seit meiner Rückkehr hauptsächlich hier gelebt habe, und das war ja mehr als erfreulich. Ein bisschen Frieren tut garnichts. Ich gehe ja immer wieder aus und gehe mich warm. Die Freunde sind sehr liebevoll mit mir, und ich glaube, meine Anwesenheit ist ihnen wirklich selbstverständlich und fällt sozusagen garnicht auf. Ich hoffe es sehr. … – Mein Herz, einen sehr schönen Brief zum Jahreswechsel habe ich von Dir bekommen. Ja, so ist alles, mein Herz. Wir sind so verschiedene Menschen, und doch sind wir so einig und dürfen so uneingeschränkt zueinander gehören. Ich liebe Dich so sehr und vermag Dich doch in einer gewissen Objektivität zu sehen, und so, wie Du mir dann erscheinst, mein liebster, sonderbarer Wirt, liebe ich Dich dann erst recht. …

Zum Essen kam um 12 P., und wir aßen im Alarm in Hut und Mantel ein gutes Mittagessen. Dorothee kocht gut und flink und voller Abwechslung. Es war recht komisch. Als mein Kleid fertig war, zog ich zur Schellhäsin, Dorothee hatte ¾ des Weges mit mir und wir hatten großes Vehikel-Pech. Manchmal geht es glänzend, und dann braucht man wieder die doppelte Zeit. Der Angriff vorgestern hat überall kleinere Störungen erzeugt. … Heute will ich mich um Husen kümmern, mittags mit Henssel essen und um ½5 zu Felix gehen. Dafür habe ich fast alles schon präpariert. Ich muss nur den Schriftsatz für Hercher noch abtippen.[1] Ich glaube, dass H. immer schlecht zu beeinflussen sein wird. Der tut nur, was er will. Alte Leute sind stur bei aller

Gutwilligkeit. Steltzer mache ich erst Donnerstag früh. Mit Haus spreche ich noch heute. – Inzwischen stehen die

[Der Rest des Briefes ist vermutlich verloren]

1 Es handelt sich um eine Ergänzung zu Helmuths Verteidigungsschrift.

Freya an Helmuth James, 2. Januar 1945

Dienstag Abend.

Mein Jäm, mein liebes Herz, mein Wirt und noch einmal mein Jäm, mein Liebster, alle diese Namen muss ich mit Freude, mit Dankbarkeit und Glück, mit zärtlicher Liebe an Dich schreiben, denn viele Briefe kann ich Dir vor Montag nicht mehr schreiben, mein süßes, mein geliebtes Herz. Ich realisiere trotz allem die Möglichkeit noch nicht, dass heute Dienstag ist und Du in einer Woche schon tot sein kannst. Ich glaube ganz deutlich nicht, dass es so ist. Das hat mit hoffen nichts zu tun und auch nicht mit Bereitschaft (vielmehr mangelnder), ich glaube nicht, dass sie Dich sogleich umbringen werden, selbst wenn sie Dich zum Tode verurteilen. Davon abgesehen fühle ich, dass es jetzt kommt, dass wir jetzt gerüstet sein müssen, dass wir jetzt auf dem stehen müssen, was uns die letzten Monate geschenkt haben. Ich weiß, mein Herz, was mein Teil sein wird. Ich sage Dir noch einmal, was Du schon weißt, dass ich an beiden Tagen zu Hause bleiben werde, und zwar alleine. Du hast mir gesagt, ich möge in tiefer Ruhe sein: Dazu helfe mir Gott, den ich für Dich bitten werde. Abends werde ich zu den Freunden gehen, aber dort schlafen werde ich kaum können, weil ich in den Tagen Brigitte nicht alleine nach Hause fahren lassen kann. Das ist aber unwesentlich und hängt auch vom Urteil ab. …

Es ist 11 und die Freunde schon im Bett und Brigitte nach Hause. P. hat Deinen heutigen Brief offenbar auf seinem Schreibtisch gelassen und will ihn früh morgen holen. So bekommst Du morgen dieses Briefchen.

Ich will jetzt nur noch das Sachliche schreiben. Das Wichtigste ist wohl Felix. …

Die Unterhaltung endete mit Felixens dringender, entschiedener, ausführlicher Ermahnung an Dich, *nicht zu kompliziert* zu sein. Nur keine formaljuristischen Fragen aufwerfen, nur keine Jurisprudenz, nur nicht zu intellektuell! Reib denen nur nicht zu sehr unter die Nase, dass Du ein komplizierter Mensch bist, mein liebes Herz, das wird Dir schwerfallen, aber Du musst Dich bemühen. Ja, das war wohl Felix. …

Du schläfst schon, mein liebes Herz, und ich gleich auch. Ich komme Dir dann nahe und schlafe vereint mit Dir. Zärtlich umarme ich Dich! Du weißt, wessen ich bin und bleibe.

Helmuth James an Freya, 2. Januar 1945

Tegel, den 2. 1. 45.

Mein Lieber, soeben habe ich zum Beginn des Abends noch ein Mal Deinen Brief gelesen, der hier blieb, weil mich der Sanitäter «zum Lichtbad» holte. Die Abende sind rar jetzt. Es gibt außer dem heutigen höchstens noch drei, an denen ich meine Unterhaltung mit Dir dem Papier anvertrauen kann, und dann beginnt die Grat-Wanderung, an deren Ende wahrscheinlich der Galgen in Plötzensee steht. …

Manchmal denke ich über das Schicksal unserer langen schriftlichen Unterhaltungen nach. Ob die für Dich und die Söhnchen auch nach 10, 20 oder mehr Jahren ein lesenswerter Stoff sind. Sie sind doch aus einer Situation geboren, die schriftlich wohl selten niedergelegt sein wird, weil eben normalerweise dann der Kontakt zerrissen oder kontrolliert ist. Wenn diese Zeit vorbei ist, wenn ein Mal wieder wirklicher Frieden eingezogen ist, was wird man dann zu solchen Erwägungen sagen. Wird man sie verstehen? Wird man glauben, dass das extreme Lagen waren, die die Menschen hysterisch machten, wird man begreifen können, dass der Mensch, dieses wunderliche Tier, sich selbst an das Hingerichtet-Werden gewöhnen kann? Ich weiß, dass ich nicht verstand, wie P. es aushielt, Woche für Woche viele Leute zum Schafott zu begleiten, als ich ihn kennenlernte. Und jetzt wundert mich das garnicht mehr. …

So, nun kann ich zu meinen Tagesereignissen kommen. (Richtig, noch eins: Morgen beginnen wir mit 1. Kor., nicht wahr?) Der Sanitäter, ein Wachtmeister Mittelstädt, holte mich um 11 ab «zum Lichtbad». Der Dr. war gerade weg, und wir gingen in das Untersuchungsgefängnis. M. setzte sich auf den Stuhl des Doktors, lud mich ein, Platz zu nehmen, und dann ging es los: Warum denn der 20. Juli vorbei gegangen wäre, und ob sich nicht bald etwas Neues bilden würde, und der Krieg sei ja verloren, und das könne man garnicht schnell genug realisieren und sich danach richten, und die Rede[1] sei ja toll gewesen, kein Wort für die Toten, und nur das Volk leide, aber die Herren da oben, die merkten ja nichts, na, wenn das mal umschlüge, das würde ein Erwachen geben, und dass die alten Familien sich so eingesetzt hätten, das würde ihnen unvergessen bleiben, und der Medizinalrat, der hasste uns und sei der Meinung, nichts sei für uns schlimm genug, und dem sei es ganz gleich, ob ich eine schlimmere Sache hätte als Neuralgie, der würde garnicht dran denken, wirklich zu helfen, und Budapest[2] und die Luftangriffe und die vielen Hinrichtungen u. s. w. Mit dem Medizinalrat könne er natürlich kein Wort sprechen, auch unter den Wachtmeistern gäbe es einige 100prozentige, aber die meisten dächten wie er. Dann um ¾12 hatte er sich ausgeschüttet und entließ mich in Gnaden und sagte, er würde mich zum Lichtbad nach Tisch abholen.

Dann holte er mich ab, und er sagte, er habe Tabak gebaut, wisse aber nicht, wie er ihn fermentieren sollte, worauf ich ihm sagte, da könntest Du ihm Rat geben, und er sollte sich von Herrn Gissel sagen lassen, wenn Du wieder da seist. Dann zogen wir ins Lazarett.

Da wurde ich von einem Kalfaktor betreut, der mir eine ähnliche Rede hielt wie Herr Mittelstädt, diesen auch über den grünen Klee lobte und sagte: «Hier sind wir alle eines Sinnes, nur der Medizinalrat darf es nicht merken.» … Ich muss sagen, dass mir so etwas von offener, wenn auch nur für sich bedachter Feindschaft noch kaum vorgekommen ist, und ich habe den Eindruck, dass das Lazarett so eine kleine Sammlung von Staatsfeinden ist, die sich unter dem Schutz des nichtsahnenden Medizinalrats sehr geborgen fühlen. Es scheint nicht schwer, ihn zu betrügen, und solange das gelingt, ist alles in Butter. …

Schön war auch noch, dass Herr Mittelstädt darüber enttäuscht war, dass ich garnicht ausreichend staatsfeindlich sei: «Na, ja, Sie müssen natürlich jetzt Ihren Fall dekorieren, aber wenn Sie durchkommen, können wir vielleicht noch ein Mal darüber reden.» Noch ein schöner Ausspruch: «Wenn sich das erst wendet, das gibt ein Massaker; da bleibt von den Schwarzen und Braunen nicht ein Mal jemand übrig, der seine Kumpane beweinen könnte. Glauben Sie das?» – Das alles einem Mann, der zwar mit der Erkennungsmarke – für Herrn Mittelstädt ein Orden – des 20. 7. ausgezeichnet ist, den er aber, ehe er loslegte, keine 10 Minuten lang gesehen hatte. …

Ich sehe die Tage dahin schwinden. In einer Woche um diese Zeit kann ich schon tot sein. Ob Freitag Abend noch schön ist, hängt davon ab, ob P. Samstag noch ein Mal kommt. Ich bin aber nicht die Spur wehmütig darüber; ich sehe nur zu, dass es so ist. Wir haben ein voll gerüttelt Maß von Gnade gehabt, wir dürfen um mehr bitten und werden uns zu bescheiden wissen, wenn unsere Bitte nicht erfüllt wird. Sterbe ich jetzt, so sterbe ich in dem Gefühl, mein Haus wohl versorgt zu haben, weil das Herz meines Pim gut ausgestattet ist, weil ich sicher bin, ihm weiter beistehen zu können, weil ich von allen und allem habe Abschied nehmen können, weil ich alle Geschäfte, die mir bisher aufgetragen waren, erledigt habe. Will Gott mir einen neuen Auftrag erteilen, so nehme ich es dankbar an, aber ich fahre nicht in dem Gefühl des Unfertigen ab. Irgendwie bin ich fertig, mindestens an einem Abschnitt. Dass ich das Gefühl habe, dass Du keine materiellen Schwierigkeiten zu haben brauchst, ist mir sehr angenehm, weil ich auch glaube, dass Du mit denen irgendwie fertig werden würdest. – Entschließt Du Dich aber, in Kreisau zu bleiben, dann musst Du diesen Entschluss mit aller Energie durchzuhalten versuchen und Dich weder von Freund noch Feind vertreiben lassen. Romai und Du, Ihr müsstet doch zusammen eine ganz erhebliche Schutzwirkung haben. …

So, mein Herz, wieder ist ein Abend um. Jetzt gibt es höchstens noch 3.[3] Leb wohl, mein Herz. Der Herr behüte Dich und uns. J. …

1 Es handelt sich vermutlich um die Rede Adolf Hitlers zu Neujahr. *2* Vermutlich ist die Schlacht um Budapest gemeint, bei der die Rote Armee am 25. Dezember 1944 die Stadt einschloss. *3* Helmuth zählt die Abende vor dem erwarteten Transfer in die Gestapo-Zentrale in der Prinz-Albrecht-Straße.

Freya an Helmuth James, 3. Januar 1945

Mittwoch Abend.

Mein liebes Herz, hier werden im Radio wunderschöne Choräle von Bach gespielt, die mich erfassen, aber nicht auflösen. Merkwürdig, dass es mir auf meine Weise genau, genau so geht wie Dir. Ich schrieb es ja schon immer wieder. Ich weiß daher so ganz genau, was Du meinst und wie das ist. Auch ich bin nicht angespannt, auch ich bin heiter, auch mir geht es gut, und mein Verstand ermahnt mich immer wieder, den Dingen ins Auge zu blicken, mein Inneres will aber nicht heran. Ganz nah fühle ich mich Dir, aber auf eine selbstverständliche, natürliche, unaufregende, zukunftssichere Art. Ganz ruhig ist alles und ganz geborgen mit Dir, aber nicht so, als stände mein ganzes Leben in wenigen Tagen auf dem Spiel. … – Heute bekam ich früh die 2 schönen langen, lieben Briefe. Ich war begeistert von Deiner Lazarettbeschreibung und habe es den Freunden auch vorgelesen, die es auch sehr genossen haben. Es gehört zu einer der vielen komischen Situationen in einer sehr ernsten Sache, aber es ist doch noch mehr als komisch. Herr Mittelstädt hat mir übrigens gleich sehr gut gefallen. Es war ja so schön, Dich zu sehen, mein liebes Herz. Es war lieb, aber auch ganz ohne Sensation, ganz selbstverständlich erschien mir auch das, obwohl ich, als ich gehört hatte, Du seiest unterwegs und kämest wieder zurück, bei jedem Schlüssel an die Tür lief und durch einen winzigen Spalt blickte. Vor den Frauen hinter mir brauchte ich mich ja nicht zu genieren. Die haben alle ähnliche Gefühle. Da kamst Du dann ganz krumm und lahm, mein liebes Herz. Mich kränkt es nicht, aber es sieht sehr unangenehm für Dich aus. Ja, vielleicht ist es günstig, wenn Du sitzen kannst. Sonst sahst Du wie immer aus. Dein Bart gefiel mir auch. Ich hätte Dich gerne noch länger betrachtet, aber die beiden guten Alten[1] waren ja schon freundlich genug. …

Herr Thiele war wie immer sehr freundlich. Von Termin-Verschiebung habe ich nichts gesagt. Dazu ist er zu untergeordnet, aber die Sprecherlaubnis, mein liebes Herz, habe ich schon in der Tasche. Ist das nicht schön? Freitag komme ich. Nun geht es aber weiter. Auf die Transportfrage angeredet, sagte Th., dazu hätten sie nichts zu sagen. Das machte Obersturmbannführer Kiesel – der ist Dir wohl bekannt – und noch besser Untersturmführer Wehrstädt. Kiesel war verreist, aber Wehrstädt war da. Ich sagte, was immer dumm ist, dem Mädchen meinen Wunsch. Die holte eine Karte aus einer Kartothek und ging weg. Dann kam sie wieder und sagte: «Sie brauchen sich garkeine Sorgen zu machen, Frau Gräfin, Ihr Mann wird direkt von Tegel mit dem Wagen abgeholt und zur Verhandlung gefahren.» Ich war skeptisch und fragte, ob ich mich darauf fest verlassen könne. Das bejahte sie eifrig. … – Peters weiß Bescheid. Ihm ist noch eine andere, ev. bessere Möglichkeit eingefallen, die er heute Nacht Frau Friedrich telephoniert, und morgen Nacht gehe ich dann zu ihr, das zu besprechen. Er erwägt die Sache, wollte am 9. kommen. Ebenso kommt am 9. ein Mann, der Himmler sehr nahe steht, an den Frau F. heran kann. Das will ich mir erzählen lassen. Für die Aktion, falls sie in Frage kommt, genügt der 9. ja noch. Morgen habe ich ein herrliches Programm. Hör mal an: Start kurz nach 6, Brief bei Hercher abgeben, nach Lichterfelde fahren, mit Kreisau telefonieren. ¾10 Frau Graf, ¾11 Schellhasin am Lehrter Bhf. Dazwischen Dr. Wickenberg. Für P. einen Hasen bei Renée Sintenis abholen, ein Päckchen bei «Mutz» abgeben, zu Dorothee fahren. Ab 3 bei der Wäsche helfen, hinterher Bohnenkaffee trinken, zu Trothas fahren, weil Margrit morgen über Tag da ist, dort zu Abend essen und von da zu Frau Friedrich per Rad, denke ich, denn es ist nicht weit, fahren. Wenn Du Zeit hast, lass Deine Gedanken mit mir reisen, dann geht es alles glatt und ohne Hetze. …

Gute Nacht, mein Liebster. Dein bin ich für Leben und Tod. Du weißt es. Dich liebe ich mit allen meinen Kräften. Dir bin ich von Gott zugehörig geschaffen. Darum darf ich mit Dir gehen auf allen Deinen Wegen und Du auf meinen.

Freitag komme ich Dich besuchen!

Deine

1 Gemeint sind die Wachtmeister Claus und Gissel.

Helmuth James an Freya, 3./4. Januar 1945

Tegel, den 3. 1. 45.

Mein liebes Herz, noch drei Briefe höchstens gibt es, und dieser ist einer von diesen kostbaren. Wie schön war es, Dich heute zu sehen. Ich hatte nämlich gehofft, dass es klappen würde, und schon ganz von ferne hatte ich Dich deswegen erspäht. Sollte das der letzte Blick gewesen sein, den ich in diesem Leben auf meinen Liebsten getan habe, so wäre das doch sehr schön; denn wir waren beide fröhlich und guter Dinge. – Noch schöner ist es, wenn Du noch ein Mal kommen kannst, aber das war doch schon sehr viel. Und was für Schätze hast Du mir mitgebracht, mein Herz. Das war ja mal wieder riesig üppig. Ich habe nach Tisch erst Himbeersaft mit Schlagsahne und dann Kaffee mit Schlagsahne getrunken, denn die musste ja weg. Die gute Edith.[1] Ich lass ihr vielmals danken.

Der Abend ist schon weit fortgeschritten, denn ich habe wie wild gearbeitet. Die neueste, unangenehme Sensation ist, dass der Anwalt von Eugen diesem gesagt hat, wir würden alle in Abwesenheit der anderen vernommen und dann käme die Gegenüberstellung, um jeden mit Hilfe des anderen zu überführen. Mit meiner schönen Hoffnung, dass ich mit meiner ersten Darlegung das Gerippe für alle geben könnte, ist es also nichts. Daraus ergibt sich folgendes: Bei Reisert fürchte ich nichts; bei Sperr muss ich auf den lieben Gott hoffen, dass er nicht zu fürchterliche Sachen zusammenerzählt; aber notwendig ist, dass Theo, Steltzer, Eugen, Delp und ich eine Phalanx bilden und wir uns nicht gegenseitig aufreiben. Darum habe ich neue Kassiber für Theo und Steltzer verfasst, die ich in der Anlage beifüge. Den für St. gebe ich an P. noch ein zweites Mal in Schönschrift, falls er ihn direkt anbringen kann. Aber ich bitte Euch zu überlegen, ob und was bei St. möglich ist, denn der scheint mir die Hauptgefahr zu sein. Es wäre schon ein Segen, wenn es gelungen wäre, ihm den großen K. zuzuleiten. Vielleicht kannst Du die K.'s noch kürzen, falls Du erinnerst, was St. schon weiß, desgleichen bei Theo. Es tut mir leid, Euch noch ein Mal mit diesem Geschäft zu belasten, aber nun ist das ja von viel größerer Wichtigkeit als zuvor. Ich bitte auch zu prüfen, ob die beiden wissen, dass Maaß und Reichwein tot, Rösch und König weg sind. Auch das ist wichtig. ...

Mein Herz, über unsere letzten Briefpaare muss ich wahrlich lachen, denn wir haben uns immer ganz genau das Gleiche geschrieben. Nicht nur die gleichen Gedanken, sondern die auch noch an den gleichen Fragen erörtert und zum Teil in den gleichen Wendungen. Da sieht man, wie einig wir sind. ...

Mein sehr Lieber, was soll ich Dir denn noch erzählen. Dass ich Dich sehr lieb habe? Dass es so bleiben wird? Ja, das ist so. Wir sind zwar getraut, «bis dass der Tod uns scheide», aber das liegt nur daran, dass diese Trauformeln von Leuten gemacht worden sind, die nicht auf ihre Hinrichtung warteten. Sonst würden sie nicht so dummes Zeug schreiben. Aber der liebe Gott meint es eben besser als unsere Trauformel, des sind wir ja gewiss. – Lass Dich nur von allem nicht anfechten. Wenn Du bewusst Deinen Wirt drangegeben hast, dann solltest Du gegen alles andere eigentlich gefeit sein, scheint mir. Ich wünschte nur, die Söhnchen blieben Dir erhalten und Du ihnen. ... Der Herr behüte Dich und uns. J.

1 Edith Henssel.

Helmuth James an Freya, 4. Januar 1945

Tegel, den 4. 1. 45.

Mein liebes Herz, dieser ist also aller Voraussicht nach, d. h. aller menschlichen Voraussicht nach, der vorletzte Brief, den Du von mir bekommen wirst. Das schreibe ich ganz ohne Wehmut, so, als wäre es das natürlichste von der Welt. Ob das auch so sein wird, wenn ich morgen zum letzten Mal «J.» schreibe. Ich wundere mich über mich selbst, denn ein echter Moltke müsste jetzt mindestens den Tränen nahe sein, und davon ist garkeine Rede. – Du bist aber jetzt in Lichterfelde,[1] und Ihr schwätzt wahrscheinlich lieb vor Euch hin, und Du, mein Herz, denkst Deines Wirts. Dass Dein Brief, der heute kam, schon wieder dieselben Dinge behandelte wie meiner, überraschte mich garnicht mehr. Wir haben eben nur ein Herz und einen Blutkreislauf und sind eben ein Schöpfungsgedanke. Das zeigt er uns aufs Freundlichste immer wieder in neuen Zeichen. Wenn mir unter dem Ansturm am Montag und Dienstag das Herz flatterhaft werden will, so kann ich dann denken: Wo ist mein Herz? Es schlägt ja ganz ruhig, still, stetig und voll Vertrauen in Gott weiter in Lichterfelde, und dann wird auch meine flatterhaft gewordene Dependance sich wieder beruhigen. Und so wird es mir in Plötzensee gehen, wenn ich dahin muss, und so wird es weiter bleiben. Und gehe ich zum Vater ein, mein Lieber, so weißt Du, dass Dein Herz da oben still und nun endgültig geborgen für Dich weiterschlägt und helfen will Dich [zu] stillen, wenn es Dir ein Mal zuviel werden sollte.

Nun erst ein Mal etwas Geschäft. Könnte ich hier bleiben, so wäre das wahrlich sehr angenehm. Auf das Wort eines Untersturmführers würde ich in einer solchen Sache garnichts geben. Das beste wäre es wohl, wenn auch der Oberreichsanwalt eingeschaltet wäre, sei es Schulze oder Görlich (?).[2] Aber es hängt ja zunächst davon ab, ob Du bei Wickenberg (?) etwas erreicht hast, dem Arzt. Wenn der nicht mitzieht, dann müssen wir eben auf das Wort des Untf. hoffen. Ich werde mich auf alle Fälle morgen noch ein Mal zu ihm melden lassen und ins gleiche Horn stoßen. – Du wirst mich ja morgen sehen. Ich finde, dass ich eine Kleinigkeit besser bin.

Dann bleibt es natürlich dabei, dass die Kassiber-Geschäfte nur gemacht werden dürfen, wenn es wirklich sicher geht. Nur jetzt nicht im letzten Moment da einen Fehler machen. …

Mein liebes Herz, morgen kommst Du also; wie schön. Ich finde es nur schön, und noch Anfang Dezember hätte ich riesige Wehmutsorge gehabt. So freue ich mich ganz ungeteilt. Ich bin auch heute rasiert worden, sodass ich nicht mehr ganz so wild aussehe. Eigentlich war Thiele doch mit Sprecherlaubnis sehr anständig, jedenfalls viel besser als Schulze. – Wenn ich nur wüsste, woher diese veränderte Temperatur in uns kommt? Ob es daran liegt, dass wir gegen den Gedanken meines Todes abgestumpft sind? Ob daran, dass jetzt, wo es ernst wird und ich in wenigen Tagen vielleicht schon umgebracht werde, das Fleisch revoltiert und den Gedanken nicht aufnehmen will? Oder ob Gott mich nur stärken will? Ich weiß es nicht und betrachte es mit Erstaunen. …

Mein Pim, der Tag ist um. Es ist alles geschrieben und alles gesagt. Schlafe gut, mein Herz, bewahre Deinen Frieden, was immer geschehen mag, so wirst Du damit auch den meinen bewahren. Der Herr behüte Dich und uns. J.

Noch eines: Peters, nach dem ich ja, allerdings ganz oberflächlich, gefragt bin, muss wissen, dass er P. unter keinen Umständen erwähnt.[3] Außerdem ist oder wäre für mich eben besonders nützlich, wenn

Peters sagen könnte, er habe an mehreren Wochenendbesprechungen in Kreisau schon seit 27 oder 28 teilgenommen. So etwas Ähnliches.

1 Bei den Trothas («Carl Dietrichs»). *2* Gemeint ist Gerhard Görisch, der allerdings Oberstaatsanwalt war; Oberreichsanwalt war Ernst Lautz. *3* In seinem geplanten Gespräch mit Freisler.

Freya an Helmuth James, 4./5. Januar 1945

Donnerstag Nachmittag

Mein liebes Herz, die Wäsche ist gewaschen, und das Programm ist abgewickelt, aber bald muss ich zu Carl Dietrichs aufbrechen. Jetzt bin ich müde und möchte nichts mehr tun, aber heute muss ich noch. Morgen wird es ruhiger. ... Asta schrieb einen lieben Brief: Ab Montag früh ist sie in Kreisau und bleibt dort: «Nun werden wir wie eine feste Mauer stehen. Am 8./9. bin ich in Kreisau und bleibe dort. Viel lieber noch möchte ich nach Berlin kommen, um bei Dir und Helmuth zu sein. ...[1] Ulla und ich, wir werden ganz nah bei Euch sein.» Sonst bin ich nicht für Verbreitung des Termins, aber an Schwester will ich ihn noch sagen lassen und an Romai. Ist sonst noch jemand, von dem Du es möchtest? Erst traf ich Frau Steltzer und Frau Graf. Am 24. hat er[2] mit einem Kuchen, aber nicht in ihm, sondern unter ihm – er war in einer Papiermanschette vom Bäcker hergestellt –, also in relativ leichtsinniger Weise, Dein Schriftsätzchen bekommen. Wie es hereingekommen ist, wussten die Frauen noch nicht. ... – Mir fällt noch ein, dass ich von dem ergebnislosen Gespräch bei Dr. Wickenberg noch nichts erzählt habe. Ich traf ihn in der Lehrter Str. Er war weder unfreundlich noch freundlich; er war vollkommen neutral und sagte, er könne nichts tun. Das sei lediglich eine Transportfrage und darauf habe er keinen Einfluss. Kurz, er wollte nicht. Das sah ich ihm, dem fischäugig blickenden, auch gleich an und erwartete nicht viel. Was kann ich nun noch tun. Ich habe ja das Gefühl, als bliebest Du in Tegel. Hoffentlich stimmt es. ...

Freitag früh.

... Peters *kann* erst am 10. kommen! ...

So, mein liebes, liebes Herz, P. kaut am letzten Bissen. Ich umarme Dich mit großer, inniger Zärtlichkeit. Ich bin und bleibe Dir ganz zugehörig. Immer Dein P.

1 Auslassungszeichen im Original. *2* Theodor Steltzer.

Helmuth James an Freya, 5.–7. Januar 1945

Tegel, den 5. 1. 1945.

Mein liebes Herz, ein Sekündchen war ich traurig, dass wir uns heute nicht sehen würden, weil ich eben immer die Angst habe, dass dann doch noch etwas dazwischen kommt und es womöglich ganz ausfällt, und dann, weil Du mir so leid tatest, dass Du nun lange gewartet hattest und unverrichteter Dinge wieder abziehen musstest. Aber von all diesem abgesehen ist natürlich morgen noch besser, weil es noch später ist – wenn es gelingt. In all den Wechselfällen: Luftangriff, Abholung durch S. D. u. s. w. ist so etwas eben immer zweifelhaft. ...

Über den Satz aus Asta's Brief, dass sie nun in Kreisau bleibt und die Stellung verteidigen wird, habe ich mich sehr gefreut; es ist mir eine große Beruhigung. Denn es wäre doch möglich, dass sie nach dem Urteil, aber vor der Vollstreckung, also zu einer Zeit, in der Du noch in Berlin sein musst, sich Kreisau's bemächtigen. So haben sie es ja bei Wentzel-Teutschenthal gemacht, bei dem ja alles schon ein H.-J.-Lager,[1] sprich Trümmerhaufen war, als er noch hier lebte. – Es ist aber auch möglich, dass sie da garnicht rangehen; denn es ist überraschend, dass sie sich noch überhaupt nicht gerührt haben. Selbst bei Fugger, der doch gewiss nicht zum Tode verurteilt wird, haben sie schon besichtigt. Asta soll also, bitte, ausharren, bis Du zurück bist und eigentlich noch länger, bis die Sache klar ist, denn Du bist eben doch kein Schutz.

Auch bin ich froh, dass Ulla benachrichtigt ist. Ich fühle mich ganz getrost, aber jetzt merke ich im Untergrund eine gewisse Unruhe bei allen Nachrichten über Verschiebung, Abholung, u. s. w. Aber das ist wohl mehr eine Reflex-Nervosität. Ich bin so ruhig wie vor Weihnachten, nur viel zuversichtlicher. – Unser theologischer Disput ist auf höchstens 5 Minuten von den 30 der Freistunde zusammengeschrumpft, weil wir so vieles Sachliche zu besprechen haben, denn wir müssen uns eben leider darauf rüsten, ganz eisern gegen Steltzer zu halten, wenn seine Aussagen tatsächlich gewissen Teilen der Anklage zu Grunde liegen sollten. Sehr unangenehm. Hoffentlich ist das K.-Geschäft mit St. gutgegangen. – Der theologische Disput, dessen genauen Streitpunkt der intelligente Delp immer noch nicht begriffen hat, wie Du aus seinem letzten Zettel gesehen haben wirst, hat mir eine spontane Unterstützung durch Buchholz gebracht, der ohne zu zögern sagte, meine Auffassung sei die einzig mögliche, und nicht ein Mal irre wurde, als ich ihm sagte, sie sei m. E. gut lutherisch. Er sagte, Gethsemane sei die Haltung, die gefordert würde, und die Rettung als solche sei kein zulässiges Objekt des Glaubens – d. h. das sind meine Worte. – Ich war darüber sehr erfreut.

Dass Frau Reisert anscheinend endlich Erfolg gehabt und ihren Mann aus unserer Sache rausgekriegt hat, freut mich sehr. Auch, dass wir Fugger los sind, ist eine Bereicherung, denn er ist zu naiv und töricht, wenn auch sehr nett und so lieb. Hoffentlich wird der nur nicht als Zeuge angebracht, das wäre ganz schlimm. …

Mein Herz, ich höre für heute auf. Der Brief geht doch erst Sonntag weg, und eben kommt der zweite Alarm, und wenn der vorüber ist, will ich ins Bett gehen, falls ich dann dazu noch Gelegenheit haben sollte. Der Herr behüte Dich und uns. J.

Tegel, den 6. 1. 45.

Mein Lieber, wie schön war das dreiviertel Stündchen mit meinem Pim. So lieb und zärtlich. Ganz gewärmt stieg ich wieder oben in meine Zelle, und Du zogst zu P.'s. Mein Herz, es wäre ja noch besser gewesen, garnicht zu reden, aber ich dachte, ich gebe Dir das Stichwort Weihnachten, denn haben wir zu wenig zu reden, dann kürzt er uns womöglich die Zeit. Aber ich sah, wie schön Deine Briefe sind, denn es gab nicht ein Mal das kleinste Farbtönchen, das nicht so gewesen wäre, wie ich es mir vorgestellt hatte. Wohlig sah mein Herz aus und zufrieden. Dass das vielleicht unser letzter Blick auf dieser Welt gewesen ist, ist mir garnicht mehr zum Bewusstsein gekommen, als es schon immer war, wenn ich von Kreisau abfuhr. Drum war es auch kein bisschen traurig oder wehmütig. Wie anders war das bei der ersten Sprechstunde. Eine ganze Welt liegt dazwischen, eine Welt von Zuversicht und Vertrauen und, wenn das nicht schon wieder meine alte Freundin Hoffart sein sollte, auch ein wenig Demut, die ersten Rudimente.

So, nun geht also der Streit los. Als ich zurück kam, wartete ich eine Stunde auf Hercher, und als er dann nicht kam, bat ich Gissel, bei Trothas anzurufen, Du möchtest Hercher alarmieren, denn ich fürchtete, er käme nicht mehr. Der gute Gissel gab sich auch große Mühe, konnte aber bei Trothas keine Antwort bekommen, und bei P.'s wollte ich ihn nicht anrufen lassen. Aber als Gissel mal wieder ganz unglücklich erschien, kam Hercher. – Es ist ärgerlich und vielleicht sehr erschwerend, dass er die Akten nicht gelesen hat; ich habe ihm nun den vollständigen Tatbestand den Goerdeler-Komplex betreffend gegeben, d. h. dass auch alle Gerüchte von der Polizei stammten, und das und der Brief von Dix bewogen ihn zu folgendem Urteil:

a. Der Mann, der die Anklage gemacht hat, ist überzeugt, dass ein Todesurteil herauskommt;
b. Die Anklage ist sicher vorher mit Freisler, mit S. D. und Justizminister besprochen;
c. Folglich kommt Freisler mit der Meinung an, es gebe ein Todesurteil;
d. Die Erklärungen, die ich jetzt zu allen kritischen Punkten zu geben vermag, verändern den Tatbestand so weit, dass das Gericht nicht gezwungen ist, ein Todesurteil zu fällen;
e. Ob Freisler sich umstimmen lässt, hängt nur von dem persönlichen menschlichen Eindruck ab, den er gewinnt, und von keinen Beweisfragen; will er sich umstimmen lassen, dann wird er auch ohne weitere Beweise mir so viel glauben, dass er sein Urteil begründen kann; will er sich nicht umstimmen lassen, dann wird er mir eben so wenig glauben, dass er sein Urteil begründen kann;
f. Vor zwei Monaten hätte dieser Tatbestand mit Notwendigkeit zum Todesurteil geführt; die Anklage sei auch so abgefasst, als sei ich einer der großen Sünder; tatsächlich handele es sich jetzt aber nur noch um Aufräumearbeiten, sodass ein 20.7.-Fall u. U. heute milder beurteilt wird, als derselbe Fall beurteilt werden würde, falls er neu aufträte.
g. Anhören würde Freisler mich ganz gewiss, schon des Namens wegen.

Mir hat Hercher wieder sehr gut gefallen. Er kennt eben Freisler; er kennt die Mätzchen; er ist nicht klug, aber in diesen Prozessen sehr erfahren. Er sagte auch: keine Jurisprudenz, die spielt garkeine Rolle; keine Ansichten äußern, sondern nur Tatsachen berichten, die aber ruhig bis in die kleinsten Details. Alles einstecken, nicht zurückbrüllen, sich nicht gegen Insulte wehren, sondern trotz Brüllen und Insulten ganz ruhig bei der eigenen Darstellung verharren, auch da, wo man Ansichten sagen will, so einkleiden, dass sie als Tatsachen auftreten. «Freisler ist begabt, genial, sehr feinfühlig, aber nicht klug», war H.'s zusammenfassendes Urteil. Kurz, er sagte: Wir werden's versuchen.

Du siehst, dass auch hier eine allmähliche Schwenkung eingetreten ist und dass Hercher eben nicht mehr einen Zwang zum Todesurteil sieht. Damit, sagte er, kommt es auf die Schulderklärung garnicht an. Will er verurteilen, so hat er genug Stoff, will er nicht zum Tode verurteilen, kommt er auch über die Schulderklärung hinweg. Im übrigen werden wir Zeit haben wie Heu: Er nimmt auch noch einen dritten oder vierten Tag hinzu, das ist ganz gleich.

Dies alles gehört zu den Luftgespinsten, die die Gefahr heraufbeschwören, dass man ihnen folgend immer wieder von dem Ziel abkommt. Ich schreibe es Dir trotzdem so ausführlich, weil eben hier die gleiche Wandlung vorgegangen ist wie bei uns, dass das Todesurteil nicht mehr mit so absolut erscheinender Sicherheit prognostiziert wird.

Im übrigen, was interessant ist: Freisler hält sich eng an die Anklage; es könnte sein, dass er noch neues Material hereinbrächte, es sei aber nicht sehr wahrscheinlich, und er fällt das Urteil nur auf Grund der in der mündlichen Verhandlung erörterten Dinge und niemals auf Grund irgendwelcher sonstiger Informationen.[2] Alles sehr interessant, und es rundet doch das Bild dahin ab, dass Freisler zwar ein fanatischer und unbeherrschter, aber doch ein bedeutender politischer Richter ist.

Mein Herz, ich bin glücklich, dass Du mich grade fandest. Ich kann die Unterschiede nämlich nicht merken. Hercher hat das Attest mit und will sehen, dass Freisler die Sitzgenehmigung vor der Verhandlung erteilt. …

7. 1. 45.

Mein liebes Herz, wie lieb haben sich unsere Gedanken schon getroffen. Guten Morgen. Es gibt natürlich garnichts Neues. Ich kann aber wieder ganz von vorne anfangen und Dir sagen, dass ich Dich sehr lieb habe, dass wir eben ein Schöpfungsgedanke sind, und, wenn der Herr mich zu sich ruft, Du in mir mitreist, und ich in Dir hier bleibe. …

So ziehe ich also wohlgerüstet los, und um was mehr könnte ich bitten? Leb wohl, mein sehr liebes Herz, der Herr behüte Dich und uns. J. …

1 Ein Lager der Hitler-Jugend. *2* Siehe Helmuths Brief vom 12. Oktober 1944, S. 65 f.

Freya an Helmuth James, 6./7. Januar 1945

Abend

Mein liebes Herz, wie wunderschön war es heute bei Dir, wie gut haben wir uns getrennt. Hoffentlich, mein geliebter Jäm, bist Du auch so glücklich und untraurig in Deine Zelle wie ich in die Welt zurückgekehrt. Ich habe in der Zeit, in der wir da gemeinsam saßen, nur gefühlt, wie fest wir zusammengehören, wie sicher ich bin, dass das immer so bleiben wird, und von Trennungsweh brauchte ich garnichts zu verspüren, obwohl meine Augen immer wieder über Dich glitten, über das Liebste, was es für mich gibt, und ich wusste, dass ich das alles vielleicht auf dieser Welt nicht wiedersehen werde. Ich wusste es und glaubte es doch nicht. Nein, noch anders, ich meinte, mir zureden zu müssen, es zu glauben, aber es gelang nicht. Ich war ganz ehrlich und machte mir nichts vor, und doch konnte ich nur glücklich über Deine mir so vertraute, so gewohnte und so geliebte Nähe sein. Es war wieder ganz selbstverständlich, aber ich habe es doch als etwas ungeheuer kostbares empfunden, so nah bei Dir sitzen zu können. So war es bei mir! So schön, so Schatz bereichernd. Gott gebe, dass es bei Dir auch nicht zu schwer war, dass Du nicht gepeinigt worden bist in Deiner Zelle, dass Dir es nicht zu anstrengend war, dass ich nicht wieder an Dir gezogen habe in dieses herrliche gemeinsame Leben. Ich hoffe, Hercher hat Dir geholfen und Dich in Deine Verteidigung, Deine Arbeit und Deine Überlegungen hereingezogen und von traurigen Gedanken an uns abgezogen. Mein liebes Herz, wie sehr liebe ich Dich und wie froh bin ich, Dich so lieben zu dürfen; was würde ich nicht tun, um Dir und mir Dein Leben erhalten zu können, und weiß doch so genau, dass wir ja so zutiefst erfahren und begriffen haben: «Dein Wille geschehe.» Mein Jäm, mein Liebster, vielleicht *ist* dieser Brief der letzte, den ich je an Dich schreibe, vielleicht, aber es kommt auf das Briefeschreiben nicht an, es kommt selbst auf das Miteinanderleben nicht an, aber es kommt auf die Liebe an. So schreibe ich Dir aber heute, da ich noch schreiben kann, noch einmal von meiner Liebe. Was auch immer geschieht, Du bist das Glück meines Lebens, Du bist mein Reichtum, Du bist mein Leben. Was wäre ich ohne Dich! Ich bin Dir zugewachsen. Kaum war ich erwachsen, so warst Du da, und ich wusste, dass ich die Deine war. Ich weiß es jetzt mehr denn je, Du weißt es auch. Mein Herz, Du musst jetzt alles auf den Weg vor Dir konzentrieren, auf den Termin und auf den Tod. Du darfst jetzt nicht mehr an mich denken, und das hast Du auch nicht nötig, denn meine Liebe wird Dich unermüdlich und unverdrängbar umgeben. Sie wird Dich einhüllen und wärmen, wenn Deine Feinde Dich umgeben, sie wird mit Dir gehen, wohin Du auch gehen musst. Nie, nie, nie hat sie ein Ende. Sie hat mein Leben reich gemacht und wird mein Leben reich erhalten. Immer werden wir uns in unserer Liebe finden, hier oder dort. … Wir waren glücklich, wir sind glücklich und wir bleiben glücklich. Wir sind zusammen dankbar und zusammen aufgehoben, wir bleiben zusammen, und kein Tod kann uns trennen. Ich jammere auch nicht, denn unser Leben müssen wir bereit sein einzusetzen. Ich billige alles, was Du tatest, aus Herzensgrund. Ich will nicht erst große Worte machen, die nur so tun könnten, als wären wir nicht eins, aber da wir es sind, so gehört auch das dazu und gibt mir Mut und Haltung und Stolz. Das alles deutet aber zu sehr auf Deinen Tod: den sollen wir für möglich halten, aber wir brauchen nicht fest an ihn zu glauben. Erst müssen wir kämpfen, und bei dem Kampf brauchst Du meine Liebe. Du hast sie, Du hast mich. Ich werde klopfen und wärmen und bitten und Deiner gedenken ohne Furcht, ohne Unruhe, ganz bereit und doch entschlossen, zu kämpfen um uns. Bleib auch Du ruhig und fest verankert, geborgen in Gott und verbunden mit Deinem Pim. Dann werden die Gaben Deines Geistes und Deines Kopfes und Herzens schon zu Hilfe kommen, denn Du kämpfst ja auch nicht für Dich allein! Ich könnte noch lange, lange weiter schreiben und doch ist nichts mehr neu und alles gesagt zwischen uns. ... Sonntag früh. Guten Morgen, mein liebes Herz, das hast Du sicher auch schon heute früh an mich geschrieben. ... Ich bleibe auch dabei, dass ich früh an beiden Tagen zu Hercher gehe und dann über Tag in Lichterfelde bleibe und abends nach Herchers Anruf zu den Freunden fahre. Das bleibt mein Programm. Ich werde meine Gedanken bei Dir haben und beim lieben Gott und werde etwas stopfen oder nähen oder etwas tun, was lediglich meine Hände beschäftigt. Ich werde Dich nicht mit Gedanken und Wünschen bedrängen, ich werde nur da sein und mich durch Gott führen lassen. Er wird mir helfen, ruhig zu bleiben und so, wie Du mich brauchst. Sollte das Todesurteil am 2. Tag herauskommen, oder wann es herauskommt, dann werde ich sofort geschäftig. Ich verzweifele bestimmt nicht, das brauche ich Dir wohl nicht zu sagen, da Du so genau weißt, wie es in mir aussieht – und ich in Dir. Mein geliebtes Herz, mein Jäm, mein Liebster. – Nach der Sprechstunde war ich noch eine Weile bei Dorothee, schrieb an Freisler und kam um 1 zum V. G. H., aber dort tat schon niemand mehr was. ... – Ich stellte dann mit Haus und Oxé fest, dass die Auskunft, das Gnadengesuch sei an W. R. abgegeben, nicht stimmt. Die sitzen sicher noch drauf! Oder es ist im Papierkorb. Haus hat dann gleich einliegenden Brief geschrieben. Ich wollte Onkel Bill unterschreiben lassen. Als sich aber dort niemand meldete, unterschrieb ich selbst unter seinem Kopf zügig «von Moltke», und der Brief ist gestern um 4.15 schon vom Tirpitzufer[1] abgegangen und ist heute bei Keitel, dem widerlichen Waschlappen, oder seinem Adjutanten. Der Hewelsche ist wieder bei Adrian. Unterwegs ist nur der an Himmler. Haus war wieder sehr nett. «Jetzt müssen wir mal was für unseren Grafen tun», sagte er zu Frau Tharant, und dann diktierte er, sich mit mir beratend. Was nutzt alle Intelligenz, wenn der Charakter nichts wert ist. Selten kommt beides zusammen. Bei Haus ist das in angenehmem Maß der Fall. ... – Blü-Blü[2] kam schon vorgestern abend. Hast Du es mir vielleicht gestern sogar angesehen? Bis zum Termin ist es jedenfalls überstanden, und jetzt geht es mir auch garnicht schlecht.

Ich mache Dir nichts vor, mach Dir aber keine Sorgen um mich. Ich wäre außerstande, Dich auch nur im kleinsten jetzt zu betrügen, selbst nicht aus Rücksichtsnahme, weil wir zu sehr eins sind und Du es dann doch irgendwie merken würdest. Nein, die Burg[3] hält ganz gut, aber das liegt sicher nur am Fels, auf dem sie steht, und weil sie einen so vortrefflichen Besitzer hat! Sie ist aber immer schon ein treuer Gefährte, diese Burg, und ich weiß, wie dankbar ich für sie sein kann. Wenige verfügen über eine so sichere und feste, und ich empfinde jetzt manchmal ein richtiges, abgelöstes Gefühl der Dankbarkeit ihrer Treue gegenüber. – Mir scheint, mein Herz, damit hätte ich alles erzählt, gleich wird es hier Frühstück geben, und die Stille ist zunächst vorüber. – Wie dankbar wir unseren Freunden sein können, ist garnicht auszuschöpfen, das ist ein Kapitel für sich, und auch darüber bedürfen wir beide keines ausdrücklichen Gedankenaustausches, aber wenn dies der letzte Brief sein sollte, der Dich je von mir erreicht, so gehört ein Wort über ihre Liebe und Freundschaft bestimmt hinein. Was wäre aus uns ohne sie geworden, drinnen und draußen! Der liebe Gott möge sie behüten. Sie steht hinter ihm an Format durchaus nicht zurück, und sie ergänzen sich auf genau so selbstverständliche Weise wie wir. Die gehören auch zusammen.

Ich habe Dir unsere Sprüche auf ein Zettelchen geschrieben. Nimm sie mit oder lass sie da, ganz wie Du magst. Du brauchst von mir nichts stoffliches mitzunehmen, denn Du trägst mich fest in Dir, so wie ich Dich. So ist dieser Brief kein Ende und kein Anfang, sondern nur einer der vielen Siegel auf etwas sehr viel schöneres und beständigeres, wofür es keine rechten Worte gibt, das wir besitzen als kostbarsten Schatz und nie zu verlieren brauchen und werden. Daher soll auch keine Träne mehr auf diese Worte fallen, denn wir haben nur Grund, getrost und freudig, dankbar und glücklich zu sein und unser Menschenschicksal als Gottes Kinder gemeinsam auf uns zu nehmen, gemeinsam – so wird es bleiben hier oder dort. So sag ich, Gott behüte Dich, uns! Ich bin und bleibe immer

Dein P.

1 Das heißt: vom Sitz des Oberkommandos der Wehrmacht. *2* Die Monatsblutung. *3* Bezeichnung für Freya bzw. ihren Körper. Siehe Helmuths Brief vom 1./2. Januar 1945, S. 246.

Helmuth James an Freya, 7. Januar 1945

Tegel, den 7. 1. 45.

Mein liebes Herz, wie schön, Dir noch ein Mal schreiben zu können, obwohl ich garnichts mehr zu schreiben weiß, denn wir haben's uns ja ausführlich und in ganz klaren Worten gesagt. Ich will's auch nicht wiederholen, auf dass es nicht durch die Wiederholung leide und sich abschwäche, wie Abschiedsgrüße, wenn der Zug nicht abfahren will. Darum sage ich nur, dass es mich eben freut, Dir noch ein Nacht- und morgen früh noch ein Morgen-Grüßchen schicken zu können. ...

Ja, mein Lieber, ich suche Dich an den Termintagen bei Carl Dietrich in der Wohnung und abends bei den Freunden. Tue nichts; auch nichts in meinen Sachen, denn das ist doch alles entweder zu spät oder zu früh; außerdem besteht immer die Gefahr, dass so etwas Dich unruhig macht. Carl Viggo und/oder Jowo würde ich so bestellen, dass einer von ihnen am Morgen nach dem Urteil da ist, gibt es kein Todesurteil, dann fährt er eben wieder nach Haus; gibt es ein Todesurteil, dann muss aber sofort etwas geschehen, vor allem muss dann aus Hercher herausgequetscht werden, was für Gnadenchancen die Verhandlung geboten haben mag, sozusagen wie groß der Schuldgrad ist. Ziel aller solcher Bestrebungen muss Himmler sein.

P. wird Dir ja erzählt haben, dass es mir gut geht. Ich bitte darum, dass es so bleibt, was immer geschehen mag. Wenn der Herr mich so hält wie jetzt, dann kann mir garnichts geschehen.

... Leb wohl, mein Herz, gute Nacht für heute. J.

Helmuth James an Freya, 10. Januar 1945

Berlin, den 10. Januar 1945.

Mein Lieber, denk' mal wie schön, dass ich noch ein Mal hier nach Tegel zurückgebracht worden bin, dass die Würfel, deren Fall schon genau feststeht, sozusagen auf der Kante noch ein Mal halten. So kann ich noch in Frieden einen Bericht schreiben.

Erst mal den Schluss vorweg: Um 3 Uhr etwa verlas Schulze, der keinen üblen Eindruck macht, die Anträge: Moltke: Tod und Vermögenseinziehung; Delp: desgl.; Gerstenmaier: Tod; Reisert und Sperr: desgl.; Fugger: 3 Jahre Zuchthaus; Steltzer und Haubach abgetrennt. Dann kamen die Verteidiger, eigentlich alle ganz nett, keiner tückisch.

Dann die Schlussworte der Angeklagten, wobei Dein Wirt als einziger verzichtete. Eugen war, wie ich am Schlusswort merkte, etwas unruhig.

Nun kommt der Gang der Verhandlung. Alle diese Nachrichten sind natürlich verboten.

Es war in einem kleinen Saal, der zum Brechen voll war. Anscheinend ein früheres Schulzimmer. Nach einer langen Einleitung von Freisler über Formalien – Geheimhaltung, Verbot des Mitschreibens etc. – verlas Schulze die Anklage, und zwar nur den kurzen Text, der auch im Haftbefehl[1] stand. Dann kam Delp dran, mit dem seine zwei Polizisten vortraten. Die Verhandlung spielte sich so ab: Freisler, den Hercher sehr richtig beschrieben hat: begabt, genial und nicht klug, und zwar alles dreies in Potenz, erzählt den Lebenslauf; man bejaht oder ergänzt, und dann kommen diejenigen Tatfragen, die ihn interessieren. Da schneidet er aus dem Tatbestand eben Dinge heraus, die ihm passen, und lässt ganze Teile weg. Bei Delp fing es damit an, wie er Peter und mich kennengelernt hat, was zuerst in Berlin besprochen ist, und dann kam Kreisau Herbst 42 dran. Auch hier die Form: Vortrag von Freisler, in den man Antworten, Einreden, eventuell neue Tatsachen einbauen kann; besteht aber die Möglichkeit, dass man dadurch den Ductus stören könnte, so wird er ungeduldig, zeigt an, dass er es doch nicht glaubt, oder brüllt einen an. Der Aufbau für Kreisau so: Zuerst waren es allgemeine Erörterungen mehr grundsätzlicher Art, dann wurde der praktische Fall der Niederlage erörtert, und zum Schluss wurden Landesverweser gesucht. Die erste Phase möge noch angehen, obwohl überraschend sei, dass alle diese Besprechungen ohne einen einzigen Nationalsozialisten stattfanden, dafür aber mit Geistlichen und lauter Leuten, die sich später am 20. 7. beteiligt hätten. – Die zweite Phase aber sei bereits schwärzester Defaitismus allerdunkelster Art. Und das dritte offene Vorbereitung zum Hochverrat. – Dann kamen die Münchener Besprechungen dran. Das stellte sich zwar alles als viel harmloser heraus, als es in der Anklage stand, aber es hagelte Pflaumen gegen die katholischen Geistlichen und gegen die Jesuiten: Zustimmung zum Tyrannenmord – Mariana;[2] uneheliche Kinder; Deutschfeindlichkeit u.s.w., u.s.w. Das alles mit Gebrüll mittlerer Art und Güte. Auch die Tatsache, dass Delp bei den Besprechungen weggegangen war, die in seiner Wohnung stattfanden, wurde ihm als «echt jesuitisch» zur Last gelegt: «Gerade dadurch dokumentieren Sie ja selbst, dass Sie genau wussten, dass da Hochverrat getrieben wurde, aus dem Sie gerne das Köpfchen mit der Tonsur, den geweihten, heiligen Mann heraushalten wollten. Der ging derweil wohl in die Kirche, um dafür zu beten, dass das Komplott auch in Gott wohlgefälliger Form gelänge.» – Dann kam Delp's Besuch bei Stauffenberg dran. Und schließlich die am 21. 7. erfolgte Mitteilung Sperr's davon, dass Stauffenberg ihm Andeutungen über einen Umsturz gemacht habe. Diese beiden letzten Punkte gingen glimpflich ab. Bemerkenswert in der ganzen Vernehmung, dass ich in jedem 2ten Satz von Freisler irgendwie vorkam: «der Moltke-Kreis», «Moltke's Pläne», «gehört auch zu Moltke» u. s. w.

Als Rechtsgrundsätze wurden verkündet:

«Der Volksgerichtshof steht auf dem Standpunkt, dass eine Verrattat schon der begeht, der es unterlässt, solche defaitistischen Äußerungen wie die von Moltke, wenn sie von einem Mann seines Ansehens und seiner Stellung geäußert werden, anzuzeigen.» – «Vorbereitung zum Hochverrat begeht schon der, der hochpolitische Fragen mit Leuten erörtert, die in keiner Weise dafür kompetent sind, insbesondere nicht mindestens irgendwie tätig der Partei angehören.» – «Vorbereitung zum Hochverrat begeht jeder, der sich irgendein Urteil über eine Angelegenheit anmaßt, die der Führer zu entscheiden hat.» – «Vorbereitung zum Hochverrat begeht, der zwar selbst jede Gewalthandlung ablehnt, aber Vorbereitungen für den Fall trifft, dass ein anderer, nämlich der Feind, die Regierung mit Gewalt beseitigt; dann rechnet er eben mit der Gewalt des Feindes.» Und so ging es immer weiter. Daraus gibt es nur einen Schluss: Hochverrat begeht, wer dem Herrn Freisler nicht passt.

Dann kam Sperr. Der zog sich aus der Kreisau-Affäre – mit Recht ein wenig auf meine Kosten – einigermaßen heraus. Es wurde ihm aber folgendes vorgehalten: «Warum haben Sie nicht angezeigt? Sehen Sie, wie wichtig das gewesen wäre: Der Moltke-Kreis war bis zu einem gewissen Grade der Geist des ‹Grafen-Kreises›, und der wieder hat die politische Vorbereitung für den 20. Juli gemacht; denn der Motor des 20. Juli war ja keineswegs Herr Goerdeler, der wahre Motor steckte in diesen jungen Männern.» Sperr im ganzen freundlich behandelt.

Nun Reisert. Er wurde sehr freundlich behandelt. Er hat drei Besprechungen mit mir gehabt, und es wurde ihm vor allem zur Last gelegt, dass er nicht schon nach der ersten bemerkt hätte, dass ich ein Hochverräter und schwerer Defaitist sei, und dann noch zwei andere Besprechungen mit mir gehabt hätte. Ihm wurde vor allem der Vorwurf gemacht, nicht angezeigt zu haben.

Schließlich Fugger. Der machte einen sehr guten Eindruck. Er war eine Zeit lang elend gewesen und hatte sich nun wieder erholt, war bescheiden, sicher, hat keinen von uns belastet, sprach nett bayrisch und hat mir noch nie so gut gefallen wie gestern; ganz ohne Nerven, während er hier immer schreckliche Angst gehabt hatte. Er gab sofort zu, dass, nach dem, was ihm heute gesagt worden sei, ihm klar sei, dass er hätte anzeigen müssen, und er wurde so gnädig entlassen, dass ich gestern abend dachte, er würde freigesprochen werden.

Hingegen war auch in den anderen Vernehmungen der Name Moltke immerzu zu hören. Wie ein roter Faden zog sich das durch alles durch, und nach den oben angeführten «Richtsätzen» des V. G. H. war ja klar, dass ich umgebracht werden sollte.

Nun vielleicht eine kleine Einschiebung über das Bild:

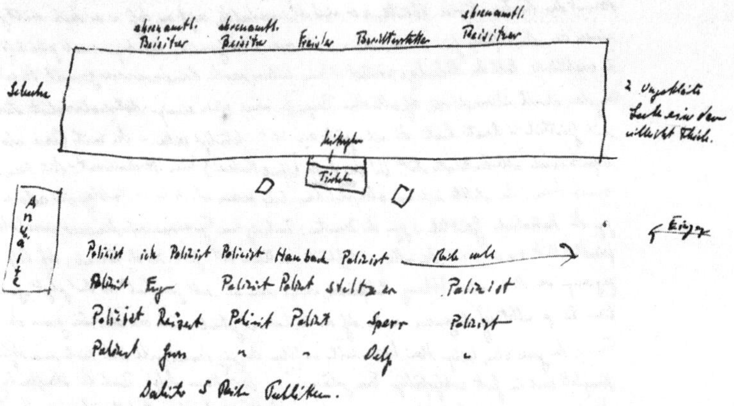

Die ganze Verhandlung wird durch das Mikrophon auf Stahlbänder für das Archiv aufgenommen. Du wirst sie Dir also, solltest Du Lust dazu haben, später ein Mal vorspielen lassen können. Man tritt vor den Tisch, die beiden Polizisten mit, die sich rechts und links auf die beiden Stühle setzen; für Reisert und mich wurde sofort und ohne dass wir fragten ein Stuhl bereitgestellt. Schulze, Freisler und Berichterstatter in roten Roben. Typisch war ein Vorfall: Aus irgendeinem Grunde wurde ein St. G. B.[3] gebraucht, weil Freisler etwas daraus vorlesen wollte. Es stellte sich aber heraus, dass keines aufzufinden war.

Nun kommt der zweite Tag. Da fing er mit mir an. In mildem Ton ging es los; sehr schnell, sozusagen rapid; Gott sei Dank, dass ich flink bin und Freisler's Tempo spielend mitmachte; das machte übrigens sichtlich uns beiden Freude. Aber wenn er das bei einem Mann exerziert, der nicht ganz schnell ist, so ist der verurteilt, ehe er bemerkt hat, dass Freisler die Personalien hinter sich gelassen hat. Bis einschließlich der

Besprechung mit Goerdeler und meiner Stellung dazu durchaus glatt und ohne viel Aufhebens.

Dann kam mein Einwand, Polizei und Abwehr hätten davon gewusst. Da bekam Freisler Tobsuchtsanfall Nr. 1. Alles, was Delp zuvor erlebt hatte, war einfach eine Spielerei dagegen. Ein Orkan brach los: Er hieb auf den Tisch, lief an so rot wie seine Robe und tobte: «So etwas verbitte ich mir; so etwas höre ich mir garnicht an.» Und so ging das immer fort. Da ich ohnehin wusste, was rauskam, war mir das alles ganz gleich: Ich sah ihm eisig in die Augen, was er offenbar nicht schätzte, und plötzlich konnte ich nicht umhin zu lächeln. Das ging nun zu den Beisitzern, die rechts von Freisler saßen, und zu Schulze. Den Blick von Schulze hättest Du sehen müssen. Ich glaube, wenn ein Mensch von der Brücke über dem Krokodilteich im Zoo hinunterspringt, so kann der Aufruhr nicht größer sein. Na schön, damit war das Thema erschöpft.

Nun kam aber Kreisau, und da hielt er sich nicht lange bei den Präliminarien auf, sondern steuerte schnurstracks auf zwei Dinge los: *a.* Defaitismus, *b.* das Aussuchen von Landesverwesern. Über beides neue Tobsuchtsanfälle gleicher Güte, und, als ich mit der Verteidigung kam, das alles sei aus dienstlicher Wurzel hervorgegangen, dritter Tobsuchtsanfall: «Alle Behörden Adolf Hitler's arbeiten auf der Grundlage des Sieges, und das ist im O. K. W. nicht anders wie woanders; so etwas höre ich mir garnicht an, und selbst wenn es nicht so wäre, so hat eben jeder einzelne Mann die Pflicht, selbständig den Siegesglauben zu verbreiten.» Und so in langen Tiraden.

Nun kam aber die Quintessenz: «Wer war denn da? Ein Jesuitenpater! ausgerechnet ein Jesuitenpater! ein protestantischer Geistlicher, 3 Leute, die später wegen Beteiligung am 20. 7. zum Tode verurteilt worden sind! Und kein einziger Nationalsozialist! Kein einziger! Und da will ich doch nur sagen: Nun ist aber das Feigenblatt ab!» «Ein Jesuitenpater, und ausgerechnet mit dem besprechen Sie Fragen des zivilen Widerstandes! Und den Jesuitenprovinzial[4] kennen Sie auch! Und der war auch ein Mal in Kreisau! Ein Jesuitenprovinzial, einer der höchsten Beamten von Deutschlands gefährlichsten Feinden, der besucht den Grafen Moltke in Kreisau! Und da schämen Sie sich nicht! Kein Deutscher kann doch einen Jesuiten auch nur mit der Feuerzange anfassen! Leute, die wegen ihrer Haltung von der Ausübung des Wehrdienstes ausgeschlossen sind! Wenn ich weiß, in einer Stadt ist ein Jesuitenprovinzial, so ist das für mich fast ein Grund, garnicht in die Stadt zu gehen! – Und der andere Geistliche.[5] Was hatte der dort zu suchen? Die sollen sich ums Jenseits kümmern, aber uns hier in Ruhe lassen. – Und

Bischöfe besuchen Sie! Was haben Sie bei einem Bischof, bei irgendeinem Bischof verloren? Wo ist Ihre Befehlsstelle? Ihre Befehlsstelle ist der Führer und die N. S. D. A. P.! Für Sie so gut wie für jeden anderen Deutschen, und wer sich seine Befehle in noch so getarnter Form bei den Hütern des Jenseits holt, der holt sie sich beim Feind und wird so behandelt werden!» Und so ging das weiter. Aber das war in einer Tonart, der gegenüber die früheren Tobsuchtsanfälle noch wie das sanfte Säuseln eines Windchens waren.

Ergebnis dieser Vernehmung «gegen mich» – denn zu sagen «meiner Vernehmung» wäre Quatsch –: Ganz Kreisau und jede dazu gehörige Teilunterhaltung ist Vorbereitung zum Hochverrat.

Ja, richtig, das muss ich noch sagen: Nach diesem Höhepunkt ging es in 5 Minuten zum Schluss: Die Unterredungen in Fulda und München, das alles kam überhaupt nicht mehr dran, sondern Freisler meinte, das können wir uns nun wohl schenken, und fragte: Haben Sie noch etwas zu sagen? Worauf ich nach einigem Zögern, leider, erwiderte: «Nein», und damit war ich fertig.

Nun geht es in der Zusammenfassung weiter: Wenn die anderen Leute, deren Namen vorgekommen sind – übrigens nicht in der Verhandlung, denn nachdem die Sache so lief, haben wir uns alle gehütet, auch nur noch einen Namen zu nennen –, noch nicht verhaftet sind, so vielleicht als quantité négligeable. Werden sie aber verhaftet und haben sie irgendeine Kenntnis gehabt, die über die rein gesellschaftliche Unterhaltung über solche Fragen hinausgeht oder die diese Fragen in Zusammenhang mit möglicher Niederlage bringen, so müssen sie mit Todesstrafe rechnen. Also das trifft vor allem Einsiedel. Carl Dietrich und Peters – der ganze wirtschaftliche Teil ist nicht vorgekommen und um Himmels willen darüber kein Wort – müssen von folgenden Dingen ganz fernbleiben: *a.* Goerdeler-Kenntnis; *b.* vorbereitete oder systematische Besprechungen; *c.* Geistliche aller Art; *d.* Möglichkeit der Besetzung irgendeines Reichsteils, geschweige denn Niederlage; *e.* Besprechungen über irgendwelche organisatorische Fragen «Landesverweser» «Gewerkschaft» «Landkarte» u. s. w.

Einsiedel muss sagen: Ihn habe nur das Problem Planwirtschaft interessiert, das er gegen allerhand Einwände vertreten habe, und er sei nur Oktober 42 dort gewesen, nachher habe er sich nur manchmal mit mir unterhalten, rein gesellschaftlich; auch in Kreisau sei er häufig so zur Erholung gewesen. Am besten war er auch im Okt. 42 14 Tage auf Urlaub bei uns und da kamen die anderen. Das muss sehr sorgfältig überlegt werden, denn ich fürchte, dass Maaß sich explicite geäußert hat. Das muss er alles rundweg bestreiten. Nach der auf uns angewandten Judikatur werden beide, Carl Dietrich und Einsiedel, zum Tode verurteilt; denn auch C. D. hat wesentlich mehr gewusst und mitberedet als Reisert. Am besten übermalt Ihr diesen Absatz ganz dick, sobald Ihr ihn gelesen habt, denn der genügt ja als Beweismittel.

Letzten Endes entspricht diese Zuspitzung auf das kirchliche Gebiet dem inneren Sachverhalt und zeigt, dass Freisler eben doch ein guter politischer Richter ist. Das hat den ungeheuren Vorteil, als wir nun für etwas umgebracht werden, was wir *a.* getan haben und was *b.* sich lohnt. Aber dass ich als Märtyrer für den heiligen Ignatius von Loyola[6] sterbe – und darauf kommt es letztlich hinaus, denn alles andere war daneben nebensächlich –, ist wahrlich ein Witz, und ich zittere schon vor dem väterlichen Zorn von Papi, der doch so antikatholisch war. Das andere wird er billigen, aber das? Auch Mami wird wohl nicht ganz einverstanden sein.

(Eben fällt mir noch etwas zum Tatbestand ein. Mich fragte er: «Sehen Sie ein, dass Sie schuldig sind?» Ich sagte im wesentlichen Nein. Darauf Freisler: «Sehen Sie, wenn Sie das immer noch nicht erkennen, wenn Sie immer noch darüber belehrt werden müssen, dann zeigt das eben, dass Sie anders denken und damit sich selbst aus der kämpfenden Volksgemeinschaft ausgeschlossen haben.»)

Das Schöne an dem so aufgezogenen Urteil ist Folgendes: Wir haben keine Gewalt anwenden wollen – ist festgestellt; wir haben keinen einzigen organisatorischen Schritt unternommen, mit keinem einzigen Mann über die Frage gesprochen, ob er einen Posten übernehmen wolle – ist festgestellt; in der Anklage stand es anders. Wir haben nur gedacht, und zwar eigentlich nur Delp, Gerstenmaier und ich, die anderen galten als Mitläufer und Peter und Adam als Verbindungsleute zu Schulenburg etc. Und vor den Gedanken dieser drei einsamen Männer, den bloßen Gedanken, hat der N. S. eine solche Angst, dass er alles, was damit infiziert ist, ausrotten will. Wenn das nicht ein Kompliment ist. Wir sind nach dieser Verhandlung aus dem Goerdeler-Mist raus, wir sind aus jeder praktischen Handlung heraus, wir werden gehenkt, weil wir zusammen gedacht haben. Freisler hat recht, tausend Mal recht; und wenn wir schon umkommen müssen, dann bin ich allerdings dafür, dass wir über dieses Thema fallen.

Ich finde, und nun komme ich zum Praktischen, dass diese Sache, richtig aufgemacht, sogar noch ein wenig besser ist als der berühmte Fall Huber.[7] Denn es ist noch weniger geschehen. Es ist ja nicht ein Mal ein Flugblatt hergestellt worden. Es sind eben nur Gedanken ohne auch nur die Absicht der Gewalt. Die Schutzbehauptungen, die wir alle aufgestellt haben: Polizei weiß, dienstliche Ursache, Eugen hat nichts kapiert, Delp ist immer gerade nicht dabei gewesen, die muss man streichen, wie sie auch Freisler mit Recht gestrichen hat. Und dann bleibt übrig ein Gedanke: Womit kann im Chaos das Christentum ein Rettungsanker sein? Dieser eine einzige Gedanke fordert morgen wahrscheinlich 5 Köpfe und später noch die von Steltzer und Haubach und wohl auch Husen. Aber dadurch, dass in dieser Verhandlung das Trio eben Delp, Eugen, Moltke heißt und der Rest nur durch «Ansteckung» dies trägt, dadurch, dass keiner dabei ist, der etwas anderes vertrat, keiner, der zu den Arbeitern gehörte, keiner, der irgendein weltliches Interesse betreute, dadurch, dass festgestellt ist, dass ich großgrundbesitzfeindlich war, keine Standesinteressen, überhaupt keine eigenen Interessen, ja nicht ein Mal die meines Landes vertrat, sondern menschheitliche, dadurch hat Freisler uns unbewusst einen ganz großen Dienst getan, sofern es gelingt, diese Geschichte zu verbreiten und auszunutzen. Und zwar m. E. im Inland und draußen. Durch diese Personalzusammenstellung ist dokumentiert, dass nicht Pläne, nicht Vorbereitungen, sondern der Geist als solcher verfolgt werden soll. Vivat Freisler!

Das auszunutzen ist nicht Deine Aufgabe. Da wir vor allem für den heiligen Ignatius sterben, sollen seine Jünger sich darum kümmern. Aber Du musst ihnen diese Geschichte liefern, und wen sie von Wurm's Leuten zuziehen, ist gleich; am besten wahrscheinlich Pressel. Ich berede das morgen noch mit P. Kommt es raus, dass Du diesen Brief empfangen und weitergegeben hast, so wirst Du auch umgebracht. Tattenbach muss das klar auf sich nehmen und im Notfall sagen, er habe es von Delp mit der letzten Wäsche bekommen. Gib dies Exemplar nicht aus der Hand, sondern nur eine Abschrift, und bei der muss sofort so übersetzt werden, dass es von Delp stammen kann, also bei ihm in der Ich-Form.

So, das ist dieser Teil; der Rest kommt gesondert. J.

Dass Konrad, Dietz und Faulhaber, wohl auch Wienken, unterrichtet werden müssen, ist klar. Lass das aber andere machen. Nichts Derartiges ist Dein Geschäft. Wenn sie nicht gänzlich verschreckt sind, sollten sie aus unserem Tode nett Kapital schlagen können.

1 Siehe Anhang, S. 331 f. *2* Juán de Mariana, spanischer Jesuit des 17. Jahrhunderts, der den Tyrannenmord billigte. *3* Strafgesetzbuch. *4* Augustin Rösch. *5* Eugen Gerstenmaier. *6* Der Gründer des Jesuitenordens im 16. Jahrhundert. *7* Gemeint ist Kurt Huber, der an der Abfassung der Flugblätter der Widerstandsgruppe «Weiße Rose» beteiligt war, die die Geschwister Hans und Sophie Scholl verteilten. Er wurde dafür am 13. Juli 1943 hingerichtet.

Helmuth James an Freya, 10./11. Januar 1945

Tegel, d. 10. 1. 45.

Mein liebes Herz, zunächst muss ich sagen, dass ganz offenbar die letzten 24 Stunden eines Lebens garnicht anders sind als irgendwelche anderen. Ich hatte mir immer eingebildet, man fühle das nur als Schreck, dass man sich sagt: Nun geht die Sonne das letzte Mal für Dich unter, nun geht die Uhr nur noch 2 Mal bis 12, nun gehst Du das letzte Mal zu Bett. Von all dem ist keine Rede. Ob ich wohl ein wenig überkandidelt bin, denn ich kann nicht leugnen, dass ich mich in geradezu gehobener Stimmung befinde. Ich bitte nur den Herrn im Himmel, dass er mich darin erhalten möge, denn für das Fleisch ist es sicher leichter, so zu sterben. Wie gnädig ist der Herr mit mir gewesen! Selbst auf die Gefahr hin, dass das hysterisch klingt: ich bin nur voll Dank, eigentlich ist für nichts anderes Platz. Er hat mich die 2 Tage so fest und klar geführt: Der ganze Saal hätte brüllen können, wie der Herr Freisler, und sämtliche Wände hätten wackeln können, und es hätte mir garnichts gemacht; es war wahrlich so, wie es in Jesaja 43,2 heißt: «Und so du durch Wasser gehst, will ich bei dir sein, dass dich die Ströme nicht sollen ersäufen; und so du ins Feuer gehst, sollst du nicht brennen, und die Flamme soll dich nicht versengen.» – Nämlich deine Seele. Mir war, als ich zum Schlusswort aufgerufen wurde, so zu Mute, dass ich beinahe gesagt hätte: Ich habe nur eines zu meiner Verteidigung anzuführen: «Nehmen sie den Leib, Gut, Ehr, Kind und Weib, lass fahren dahin, sie haben's kein Gewinn, das Reich muss uns doch bleiben.»[1] Aber das hätte doch die anderen noch belastet. So sagte ich nur: ich habe nicht die Absicht, noch etwas zu sagen, Herr Präsident.

Es ist nun noch ein schweres Stück Weges vor mir, und ich kann nur bitten, dass der Herr mir weiter so gnädig ist, wie er war. Für heute Abend hatte Eugen uns aufgeschrieben: Matthäus 14,22–33 (Randnotiz: Ich sehe eben, es war gestern Lukas 5,1–11). Er hatte es anders gemeint; aber es bleibt wahr, dass dies für mich ein Tag eines großen Fischzuges war und dass ich heute Abend mit Recht sagen kann: «Herr, gehe von mir hinaus! Ich bin ein sündiger Mensch.» Und was haben wir, mein Lieber, gestern Schönes gelesen: «Wir haben aber solchen Schatz in irdenen Gefäßen, auf dass die überschwengliche Kraft sei Gottes und nicht von uns. Wir haben allenthalben Trübsal; aber wir ängsten uns nicht. Uns ist bange; aber wir verzagen nicht. Wir leiden Verfolgung; aber wir werden nicht verlassen. Wir werden unterdrückt, aber wir kommen nicht um. Und tragen allezeit das Sterben des Herrn

Jesus an unserem Leibe, auf dass auch das Leben des Herrn Jesus an unserem Leibe offenbar werde.»[2] Dank, mein Herz, vor allem dem Herrn, Dank, mein Herz, Dir für Deine Fürbitte, Dank allen Anderen, die für uns und für mich gebetet haben. Dein Wirt, Dein schwacher, feiger, «komplizierter», sehr durchschnittlicher Wirt, der hat das erleben dürfen. Wenn ich jetzt gerettet werden würde – was ja bei Gott nicht wahrscheinlicher oder unwahrscheinlicher ist als vor einer Woche –, so muss ich sagen, dass ich erst ein Mal mich wieder zurecht finden müsste, so ungeheuer war die Demonstration von Gottes Gegenwart und Allmacht. Er vermag sie eben auch zu demonstrieren, und zwar ganz unmissverständlich zu demonstrieren, wenn er genau das tut, was einem nicht passt. Alles Andere ist Quatsch.

Drum kann ich Dir nur eins sagen, mein liebes Herz: Möge Gott Dir so gnädig sein wie mir, dann macht selbst der tote Ehewirt garnichts. Seine Allmacht vermag er eben auch zu demonstrieren, wenn Du Eierkuchen für die Söhnchen machst oder Puschti beseitigst, obwohl es das hoffentlich nicht mehr gibt. Ich sollte wohl von Dir Abschied nehmen – ich vermag's nicht; ich sollte wohl Deinen Alltag bedauern und betrauern – ich vermag's nicht; ich sollte wohl der Lasten gedenken, die jetzt auf Dich fallen – ich vermag's nicht. Ich kann Dir nur eins sagen: Wenn Du das Gefühl absoluter Geborgenheit erhältst, wenn der Herr es Dir schenkt, was Du ohne diese Zeit und ihren Abschluss nicht hättest, so hinterlasse ich Dir einen nicht konfiszierbaren Schatz, demgegenüber selbst mein Leben nicht wiegt. Diese Römer, diese armseligen Kreaturen von Schulze und Freisler und wie das Pack alles heißen mag: Nicht ein Mal begreifen würden sie, wie wenig sie nehmen können!

Ich schreibe morgen weiter, aber da man nie weiß, was geschieht, will ich in dem Brief jedenfalls jedes Thema berührt haben. Ich weiß natürlich nicht, ob ich nun morgen hingerichtet werde. Es mag sein, dass ich noch vernommen, verprügelt oder aufgespeichert werde. Kratze, bitte, an den Türen; denn vielleicht hält sie das doch von zu argem Prügeln ab. Wenn ich auch nach dem heutigen Erfolg weiß, dass Gott auch diese Prügel zu nichts machen kann, selbst wenn ich keinen heilen Knochen am Leibe behalte, ehe ich gehenkt werde, wenn ich also im Augenblick keine Angst davor habe, so möchte ich das lieber vermeiden. – So, gute Nacht, sei getrost und unverzagt. J.

Hercher, der ja ein lieber Mann ist, der war etwas schockiert über meine gute Laune; daran siehst Du, dass es garnicht zu unterdrücken war.

11. 1. 1945.

Mein Lieber, ich habe nur Lust, mich ein wenig mit Dir zu unterhalten. Zu sagen habe ich eigentlich nichts. Die materiellen Konsequenzen haben wir eingehend erörtert. Du wirst Dich da schon irgendwie durchwinden, und setzt sich ein anderer nach Kreisau, so wirst Du das auch meistern. Lass Dich nur von nichts anfechten. Das lohnt sich wahrhaftig nicht. Ich bin unbedingt dafür, dass Ihr sorgt, dass die Russen meinen Tod erfahren. Vielleicht ermöglicht Dir das, in Kreisau zu bleiben. Das Rumziehen in dem Rest-Deutschland ist auf alle Fälle grässlich. Bleibt das dritte Reich wider Erwarten doch, was ich mir in meinen kühnsten Phantasien nicht vorstellen kann, so musst Du sehen, wie Du die Söhnchen dem Gift entziehst. Ich habe natürlich nichts dagegen, wenn Du dann auch Deutschland verlässt. Tu, was Du für richtig hältst, und meine nicht, Du seist so oder so durch irgendeinen Wunsch von mir gebunden. Ich habe Dir immer wieder gesagt: Der tote Mann kann nicht regieren. – Geldliche Sorgen brauchst Du Dir aber auch nicht zu machen. Solange das Deichmannhaus zahlt und solange Du die Hypothek auf Kreisau behältst – wobei Du nur eisern dabei bleiben musst, sie sei mit Deinem Geld erworben, teils Erbschaft nach Großmutter Schnitzler, teils Schenkung von Tante Emma (Wodan)[3] –, wirst Du immer genug zum Leben haben, und wenn auch beides wegfallen sollte, werden sich genug Leute finden, die Dir aushelfen.

Ich denke mit ungetrübter Freude an Dich und die Söhnchen, an Kreisau und all die Menschen da; der Abschied fällt mir im Augenblick garnicht schwer. Vielleicht kommt das noch. Aber im Augenblick ist es mir keine Mühe. Mir ist ganz und garnicht nach Abschied zu Mute. Woher das kommt, weiß ich nicht. Aber es ist nicht ein Anflug von dem, was mich nach Deinem ersten Besuch im Oktober, nein November war es wohl, so stark überfiel.[4] Jetzt sagt mein Inneres: *a.* Gott kann mich heute genauso dahin zurück führen wie gestern, und *b.* und wenn er mich zu sich ruft, so nehme ich es mit. Ich habe garnicht das Gefühl, das mich manchmal überkam: Ach, nur noch ein Mal möchte ich das alles sehen. Dabei fühle ich mich garnicht «jenseitig». Du siehst ja, dass ich mich lieb mit Dir unterhalte, statt mich dem lieben Gott zuzuwenden. In einem Liede – 208,4– heißt es: «denn der ist zum Sterben fertig, der sich lebend zu Dir hält.» Genau so fühle ich mich. Ich muss, da ich heute lebe, mich eben lebend zu ihm halten; mehr will er garnicht. Ist das pharisäisch? Ich weiß es nicht. Ich glaube aber zu wissen, dass ich nur in seiner Gnade und Vergebung lebe und nichts von mir habe oder von mir vermag.

Ich schwätze, mein Herz, wie es mir in den Sinn kommt; darum kommt jetzt etwas ganz anderes. Das Dramatische an der Verhandlung war letzten Endes folgendes: In der Verhandlung erwiesen sich alle konkreten Vorwürfe als unhaltbar, und sie wurden auch fallengelassen. Nichts davon blieb. Sondern das, wovor das dritte Reich solche Angst hatte, dass es 5, nachher werden es 7 Leute werden, zu Tode bringen muss, ist letzten Endes nur folgendes: ein Privatmann, nämlich Dein Wirt, von dem feststeht, dass er mit 2 Geistlichen beider Konfessionen, mit einem Jesuitenprovinzial und mit einigen Bischöfen, *ohne die Absicht, irgend etwas Konkretes zu tun*, und das ist festgestellt, Dinge besprochen hat, «die zur ausschließlichen Zuständigkeit des Führer's gehören». Besprochen was: nicht etwa Organisationsfragen, nicht etwa Reichsaufbau – das alles ist im Laufe der Verhandlung weggefallen, und Schulze hat es in seinem Plaidoyer auch ausdrücklich gesagt («unterscheidet sich völlig von allen sonstigen Fällen, da in den Erörterungen von keiner Gewalt und keiner Organisation die Rede war»), sondern besprochen wurden Fragen der praktisch-ethischen Forderungen des Christentums. Nichts weiter; dafür allein werden wir verurteilt. Freisler sagte zu mir in einer seiner Tiraden: «Nur in einem sind das Christentum und wir gleich: wir fordern den ganzen Menschen!» Ich weiß nicht, ob die Umsitzenden das alles mitbekommen haben, denn es war eine Art Dialog – ein geistiger zwischen Freisler und mir, denn Worte konnte ich nicht viele machen –, bei dem wir uns beide durch und durch erkannten. Von der ganzen Bande hat nur Freisler mich erkannt, und von der ganzen Bande ist er auch der einzige, der weiß, weswegen er mich umbringen muss. Da war nichts von «komplizierter Mensch» oder «komplizierte Gedanken» oder «Ideologie», sondern: «Das Feigenblatt ist ab». Aber nur für Herrn Freisler. Wir haben sozusagen im luftleeren Raum miteinander gesprochen. Er hat bei mir keinen einzigen Witz auf meine Kosten gemacht, wie noch bei Delp und bei Eugen. Nein, hier war es blutiger Ernst: «Von wem nehmen Sie Ihre Befehle? Vom Jenseits oder von Adolf Hitler!» «Wem gilt Ihre Treue und Ihr Glaube?» Alles rhetorische Fragen, natürlich. – Freisler ist jedenfalls der erste Nationalsozialist, der begriffen hat, wer ich bin, und der gute Müller ist demgegenüber ein Simpel.

Mein Herz, eben kommt Dein sehr lieber Brief. Der erste Brief, mein Herz, in dem Du meine Stimmung und meine Lage nicht begriffen hast.[5] Nein, ich beschäftige mich garnicht mit dem lieben Gott oder meinem Tod. Er hat die unaussprechliche Gnade, zu mir zu kommen und sich mit mir zu beschäftigen. Ist das hoffärtig? Vielleicht. Aber er wird mir noch so vieles vergeben heute Abend, dass ich ihn schließlich um diese letzte Hoffart auch noch um Vergebung bitten darf. Aber ich hoffe ja, dass es nicht hoffärtig ist, denn ich rühme ja nicht das irdene Gefäß, nein, ich rühme den köstlichen Schatz, der sich dieses irdenen Gefäßes, dieser ganz unwürdigen Behausung bedient hat. Nein, mein Herz, ich lese genau die Stellen der Bibel, die ich heute gelesen hätte, wenn keine Verhandlung gewesen wäre, nämlich: Josua 19–21, Hiob 10–12, Hesekiel 34–36, Markus 13–15 und unseren 2ten Korintherbrief zu Ende; außerdem die kleinen Stellen, die ich auf den Zettel für Dich geschrieben habe. Bisher habe ich nur den Josua und unsere Korintherbriefstelle gelesen, die mit dem schönen, so vertrauten, seit Kind oft gehörten Satz schließt: «Die Gnade unseres Herrn Jesu Christi und die Liebe Gottes und die Gemeinschaft des heiligen Geistes sei mit Euch allen. Amen.» Ich habe das Gefühl, mein Herz, als wäre ich autorisiert, Dir und den Söhnchen das mit absoluter Autorität zu sagen. Darf ich da nicht den 118. Psalm, der heute Morgen dran war, mit vollem Recht lesen? Eugen hat ihn sich zwar für eine andere Lage gedacht, aber er ist viel wahrer geworden, als wir es je für möglich hielten.

Mein Herz, darum bekommst Du auch Deinen Brief trotz Deiner Bitte zurück. Ich trage Dich mit hinüber und brauche dafür kein Zeichen, kein Symbol, nichts. Es ist nicht ein Mal so, dass mir verheißen wäre, ich würde Dich nicht verlieren; nein, es ist viel mehr: ich weiß es.

Eine große Pause, während derer Buchholz da war und ich rasiert wurde, außerdem habe ich Kaffee getrunken, Kuchen und Brötchen gegessen. Nun schwätze ich weiter. Der entscheidende Satz jener Verhandlung war: «Herr Graf; eines haben das Christentum und wir Nationalsozialisten gemeinsam, und nur dies eine: wir verlangen den ganzen Menschen.» Ob er sich klar war, was er damit gesagt hat? Denk mal, wie wunderbar Gott dies sein unwürdiges Gefäß bereitet hat: In dem Augenblick, in dem die Gefahr bestand, dass ich in aktive Putschvorbereitungen hineingezogen wurde – Stauffenberg kam am Abend des 19. zu Peter –, wurde ich rausgenommen, damit ich frei von jedem Zusammenhang mit der Gewaltanwendung bin und bleibe. – Dann hat er in mich jenen sozialistischen Zug gepflanzt, der mich als Großgrundbesitzer von allem Verdacht einer Interessenvertretung befreit. – Dann hat er mich so gedemütigt, wie ich noch nie gedemütigt worden bin, sodass ich allen Stolz verlieren muss, sodass ich meine Sündhaftigkeit endlich nach 38 Jahren verstehe, sodass ich um seine Vergebung bitten, mich seiner Gnade anvertrauen lerne. – Dann lässt er mich hierher kommen, damit ich Dich gefestigt sehe und frei von Gedanken an

Dich und die Söhnchen werde, d. h. von sorgenden Gedanken; er gibt mir die Zeit und Gelegenheit, alles zu ordnen, was geordnet werden kann, sodass alle irdischen Gedanken abfallen können. – Dann lässt er mich in unerhörter Tiefe den Abschiedsschmerz und die Todesfurcht und die Höllenangst[6] erleben, damit auch das vorüber ist. – Dann stattet er mich mit Glaube, Hoffnung und Liebe aus, mit einem Reichtum an diesen Dingen, der wahrlich überschwenglich ist. – Dann lässt er mich mit Eugen und Delp sprechen und klären. – Dann lässt er Rösch und König entlaufen, sodass es zu einem Jesuitenprozess nicht reicht und im letzten Augenblick Delp an uns angehängt wird. – Dann lässt er Haubach und Steltzer, deren Fälle fremde Materie[7] hereingebracht hätten, abtrennen und stellt schließlich praktisch Eugen, Delp und mich allein zusammen, und dann gibt er Eugen und Delp durch die Hoffnung, die menschliche Hoffnung, die sie haben, jene Schwäche, die dazu führt, dass ihre Fälle nur sekundär sind und dass dadurch das Konfessionelle weggenommen wird, und dann wird Dein Wirt ausersehen, als Protestant vor allem wegen seiner Freundschaft mit Katholiken attackiert und verurteilt zu werden, und dadurch steht er vor Freisler nicht als Protestant, nicht als Großgrundbesitzer, nicht als Adliger, nicht als Preuße, nicht als Deutscher – das alles ist ausdrücklich in der Hauptverhandlung ausgeschlossen, so z. B. Sperr: «Ich dachte, was für ein erstaunlicher Preuße» –, sondern als Christ und als garnichts anderes. «Das Feigenblatt ist ab», sagt Herr Freisler. Ja, jede andere Kategorie ist abgestrichen – «ein Mann, der von seinen Standesgenossen natürlich abgelehnt werden muss», sagt Schulze. Für welch eine gewaltige Aufgabe ist Dein Wirt ausersehen gewesen: All die viele Arbeit, die der Herrgott mit ihm gehabt hat, die unendlichen Umwege, die verschrobenen Zickzackkurse, die finden plötzlich in einer Stunde am 10. Januar 1945 ihre Erklärung. Alles bekommt nachträglich einen Sinn, der verborgen war. Mami und Papi, die Geschwister, die Söhnchen, Kreisau und seine Nöte, die Arbeitslager[8] und das Nichtflaggen[9] und nicht der Partei oder ihren Gliederungen angehören, Curtis und die englischen Reisen,[10] Adam und Peter und Carlo, das alles ist endlich verständlich geworden durch eine einzige Stunde. Für diese eine Stunde hat der Herr sich all diese Mühe gegeben.

Und nun, mein Herz, komme ich zu Dir. Ich habe Dich nirgends aufgezählt, weil Du, mein Herz, an einer ganz anderen Stelle stehst als alle die anderen. Du bist nämlich nicht ein Mittel Gottes, um mich zu dem zu machen, der ich bin, Du bist vielmehr ich selbst. Du bist mein 13tes Kapitel des ersten Korintherbriefes. Ohne dieses Kapitel ist kein Mensch ein Mensch. Ohne Dich hätte ich mir Liebe schenken lassen, ich habe sie z. B. von Mami angenommen, dankbar, glücklich, wie man dankbar ist für die Sonne, die einen wärmt. Aber ohne Dich, mein Herz, hätte ich «der Liebe nicht». Ich sage garnicht, dass ich Dich liebe; das ist garnicht richtig. Du bist vielmehr jener Teil von mir, der mir alleine eben fehlen würde. Es ist gut, dass mir das fehlt; denn hätte ich das, so wie Du es hast, diese größte aller Gaben, mein liebes Herz, so hätte ich vieles nicht tun können, so wäre mir so manche Konsequenz unmöglich gewesen, so hätte ich dem Leiden, das ich ja sehen musste, nicht so zuschauen können und vieles andere. Nur wir zusammen sind ein Mensch. Wir sind, was ich vor einigen Tagen symbolisch schrieb, ein Schöpfungsgedanke. Das ist wahr, buchstäblich wahr. Darum, mein Herz, bin ich auch gewiss, dass Du mich auf dieser Erde nicht verlieren wirst, keinen Augenblick. Und diese Tatsache, die haben wir schließlich auch noch durch unser gemeinsames Abendmahl, das nun mein letztes war, symbolisieren dürfen.

Ich habe ein wenig geweint, eben, nicht traurig, nicht wehmütig, nicht weil ich zurück möchte, nein, sondern vor Dankbarkeit und Erschütterung über diese Dokumentation Gottes. Uns ist es nicht gegeben, ihn von Angesicht zu Angesicht zu sehen, aber wir müssen sehr erschüttert sein, wenn wir plötzlich erkennen, dass er ein ganzes Leben hindurch am Tage als Wolke und in der Nacht als Feuersäule vor uns hergezogen ist und dass er uns erlaubt, das plötzlich, in einem Augenblick, zu sehen. Nun kann nichts mehr geschehen.

Mein Herz, die letzte Woche, vor allem der gestrige Tag haben sicher manche meiner Abschiedsbriefe überholt gemacht. Die werden sich demgegenüber lesen wie kalter Kaffee. Ich überlasse es Dir, ob Du sie trotzdem absenden willst, ob Du was dazu sagen oder schreiben willst. Dass ich die Hoffnung habe, dass die Söhnchen eines Tages diesen Brief verstehen werden, ist klar; aber ich weiß, dass es eine Frage der Gnade ist und nicht irgendeiner äußeren Beeinflussung. – Dass Du alle Leute grüßen sollst, ist auch klar, auch solche wie Oxé und Frl. Thiel und Frau Tharant. Ist es Dir ein Angang, sie anzurufen, so lass es; es spielt keine Rolle. Ich zähle sie nur auf, weil es so die äußersten, extremsten Fälle sind. Da Gott die unglaubliche Gnade hat, in mir zu sein, so kann ich nicht nur Dich und die Söhnchen, sondern alle Lieben und unendliche, die mir viel ferner sind, mitnehmen. Das kannst Du ihnen sagen.

Jetzt noch eines. Dieser Brief ist in Vielem auch eine Ergänzung zu meinem gestern geschriebenen Bericht, der viel nüchterner ist. Aus beiden zusammen müsst Ihr eine Legende machen, die aber so abgefasst sein muss, als habe sie Delp von mir erzählt. Ich muss darin die

Hauptperson bleiben, nicht weil ich es bin, nicht weil ich es sein will, sondern weil der Geschichte sonst das Zentrum fehlt. Ich bin nun ein Mal das Gefäß gewesen, für das der Herr diese unendliche Mühe aufgewandt hat.

Mein Herz, mein Leben ist vollendet, und ich kann von mir sagen: Er starb alt und lebenssatt. Das ändert nichts daran, dass ich gerne noch etwas leben möchte, dass ich Dich gerne noch ein Stück auf dieser Erde begleitete. Aber dann bedürfte es eines neuen Auftrages Gottes. Der Auftrag, für den mich Gott gemacht hat, ist erfüllt. Will er mir noch einen neuen Auftrag geben, so werden wir es erfahren. Darum strenge Dich ruhig an, mein Leben zu retten, falls ich den heutigen Tag überleben sollte. Vielleicht gibt es noch einen Auftrag.

Ich höre auf, denn es ist nichts weiter zu sagen. Ich habe auch niemanden genannt, den Du grüßen und umarmen sollst; Du weißt selbst, wem meine Aufträge für Dich gelten. Alle unsere lieben Sprüche sind in meinem Herzen und in Deinem Herzen. Ich aber sage Dir zum Schluss kraft des Schatzes, der aus mir gesprochen hat und der dieses bescheidene irdene Gefäß erfüllt:

Die Gnade unseres Herrn Jesu Christi und die Liebe Gottes und die Gemeinschaft des heiligen Geistes sei mit Euch allen. Amen.

J.

1 Lied 90, «Ein feste Burg». *2* 2. Korinther 4,7. *3* Vermutlich handelt es sich um eine Beteiligung an der Kohlenzeche Wodan. *4* Siehe Helmuths Brief vom 14. November 1944, S. 135 ff. *5* Dieser Brief von Freya, vermutlich vom 9. oder 10. Januar 1945, ist nicht erhalten. *6* Siehe Helmuths Brief vom 31. Dezember 1944/1. Januar 1945, S. 243. *7* Gewerkschaftsthemen. *8* Siehe Biographische Notiz, S. 337. *9* Da der Gutsinspektor Adolf Zeumer an seinem Haus die Hakenkreuzfahne aufzog, konnten die Moltkes das eigene Flaggen umgehen. *10* Siehe Biographische Notiz, S. 339.

Freya an Helmuth James, 11./12. Januar 1945

Donnerstag Abend.

Mein Herz, Du lebst noch, wie schön! Schulze hat Hercher auch gesagt, so schnell würde jetzt keinesfalls mehr vollstreckt. Mein Glück ist groß, dass ich Dich noch bei mir habe. Ich habe auch Bericht und Brief schon mittags in vollen Zügen genossen, noch ehe ich wusste, dass Du am Abend noch leben würdest. Es waren furchtbar anstrengende Tage, aber ich war alle Zeit sicher, dass Du in der Sonne der göttlichen Gnade warst, und war unbesorgt und so dankbar, dass Du immer in Tegel warst. Es gab vieles zum dankbar sein – ich war es auch, aber es war trotzdem das anstrengendste, was ich bisher erlebt habe. Bewusst und langsam sollte ich mich von Deiner Nähe trennen, Schritt vor Schritt, ach Gott, es ist entsetzlich schwer, und wenn es schon im Frieden und mit Gott geschah, wenn, wenn, wenn – es ist doch sehr schwer zu ertragen, trotz aller Hilfe und allem Trost und aller Liebe und aller Güte.

Nun darf ich noch einmal um Dich kämpfen, noch einmal ein Aufschub, den wir nutzen können. P. glaubt nicht, dass es zu etwas führen wird, und es ist anstrengend für Dich, wieder neu zu beginnen, aber ich bin dankbar und glücklich, dass ich wieder anfangen kann.

Jetzt aber bin ich müde und werde in Deiner Nähe schlafen und morgen in der Frühe zu Carl Dietrich fahren. Carl Viggo ist schon da. Jowo kommt Sonnabend. C. Viggo möchte ich auf Thierack hetzen. Adrian geht zu Kaltenbrunner, sobald der zurückkommt, und ich versuche an Müller heranzukommen. Auch Schulze will ich wieder frequentieren.

Was Du schreibst, gefällt mir sehr, ja ich bin glücklich, dass Du *richtig* und nicht für Goerdeler stirbst. Es ist dramatisch zu lesen! Deine Stimmung habe ich allerdings anders eingeschätzt und war so beglückt, wie viel unheiliger, wie selbstverständlich, wie lächelnd sie war. Ich bin nun zu müde, sonst würde ich mehr darüber schreiben, ich armes Erdenstück. Ach, mein Jäm, heute war ich mir meiner ganzen tiefen, großen Schwäche so bewusst, meiner Armseligkeit, meiner Kleinheit. Dann gab ich dies auf und dachte an das vom Magnet bewegte Eisenteilchen, da wurde mir gut zu Mute. Nicht viel später kam Dein Brief. Ich habe den ganzen Morgen so nach (um) Fassung ringen müssen und wollte auch noch *nur* bei Dir sein, wollte, wollte, wollte und konnte nicht, bis ich nicht mehr wollte, da wars besser. Ich konnte einfach nicht nur an Dich denken, wie ich mir so zutiefst wünschte. Gestern und vorgestern war ich ganz, still und ruhig, aber heute voller Tränen.

Nun gute Nacht, mein liebes Herz! Noch einmal gute Nacht, gute Nacht! Noch gehörst Du dieser Welt, der ich Jammergestalt angehöre. [Dein] P. umarmt Dich.

Guten Morgen, darf ich sagen, mein geliebtes Herz, guten Morgen, bei mir! [Die letzten Worte sind unleserlich]

Helmuth James an Freya, 12. Januar 1945

Tegel, den 12. Januar 1945.

Mein Lieber, schon wieder ein Brief. Gottes Gnade ist mit uns beiden so sichtbarlich, dass es mich fast nicht mehr überraschen würde, wenn mir eben der Gang nach Plötzensee nun noch von der animalischen Angst befreit würde oder wenn ich überhaupt am Leben bliebe. Ihm ist wahrlich alles möglich. Meine Erleichterung gestern, als Eugen und Reisert mit 7 bzw. 5 Jahren Zuchthaus davonkommen, kannst Du Dir garnicht vorstellen. Ich konnte mich nicht enthalten, mich zu Eugen umzusehen, der das aber garnicht bemerkt hat, glaube ich, weil er völlig entrückt war. Außerdem war es natürlich auch ein besonderes Geschenk für mich, dass Kreisau nicht eingezogen wird. So kommt dann mein Testament zum Zuge, wonach C'chen es bekommt und Du als Vorerbin es bis zu seinem 25ten Lebensjahr hast. So kann es also auch keinen Familienstunk geben.

Die Urteilsbegründung unterließ jeden Hinweis auf die wahre Debatte, die zwischen Freisler und mir stattgefunden hatte. Davon war im Urteil[1] nichts mehr zu spüren. Es wäre ja auch von Freisler's Standpunkt aus töricht gewesen. Natürlich wäre es noch besser gewesen, das hätte auch im Urteil gestanden, aber das war nun nicht der Fall. – Eugen wurde mit Z. bestraft, weil er «ein politischer Schafskopf, ein Kirchenbürokrat und auch noch nicht sehr helle» sei. «7 Jahre Z.» würden «ihn hoffentlich veranlassen, umzulernen und ein rechter Kerl» zu werden. Wie gut, dass die wahre Debatte nur zwischen Freisler und mir war, denn sonst hätte Eugen diese Maske nie aufbehalten können. Mit mir hat Freisler über das Christentum und die Kirche gesprochen, nicht mit dem an sich zuständigen Eugen.

Es wurde zu spät für unsere Hinrichtung noch am gleichen Tage, denn die Verkündung war wohl so 5.15 beendet. Hercher sagte mir, Du seiest bei Kaltenbrunner. Nun, wenn der Herr will, bleibe ich am Leben und bin sehr bereit dazu. Aber im Grunde nehme ich an, dass wir, Delp und ich, heute abgeholt werden. Aber das werden wir ja alles erleben. Sollte ich heute nicht geholt werden, so weißt Du ja, dass ich Wäsche: 1 Hemd, 1 Pyjama, 2 Taschentücher und eventuell auch 1 Unterhose (Randnotiz: auch 1 Paar Socken) sowie Seife brauche. Sollte tatsächlich noch ernsthaft an der Gnadenfrage erwogen werden, so könnte ich ja eigentlich meinen schönen Anzug gegen einen schlechten und meinen Mantel gegen den blauen Trenchcoat mit Kamelhaarfutter tauschen. Der schöne Anzug war schließlich nur für die Verhandlung da, und Du kannst ihn ja in Berlin lassen, damit ich ihn anziehen kann, falls ich noch zu irgendeiner Größe geschleift werde. Aber das alles gilt ja nur für den mir höchst unwahrscheinlichen Fall, dass ich nicht heute oder morgen umgebracht werde.

Über Eugen bin ich einfach selig. – Übrigens Reisert ist verurteilt zu 5 Jahren wegen Nichtanzeige meiner Bestrebungen, obwohl er nicht wusste und nicht wissen konnte, dass irgend jemand anderes beteiligt war, und obwohl feststand, dass er nicht von mir um Landesverweser befragt worden ist. Also ein Zeichen dafür, was Carl Dietrich und Einsiedel erwarten würde, wenn sie angeklagt würden. – Ich habe ja immer auf dem Standpunkt gestanden, dass es schon möglich sei, dass er für sich eine wirkliche Verheißung bekommen hat. Ich habe ihm und Delp nur immer bestritten, dass man sich eine solche Verheißung ertrotzen kann. Eugen war ganz mitgenommen; viel mehr als Delp und ich.

Ich bin jetzt wieder gefesselt. Es geht mir auch wesentlich besser, fast gut; daher will ich dem ekligen Arzt nicht wieder auf die Bude rücken, sondern ruhig gefesselt bleiben. Es ist ja nur für wenige Tage, und sollte es länger sein, nun so werde ich es auch noch ertragen, vielmehr, das ist schon ein viel zu großes Wort.

Solange ich in meiner jetzigen Verfassung bleibe, d. h. so lange Gott die unaussprechliche Gnade hat, mich immerzu wissen zu lassen, dass er sich um mich bekümmert, kann mir garnichts, schlechthin nichts geschehen. Darum muss ich eben bitten und flehen.

Heute fangen wir den Galaterbrief an, mein Herz. Ich habe nichts mehr zu schreiben als immer wieder dasselbe, mein Lieber, mein Herz. Wieviele letzte Briefe habe ich Dir nicht schon geschrieben. Nun ist das wieder einer. Aber ob er es ist, steht nur in Gottes Hand, und wir haben alles Recht zu sagen:

«Meine Zeit steht in deinen Händen.»
«Errette mich von der Hand meiner Feinde und von denen,
die mich verfolgen.»

J.

1 Siehe Anhang, S. 335.

Helmuth James an Freya, 12./13. Januar 1945

Tegel, den 12. 1. 1945.

Mein Herz, bleierne Müdigkeit hat mich jetzt um ½4 überfallen, und ich werde glücklich sein, wenn ich um 6 im Bett liegen werde. Das ständige Hoch drei Tage lang hat mich eben erschöpft, zumal ich drei Nächte nur mit Pillen geschlafen habe, weil ich über Tag immerzu Kaffee trank, Coffein und Kaffeebohnen aß und deswegen garnicht erst versuchte, ohne Pillen zu schlafen, sondern beim Zubettgehen stets eine nahm. Nun sehne ich mich nach einer langen ungestörten Nacht.

Mein Armer, Dein Brief von gestern Abend und heute früh zeigt mir, wie anstrengend das alles für Dich war. Es ist eben viel schwieriger zuzuschauen, als betroffen zu sein. Nun, so hoffe ich, ist das überstanden. Der Termin ist vorbei, und ich kann deswegen ruhig an die Gnadensache denken und Dir dabei helfen. So will ich mal anfangen zu schreiben, was mir so alles einfällt.

1. Carl Viggo und Jowo sollen doch mal sehen, ob sie nicht eine Sprecherlaubnis für mich, nein mit mir ohne Zeugen bekommen können, um die Gnadenfrage zu besprechen. Vielleicht wird dem C. V. als Landgerichtsdirektor das genehmigt.

2. Die Tatsache, dass keine Vermögensbeschlagnahme ausgesprochen ist, ist ein günstiges Symptom. Denn das war beantragt, und auch Hercher hatte es als selbstverständlich erwartet. Ich kann mir nicht vorstellen, dass Freisler einfach vergessen haben sollte, das zu verkündigen; sondern ich halte das für sicher. … – Werde ich umgebracht, so tritt mein Testament ein.

3. Das Urteil steht auf 2 Füßen: *a.* weil ich meine Besprechung mit Beck–Goerdeler im Januar 43 nicht angezeigt habe, *b.* weil ich selbst Hochverrat getrieben habe.

4. Zu a. ergibt sich aus dem Urteil kein für das Gnadenverfahren wesentlicher Faktor. Aber aus dem Verfahren Folgendes:
Ich war und bin nach wie vor der Meinung, dass Polizei und Abwehr von der Sache Goerdeler gewusst haben, vor allem, weil meine Nachrichten von da stammten. Ich habe das schriftsätzlich vorher mitgeteilt und auch die Polizei nochmals davon unterrichtet. Die Polizei hat Hercher vor Beginn des Termins dienstlich mitgeteilt, sie wünschte nicht, dass ihre Kenntnis erörtert würde. Darauf habe ich im Termin nur von der Kenntnis der Abwehr zu sprechen begonnen. Das hat Freisler im Termin nicht zugelassen und mir diese Verteidigung abgeschnitten. Dass aber die Abwehr

wusste, ergibt sich aus der bereits erfolgten Hinrichtung Hansen (Chef Abwehr I) und der Verhaftung Canaris, Oster, e. t. c., die ich ja in der Haft gesehen habe.

Im Termin ist festgestellt worden, dass ich mich auf's Schroffste gegen Goerdeler gewehrt, auch alle meine Freunde ständig davor gewarnt hätte, sich mit ihm einzulassen, nein, mehr, sich auf irgendwelche auf Umsturz zielende Besprechungen einzulassen.

5. Zu b. ist im Termin folgendes festgestellt: ich habe nach ganz allgemeinen, grundsätzlichen Erörterungen der Frage, wie man den Widerstand im Falle feindlicher Besetzung von Landesteilen oder des Gesamtreiches organisieren und aufrecht erhalten könne, gesagt, man solle sich doch ein Mal überlegen, was für Männer eventuell in den einzelnen Landesteilen für eine solche Aufgabe in Frage kämen, und hätte meinerseits Lukaschek für einen geeigneten Typ gehalten. Es ist ausdrücklich festgestellt, dass ich mit niemandem, auch mit Lukaschek nicht, darüber gesprochen hätte, ob er Landesverweser werden wollte. Und es ist mit keinem Wort davon geredet – im Urteil findet sich nicht eine Andeutung darüber –, dass ich etwa mir auch nur Gedanken über eine neue Zentralregierung gemacht hätte.

6. Wenn ich richtig aufgepasst habe, ist auch keine Rede von Feindbegünstigung gewesen, die sonst immer mit angenommen wird.

7. Im Urteil kommt auch ganz klar zum Ausdruck, dass ich kein Reaktionär in dem Sinne bin, wie wir den Begriff verstehen. Aber «ein Reaktionär ist jeder, der etwas Anderes will als der N. S.» (Freisler in der Verhandlung).

8. Plaidoyer von Schulze und Urteilsbegründung sagen ganz klar: Im Grunde hat dieser Fall mit dem 20.7. nichts zu tun, sondern hängt nur aus Zufall daran. Vielmehr sagte Schulze: Dieser Fall unterscheidet sich von allen anderen, die sonst mit dem 20. 7. zusammenhängen.

9. Der Ton der Urteilsbegründung verrät eine gewisse Sympathie und der mich betreffende Schlusssatz: «darum hat er sich an die Macht bringen wollen» kam völlig unvermittelt und entspricht nicht dem Gesamttext.

10. Die Defaitismusfrage ist nicht Gegenstand der Verhandlung gewesen. Man müsste dann vielleicht das im Gnadenverfahren sagen, was ich für die mündliche Verhandlung präpariert hatte. Du kennst ja meine Äußerung zur Kriegslage aus dem Schriftsatz vom 8. 12.

11. Summa Summarum: Es ist sozusagen ein Todesurteil mit 3 –. Einer der Hauptgründe, weswegen ich mich Freisler's Wunsch, meine ganze schriftsätzlich vorbereitete Verteidigung zu übergehen, gebeugt habe – abgesehen von dem, über das ich gestern schrieb, dass ich die klare Fragestellung und Entscheidung: «wir verlangen beide den ganzen Menschen» nicht überschatten wollte –, war der, dass ich ihn damit bei seinem klaren Entschluss, zum Todesurteil zu kommen, nur gezwungen hätte, weiteres Material heranzuziehen, das Urteil viel härter zu begründen und damit diese Argumente für das Gnadenverfahren auszuschließen.

12. Bei dieser Sachlage ist zu prüfen:
a. ob ich Carl Viggo sprechen kann, sodass er diese Dinge vorbringen kann; oder
b. ob ich selbst ein Gnadengesuch schreiben soll und an wen.

Das ist alles, was mir zur Gnadensache einfällt. Ich bin für etwas Anderes zu müde. Es gibt gleich Abendbrot, und dann gehe ich ins Bett. Gute Nacht, mein Herz, pümpele gut. J.

13. 1. 45.

Guten Morgen, mein liebes Herz. Ich habe ein tüchtiges Stück geschlafen. Da ich um 6 angefangen habe, habe ich gegen Morgen ein wenig wachgelegen. Das war ja klar. Aber jetzt bin ich frisch und kann mich Deiner Trauer liebevoller widmen, als es in den letzten Briefen war, in denen ich auch sachlich zu überwältigt war.

Ja, mein Herz, es ist traurig, dass ich umgebracht werde, und zwar viel, viel trauriger für Dich als für mich. Das wollen wir garnicht verkleinern, und ich will es auch nicht verkleinern. Dass mir, wenn der Herr so bei mir bleibt wie jetzt, weder Tod noch Sterben, noch Abschiedsschmerz irgendwie schwerfallen werden, ist für Deinen Schmerz garkein Trost. Im Gegenteil, wenn Du Dich um meine Angst und meine Furcht so bemühen müsstest, wie es in den letzten Monaten der Fall war, dann würde Dir Deine Trauer vielleicht geringer vorkommen, während Du Dich ihr jetzt eben ganz hingeben kannst. Du schriebst über Deinen schlimmen Donnerstag, dass, als Du mich mit aller Kraft suchtest, Du mich nicht finden konntest, und dass es Dir erst gelang, als Du den Kampf aufgabst. Das wird wohl auch der rechte Weg sein. Bin ich ein Mal von dieser Welt gegangen, so können alle Deine irdischen Qualitäten, alle irdischen Kräfte und Fähigkeiten mich nicht wieder zu Dir zaubern. Das wären höchstens Träume oder Wahnvorstellungen. Du kannst mich dann nur in dem Herrn finden. Da bin ich dann eben, und ich will Dich locken und rufen und mich bemühen, damit Du mich dort findest und damit er seine Hand über Dir hält, damit Du mich dort findest. Aber wo anders bin ich dann eben nicht mehr. Und gerade bei meinem Tod, bei dem die Asche in die Winde verstreut wird,[1] wird das besonders klar gemacht: kein Grab, keine Platte, kein Teil meiner Gebeine bietet Dir irgendeinen Anhalt, sondern ich bin eben nur bei dem Herrn zu finden, und bei ihm bin ich Dir nachher genau so nahe wie jetzt. – Und um das nicht nur zu begreifen, sondern ganz fest zu wissen, dazu ist eben seine Gnade nötig, die er sich nicht abtrotzen lässt. Man kann nur bitten, dass er sie einem schenkt, und er wird sie Dir auf Deine und meine Bitte gewiss genauso schenken, wie er sie mir geschenkt hat und jede Sekunde neu schenkt. Denn es ist ja kein Besitz, den man halten und mit sich herumtragen kann, sondern sie muss einem jede Sekunde neu geschenkt werden; dazu sagt ja Paulus auch: «darum seid nicht stolz, sondern fürchtet euch!» nämlich dann, wenn einem die Gnade geschenkt ist. – Das hat mit Erdenkloß garnichts zu tun. Wir sind alle ganz gleichermaßen Erdenklöße oder irdene Gefäße; wir sind alle gleich unwert seiner Gnade; wir sind alle gleich minder; die Unterschiede, die zwischen den irdenen Gefäßen bestehen, sind so völlig gleichgültig im Verhältnis zu seiner Gnade, zu dem Schatz, den er vielleicht, d. h. wenn er will, in diese irdenen Gefäße gießt, dass sie eben nicht bestehen. Zwischen dem Henker, Herrn Freisler, Adolf Hitler, einem Raubmörder, Poelchau, Eugen, Delp und mir ist kein Unterschied, der für das Auge Gottes einen Grund dafür geben könnte, einem von diesen die Gnade zu schenken, einem anderen nicht.

Und damit komme ich zum Schluss dieses Teils: Es gibt für Dich keinen irdischen Trost für meinen Tod. Das, was man da sagen kann, hält alles im Ernste nicht stand und kommt letzten Endes darauf hinaus: Es vergisst sich. Und das gerade soll es nicht, denn es soll ja Frucht tragen. – Es gibt auch einen mystischen Trost, der das Gefühl innerer Verbundenheit erhalten kann; ich glaube, Marion hat ihn, jedenfalls hat sie die Anlage zur Mystik. – Aber das ist für Dich nichts, mein Herz. Du kannst nur eines tun: immer und immer wieder demütig bitten, dass der Herr Dich mit seiner Gnade erfülle, dass er, wie es bei Johannes – ich glaube 14 – heißt, zu Dir komme und bei Dir Wohnung mache. Und dann, mein Lieber, wirst Du auch mich dort finden. Dass ich den Herrn unablässig heute schon darum bitte und dass ich das auch weiter tun werde, weißt Du ja, und warum sollen wir nicht glauben, dass er diesen Bitten willfahren wird? Es ist ja notwendig, dass man das glaubt, und gerade dieser Glaube ist eine der Voraussetzungen dafür, dass er kommt.

Aber genug davon. Ich jedenfalls bin gegen «Haltung». Trauer ist Trauer und Schmerz ist Schmerz, und man braucht sich keines zu schämen. Haltung verhärtet leicht das Herz, und für Dich wäre das ganz unmöglich. Du darfst nie denken, Du seiest «mir eine gute Haltung schuldig». Das ist ganz belanglos. ...

Vielleicht klingt das alles sehr pharisäisch. Mein Herz, ich will Dir gegenüber wahrlich nicht pharisäisch sein, sondern mein Herz blutet mit dem Deinen, und wenn ich manches vielleicht kälter, nüchterner, kühler, unmenschlicher sage, als ich sollte, so musst Du es mir vergeben. Ich habe Dir ja schon vorgestern geschrieben, dass ich durch Dich das 13. Kapitel des 1. Korintherbriefes in mir trage, durch Dich, mein Herz, und eben nicht von mir. Leb wohl, mein Lieber, ich umarme Dich.

Der Herr behüte Dich und uns.

J. ...

1 Im August 1944 hatte Heinrich Himmler den Befehl gegeben, die Leichen der Hingerichteten zu verbrennen und ihre Asche auf die Berliner Rieselfelder zu verstreuen. Rieselfelder waren Anlagen, auf denen die Abwässer großflächig gereinigt, verrieselt wurden.

Freya an Helmuth James, 13. Januar 1945

Samstag Morgen

... Mein Liebster, heute muss ich noch einmal ausführlich von mir schreiben, wenn es mir gelingt, denn so wie ich bei Dir dies alles miterleben darf, so musst Du es auch bei mir. Du, mein Herz, hast ganz im Licht gestanden. Gott sei Dank, bei Dir war es so, wie es sein sollte, mein Lieber, sehr gnädig und sehr schön, ich aber habe Dir dabei nicht geholfen, obwohl ich es so gerne wollte. Es ist dies alles sehr schwer zu beschreiben, weil es mir so klar, dass ich es beschreiben könnte, nicht ist. Ich fühle nur deutlich, dass ich es nicht richtig gemacht habe, dass der Friede in den 3 Tagen kein Friede vom lieben Gott war, so sehr ich mich auch bemüht habe. Ich habe mich nämlich von früh bis abends immerzu bemüht, bei ihm und für Dich da zu sein, und alle Bemühung mit allen unseren schönen Texten, mit allen unseren kostbaren Erlebnissen war dabei nichts wert. Man hat es von außen nicht bemerkt und ich selbst ja auch nicht recht, ich weiß garnicht, ob Harald es z. B. gemerkt hat. Aber als ich am Donnerstag Mittag trotz allem ganz am Rande meiner Kräfte war – in jeder Weise –, als ich merkte, dass ich es nicht fertig brächte, Dich in Gedanken bis zu Deinem Tode zu geleiten, und es doch immer wieder wollte, da kam Dein Brief, und ich bemerkte, dass ich es falsch gemacht hatte; es war ganz klar, dass mein

Brief Dein Herz nicht erreichen konnte, od. – wie soll ich sagen – ins Leere ging, denn ich war ja selbst im Leeren. Da wurde ich dann ganz klein und arm und auch so zerschlagen, so armselig, wie ich mein Lebtag nicht gewesen bin, so nichtig, ja so erbärmlich – und Du lebtest, welches Glück! Gestern über Tag war das mit Geschäftigkeit mit Carl Viggo überdeckt, aber die Kleinheit war mir sehr gegenwärtig. Gegen 5 war ich dann wieder hier an Körper und Seele zerschlagen, und wie ich dann so gänzlich erledigt allein auf meinem Sofa hier lag, da wusste ich dann plötzlich, wie es richtig ist, und nun glaube ich es ganz und gar zu wissen, obwohl ich um diese Gewissheit zittere, wie Du um die Deine im November,[1] obwohl ich auch mich noch nicht zu rühren wage und noch ganz neu und vorsichtig gehe. Als ich aus meinem Zimmer kam, heute früh, sagte Dorothee ganz beglückt, als sie mich sah: Heute siehst Du ja wieder ganz anders aus! So ist es auch. Wie soll ich es beschreiben. Der Unterschied ist eben wirklich nicht groß zwischen dem Leben vor und dem Leben nach dem Tod, und auch der Schritt, der uns so riesig dünkt, ist klein und so viel selbstverständlicher, als wir es glauben. Jetzt lebst Du noch bei mir, und eines Tages wirst Du eben plötzlich nicht mehr auch bei mir, sondern nur in mir, anders weiterleben, vielleicht wirst Du auch weiter neben uns leben, aber es ist tatsächlich nicht so wichtig, was geschieht, ob Du getötet wirst oder ob Du am Leben bleibst, denn das, was wichtig ist, bleibt, deshalb muss ich nicht denken und dabei sein wollen, sondern unser Leben leben, deshalb muss *ich* nicht aus den kostbaren Büchern meine Nähe zu Dir und Gott und auch nicht durch ständiges Flehen und Bitten zu fassen suchen, sondern ich muss mit meiner großen Liebe zu Dir still, selbstverständlich dem lieben Gott geöffnet, alltäglich und natürlich weiterleben. Dann ist er bei mir, denn er ist es schon oft, ja meistens gewesen, ganz ohne dass ich es realisiert habe, dann bin ich aber auch bei Dir, wie ich es immer gewesen bin. Mein Herz, meine Fürbitte für Dich ist nicht mein Gebet, mein Leben ist es, mein Sein, meine Existenz, mein Zu-Dir-Gehören im Leben, wo immer das Leben gelebt wird. Das ist mir nun so bewusst geworden, obwohl mein ganzes Leben und jedes Wort, das ich an Dich in diesen Monaten gerichtet habe, es Dir wohl schon gezeigt haben, es *Dir* vielleicht ganz klar war. Du hast ganz Recht, die Allmacht Gottes dokumentiert sich bei mir gerade, wenn ich für die Söhnchen Eierkuchen backe, gerade dann. Ich weiß genau, wie sehr er mich in allem gesegnet hat, auch in meinen für dieses Leben so geeigneten Gaben, aber nun will er auch, dass ich mich ihm und Dir auch so erfülle. Daher war es falsch und anspruchsvoll und hoffärtig, ihn so mit Gewalt für Dich ergreifen zu wollen, Du hattest das auch garnicht nötig, denn klopfen lässt er mich ja sowieso für Dich, und geklopft habe ich auch, aber was ich sonst noch dazu getan habe, war Unfug – und Du bist nicht gestorben, sondern Du lebst noch hier bei mir. Wir sollen nun garnicht mehr darüber nachdenken, was kommt, ich jedenfalls nicht, ich fühle meine Liebe und meine Nähe zu Dir und wenn Du tot bist, bleibt es so. Ob Du nun stirbst oder ob Du lebst, was ich genau wie Du für genauso möglich halte, genau noch so wie immer, so ist es gut, aber es ändert sich in keinem Falle so sehr viel. Das alles habe ich in diesen Monaten durchaus schon erfasst gehabt. Darum ging es mir so gut, weil uns das ja alles so deutlich geworden ist dank Gottes Fügung, aber nun habe ich es auch gelebt in diesen 3 Tagen. Wie soll ich das beschreiben? Verstehst Du mich gut? Trotz dieser Stümperhaftigkeit? So wie ich lebe, lebe ich ihm und für Dich. Anderes soll ich nicht. Also werde ich das nun weiter tun, ihm und für Dich, ob Du lebendig hier oder dort bist. Vielleicht bist Du dann eines Tages tot, vielleicht in 2 Wochen, vielleicht in 2 Jahren, vielleicht in 20 Jahren, ich weiß nun, dass das garnicht viel Unterschied macht, nein, ich wusste es immer, aber ich habe es nun erfahren, dass ich auch nicht den Auftrag habe, diesen Schritt mit meinen Gedanken zu verfolgen, sondern mit meinem Leben dabei zu sein. Das werde ich und bin ich, mein Geliebter. Dann ist es nämlich garnicht schwer. Die ungeheure Last dieser 3 Tage zeigte mir ja, dass es so nicht richtig war. Wenn es richtig ist, dann ist es viel natürlicher, viel erträglicher, garnicht so gewaltig, wie es auch genau so sein wird, wenn ich sterbe. Von mir verlangt Gott nur die Hingabe an ihn, an Dich und auch an viele andere Menschen, alles Andere wird er so fügen, dass es richtig und erträglich für mich ist. Du hast ja selbst gesehen, mit welcher Leichtigkeit ich durch dieses Jahr gekommen bin, so ist es richtig, und so werde ich nun auch Deinen Tod erleben, wenn er kommt, und das alles nur dank seiner Güte und Hilfe und Gnade, die er mir schenkt, ohne dass ich selbst darum bitte. Ich bin mit Dir sein Kind, mein Herz ist darin wirklich ganz einfältig, und er wird mich darin auch erhalten und mich vielleicht befreien von allem Ehrgeiz, alles zu bewältigen, was ich garnicht zu bewältigen brauche. – Deshalb werde ich nun still weiterleben, hier und in Kreisau, tagaus, tagein und selbstverständlich mit Dir. – Vielleicht erscheint Dir das alles garnichts Neues, etwas, was wir beide schon ganz genau wussten, aber es ist bei mir doch noch etwas dazugekommen an Gewissheit, und das musste ich Dir deshalb so gut es ging berichten. Hast Du das verstanden, mein Lieber! Von nun an wird von mir kein Brief mehr der Letzte sein, denn alle letzten Briefe habe ich schon geschrieben, und doch schreibe ich vielleicht – ganz wie Gott will – noch viele Briefe. – So, das alles von mir, aber alles, was von mir handelt, handelt auch von Dir! –

Jetzt noch Einiges von der Geschäftigkeit. Carl Viggo war nun bei Hercher und bei Lautz. Hercher, um genug zu wissen, und Lautz, um die Gnadenaussichten zu besprechen. Schulze hatte Sitzung. Zu dem gehe ich noch einmal. Lautz sei erst sehr kühl gewesen, aber schließlich sehr erwärmt. Offenbar hat sich C. Viggo sehr ins Zeug gelegt und große Mühe gegeben. Er hat über Dich, über Mami und Daddy, über mich gesprochen und mit großem Einsatz für Dich. Lautz sei ganz bei der Sache gewesen und habe ihn sogar zum Bleiben bewogen, habe ihm aber nicht viel Hoffnung gemacht. Er habe ihm gesagt: Wenn von außen ein Anlass kommt, dann sofort, aber von sich aus tut der Justiz M. nichts, da nutzt auch kein Hingehen. Praktisch kommt es also auf Kaltenbrunner, Müller und Himmler heraus, wie wir schon wissen. Adrian hat mir nun fest versprochen, sofort zu Kaltenbrunner zu gehen, wenn der zurück ist, was dieser Tage sein muss. Müller ist auch erst Montag od. Dienstag wieder da. Ich habe versucht, ihn zu sprechen und lief nur Huppi[2] in die Arme, der inzwischen «Stabsführer» geworden ist. Der hatte aber natürlich nichts zu sagen. Ich nehme sicher an, dass Müller mich seinem Versprechen gemäß bald empfangen wird – das ist dann das Letzte, das ich tun kann, wenn Du mir, mein liebes Herz, nicht noch etwas Neues aufgibst. – Wie ist es nun mit einer Sprecherlaubnis? Willst Du mich sehen? Lieber ja oder lieber nicht? Tu es nicht, wenn es Dir schwer zu sein scheint, aber ich meine eigentlich, auch das sei für uns selbstverständlich, wenn es technisch geht. Nun ist, glaube ich, Schulze wieder zuständig. Hercher war beeindruckt, wie «matt» Sch. in seinem Plaidoyer gewesen sei. Geht es ihm vielleicht auch langsam zu nahe? Es spräche für ihn.

Dann möchte ich von Dir noch wissen, welchen Landwirt ich mir zu Hilfe «gegen» Zeumer suche:[3] Meier, Werkshagen od. vielleicht den Gütermannsdorfer Penke? *W.* ist mir eigentlich nicht kräftig genug. Überlege Dir diese Frage noch einmal gut und mit wem ich die besprechen soll. Wäre auch ein Inhalt f. d. Sprecherlaubnis!

Deinen Haftbefehl und die ev. Benachrichtigung von Deinem Tode lasse ich mir in russisch übersetzen. Das kann mir vielleicht mal nützen.

Sonst, mein Herz, habe ich keine Sorgen, auch um Dich nicht, nein garnicht. Ich glaube fest zu wissen, dass Gott bei und mit Dir ist, und auch der letzte Gang, wenn Du ihn tun musst, nicht so schwer sein wird, wie Du glaubst. Ich bin dessen ganz sicher, mein Geliebter. Auch Du musst nun still und richtig weiter leben und nicht auf Deinen Tod warten. Das Lied hat ganz recht, dass Du zum Sterben fertig bist, wenn

Du Dich lebend zu ihm hältst. Das wirst Du schon tun, und so wird es nichts besonderes sein, wenn sie Dich eines Tages holen sollten. Ich bin dann auch bei Dir, selbst, wenn ich garnichts davon weiß, weil ich immer bei Dir bin. Dass ich Dir so nah wie möglich bleibe = viel hier, ist ja selbstverständlich. –

Über Reisert und Eugen bin ich genau so glücklich wie Du. Selig war ich. – Jetzt kommt Harald und will den Brief. Leb wohl, mein heiß geliebtes Herz! P.

1 Siehe Helmuths Brief vom 14. November 1944, S. 135 ff. *2* Walter Huppenkothen. *3* Freya brauchte einen landwirtschaftlichen Berater zur Kontrolle des Inspektors Zeumer.

Helmuth James an Freya, 13. Januar 1945

Tegel, den 13. 1. 45.

Mein Lieber, ja, ich habe alles gut verstanden und zum Teil wohl schon heute Morgen beantwortet. So ist das eben, wenn man nicht an der richtigen Stelle sitzt, und darüber helfen die schönsten Sprüche nicht hinweg. Danach fühlt man sich am Anfang ganz unsicher; man traut sich nicht recht, aber dann, wenn man merkt, dass alles wieder im Lot ist, wird es umso besser, und man wird bescheidener und kühner.

Es ist jetzt so etwa 3.15. Ich habe noch Fesseln an, aber wie Du siehst, geht das Schreiben ganz gut. Ich will morgen, wenn auch wieder ein offizielles Briefchen an Dich geht, an den Regierungsdirektor schreiben und sehen, ob ich sie wieder loswerden kann. Gehst Du zu Schulze, so kannst Du ja mal sehen, ob Du meine Entfesselung anbringen kannst; denn dass zum Tode Verurteilte gefesselt werden, kann Dir ja irgendjemand gesagt haben. Es gibt nur eine Begründung und das ist mein Ischias, vor allem nachts, und Du musst ihm sagen, dass Du ganz sicher wärest, dass ich mich nicht umbrächte.

Dann, mein Lieber, die Sprecherlaubnis. Natürlich will ich Dich sehen. Nein, nein, ich bin absolut nicht jenseitig eingestellt, und davor, Dich zu sehen, fürchte ich mich garnicht. Komm nur bald, denn vom menschlichen Standpunkt gesehen, kann die Hinrichtung jeden Augenblick angeordnet werden. Außerdem, wenn Du bald kommst, gelingt es vielleicht noch ein zweites Mal. Ja, Schulze wird wohl dafür zuständig sein.

Über die Gnadensache habe ich mit P. nicht gesprochen. … Ich meine, dass nur 3 Männer interessant sind: Müller, Kaltenbrunner,

Himmler. Während bei denen operiert wird, muss das Justizministerium warmgehalten werden, damit die nicht einschnappen. Das scheint mir die Generallinie zu sein.

Der zweite Hauptpunkt scheint mir zu sein, dass Jowo und Carl Viggo agieren müssen und Du möglichst wenig. Daher bin ich auch garnicht sicher, ob Dein Besuch bei Müller jetzt schon richtig wäre. Was Müller Dir zugesagt hat, war eine Rücksprache, ‹wenn alles vorüber ist›, d. h. wenn ich tot bin.

Drittens scheint mir richtig, dass Hercher dem Kaltenbrunner schreibt. ... Schreibt er einen solchen Brief, dann müsste der auf irgendeinem Wege befördert werden, der sicherstellt, dass Kaltenbrunner ihn wirklich liest. Denn ich halte für sicher, dass Müller ihn in den Papierkorb wirft. ...

Im Ganzen bin ich nur dafür, dass Ihr alles langsam und sorgfältig macht. Sie werden mich ja nicht aufhängen, solange sie wissen, dass Gnadenerwägungen schweben. Außerdem müsst Ihr natürlich jetzt klar ziehen, was eigentlich aus Carl Viggo's altem Gesuch geworden ist. Du wirst das alles ja in Frieden machen, mein Herz. Ich bin, so glaube ich, über jene Stadien, in denen ich plötzlich eine Panik bekomme, längst hinaus und hoffe, dass der Herr mich nicht wieder da hinein stoßen wird. ... Genug für heute, mein liebes, liebes Herz. Klopf nur stark und stetig weiter. Der Herr behüte Dich und uns. J.

Helmuth James an Freya, 14. Januar 1945

14. I. 45

Guten Morgen, mein liebes Herz. Ob es Dir wieder ganz gut geht? Ich will rasch noch ein Mal Deinen Brief lesen. Ja, mein Herz, ich habe das alles gut verstanden. Es ist nichts Neues, aber die Gewissheit sitzt nun um eine Drehung der Schraube tiefer.[1] Diese Drehungen sind eben nun ein Mal schmerzhaft; das ist klar. Wie gut, dass ich nicht am Donnerstag umgebracht worden bin, denn es wäre Dir doch traurig gewesen, am letzten Tage außer Schritt mit mir gewesen zu sein. Ja, mein Herz, das war das erste Mal in all diesen Monaten, dass wir nicht ganz gleichgerichtet waren. Auch in Deinem Samstag-Brief ist noch ein Fehler: Du schreibst, mir würde der Gang nach Plötzensee sicher nicht so schwer, wie ich ihn mir vorstellte. Ich bin im Augenblick – und mit Gottes Hilfe auch für die Zukunft – durchaus darüber weg. Als ich nach der Urteilsverkündung den Saal verließ, dachte ich ja, es ginge nach Plötzensee, und war ganz heiter darüber und ganz unbeschwert. Im Augenblick, so glaube ich, ist es so, dass es mir ganz gleichgültig – das Wort ist nicht richtig, aber Du wirst es schon richtig verstehen – sein würde, wenn die Tür aufginge und ich abgeholt würde. Wenn ich an die Sorge denke, die ich früher, vor allem im November hatte, wenn in der Zentrale das Telephon klingelte und dann Herr Claus gerufen wurde, so kann ich nur voller Dankbarkeit die Gnade zu ermessen suchen, die mir geschenkt worden ist.

Heute ist allerdings ein grauer Tag. Aber auch dieses Graue färbt im Grunde nur die Oberfläche, und darunter ist es wie immer. Ich habe schlecht geschlafen; weil ich gefesselt werde, steige ich wieder um 6 ins Bett und liege dann viele Stunden wach und döse und das so unscharf, d. h. die Gedanken, die ich dabei zu fassen vermag, sind unscharf, dass eben Vieles mir grau erscheint. Dann ist eine Änderung gekommen, offenbar für alle Gefängnisse, dass bei weniger als 0° Temperatur der Rundgang ausfällt, weil man für die Gefangenen nichts mehr anzuziehen hat. Claus sagte, die meisten hätten nur Hemd und Hose und auch das häufig in Fetzen. Darunter leiden wir nun mit, und es bedeutet ja, dass ich z. B. Eugen nicht wiedersehen werde, da es doch nicht wärmer als 0° werden wird, ehe er nach Brandenburg[2] kommt. Dieses Fehlen jeglicher frischer Luft ist unangenehm. Ich habe es ja in Ravensbrück schon ein Mal eine Woche oder 14 Tage erlebt, aber da war es draußen warm, sodass man das Fenster stets offen halten konnte. Ich will nun mal wieder mit Mittelstädt kosen, vielleicht kann ich meine Lichtbäder fortsetzen und so täglich einen kleinen Spaziergang machen. Am meisten entbehre ich aber die tägliche Unterhaltung mit Eugen. – Nun, das sind aber Lappalien, und wie ich schon sagte, das Graue geht nicht tief, und mit Gottes Hilfe wird es auch nie tief gehen. Außerdem sieht es so aus, als könnte nachmittags die Sonne scheinen.

Mein Herz, der Termin ist vorbei; ich brauche mich nicht mehr mit meiner Verteidigung zu befassen, und die Gnadenaktionen werden ja Ansprüche an Euch und nicht an mich stellen. Dadurch ist jetzt Raum in meinem Gehirn und in meiner Zeit, denn ich kann mich nicht den ganzen Tag nur mit Bibel und Gesangbuch befassen. Ich lebe ja vielleicht nur noch kurz, ja nach menschlicher Voraussicht überlebe ich das Ende dieses Monats nicht mehr, aber ich will trotzdem so leben, als bliebe ich am Leben; alles andere ist Unfug. Ich bin nicht für «nur lesen», sondern ich will sozusagen etwas zwischen den Zähnen haben. Nun müsst Ihr, bitte, mal sehen, was Ihr mir beschaffen könnt. Ich könnte ja in dem Kant[3] fortfahren, aber am liebsten würde ich anfangen, Russisch zu lernen. Ich bin ja unbegabt für Sprachen, aber vielleicht kann ich so viel lernen, dass ich es wenigstens lesen kann. …

Du fährst wohl im Laufe der Woche, Dein Schwein zu schlachten. Grüße alle sehr und sage Ulla, sie soll kräftig weiterarbeiten. Besprich alles ganz genau mit ihr. So werden wir, mein Herz, weiter einen Tag an den anderen reihen, bis wir wieder vereinigt sind, auf dieser Welt oder in jener. J.

1 Siehe Helmuths Brief vom 19. November 1944, S. 150. *2* In das Zuchthaus Brandenburg-Görden. *3* Helmuth hatte sich während seiner Haft im Konzentrationslager Ravensbrück intensiv mit Immanuel Kants *Kritik der reinen Vernunft* auseinandergesetzt.

Helmuth James an Freya, 15. Januar 1945

Tegel, den 15. I. 45.

Mein Lieber, heute beginnt also die Woche, die Dir, mein Lieber, viel Mühe und gewiss auch Kummer und Enttäuschung bringen wird, denn es geht nie etwas so, wie man es wünscht und sich einbildet, dass es gehen müsste. Ich habe nun nochmals über die ganze Gnadenaktion nachgedacht und habe dazu folgendes zu sagen:

1. Das Gnadengesuch, das zu Keitel gelangte, muss jetzt auf Himmler umgelenkt werden, damit es nicht doch irgendwie an Hitler gelangt und von diesem abgelehnt wird. Darum kann sich vielleicht Haus noch ein Mal bemühen.

2. Eine Offensive auf Himmler selbst kann nur auf krummen Wegen gehen, nicht direkt von Jowo oder Carl Viggo aus. Das ist eine Frage, die ich garnicht zu beurteilen vermag. Von Müller verspreche ich mir im Grunde wenig, wenn es nicht auch gelingt, ihn in der Sache selbst etwas weicher zu stimmen. Das kann eigentlich nur dann geschehen, wenn er mich noch ein Mal kommen lässt. Trotzdem ist Dein Besuch bei ihm richtig und wichtig, denn er wird keineswegs zu einer Verhärtung führen. Du kannst m. E. drei Petita anbringen: *a.* er möge sich für meine Begnadigung einsetzen; *b.* er möge Jowo und C. V. anhören oder ihren Besuch bei Kaltenbrunner begünstigen; *c.* er möge mich anhören. – Die Hauptoffensive muss sich daher auf Kaltenbrunner richten, dem ja, nach Peter's[1] Mitteilung, das Gnadengesuch von Himmler gegeben worden ist. M. E. sollten Jowo und C. V. Kaltenbrunner besuchen und nicht Du. Du bist eben doch sozusagen mitverurteilt.

3. Sachlich gibt es m. E. nur einen Gnadengrund, und das ist die Familie, die vielen Vettern, für die Kreisau ein gewisses Zentrum ist, von denen mehrere gefallen sind u.s.w. Also etwa das, was im Brief an Himmler steht. – Der schwache Punkt da ist Willo, und Jowo und C. V. müssen darauf gut eingepaukt sein.
4. Zur Erweichung der Position müssen aber noch andere Gründe angeführt werden:
   a. das, was in C. V.'s Gnadengesuch über mich steht;
   b. mein Schriftsatz vom 12.11., auf dessen Vortrag ich dem Wunsch der Polizei entsprechend verzichtet habe,
   c. meine im Termin festgestellte Feindschaft gegen alle Umsturztendenzen.

   Diese drei Dinge, vor allem *b.*, kannst Du schon bei Müller anschneiden, aber auch diese Sachen muss vor allem C. V. vortragen, weil er auch das rechtliche Gewicht des Schriftsatzes vom 12. 11. beurteilen kann. Er kann m. E. mit Recht sagen, nachdem mir diese Verteidigung aus staatspolitischen Gründen im Termin abgeschnitten worden ist und ich mich dem auch gefügt habe, obwohl mir die Konsequenz klar war, sei es nur recht und billig, diese Dinge im Gnadenverfahren zu berücksichtigen, zumal doch, soweit er höre, unstreitig sei, dass mein militärischer Vorgesetzter, der für diese Dinge zuständig war, nämlich Canaris, davon gewusst habe, und ich hätte annehmen können, dass er das Notwendige veranlassen würde. …
6. Was mit dem Justizministerium geschehen muss, habt Ihr wohl besprochen. Wenn Carl Dietrich dazu bereit ist, wird er es ja ausreichend klären. M. E. braucht da nicht mehr zu geschehen, als dass sie unterrichtet sind und dass sie uns so viel Zeit lassen, dass alles in Ruhe gemacht werden kann. …

So, das ist das, was ich dazu zu sagen habe. Mein liebes Herz, die Hauptlast dieses Geschäfts – damit meine ich nicht die Haupttätigkeit, sondern die hauptsächliche seelische Last – liegt auf Dir. Und ich kann nur bitten, dass der Herr Dir ein ganz getrostes, ruhiges Herz schenkt, das sich durch nichts trüben lässt, auch dann nicht, wenn definitiv alles misslingt. Getrost und freudig ist das Motto für diese Aufgaben; freudig auch dann, wenn ich gehenkt werde. …

Vor dem Gang nach Plötzensee scheue ich mich nicht; die größere Gefahr ist der Zeitablauf bis zu einer Entscheidung. Mein Herz, Dich trage ich in mir, mit mir, bei mir, neben mir. Du gehst mit mir nach Plötzensee, wenn das sein muss, und Du wirst auch mit mir zu unserem Vater kommen. Des bin ich ganz gewiss. …

Der Herr behüte Dich, mein Herz, und uns. J.

1 Joachim Peter von Moltke, «Onkel Peter».

Freya an Helmuth James, 15. Januar 1945

Montag früh

Mein Lieber, ja, es geht mir wieder gut. Schon seit Sonnabend früh, als ich Dir das ja schrieb. Sicher hast Du Recht, dass es eine Drehung an der alten Schraube war, sicher, aber eine wichtige Drehung. Ich war glücklich, dass Du Dich dessen so liebevoll und verstehend annahmst und mir lauter Dinge sagtest, die ich mir in ähnlicher Form gerade selbst gesagt hatte.

Nein, nicht weil ich Dich jenseitig glaube, fragte ich nach der Sprecherlaubnis, sondern weil ich dachte, es könne Dir anstrengend sein, aber beides ist Quatsch, das stimmt. Auch in der Todesfurcht habe ich Dich nicht falsch verstanden, wie Du glaubst. Ich vielmehr bin ganz sicher, dass Dir das nicht schwer sein wird, ganz sicher immer gewesen, aber Du schriebst so davon, als sei es nur das noch, was als Last übrig geblieben, und auch an diese glaube ich eben nicht, wenn es dann soweit ist. Insofern war es kein inneres, sondern wohl ein technisches Missverständnis, denn Du wolltest das wohl garnicht sagen.

Mein Herz, aber lauter betrübliche und belastende nebensächlichere Dinge sind zu beklagen: vor allem die Fessel, die ich so furchtbar hasse, dann der fehlende Ausgang. Eugen kann lt. P. ganz gut noch 3 Monate in Tegel bleiben, so schnell geht das nicht. Vielleicht kann man auch zur Frage des Spaziergangs etwas tun, und jedenfalls musst Du weiter viel Ischias haben, selbst wenn es besser sein sollte. Besprich mit P. noch einmal Dein Programm. Wir fragten uns, ob Griechisch nicht leichter und zu mehr führend sei. Überlegt es mal. Außerdem soll er Dir ein Buch von Lilje[1] bringen. …

Ich bin bestens aufgehoben und trage Dich in mir und wärme Dich mit allen meinen Kräften, wärme Dich in Deiner Gräue, mein geliebtes Herz. Dein P. bin ich und bleibe ich.

1 Hanns Lilje, *Das letzte Buch der Bibel. Eine Einführung in die Offenbarung Johannes*, Berlin 1940.

Freya an Helmuth James, 15. Januar 1945

Montag Nachmittag.

Mein liebes Herz, ich habe Dich lieb, sehr, sehr lieb, und morgen komme ich Dich besuchen. Das ist sehr schön! …

Der Tag war nicht sonderlich angenehm: Wie Du schon so oft gesagt hast, bin ich dem Auf und Ab des Hoffens und Aufgebens so preisgegeben, und in diesem letzten Stadium ist das am anstrengendsten. Das wäre garnicht auszuhalten, wenn ich mir nicht immer wieder zwischendurch vergegenwärtigte, dass es der liebe Gott ist, dem wir angehören, dass er entscheidet, und wenn er sich meiner Blödheit bedient, wenn unsere Versuche misslingen, dann ist auch das sein Wille. Du stirbst auch garnicht schlecht, wenn Du so stirbst; es ist auch alles rund und schön, aber was sein Wille ist, das wird sich finden. So ging es mir immer wieder gut und geht es mir auch jetzt gut, was Du ja wohl schon beim ersten Wort gemerkt haben wirst. Erst war ich beim V. G. H. Der ist leicht angebombt, Fenster kaputt und Schutt überall. Schulze kam in der Pause aus der Sitzung – ich ahnte da noch nicht, was ich hier eben erst erfuhr, dass Haubach, Steltzer, Groß heute dran sind, und da kam Schulze raus. Er war verschlossen, irgendwie gehemmt mir gegenüber, aber streng, sachlich. Er sagte mir die Gnaden-Referenten im J. M., die gleichzeitig auch über das «wann» entscheiden. Er sagte, die Entfesselung müsse vom Arzt ausgehen, dann ginge es gleich, allerdings nach Vortrag bei Lautz. Er gab mir 2 Sprecherlaubnisse – aber mehr nicht, Jowo wird er eine geben, aber nicht ohne Beamten, und Asta, da sie von auswärts kommen muss, bekommt keine. Ich auch nur 2, weil ich sagte, auf mich fällt jetzt die ganze Verantwortung für Kreisau, und da muss ich nach einer kurzen Reise nach Hause gleich noch einmal hin. Ich nehme aber an, dass ich durch die Stapo vielleicht noch mehr bekommen kann. In der Pr. A. Str. war Müller noch nicht; Mi. soll ich wieder nachfragen. Ich ging drauf ins J. M. Ich wollte erst zu dem Dr. Pippert, der auch in der Verhandlung war, aber der war natürlich bei Haubach usw. Da ging ich zum Franke, bei dem C. Viggo schon mal war. Er ist ein sehr unsympathischer Mann, SS am Knopfloch, aber er trägt dem Minister vor, und mit ihm bespricht er es, und zwar wenige Tage, nachdem die Urteilsgründe ihm schriftlich vorliegen, und dann entscheidet der Minister, sein Bescheid geht an den Oberreichsanwalt, und der vollstreckt dann. Ich sagte, wir brauchten noch Zeit, und er sagte, diese Woche hätten wir noch bestimmt, dann würde er dem Minister wohl vortragen. Er war erst sehr verschlossen bissig, wurde aber mit der Zeit sehr viel aufgeschlossener, gab zu, dass Dein Fall so gut wie garnicht mit dem 20.7. zusammenhinge, und interessierte sich auch durchaus für das Wissen der Polizei. Ich musste ihm irgendetwas sagen, was über das ihm schon bekannte Gnadengesuch herausging, um den Trieb nach Zeit zu motivieren. Ich war vorsichtig, sei versichert, aber ich musste etwas Sachliches sagen. Als ich einmal sagte, «Sie geben zu, dass …»,[1] erwiderte er mir, «ich gebe garnichts zu, denn ich bin ja garkein Gegner, sondern mir ist das alles ja auch sehr wichtig, und der Fall Moltke beschäftigt uns auch durchaus.» Ich kann aus der Unterredung nur sagen: 1. Er hat mich, glaube ich, auf kein Glatteis geführt. 2. Er war interessiert und ist nicht ohne Erwägen des Falles. 3. Er hatte eine gewisse Achtung vor mir, mit der er mich dann entließ. 4. Er ist ganz unentscheidend, hat aber mit dem Minister über den Fall zu reden. 5. Da C. Viggo da schon war, war es nicht falsch, dass ich alleine noch mal hinging. 6. Hoffnung hat er mir natürlich keine konkrete gemacht. Ich ging hinterher noch zu Ministerialrat Eggensberger, von dem Harald gesagt hatte, zu ihm müsse C. Viggo gehen. Ich wollte C. Viggo ansagen, stellte aber fest, dass er zuständig für den Strafvollzug, aber nur für die Anstalten, also für Eugen, ist. Da merkte ich erst recht, wie eklich Herr Franke war, denn Herr Eggensberger war ein Mensch. Dem tat es beinahe leid, dass er für mich auch nicht das Geringste tun konnte. Ich war froh, dass ich mal wieder einem Menschen begegnet war, und ging dann Essen und fuhr des weiteren zu Haus. Da gab es nichts Neues, aber viel Herzlichkeit und viele Grüße an Dich und richtigen Kummer um Dich. Dr. Friede kenne einen Mann, der Deine Sache mit bearbeitet habe und auch beim Termin war: Du hättest einen sehr guten Eindruck gemacht, Du seiest aus der Goerdeler-Sache praktisch raus, aber Du hättest selbst eine ganze Menge getrieben, Du habest eine Art Schlüsselstellung eigener Art gehabt! So Haus. Am Gnadengesuch Keitel haben wir nichts gemacht, weil C. Viggo den Adjutanten kennt und an den geschrieben hat, außerdem kommt der Mittwoch nach Schweidnitz und da C. Viggo noch einmal herauf – wahrscheinlich, so habe ich eben mit ihm abgesprochen. – So, mein Herz, jetzt ziehe ich wieder in Deine Nähe. Morgen wird sich Herr Wickenberg um Dich kümmern und erneut Deine Entfesselung, wie ich hoffe, in die Wege leiten. Mir ist so drum zu tun, dass Du noch mal frei davon kommst. Mir ist es schrecklich, wenn ich mir Dich gefesselt in Deinem Bett vorstelle. Vielleicht kannst Du auch weiter Lichtbaden zu Deiner Abwechslung. Mach Dich nur recht krumm, auch bei mir. …

Ich sitze und schwätze mit meinem Herzens-Wirt, mit meinem Jäm, den ich so lieb habe. Gestern, als ich bei Trothas in den Splittergraben[2] zog, drehte Carl Dietrich noch ganz in der Entfernung irgendwie den Kopf, sodass ich den Bruchteil einer Sekunde an Dich erinnert wurde. Mir ging das Wissen um jede kleinste Bewegung von Dir und die liebevolle Gewohnheit, Vertrautheit mit sehnsuchtsvoller und schmerzhafter Freude durchs Herz. So wird es mir hoffentlich in 20 od. 40 Jahren, wenn ich die Organe zur Aufnahme solcher Dinge dann noch habe, auch noch gehen. Oft stelle ich mir vor, wie Du zur Tür herein od. auf mich zu kommst, wie Du neben mir gehst, und oft gehst Du neben mir über den Acker; ich sehe Dein Gesicht, wie es sich meine Anstürme gerne gefallen lässt. Dann bin ich immer sehr glücklich. Ach, die Flut der großen und kleinen Erinnerungen. – Ich war ganz selig, richtig beglückt über Eugens und Deinen Ausflug zum Lichtbad.[3] Hoffentlich bleibt es nun dabei! Wie hoch erfreulich. Was ist das überhaupt noch für ein herrliches gemeinsames Leben! Wie könnte das sein!

Ich habe gestern, als ich mit Kreisau sprach, Ulla durch Asta ausdrücklich sagen lassen, sie soll sich tüchtig ran halten und Asta solle ihr genau berichten. Du kannst also ganz sicher sein, dass sie dabei bleibt. Beide Jungen (– C.chen sagte, «Sehr gut!!!» ginge es ihm. Mit 3 Ausrufungszeichen klang es –) sagten «Träum vom Pa» am Schluss, auch Konrädchen, offenbar ganz von sich aus. –

Ich lese noch einmal Deinen lieben Trostbrief,[4] den ich so sehr liebe. Nein, zu viel Haltung ist gewiss bei mir keine Gefahr, aber es ist sehr unangenehm, wenn ich vor Adrians Tür furchtbar mit den Tränen zu kämpfen habe, wo ich doch gleich etwas Sachliches mit ihm zu reden habe, und da ist der Begriff der Haltung hilfreich. Nein, pharisäisch hast Du garnicht geschrieben, sehr liebevoll und voller Verständnis. Ich sprach mit Marion gestern Nachmittag über die Verbindung. Sie hat nun das, was ich mir auch erhoffe: das Wissen um Peters lebendig sein, weiterleben, weiter zu ihr Gehören, und sie hat das Gefühl, dass er lockt und ruft, dabei ist sie durchaus lebensbejahend. Das ist alles wirklich sehr schön bei ihr, schöner könnte es nicht sein, weil so garkein Bruch vorhanden ist; es geht einfach anders weiter, sie hat nur den Sinn für eine neue Dimension entdeckt. Den haben wir Menschen aber als Anlage alle! Es ist uns ja aufgegeben, uns von Gott finden zu lassen, diese Abhängigkeit und Zugehörigkeit in uns wachsen und leben zu lassen. So glaube ich fest! Du doch auch, mein liebes Herz. …

Gott behüte Dich, mein Herz. Viele Menschen denken an Dich und bitten Gott um Dich, viele lieben Dich, manche hoffen auf Dich, ich aber, ich darum immer Glückliche, gehöre zu Dir, bin die Deine, und Gott helfe mir, es immer zu bleiben. Ich umarme Dich zärtlich. P.

1 Auslassungszeichen im Original. *2* Tief ausgehobene, abgedeckte Gräben, die notdürftig vor den Splittern der Sprengbomben schützten. *3* Mittelstädt hatte Helmuth und Eugen noch einmal zusammen zum Lichtbad abgeholt, was ihm dann aber untersagt wurde. Siehe Helmuths Brief vom 15. Januar 1945 in: *Abschiedsbriefe*, 2011, S. 508. *4* Siehe Helmuths Brief vom 12./13. Januar 1945, S. 286 ff.

Helmuth James an Freya, 16. Januar 1945

16. 1. 45.

Mein liebes Herz, wie schön war es, Dich zu sehen und zu sehen, dass es Dir im Ganzen gut geht. Es ist eben alles für Dich viel schlimmer als für mich. Lass es Dich nur nicht anfechten. – Du hast mir auch schon einen sehr schönen Brief geschrieben, aus dem ich ersah, dass der Schock im Abziehen ist. …

Deine Unterhaltung mit Herrn Franke finde ich sehr bemerkenswert. Vielleicht gelingt es Dir doch, in diese Mauern eine Bresche zu schlagen. Ich finde jedenfalls eins: ob ich umkomme oder nicht, Du hast in diesen Monaten einen Grad der Verhandlungsfähigkeit erlangt, der Dir in jedem Fall in den vor uns liegenden Zeiten sehr zugute kommen wird. Du siehst ja, dass viele Dinge leichter sind, als man denkt, wenn man sie nur ruhig und frontal angeht. Das wird Dir ja eine schöne, feste Sicherheit geben, denn wenn Du mit all diesen Feinden über das Leben Deines Wirts verhandeln kannst, wirst Du ja mit allen anderen Problemen auch irgendwie fertig werden. [Der Brief bricht hier ab]

Freya an Helmuth James, 17./18. Januar 1945

Mittwoch Abend

Mein Liebster, müde bin ich, aber meiner Seele geht es gut. Es war alles heute garnicht sonderlich ermunternd, aber ich bin ganz befriedigt und ruhig hindurchgeschifft – keine Leistung von mir, Du weißt ja, wer einem so etwas verschafft. Hoffentlich ist es bei Dir auch so, wenn auch ganz anders. Meine Gedanken fanden Dich so, fanden Dich friedlich und so, wie Du mir gestern gegenüber gesessen hast. Mein Herz, es war gestern ganz besonders schön bei Dir. Ich hatte mich schon so gefreut, und diese Freude wurde noch übertroffen. Es war schön, vertraut, zärtlich, nah, selbstverständlich und garnicht traurig. Ich war schon so froh, dass ich mit reiner Freude kommen konnte. Ich konnte so schön sehen, wie es in Dir aussah, es war so erfreulich zu fühlen, was uns alles so ganz selbstverständlich verbindet. Dann waren es doch eigentlich 2 Sprechstunden durch den Alarm, und mindestens 2 Küsschen haben wir plus gemacht. Alles war sehr beglückend. – … Ich verstehe das Programm Deiner Bibellektüre nicht ganz, die ich in den 3 Verhandlungstagen ja mitgemacht habe; ich verstehe 1. ältester Teil A. T., 2. neuerer Teil A. T. Wie aber kamst Du zu dem Markus-Evglm.? Wann hast Du denn im N. T. wieder angefangen? Als wir zu den Briefen kamen? Übrigens hat mir gerade das Markus-Evglm. in den Tagen zu schaffen gemacht, und zwar alles im 11. Kap., das ganz besonders schön ist. Da steht erstens die Geschichte vom Feigenbaum, und dann kommt die Stelle (24): «Alles was Ihr bittet in Eurem Gebet, glaubet nur, dass ihrs empfangen werdet, so wirds Euch werden.» Vorher die Geschichte mit dem verrückbaren Berg. Es ist mir schwer, mit dem Allen fertig zu werden, obwohl ich vielleicht den Anfang davon verstehe – … Ja, von dem Tag will ich Dir weiter berichten. Die Briefe trug ich als erstes heute vor 9 aus. Mir war kalt, als ich aufstand, es war mir von innen nicht schlecht zu Mute, aber ich war nicht rüstig und unternehmungsbereit aufgewacht, sondern so, als sei und bleibe das Bett der schönste denkbare Platz, ich konnte mich zum Tagewerk nicht entschließen, und da besah ich mir erst mal die Losungen, und da fand ich für mich sehr geeignet und sehr ermunternd Ps. 46,5,6.[1] Ich fuhr zum VGH mit dem Brief an Dich und traf Schulze schon auf der S-Bahn-Treppe; ich ging ins A. A. und traf Dieter und drückte ihm den Brief an Adrian in die Hand; ich fuhr zum Schles. Bhf und postete das Exemplar an Onkel Peter. Ich fuhr in die P. A. Str. und gab beim Gruppenführer den Brief an Himmler ab. Müller war immer noch nicht zurück; Freitag/Son. sollte ich wieder anfragen. Nun ging ich zu Hercher, der versicherte mir, er könne keinerlei Brief an die Polizei schreiben, denn es sei Dir unbenommen geblieben zu versuchen, Dich mit Deinen Argumenten zu verteidigen. Lange habe lediglich gesagt: «Die Polizei hat nichts gewusst.» Nicht: «Moltke soll sich so nicht verteidigen.» Er würde sich gehütet haben, so etwas zu sagen, meinte Hercher. Er verstand schon gut, dass so ein Brief erleichternd wirken würde, aber es treffe nicht zu und er könne ihn nicht schreiben. Dann las er meinen Brief an Himmler und schrie laut bei dem von ihm gestrichenen Satz, der stimme nicht! Du seiest wegen eigenem Hochverrat verurteilt; die Erwägung von Landesverwesern für eventuell besetzte Gebiete und u. Umständen das ganze Reich, die Erwägung, dass dann die NS-Regierung verschwunden sein könne durch Gewalt des Feindes, die Besprechung der Einheitsgewerkschaft, die Erwägungen über die Karte, das sei alles Hochverrat und stehe auch so im Urteil. Wenn ich das ließe, so würde es als falsch festgestellt, aber gegenteiligen Erfolg erzielen. Ich besprach noch mit ihm, ob ich irgendwie zum Ausdruck bringen könnte, dass Du den Führer nicht hättest antasten wollen, aber das verlangt eine zu komplizierte Darlegung, die m. E. für Himmler ganz ungeeignet ist. Also strichen wir den Satz. Ich holte mir den Brief aus der P. A. wieder zurück, schrieb ihn in Lichterfelde neu, gab ihn in neuer Fassung bei Adrian mit einer Bemerkung auch zum 1. Brief an ihn ab und fuhr 1 zweites Mal zum Schles. Bhf. Das aber erst am Nachmittag. In Lichterfelde tippte ich, aß, packte und telefonierte. Ich erfuhr, dass C. Viggo kurzfristig an die Front geholt worden ist und also nicht mehr kommen kann. Als ich nun um 16.30 wieder in die P. A. kam, war der Gruppenführer inzwischen eingetroffen. Ich hatte wieder leise Zweifel, ob er überhaupt weg war. Jedenfalls empfängt er mich um 3 Uhr morgen Nachmittag. Morgen Vormittag gehe ich mit Carl Dietrich zu Herrn Prost im Justiz-Ministerium. Damit ist meine Tätigkeit wohl auch ziemlich erschöpft. Ich weiß nicht, was ich dann noch tun kann. Ich habe das Gefühl der Unzulänglichkeit aller meiner Schritte und habe doch das Gefühl, dass niemand da ist, der es besser machen könnte. Ja, ich stelle mir manchmal kurz vor, wie es wäre, wenn Jowo drin und Du draußen wärst, aber dann wärest Du eben nicht das, was Du doch bist. Wie würdest Du Dich schön einsetzen! Bei Jowo ist ja der gute Wille durchaus da, aber er weiß ja garnicht Bescheid und kann auch nur nach Weisung arbeiten. Unter der Verantwortung leide ich deshalb nicht, weil ich viel zu fest von der Richtigkeit der göttlichen Fügung überzeugt bin, die eben vielleicht von Dir den Tod verlangt und ihn dann trotz und sicher wohl doch nicht wegen meiner armseligen Bemühungen verlangt, und weiter, weil weit und breit niemand zu sehen ist, der es besser machen kann! Aber armselig kommen mir meine Bemühungen durchaus vor, und ich bin alles andere als stolz, wenn ich von so einem Tag dann wieder hier lande. Du bist eben drin, mein Herz, und Dein Winzling plätschert draußen herum, plätschert in ureigenster Sache und gibt sich alle Mühe, aber plätschert eben doch nur. Aber ich bin nicht verzweifelt darüber, ich bin ganz sicher und ganz nah bei Dir untergebracht und hoffe und bitte, dass es so bleiben kann, und bald hört auch die Aktivität auf, weil nichts mehr zu unternehmen ist, und dann geht unsere Sache einen Weg, auf den wir keinen Einfluss mehr haben, und sicher den Weg, den Gott will. Hercher beschäftigte die Sache immer noch sehr. Er meinte, ich solle sehen, mit Thierack zu reden, es komme auch auf den an, und er habe das Gefühl, es würde jetzt nicht mehr vollstreckt werden, es wehe ein anderer Kurs, nein Wind, od. es werde ein anderer Kurs gesteuert. Das sei so sein Gefühl, denn nachdem er mir den Hochverrat so dicke geschildert hatte, sagte ich, es habe ja dann garkeinen Sinn, auch nur das Geringste zu unternehmen. Das fand er nicht.

Als ich nun heute Abend mein Programm für morgen arrangierte, sagte mir Carl Dietrich, Kreisau habe bestellt, der Fleischer habe abgesagt. Irgendwas von Hefe kam noch vor, sodass ich eher glaube, die zu Hause haben kein Brot für die Wurst gebacken und daher dem Fleischer abgesagt. Wie dem auch sei, das Schwein muss immer noch länger leben, und Deine alte, echt helmuthische Frage, wer das Rennen gewinnt, mein liebes, liebes, gutes Herz, das Schwein oder Du, ist noch nicht entschieden. Wie kann man so etwas nur aussprechen oder denken, würde Herr Hercher und der Vorsteher sagen. Jedenfalls habe ich keine Eile, morgen Nachmittag nach Hause zu fahren. Vor Freitag früh tue ich es bestimmt nicht. Ich warte erst ab, was sich ergibt. (Nachträglich: Wie ist Dir denn zu Mute?) …

Donnerstag Morgen

… Ich kann doch noch ein Weilchen schreiben, und sagen möchte ich immer etwas. Vor allem noch dies: Was soll ich nun weiter tun? Wie weit darf ich noch ruhig bei Dir sitzen bleiben oder muss ich nach Kreisau? Ich muss ja genauso wie Du so tun, als lebest Du weiter. Schreib mir mal, wie es Dir angenehm ist und wie Du es Dir vorstellst. Du weißt ja, wo ich am liebsten bin.

Du weißt auch, dass, wo ich auch bin, mein Leben und meine Person auf Dich ausgerichtet ist. Wenn Du also ohne mein Wissen sterben solltest, so bin ich trotzdem bei Dir.

Harald geht! Dein P. bin ich

1 Vers 6: «Gott ist bei ihr drinnen, darum wird sie fest da bleiben; Gott hilft ihr früh am Morgen.»

Helmuth James an Freya, 17./18. Januar 1945

Tegel, den 17. 1. 45.

Mein Lieber, von mir ist nichts Neues zu berichten. Meine Gedanken begleiten Dich ständig auf Deinen anstrengenden Gängen und versuchen, Dich zu wärmen, Dir über die Enttäuschungen und Schwierigkeiten hinwegzuhelfen, Dir beizustehen. Mein liebes Herz, welch eine Aufgabe für Dich! Wie wirst Du das nur alles aushalten? Heute früh war ich ganz zufrieden, aber nach Tisch kam eine graue Welle, weil ich bestimmt damit gerechnet hatte, mit Eugen zum Bestrahlen zu gehen, aber Mittelstädt nicht kam. Es ist ja ganz bedeutungslos, aber es zeigt eben, wie wichtig es ist, nie etwas zu erwarten, nie auf etwas zu warten. Ich ärgere mich über einen solchen Anfänger-Fehler. Dabei ist mir dann eingefallen, dass Ihr vielleicht etwas dafür tun könnt, dass Eugen hier bleibt, solange ich hier bin; denn seine Anwesenheit ist mir natürlich eine große Hilfe. Und wenn Eggensberger im R. J. M. ein Mensch ist, kann er es vielleicht tun. Aber kümmere Dich um diese Sache nur, wenn Du es mal nebenbei erledigen kannst, denn Du brauchst ja Deine Kräfte wahrlich für andere Dinge. – Leider ist Claus 14 Tage krank. Das ist schade, zumal sein netter Vertreter jedenfalls heute auch nicht da ist. Hoffentlich ist der nicht auch krank, denn die heutige Garnitur ist eigentlich eher nicht angenehm.

Aber diese graue Welle ist im Verschwinden, war auch garnicht schlimm und hätte mir bei sorgfältiger Disziplin garnicht zu passieren brauchen. Ich schreibe auch meinem Liebsten, um nur ganz schnell wieder im Glanz unterzutauchen. Wenn Du nach Kreisau fahren solltest, und das hängt doch davon ab, ob Du Müller heute oder morgen erreichst, dann bringe mir einen neuen Block mit, denn dieser geht in dieser Woche zu Ende; fährst Du nicht, so kannst Du mir vielleicht irgendwelches anderes Papier beschaffen. – Mein Herz, der Glanz Deines gestrigen Besuchs und des schönen Briefes erleuchtet mich noch ganz. Mein Lieber, wir gehören so eng, so vollkommen zueinander, dass ich mir garnicht vorstellen kann, dass Du mich nicht immer in Dir finden wirst, wie ich auch sicher bin, Dich mitzunehmen, wenn ich abberufen werde. Mein Lieber, um mich brauchst Du Dir wahrlich keine Sorgen zu machen. Ich glaube, dass ich jetzt so sterbensfertig bin, dass, wenn Gott mir nicht neue Prüfungen auferlegen will, jener Gang zum Galgen für mich keine große Sache mehr ist. Das alles ist viel schlimmer für Dich, und Du musst jetzt gepflegt und gewärmt werden, nicht ich. … Sachlich ist mir noch eines eingefallen: Wenn Ihr wieder mit dem R. J. M., Herrn Franke (?), sprecht, so könnt Ihr ihm ja vorschlagen, mich selbst ein Mal kommen zu lassen, da die Polizei mich zu jenen Themen eben einfach nicht vernimmt. – Mein Herz, ich habe nichts weiter zu

18. 1. 45.

Mein Lieber, da wurde ich durch die Fesselung unterbrochen und wollte dann nicht weiterschreiben. Oder war es etwas Anderes? Ich schrieb statt dessen den Brief an Zeumer und den an Hans-Heini. Die Duplikate bekommst Du hier mit, wenn ich sie bis dahin fertig habe, die Erstschriften gehen am Sonntag ab. Ich habe in dem Brief an Hans-Heini nichts von Penke geschrieben. Ich fand, dass schon genug darin steht, und dass er sich erst ein Mal Dir gegenüber lösen sollte,[1] ehe man ihn bittet, einem Penke zu vermitteln. Im übrigen wirst Du in der ersten Zeit garnicht so sehr des Rats bedürfen, denn was den Betrieb angeht, wird sich ziemlich zwangsläufig entwickeln, und die Hauptentscheidungen über Bleiben und Gehen, Vieh behalten oder abgehen lassen, wirst Du doch alleine treffen müssen; da kann Dir niemand viel helfen; es ist auch weniger eine Frage, wie man sich entscheiden soll, sondern ob man sich durchsetzen kann. Und dazu kann Dir auch Penke nicht helfen.

Mir geht es gut, mein Lieber. Ich habe viel geschlafen, wohl von 7 an, und bin erst kurz vor dem Alarm aufgewacht, und der muss wohl so gegen 5.30 gewesen sein. Meine Seele ist im tiefsten Grunde sehr wohl geborgen, nur die Oberfläche zittert von Zeit zu Zeit; aber eigentlich weniger um mich, denn ich fühle mich wahrlich so, als könnte mir nichts geschehen. Ich habe nur zwei Schwierigkeiten: die erste ist die, dass ich mich immer ermahnen muss, nicht an der Rettung meines Lebens glaubensmäßig irre zu werden. Ich habe kein Recht, mich da ganz einfach fallen zu lassen, und dazu neige ich immer wieder. ... – Meine zweite Hauptsorge ist aber mein Pim. Meine Gedanken fliegen natürlich vor allem zärtlich zu ihm, aber doch immer mit dem Gefühl: Wie wird es ihm gehen? Wie soll er das durchstehen? Die Lage ist jetzt umgekehrt wie vor dem Termin: Jetzt muss ich mich bemühen, meinem Pim Stärke zu spenden, so gut ich das kann; leider kann ich es nicht so gut wie mein Lieber. Ach wie oft denke ich: Jetzt geht er in die P. A. und Müller empfängt ihn nicht, oder ist unfreundlich zu ihm, oder Adrian ist nicht erreichbar u. s. w. Ich weiß doch, wie solche Dinge sind; sie gehen immer schlechter als man denkt, und hier hängt doch meines Liebsten Herzblut daran, und er hat keinen Wirt, bei dem er die Herren aus Verona[2] laufen lassen kann. Ach, mein Herz, was habe ich Dir da aufgebürdet. Pfleg' Dich nur. Dein Wirt ist im Augenblick ganz uninteressant, der ist nur Objekt, und Du bist viel wichtiger. Schone Dich. Gerade Deiner Kräfte wegen schiene mir ein kurzer Aufenthalt in Kreisau gut. Aber ich rede Dir nicht drein. Hast

Du in Kreisau ständig das Gefühl, dass Du gerade das Entscheidende verpasst, so hilft Dir Kreisau ja auch nicht. Ach, mein Herz, könnte ich Dir nur besser beistehen!

... Mein liebes, liebes Herz, ich möchte Dich wärmen und beschirmen, ich möchte dich stärken und Dir helfen; mach Dir um mich gar keine Sorgen, d. h. um mein Inneres. Leb wohl, mein Lieber, ich habe nichts weiter zu sagen, als dass ich immer wieder dasselbe wiederholen möchte. Ich umarme Dich. Der Herr behüte Dich und uns. J.

1 Hans-Heini Rittberg war Freya gegenüber nicht bereit gewesen, sich für Helmuth einzusetzen. Siehe Freyas Brief vom 14. November 1944, S. 134. *2* Gemeint sind Tränen. Anspielung auf William Shakespeares Liebeskomödie *Zwei Herren aus Verona*.

Helmuth James an Freya, 18. Januar 1945

Tegel, den 18. 1. 45.

Mein Lieber, Dein schöner, friedlicher Brief, den ich gerade gelesen habe, hat mich recht beschämt. Hier sitze ich und zittere, und derweil gehst Du stracks vor Dich hin, als wäre das alles nichts. Ja, ja, ich weiß, warum es Dir gelingt, und es ist auch nur mein gemeiner, erbärmlicher, durch nichts zu rechtfertigender Kleinglauben. Ja, mein Herz, es ist die Gnade Gottes, die es Dir ermöglicht, das alles zu tun. ...

Du fragst nach meiner Bibellektüre: Ich lese immer 2 mal 3 Kapitel aus dem N. T. und versuche es immer so einzurichten, dass ich mit dem einen bei Matthäus wieder anfange, wenn ich mit dem anderen in den Römerbrief eintrete. Um das zu tun, muss ich am Schluss immer etwas mehr als 3 Kapitel lesen. Ja, wenn man ganze Kapitel liest, dann überschlägt, nein, überliest man immer wieder Stellen. Das ist unvermeidlich. Einzelne Verse liest man sorgfältiger. Mir haben nur die 5 × 3 Kapitel, die ich seit langem täglich lese, natürlich eine sehr angenehme allgemeine Übersicht verschafft; aber für ein normal tätiges Leben ist wohl 3 Kapitel schon zu viel.

Die Frage, was und wie man glauben und was, wie und um was man beten soll, ist ungeheuer schwer, und ich vermag sie nicht zu beantworten; vielmehr beantworte ich sie mir jeden Tag anders. Die zwei Peilpunkte für das Gebet sind das Vaterunser, das uns ja in der Bergpredigt klar geboten ist, und das unaussprechliche Seufzen des Geistes in Röm. 8,26. Etwas, was mir heute artikuliert gut und überzeugend ist, klingt mir am nächsten Tag blass und inhaltslos. Markus 11,24[1] ist dabei eine besonders anspruchsvolle Stelle, der ich nie gewachsen sein werde. – Auch um den Glauben muss ich alle Tage neu ringen. Plötzlich überfällt mich aus irgendeiner hässlichen Falte die Überzeugung, dass «das alles Mist ist». Das ist fürchterlich, aber dauert glücklicherweise meist nur Minuten. …

Ja, mein Lieber, Du musst, wenn nun alles geschehen sein wird, was geschehen kann, wieder zu einem einigermaßen normalen Leben zurückkehren. Aber lass uns noch die nächste Woche abwarten. Ich habe ja das Gefühl, dass ich, wenn überhaupt, dann bald hingerichtet werde, und so können wir vielleicht die nächste Woche noch abwarten. Siehe, mein Lieber, das schreibe ich nur, weil meine ratio mir sagt, so ist es; aber schon im Schreiben habe ich das Gefühl, dass ich es eigentlich nicht schreiben dürfte, weil es meiner Glaubenspflicht widerstreitet. Warten wir also noch ein wenig, bis wir über Müller und Kaltenbrunner Bescheid wissen.

… Der Herr behüte Dich, mein sehr liebes Herz. Jäm.

1 «Alles was ihr bittet in eurem Gebet, glaubet nur, dass ihr's empfangen werdet, so wird's euch gegeben.»

Freya an Helmuth James, 19. Januar 1945

Freitag nach dem Frühstück.

Mein liebes Herz, eine Stunde habe ich genau Zeit zu schreiben, dann muss ich weg, um den E-Zug zu kriegen und um 7 zu Haus zu sein. In der Nacht von So. auf Mo. komme ich zurück. Um 11 waren Carl Dietrich und ich bei dem jungen, lieben, harmlosen Ebersberg, Adjutant von Thierack. Es war eine maßlos komische Situation, denn bald sagte der junge Mann, nachdem C. D. würdig im Namen der Familie gesprochen hatte, ja Goerdeler sei nicht das Wesentliche, sondern das, was sie technisch den «Kreisauer Kreis» nennten, und kurz drauf aus Herzensgrund, es sei immer wieder ihre Erfahrung, dass die Ehefrauen kämen und von nichts eine Ahnung hätten, was ihre Männer getrieben hätten, und es garnicht für möglich hielten. Es war neben C. D. ausgerechnet wirklich schwer, nicht zu lachen. Bei C. Viggo wäre die Rolle leichter zu spielen gewesen. Wir brachten an, sie sollten warten, und der junge Mann ermunterte mich sehr, Herrn Prost selbst noch einmal aufzusuchen, was wir aber gleich beschlossen, ohne C. D. zu tun!! Er sagte auch, Thierack sei für 10 Tage noch auf Dienstreise, und als er das rausgelassen hatte, tat es ihm leid, und er sagte, er wisse aber nicht, ob es dann nicht vorher vom Staatssekretär entschieden werde, was ich für ausgeschlossen halte. Kurz, der Besuch war komisch, aber gänzlich unwichtig, und ich war froh, als ich den guten C. D. wieder herausgestoßen hatte. Mein Eindruck vom J. M. ist überhaupt der, dass Goerdeler in Verbindung mit Dir eine ganz geringe Rolle spielt gegenüber der Erkenntnis, dass Deine eigenen Pläne *mindestens* genau so gefährlich waren wie die von Herrn G. – Um 3 war ich dann bei Müller, wohl gestärkt durch eine Tasse dicken Kaffees bei Dorothee. Ich muss gestehen, dass ich eine ganz genaue Darstellung des Ganges der Unterhaltung nicht zu geben vermag. Ich empfand als steigend unsympathisch, dass Müller mich sozusagen von Dir (vor ihm!) trennen wollte, aber es gelang ihm Gott sei Dank nicht, weil sich das so zuspitzte, dass er sagte, es täte ihnen leid, dass ich mitgefangen wäre – da wir doch alle Deutsche seien –. Das konnte ich dann schön zurückweisen und sagen, ich ließe mich gerne mit Dir verurteilen, denn ich gehöre zu Dir. Er fing gleich so an, dass er sagte, man (ich) könne garnichts mehr für Dich tun, denn Du seiest ein Hochverräter, und es ginge nicht, dass die lebten und an der Front die Anderen für Deutschland stürben. Auch aufsparen könne man Dich nicht, denn was hätte man 18 für schlechte Erfahrungen mit der Methode gemacht.[1] Die Leute wären dann alle aus den Zuchthäusern gekommen und wären dagewesen. (!!!) Außerdem sei das ungerecht – Dich am Leben zu lassen –, wenn man jetzt schon viele Andere für weniger hätte sterben lassen. Das könne auch kein Reichsführer und selbst kein Führer ändern, denn die hätten darin – dem Sinn nach – keinen eigenen Willen mehr. Aber selbstverständlich würde er meinen Brief an Himmler sofort und bestens befördern – und das macht er auch. Ich sagte, mir könne man eh nichts anhaben. Ich sähe ihren Standpunkt als vollkommen konsequent ein, aber ich kenne Dein Wollen viel zu genau, um nicht zu wissen, dass Du nur die besten Intentionen gehabt hättest. Ob er mich über Dich aufklären solle od. diese Illusion lassen, meinte er. Das könne er machen, wie er wolle, denn weder das Eine noch das Andere brächte mich aus meiner Sicherheit, denn ich verstünde sie und Dich, sie Dich aber nicht. Es kam dann ein Hinweis auf das Wissen um das Wissen der Polizei. Du hättest ihm das Wort im Munde herumgedreht bei einer mir und Dir zuliebe gewährten Unterredung, denn leider hätte die Polizei vom 20. 7. eben wirklich nichts gewusst. Es sei erklärlich, dass Du Dich an jeden Strohhalm klammertest; aber *das* sei doch nur mit Haftpsychose zu erklären. Ich habe nicht versucht, das alles richtigzustellen, denn es hätte eine zu genaue Kenntnis der Details vorausgesetzt, die ich mir denn doch nicht leisten konnte; ich hätte es gekonnt bzw. Du, denn na ja ... das ist ja klar![2] Auch Dein Brief, den Du nachher noch geschrieben habest, bewiese, dass Du im Grunde Deine Schuld einsähest. (!!) Er sei im Frühsommer ganz ernstlich an Deinem Schicksal interessiert gewesen; da hättest Du die Chance in der Hand gehabt – und hättest sie verpasst. Kurz, mein Herz, dieser «mächtige» Mann hat ein sehr tiefes persönliches Ressentiment gegen Dich. Wird das Himmler nicht teilen? Lieber! Mit Recht haben sie es! Gut, dass sie es haben, denn mit denen gibt es keinen Kompromiss! – Dass er mit mir persönlich so sehr freundlich war, war mir so unangenehm. «Hätte er sich Ihnen nur mehr untergeordnet». Das mochte ich garnicht hören. Am Schluss: «Wenn Sie je einen Wunsch od. eine Schwierigkeit haben, dann kommen Sie zu uns. Wir sind garnicht so, wie man von uns sagt!» Ach, mein Jäm, sie haben keine Ahnung, und ich kam mir so minder vor, dass ich ihm so einen guten Eindruck machte! Verstehst Du das? Es war garnicht traurig, aber es war eklich. Ganz anders bei Prost. Den suchte ich bald hinterher auf, nachdem ich der Bressalina die ihr zur Verwahrung gegebenen Briefschaften entrissen hatte.[3] Wir trafen uns in einem Café. Prost ist ein ernster deutscher Beamter, schwer kriegsbeschädigt aus dem vorigen Krieg, Landgerichtsdirektor, Sachbearbeiter von Franke und gleichzeitig rechte Hand des Ministers, also wohl im J. M. der geeignete Mann. Der setzte sich mir gegenüber und sagte garnichts, *nichts.* Er sagte, nun sagen Sie mal alles an Persönlichem, aus persönlicher Kenntnis Ihres Mannes, was Sie sagen wollen. Sachlich gibt es ja garnichts zu sagen, denn was Sie da wissen, ist ja nur rudimentär. Sie können ja nicht viel wissen, und ich kann darüber nichts sagen. Ich sprach dann über Deine Grundhaltung: nichts mit Goerdeler, kein Reaktionär, keine Standesinteressen, keine persönlichen Interessen, kein Umsturz. Es ging dann ein wenig hin und her. Er sagte, ja, er kenne die Angelegenheit bis ins kleinste Detail. Das Sachliche, das entschieden sie schon nach sehr reiflicher und sehr bedrückender Überlegung – aber sie wollten bei dieser Entscheidung auch das Persönliche wissen. Es war sehr viel schwerer, da zu sprechen, weil ich seine Reaktionen nicht bemerken konnte, da er schwieg und ich von seiner tiefen Ernsthaftigkeit und fehlendem Fanatismus trotz Hakenkreuz überzeugt war, sodass ich das starke Bedürfnis hatte, ehrlich zu sprechen. So konnte ich es nicht lassen, am Schluss zu sagen: Und wenn Du sterben müsstest, so würdest Du das wohl verstehen (= gut fertig bringen) und ich das Übrigbleiben auch. Da kam auch bei ihm: Es wäre gut, wenn ich nicht mitgestraft würde. Das habe ich noch deutlicher und besser als bei Müller zurückgewiesen, gesagt, ich gehöre absolut zu Dir. Da bekam er wohl Sorge um die

Erziehung der Moltke-Sprösslinge und sagte, ich müsse aber auch an die Gerechtigkeit glauben und nicht mit Deutschland zerfallen. Da konnte ich es wieder nicht lassen zu sagen: ich glaubte, das, wofür Du immer gestanden wärest, das lebe auch ohne Dich weiter, und meine Überzeugung sei, dass es so oder so in Deutschlands Schicksal einmünden werde, das habe weder mit der jetzigen Regierungsform noch mit Dir zu tun, sei ganz überpersönlich, und daran glaube ich und daher fürchte ich mich garnicht vor inneren Schwierigkeiten meinen Söhnen od. Deutschland gegenüber, wie immer es auch mit Dir ausginge. «Ich möchte Ihnen keine falschen Hoffnungen lassen und Ihnen auch keine rauben», war das Ende und eine höchst ehrfurchtsvolle Entlassung. Vielleicht, mein Jäm, habe ich zuviel gesagt. Ich glaube kaum, dass es etwas verderben kann, aber diesem wirklich ernsthaften, anständigen und von eigenen Überzeugungen erfüllten Mann gegenüber konnte ich nur so reagieren, wie wir wirklich sind: Sieh zu, ob Du das umzubringen Dir leisten kannst. Das hat er wohl verstanden.

Ich muss weg! Schleunigst! Gott behüte Dich!

Heute ist der 19.[4] Ich weiß es wohl! Welch *reiches* Jahr!

Sieh Dir die Losungen an: 5. Mos. 8,18
Phil. 4,13

Ich nehme Dich mit und bleibe Dir nah in großer, heißer, starker, ungetrübter und so Gott will unangefochtener Liebe P.

1 Nach der Revolution von 1918 gab es eine Amnestie für politische Häftlinge. *2* Auslassungzeichen im Original. *3* Siehe Vorwort, S. 9. *4* Der Jahrestag von Helmuths Inhaftierung.

Helmuth James an Freya, 21./22. Januar 1945

Tegel, den 21. 1. 45.

Mein Lieber, es tut mir leid, dass Du bei Deiner Rückkehr keinen Brief vorfinden wirst, aber ich hatte angenommen, P. sei am Samstag bei den Frauen[1] und werde Sonntag kommen. Nun kam er gestern und kommt heute nicht. – Deine beiden Briefe vom 19. habe ich mit großer Freude gelesen. Ich bin so glücklich, dass Du so gnädig durch all diese Schwierigkeiten getragen wirst. Mir scheinen beide Unterhaltungen, die mit Müller und die mit Prost, gut gelungen. Mir scheint aus Prost's Haltung hervorzugehen, dass das R. J. M. doch eine gewisse Selbständigkeit in der Gnadensache sich bewahren oder neu erkämpfen will.

Sieht Dir das nicht auch so aus? Nun liegt ja da garkein Gnadengesuch. Wenn nun definitiv feststeht, dass über SS nichts zu machen ist – d. h. wenn Kaltenbrunner entweder ablehnt, Dich zu sehen, oder in der Besprechung klar ablehnt, etwas zu tun, so könnte es ja nichts schaden, wenn das alte Gnadengesuch – vielleicht mit geändertem Datum – nun dem R. J. M., sprich Prost gegeben würde. Ach nein, es müsste ja etwas geändert werden, weil der Termin vorüber ist; aber das könnte Bill ja unterschreiben. Die zweite Anregung ist die: solltest Du Prost nicht eine kurze Notiz geben *a.* über die aus der Sache stammenden Gründe zu weiterer Prüfung, *b.* über die persönlichen Gründe, *c.* über die Familiengesichtspunkte. Vielleicht kannst Du damit dann noch ein Mal zu ihm gehen und ihm dabei folgendes sagen: Nach dem, was Du von dem Anwalt gehört hättest und was Du in Drögen[2] gesehen hättest, wäre es Dir ganz klar, dass ich nie von einem Mann mit weitem Blick und richterlicher Einstellung vernommen worden wäre, denn es gebe ja keine Voruntersuchung; die Kriminalbeamten, die mich vernommen hätten, die hättest Du ja zum großen Teil gesehen, und dass die mich garnicht verstehen könnten, sei ganz klar; und aus deren Berichten sei schließlich das Bild geformt. Das könntest Du natürlich nicht schreiben, aber ihm wolltest Du es wenigstens ein Mal sagen. …

Klar, das alles ist im Grunde gleichgültig, aber nachdem wir die Sammlung von Strohhalmen begonnen haben, wollen wir auch bis zum Ende bei dieser Linie bleiben. Petitum, m. E. nur mündlich vorbringen: Prüft die Sache noch ein Mal, seht Euch den Mann noch ein Mal an – bisher reine Polizeigesichtspunkte –, oder hebt ihn ohne förmliche Begnadigung mal erst auf, bis nach Kriegsende die Frage einer Amnestie geprüft wird.

Mich interessiert sehr, dass bei Prost und Ebersberg, also im R. J. M., der «Kreisauer Kreis» das Hauptgravamen ist. Ich dachte, das hätte bisher nur Freisler entdeckt. Bei Müller ist das nämlich nach meinem Gefühl nicht so. Wahrscheinlich sind Thierack und Freisler, die das ja offenbar ganz genau besprochen haben, gemeinsam darauf gekommen. Deswegen scheint mir eben auch alles, was in der Gnadensache geschieht, aussichtslos. Sie haben eben begriffen, dass in Kreisau die Axt an die Wurzel des N. S. gelegt werden sollte und dass nicht nur wie bei Goerdeler eine gewisse Fassadenänderung vorgenommen werden sollte. Es ergibt sich auch aus einer Bemerkung von Fr. in der Sitzung, die ungefähr so war: Wenn Stauffenberg die Triebkraft im militärischen und Goerdeler im organisatorischen Sektor war, so war es Moltke im geistigen Sektor. Wenn man sagt, durch Yorck ist das alles zusammengekommen und der sollte Staatssekretär in der Reichskanzlei werden, so ist das auch garnicht so unrichtig. Dass sie das alles für hochexplosiv ansehen, ergibt sich auch aus den Nebenstrafen: Maschke, der von Goerdeler mindestens genauso viel wusste wie Fugger von mir, hat 2, Fugger 3 Jahre Gefängnis, und Reisert, der fast nichts wusste und mich nur 2 × gesehen hat, hat 5 Jahre Zuchthaus. Auch Eugen wurde sehr eingehend darüber befragt, wie er mich kennen gelernt hätte. Aber Eugen ist ja ein Sonderfall, der nur wegen Dummheit so mild abgekommen ist. – Erstaunlich ist, dass sie Carl Dietrich, Einsiedel und Peters in Ruhe lassen. Aber sie sind wohl der Meinung, dass sie sonst immer weiter greifen müssten und dass mit meiner Beseitigung und der Liquidierung der am unmittelbarsten Beteiligten die ernsthafte Gefahr behoben ist. Das ist in mittelbarer Kausalität wohl auch richtig. – Aus Müller's Bemerkung über 18, «sie wären dann alle wieder da», entnehme ich, dass seine Siegeszuversicht etwas gelitten hat. Sonst ist der Satz doch eigentlich nicht zu verstehen. Das Aufheben ohne Begnadigen lässt sich begründen mit dem Hinweis auf eine nach dem Siege doch zu erwartende Amnestie, und dann könnte sich ja ergeben, dass man solche Leute doch noch brauchen kann.

Im Ganzen ist eines befriedigend: Da ich auf dumm nicht spielen konnte, wie Eugen, so ist es immer noch besser, ich werde wegen Kreisau beseitigt, als wegen einer 10trangigen Rolle bei Goerdeler. ... – Wenn Du Prost noch ein Mal sehen solltest, so kannst Du ihm vielleicht auch noch ein Mal sagen: Weder Du noch ich – denn Du hättest mich ja gesehen – seien im geringsten bitter; wir verstünden, dass sie ihre Rolle spielen müssten, aber es schiene uns traurig, dass Deutsche versuchten, andere Deutsche wegen ihrer abweichenden Meinung zu töten, vor allem in einem Fall, wie dem meinen, wo ich meine abweichende Meinung am gehörigen Ort immer offen und nicht im geringsten provokatorisch gesagt hätte. Du wüsstest ja, was für schwierige Kämpfe dienstlicher Art ich deswegen zu Kriegsbeginn gehabt hätte. Wenn man das nicht wolle, so hätte man mich ja jederzeit anderweit verwenden können, wo diese grundsätzlichen Fragen nicht ständig aufkämen.

... Merkwürdigerweise hat mir das negative Ergebnis bei Müller riesig geholfen. Ich weiß nicht, warum, aber es war, als wäre ein Druck von mir gewichen, und dieser Druck war eben die menschliche Hoffnung; mir wurde es leichter, als die nun vergangen war und ich sozusagen keine Kräfte mehr aufzuwenden brauchte, um sie aufrecht zu erhalten. Der Herr ist wieder sehr gnädig mit mir, eigentlich seit gestern früh. Es ist alles wieder eingependelt auf der alten Linie der Bereitschaft, gehorsam und freudig Gottes Willen zu erfüllen. Aber es ist eben doch nicht ganz die alte Linie, nur kann ich nicht genau definieren, wo die Differenz liegt. – Ich fühle mich so in der Haltung: Was sind schon Herr Müller, Herr Thierack und der Henker vor Gott: Menschen und Instrumente, mit denen er vielleicht auch auf mich einwirken will. Sie wissen es nicht und können einem deswegen leid tun, aber von mir aus gesehen ist eben alle Macht des Herrn Müller nichts, wenn Gott will.

Ich lese mit großer Freude Lilje's Buch über die Offenbarung.[3] Ich weiß nicht, ob es gut ist, weil ich über die Offenbarung zu wenig weiß, aber es interessiert mich deswegen sehr. Vor allem ist die Übersetzung anscheinend sehr gut. Ich bin eben doch sehr damit beschäftigt, mir zu überlegen, was ich eigentlich finden werde, wenn ich nach Plötzensee muss. Und ich bin eben durch Herrn Kant und die Schrift davon überzeugt, dass ich nicht auf das jüngste Gericht warten, sondern irgendwie sofort im Reich Christi leben werde. Ich falle nur aus unseren drei Kategorien: Zeit, Raum, Kausalität heraus in einen Zustand, den wir uns deshalb nicht vorstellen können, weil wir eben nur in diesen drei Kategorien zu denken vermögen. Aber wenn es dort keine Zeit mehr gibt, dann ist eben das in der Offenbarung beschriebene Reich Christi dort schon jetzt, weil dort eben alles «Jetzt» ist; infolgedessen kann ich auch nicht warten. – Je weniger man davon zu verstehen vermag, umso mehr möchte man darüber nachdenken, aber für dieses Leben kommt es letzten Endes nur darauf an, dass der Herr mir die unerschütterliche Gewissheit erhält, dass er mich von dem Schuppen in Plötzensee aus unmittelbar in seinen Armen aufnimmt. Alles Andere ist dann gleichgültig. Dir, mein Herz, werde ich mich schon irgendwie in den drei Kategorien bemerkbar machen.

Eben kam die Zeitung. Was machen wir denn nun, mein Herz? Hoffentlich kommst Du überhaupt morgen. Das wird eine fürchterliche Reise werden. Und dann musst Du bis zum 26. zurück oder garnicht. Das ist ja eine sehr unangenehme Entscheidung. Dazu kommt, dass heute Namslau im Bericht des V. B.[4] über die Kriegslage genannt ist. Das sind, wenn ich mich nicht irre, 100 km von Kreisau. Den von Halder und mir erwarteten Südkessel haben die Russen arg weit nach Norden angesetzt, sodass, wenn sie nicht doch weiter südlich über die Oder gehen, Ihr doch sehr nah an der Schlacht seid, und wenn sie die Bahnstrecke über Oppeln schneiden, bleibt unsere Linie die einzige Verbindung zu der Südarmee. Nun, vielleicht drehen sie doch noch weiter nach Süden. Ich habe eigentlich erwartet, dass sie nur hart über dem Industriegebiet nach Westen vorbeistoßen würden, jedenfalls ein gut Teil oberhalb Oppeln über die Oder gehen. Das bleibt im Grunde auch wahrscheinlich, denn sonst bekommen sie noch die Malapane und die Neiße und die Oder, und die sind denn doch ein erhebliches Hindernis. Der gestrige Wehrmachtsbericht und alles drum und dran klingt sehr düster, denn offenbar sind die Russen jetzt auch im Norden hinter dem Weichselbogen durch die Front durch. Was kostet das für Menschen! Da kann man nur sagen: Was macht da schon ein Mann mehr gehenkt aus. Aber so denkt Gott nicht, so handelt er nicht, so versuchen Nazis zu denken, und selbst die können es nicht schaffen, wenigstens nicht bei Grafen. Welch ein Leben, mein Herz! Wenn nur der Herr uns die Fähigkeit gibt, dies alles richtig, d. h. im rechten Geist und Glauben, zu verdauen, wie immer es weitergehen mag.

Ich bin aber vom Thema abgeglitten, das hieß: *a.* Kommst Du morgen? *b.* Wenn ja, reist Du am 26. wieder zurück? Das erste werde ich erleben. Das zweite ist sehr schwer zu beantworten. Eigentlich müsstest Du jetzt zu Hause sein. Auf der anderen Seite kann Deine Anwesenheit hier sehr wichtig sein. Der 26. ist Freitag. Bis dahin wird sich wohl geklärt haben, ob Du Kaltenbrunner noch sehen kannst und ob Du noch ein Mal mit Prost sprechen kannst, sollst, willst etc. – Deine Nähe ist mir riesig angenehm, wie ich Dir schon mehrfach gesagt habe, aber wenn ich alles ehrlich prüfe, komme ich eigentlich zu dem Ergebnis, dass Du nach Kreisau fahren müsstest. Nun, vielleicht entscheidet sich alles schnell. – Aber es ist dann so, dass praktisch kaum eine Verbindung zwischen uns bestehen wird, denn Briefe werden ewig reisen, und wenn Schlesien Operationsgebiet wird, dann wird es auch mit dem Telephon aus sein, und womöglich hast Du die Russen im Haus, ehe Du auch nur weißt, ob ich tot bin. Alles sehr unerfreulich. Du bist dann so etwa in der Lage wie Frau Tharant, deren Mann verwundet in russische Hand gefallen ist –1941– und die nichts von ihm weiß. Nun, wir werden noch darüber reden – falls Du kommst – und müssen ohnehin uns und alle dem Herrn anvertrauen. Für Euch wäre es ein Segen, wenn die Russen jetzt schnell kämen, denn bis zur schlesischen Grenze werden sie gewiss kommen, und gelangen sie dann nicht durch Schlesien, dann seid Ihr Frontgebiet mit all den reizenden Folgen, die das hat. Lieber schnell besetzt als Monate lang Front. Was würde Herr Müller zu diesem Satz sagen?

Im übrigen ist die Lage immerhin so, dass es gerechtfertigt erscheint, jedes Mittel zu ergreifen, um die Hinrichtung aufzuschieben. Denn vielleicht läutet diese Offensive das Ende des Krieges ein. In 8 Tagen werden wir darüber mehr wissen. Es kann natürlich genauso gut wieder eine Front geben, die viele Monate hält. Jedenfalls, solange wir nicht wissen, dass es halten wird, können wir ja ruhig bei Herrn Prost versuchen, eine Nachprüfung einzelner Fragen – wie z.B. die der Kenntnis der Abwehr – anzuregen.

Zur Abwechslung komme ich mal auf mein hiesiges Leben. Ich bitte Dich nämlich, mir etwas Kaffee für Herrn Mittelstädt zu geben: Nur ein kleines Tütchen. Ich will ihm nicht jedesmal eine Zigarette geben, aber ich will, dass er mich recht oft holt; so habe ich mit etwas Kaffee gewinkt. P. meint, diese Woche hätte ich noch – ich halte allerdings für möglich, dass der Minister wegen der Lage im Osten und wegen der Reiseschwierigkeiten schon heute oder morgen zurückkommt –, und es ist viel unterhaltender im Lazarett als hier, wo wir überhaupt nicht mehr herauskommen und seit Claus weg ist in jeder Beziehung schlechter behandelt werden. Im Lazarett ist es hingegen warm, still, friedlich, nur Eugen kann nicht mehr mit, denn Mittelstädt hat offenbar einen Rüffel bekommen, weil er uns zusammen mitgenommen hat. Dafür (!) habe ich einen Sanitätskalfaktor drüben aufgetan, der aus Schweidnitz ist und dessen Frau eine Willmer aus Oberweistritz ist und dort auch wohnt, eine Kusine, so meinte er, von der Ida. Ist das nicht komisch. Die Belegschaft des Lazaretts ist aber nicht nur defaitistisch, das sowieso, sondern sie rechnet auch mit einem Aufstand und meint, dafür sei alles bestens vorbereitet. …

So, nun habe ich mich wohl gründlich ausgeschwätzt. Ich habe nur zu berichten, dass es mir gut geht. Mein Rücken ist sehr viel besser, und ich muss tüchtig angeben, um nur meine Lichtbäder aufrecht erhalten zu können. Auch meine Nerven sind ganz friedlich. Leider beobachte ich mich selbst ständig, um zu sehen, ob mich bestimmte Dinge nervös machen, und das ist schlecht. Ich vermag es aber nicht abzustellen. Es ist eben doch eine große Spannung, wenn man jede Minute von 8 Uhr früh bis 6 Uhr abends zur Hinrichtung abgeholt werden kann, und solange man es so gut hat wie ich, muss man noch zufrieden sein. Denn alles ist eben doch wie ein Wunder. Normalerweise, d.h. nach der Praxis bis Anfang Dez., wäre sofort vollstreckt worden, und wir hätten uns nicht mehr gesehen. Du wüsstest auch nichts über den Termin. Ich könnte in der P. A. sitzen, wo niemand ran kann, die Leute unfreundlich sind, die Gefahr von Vernehmungen immer besteht, auch kein Ausgang ist und kein Lazarett und kein Eugen und vor allem kein Poelchau und Pim. Der Herr ist sehr gütig mit uns, und wir müssen ihm beständig danken. – Und umkommen würde ich wahrscheinlich jetzt, wenn ich draußen wäre, denn als 07[5] müsste ich bestimmt bei der jetzigen Lage an die Front, und als schlecht Ausgebildeter oder Unausgebildeter hat man keine ernsthafte Chance. Und für was würde ich dann sterben! Ich finde eben, dass, selbst wenn ich umgebracht werde, Ihr beide, Marion und Du, es viel besser habt als Davy, denn Ihr seid wenigstens auf der richtigen Seite, während Davy das Staatsbegräbnis ihr ganzes Leben nachgehen wird.

Sehr zärtlich habe ich heute morgen an Euch gedacht und habe gehofft, alles friedlich zu finden. Leb wohl mein Herz. Der Herr behüte Dich und uns. J.

Nachtrag zu oben: Mir scheint es u. U. richtiger, nicht ein Gnadengesuch der Familie an R. J. M. unter den oben erwähnten Umständen zu richten, sondern auch da von vorneherein darauf auszugehen, Aufschiebung der Vollstreckung, bis nach Kriegsende die Amnestiefrage geprüft wird. Aber überlegt das ein Mal.

22. 1. 45.

Guten Morgen, mein liebes Herz, ich fürchte, Du liegst irgendwo auf der Bahn nach einer grässlichen Nacht, mit überfüllten, kalten Zügen, die unendliche Verspätung haben. Was werde ich froh sein, wenn ich höre, was mit Dir ist, ob Du kommst, da bist oder in Kreisau geblieben bist. – Ich habe gut gepümpelt. Gestern vergaß ich zu schreiben, dass Rösch gefangen ist.[6] Das bedeutet eine neue Gefahr für P.[7] – Nun muss ich Dir noch schreiben, was ich brauche: 2 Hemden, 1 Handtuch, 1 Kopfkissenbezug, 4 Taschentücher; außerdem fände ich, Du solltest mir, wenn Du sie da hast, ein Paar schlechte dicke Socken geben, denn die von Dir letztes Jahr gestrickten sind viel zu schön für die Henkersknechte oder das Volksopfer;[8] die gebe ich Dir lieber wieder zurück. – An Essen brauche ich Zucker, Honig; Speck und Butter reichen bis Ende der Woche. Wurst reicht bis Mittwoch.

So, nun schreibe ich weiter nichts, aber dass ich Dich sehr lieb habe, mein Herz, und dabei bleibt's. J.

1 Im Frauengefängnis Moabit. Siehe Einleitung, S. 16 Anm. 5. *2* Das heißt bei den Besuchen Freyas in der Polizeistation von Drögen, wo der Sicherheitsdienst den im Konzentrationslager Ravensbrück inhaftierten Helmuth verhörte. *3* Hanns Lilje, *Das letzte Buch der Bibel. Eine Einführung in die Offenbarung Johannes*, Berlin 1940. Siehe Freyas Brief vom 15. Januar 1945, S. 297. *4* Der *Völkische Beobachter*. *5* Helmuth gehörte zum Geburtsjahrgang 1907. *6* Augustin Rösch wurde am 11. Januar 1945 verhaftet. *7* Mögliche Aussagen Augustin Röschs hätten Harald Poelchaus Verwicklung in den Kreisauer Kreis ans Licht bringen können. *8* Anfang Januar wurde zu einer «Volksopfer»-Sammlung aufgerufen, die der Ausrüstung des «Volkssturms» dienen sollte.

Helmuth James an Freya, 23. Januar 1945

23. 1. 1945

Mein Lieber, nur ein Wörtchen will ich Dir schreiben. Wo magst Du sein, mein Herz? Ob Du in Berlin, oder ob Du umgekehrt bist? Solltest Du etwa diesen Brief nach meinem Tod bekommen und nicht in Berlin sein, so denke nicht, ich sei darüber traurig gewesen, dass Du nicht hier bist. Darüber sind wir doch beide durch die Lehre der letzten 3½ Monate erhaben geworden. Bist Du da, so ist das eine zusätzliche Freude, und sehen wir uns noch einmal, so sind wir darüber sehr glücklich. Sobald feststeht, dass Du hier nichts mehr für mich tun kannst, musst Du mich verlassen und nach Hause fahren, denn da wird jetzt allerhand fällig sein. Ob Mutz auch bleibt? Das wäre nützlich. Gestern soll «im Raum von Breslau» im O. K. W.-Bericht gestanden haben, und die Wachtmeister berichteten, Frauen und Kinder seien aus Breslau evakuiert und zum Teil in Berlin angekommen. Bekämpfe nur die Panik. Jetzt in den Flüchtlingsstrom zu geraten ist reiner Selbstmord. Große Sorge habe ich, dass man Vieh abschlachten wird. Hoffentlich wird Dein Schwein nun wirklich bald sterben, sonst wandert das in andere Mägen.

Mir geht es gut, mein Herz. Ich bin nicht unruhig oder friedlos. Nein, kein bisschen. Ich bin ganz bereit und entschlossen, mich Gottes Führung nicht nur gezwungen, sondern willig und freudig anzuvertrauen und zu wissen, dass er unser, auch Dein, meines Liebsten, Bestes will. Gestern war ich wieder zum Lichtbad. Ich habe jetzt die beiden Kalfaktor, den Oberweistritzer und der mir das Lichtbad gibt, und den hiesigen Sanitätskalfaktor, einen Hirschberger, durch Zigaretten gewonnen, und der sorgt nun dafür, dass ich mit rüberkomme. So hoffe ich, dass dieses Divertissement häufig gelingen wird, solange ich hier bin. Ich brauche leider dann nur, falls ich nächste Woche noch existiere, noch Zigaretten. Im Lazarett bekomme ich rohe Kohlrüben und ab heute wollen sie mir Weißbrot mitgeben. Sie versichern, dass sie es nicht den Kranken, sondern den Wachtmeistern entziehen!! Tolle Zustände. – Die russische Offensive hat unsere Popularität beachtlich gesteigert: «Nun sieht ja auch der Dümmste, was Sie uns ersparen wollten. Und dafür werden Sie nun gehängt!» So oder ähnlich wird geredet.

Leb wohl, mein Herz. Der Herr behüte Dich und uns. J.

Wenn Du den Haftbefehl übersetzen lässt, würde ich an Stelle von «Rechtsanwalt» und «Berlin-Lichterfelde», «Landwirt» und «Kreisau» setzen und sagen, das sei später berichtigt worden, falls jemand Dich fragt. Es kommt auf beiden Seiten, im rubrum und in der Anschrift, vor.

Später: Mein Lieber, wie schön zu wissen, dass Du da bist. Wie sehr lieb. Eben brachte [der Wachtmeister] mir frisches Fleisch, Schlagsahne und Semmeln. Sonst nichts anderes, als dass ich Dich, mein sehr liebes Herz, sehr lieb habe und dabei bleibt's. J.

Freya an Helmuth James, 23. Januar 1945

Dienstag halb 10

Mein Lieber, da bin ich wieder oder besser noch einmal, denn ich fürchte, mein Platz wird nun wieder in Kreisau sein, es sei denn, Du meinst, ich solle die Knaben mitbringen = fliehen. Wend möchte Asta sowieso gerne nach Mecklenburg zu Wendlands haben. Wo steht das: «wehe dann den Schwangeren und säugenden Müttern!»?[1] Ich bin ja aber als Deine Schülerin (Deine Frau, Deine Liebste, die Deine) für Bleiben. Eines, mein liebes Herz, habe ich in diesen Tagen beginnender schwerer Unruhe sofort bemerkt: Wie gut wir doch aufgehoben sind beim lieben Gott, wie wenig uns eigentlich dann geschehen kann, obwohl Hunger, Kälte und Landstraße ja Bedrängungen sind, die nicht zu verachten sind. Die armen, armen Menschen! Vor allem die armen Mütter mit kleinen Kindern. Diese Kinderwagen, diese weinenden, frierenden Kinder, vor Zügen, die sie nicht mehr aufnehmen konnten in Liegnitz! Dabei sorgte Liegnitz sehr gut mit offenen Koksöfen auf den Bahnsteigen, mit guter Suppe und Milch für die Kinder. Aber vorweg: Kreisau ist noch ganz friedlich, aber der Kreis Schweidnitz nimmt den gesamten Kreis Oels auf = wir bekommen 350 Oelser Flüchtlinge nach Kr. und wir 25 ins Haus. Sie sollen heute od. gestern kommen. Wir haben am Sonntag Nachmittag die 3 vorderen Zimmer (Ess-, Kamin- und Wohn-) ausgeräumt, die Türen zum Hausflur und dem gr. Wohnzimmer zugestellt, und dort sollen sie herein – aber in der Waschküche muss für sie gekocht werden, und es erheben sich natürlich eine Unzahl von kleineren und größeren Problemen, die irgendwie gelöst werden müssen. Des weiteren ist eben zu befürchten, dass die Russen doch schon bei Oppeln über die Oder gehen, und dann sind sie schnell in Kr. bzw. diese Linie wird Schlachtlinie, und wir müssen doch weg. Das aber sind alles Entscheidungen, die nur von Tag zu Tag getroffen werden müssen, und auf das alles sind wir mehr oder weniger gerüstet. Nur fürchte ich, dass ich unserem Herzen nicht nachgeben darf, sondern nach Kr. muss oder enger gesagt, dass mein Platz, was ich auch tue, bei den Knaben sein muss. Heute sieht der Wehrmachtbericht ja wieder ruhiger aus, und vielleicht dauert es noch ganz lange; dann nämlich werde ich vielleicht doch noch Möglichkeit zum Pendeln finden, denn Mühsale scheue ich absolut nicht. Gestern bin ich nämlich noch garnicht schlecht gereist. Zwar fuhr der 5.28 in Kr. erst 7.28 ab, und ich hatte schwere Sorgen, ob ich hereinkäme, und kam auch nur herein, weil das russische Mädchen – ein angenehmes und nettes Wesen –, die in Stäsches Haus wohnt, mich von hinten presste und stieß und selbst nicht mehr hereinkam, aber in Keischwitz!! stieg der Mann, der einen Eckplatz bei mir hatte, aus, und ich saß bereits und saß still und winzig bis Liegnitz und warm genug. In Liegnitz mussten wir allerdings 2 Std. auf dem Bahnsteig warten, denn immerzu sollte der D-Zug nach Berlin kommen, und anstatt dessen kamen Sonderzüge mit Flüchtlingen, die den Bahnsteig mit ihren Ballen und Kindern füllten; es waren geschlossene Ortschaften. Endlich kam ein kurzer und stark gefüllter D-Zug. Hereinkommen erschien mir ausgeschlossen, aber beim Auf-und-Abgehen an dem gefüllten Zug kam ich am Küchenwagen vorbei und sah, dass dort nur noch 2 Soldaten hereinwollten, und sagte dem Letzten, er möge doch noch ein wenig drücken, und das tat der, und plötzlich war ich drin. Dann nachher saß ich vorn auf meinem Sack, den Rucksack auf dem Schoß in irgendeiner Ecke und schlief. Hätte ich nicht Kopfschmerzen gehabt, weil ich das Aspirin liegen ließ, so wäre es eine angenehme Reise gewesen, denn wir fuhren gut, wenn wir auch erst in Arnsdorf eine andere Lok. bekommen mussten und auf allen Stationen lange standen, weil die Leute sich immer wieder zusammenrüttelten und neuer Platz entstand. Kurz vor Köpenick stand dann der Zug, und nachdem ich eine Stunde gewartet hatte, stieg ich mit ein paar Soldaten aus, und wir wanderten über die Geleise zum S-Bhf. Köpenick, und um 11 war ich hier. Müde war ich allerdings sehr, denn in Kreisau habe ich alles andere als viel geschlafen. Freitag war ich erst um 12 Uhr nachts da, Samstag hörten wir bis tief in die Nacht fremde Sender, und Sonntag war ich zwar um ½11 im Bett, aber um ½5 wieder draußen. Das Schönste in Kr. waren weitaus die Knäbchen. C.chen war sofort wach, als ich um 12 ins Zimmer kam. (Sie hatten mich nämlich alle nicht erwartet, weil das Tel. kaputt war, aber die gute Mutz war sofort wach und hatte mich als Einzigste fest erwartet.) Er war ganz glücklich, und selbst das kleine dicke Biest machte die Augen halb auf und lächelte: Das war sehr schön, und morgens kamen sie beide in mein Bett, aber ich hatte sehr Kopfweh, konnte mich an meinen beiden zärtlichen Söhnen aber doch sehr freuen. Das Offensichtlichste an ihnen ist, dass meine lange Abwesenheit sie ganz nah zueinander gebracht hat. Sie sind wirklich Brüder und lieben sich glühend, und da C.chen ein Baby ist, spielen sie auch herrlich zusammen, rasen zusammen um den Esstisch – der steht jetzt im gr. Wohnzimmer, aber Samstag noch nicht – unter großem Geschrei, lachen sich tot und amüsieren sich herrlich. Sonntag legten sie sich nach Tisch einträchtig unten auf das Sofa und wollten dort zusammen schlafen. C.chen nur, weil er zuviel gegessen hatte, denn sonst braucht er ja sonntags nicht. Als sie am Samstag früh zu mir kamen, sagte C.chen: «Dear mother, I love you very much!» Sehr schön ausgesprochen, von Mutz gelernt. Konrädchen sollte auch was sagen, meinte aber, er habe kalte Füße, und als die dann wieder warm waren, sagte er, die Decke über den Kopf gezogen: «Liebe Reya, du bist da, da freuen wir uns tralala.» Das war alles sehr lieb. C.chen sieht sehr gut und etwas dicker aus, hat keine Schule mehr, lernt nichts, ist viel draußen, weiß nicht viel aus dem Hof, radelt gut und läuft selten, aber ganz unerschrocken Ski. Konrädchen ist etwas dünner geworden, seitdem Dr. Breucken gesagt hat, es fehle ihm nichts, er sei nur zu dick. Das war ja sehr nützlich für Frau Pick! ... Um das Schloss habe ich mich nicht bekümmert. Zeumer ging es gut. Er ist recht mitgenommen von Dir. Er betrachtet es aber so etwas als «Fallen». Er lässt Dir sagen, alles, was in seiner Macht stünde, würde er immer für Kreisau tun, aber ich müsse mich auch sehr drum kümmern «im Interesse des Betriebes», denn ewig sei er nicht. Da hinein passt Dein Brief sehr gut, den ich zwar in seiner endgültigen Fassung noch nicht gelesen habe. Ich habe nichts Grundsätzliches mit ihm gesprochen. Du und die Russen standen ganz im Vordergrund. Wir haben die Hälfte Flachs verladen und dreschen jetzt. – Lachmann, Rehlas und Präbelt sind zum Volkssturm weg. – Brigitte muss weg und nimmt den Brief mit. Du merkst ja, mein Herz, dass ich wenig Zeit in Kr. hatte, da ich – sie geht –. Ich komme morgen und schreibe noch viel weiter!

Liebe, Liebe, Liebe, mein Herzensjäm; immer bleibe ich Dein P.

Ich trug Dich so fest bei mir. Das war sehr schön zu fühlen.

1 Matthäus 24,19.

Freya an Helmuth James, 23. Januar 1945

Dienstag Mittag

Mein liebes Herz, um mich der Sache Prost zu widmen, lese ich erst noch einmal Deinen langen, lieben Brief durch und antworte dabei auf die anfallenden Fragen so, wie sie mir begegnen. Ja, zum mindesten tut das R. J. M. so, als hätte es etwas zu sagen, ich glaube aber nicht daran. Es wird ihnen schwer, dass sie nicht Gnade üben können, aber ich glaube kaum, dass *sie* eine Alternative haben einschl. Herrn Thierack. Schließlich sind Herr Prost und Herr Franke auch dazu da, uns anzuhören, das ist sozusagen ihre Pflicht. Abschrift des Gnadengesuches der Familie liegt bei ihnen, was auch Prost und Franke bekommt. Prost hat mir eine sachliche Argumentation überhaupt abgeschnitten und gesagt, ich könne nur Bruchstücke wissen, er dürfe mir nichts sagen, daher habe eine solche Erörterung gar keinen Sinn. Ich solle mich auf das Persönliche beschränken. Darin kann man ja allerlei Grundsätzliches sagen, aber ob es einem geglaubt wird, erscheint mir zweifelhaft. M. E. ist Dein Petitum (Aufsparen) nur etwas, was dem Reichsführer einleuchten könnte, niemandem anders. Der Justiz liegt so ein halber Weg bestimmt nicht: Die kennen nur töten oder begnadigen. Das einfache Nichthinrichten liegt mehr der SS, aber in Deinem Fall ist Müller entschieden dagegen. – Müller ist sich auch über die relative Bedeutung von Kreisau klar, denn er sagte mir ja, Goerdeler sei auch nichts anderes als ein Theoretiker gewesen, und sagte, Du seiest ein Hochverräter und die müsste man eben vernichten. Ich vergaß neulich, Dir zu schreiben, dass der freundliche und naive Ebersberg sagte: Nur durch Goerdeler sind wir ja an das alles herangekommen; die hatten ja lauter Listen und die haben wir komplett bekommen. Wie die das nur machen konnten, solche Listen zu haben! Wir hätten das alles (bezog sich auf das, was sie «technisch den Kreisauer Kreis nennen») sonst ja nie herausbekommen! Im Ganzen muss ich schon sagen, haben sie sich ein ganz zutreffendes Bild von allem gemacht. Daher habe ich auch das Gefühl, dass keines meiner (Deiner) kleinen Argumente etwas ausrichten kann. (Dass Du absolut unehrgeizig bist und keinerlei eigene Interessen vertrittst, habe ich Prost und Franke schon gesagt.) Du bist und bleibst für sie ein Hochverräter; wenn Du willst, hast Du damit eine größere Stellung, aber für die Begnadigung bewirkt das wenig, vielmehr das Gegenteil. (Dem Sinn nach habe ich Prost auch schon gesagt, wir seien nicht bitter. Ich habe ihm ja mehr od. minder gesagt, Du stürbest dann für etwas, was Deine Person fraglos überlebte, und daher ergäbe sich daraus auch, dass ich keine inneren Konflikte zu überstehen hätte, denn ich glaubte daran auch. Ich habe gesagt, wir hätten uns den Tag vorher gegenüber gesessen und kein Wort darüber verloren, es aber beide ganz genau gewusst. Das war ja gerade der Höhepunkt unserer Unterhaltung und das machte Prost auch Eindruck. Deshalb hätte ich C. Viggo auch gerne noch einmal hinterher hingeschickt, aber der ist ab in den *Westen*. Sollte er noch freikommen, so will er auch noch einmal zu Prost. Jowo hat aber keinen Sinn. – Ja, die Bemerkung über 18 von Müller hat mich auch erfreut. – Noch einmal zu Prost: «Dann stirbt er also als Märtyrer», sagte er *ganz ernst*. Ich fand das etwas zuviel und sagte schnell: «Jedenfalls stirbt er dann für ein Ideal.» Aber Du siehst, eigentlich wurde eben auch bei Herrn Prost nur Dein Tod beredet. So beendete ich den Donnerstag mit dem Gefühl, dass alle meine Versuche und Bemühungen vergeblich gewesen seien, ich nun nichts mehr dazu tun könne und nun auch aufhören müsse mit Tun. Mein liebes, liebes Herz, es ist schon so: Unsere Augen können keine Rettung aus Deiner Lage ringsum erspähen, nirgends sehe ich ein Fünkchen, es sei denn, der Reichsführer selbst tut was, und auch das halte ich für unwahrscheinlich. Nein, ich sehe nichts. Aber dieses letzte Jahr und diese letzten Monate haben uns gelehrt, dass das vor Gott nichts zu bedeuten hat, haben uns das ganz klar, geradezu greifbar gelehrt, sodass wir sagen können: Noch lebst Du, und solange Du lebst, gibt es Möglichkeiten, dass Du am Leben erhalten werden kannst. Ich befinde mich in einem Zustand, den ich nicht als Hoffnung bezeichnen kann, aber ich plane ruhig, wo Deine Hemden gewaschen werden können und woher Wurst und Butter für Dich kommen können, wenn ich weg muss, und plane ganz langfristig und habe dazu wahrlich keinen Grund, bin auch nicht voller Hoffnung, aber die Tage vom 9.–11. haben mir gezeigt, dass *ich* so leben muss, so dahin, mit Dir. Wie fest trage ich Dich bei mir mein Herz, ganz ganz, fest und mit der felsenfesten Sicherheit, dass daran auch Dein Tod nichts ändern kann. Das hat mich der liebe Gott, und hast auch Du, mein Herz, mich gelehrt. *Deine* Lage hingegen ist sehr viel schwerer, weil Du eine ganz konkrete Nervosität jeden Tag zu überwinden hast. Diese Woche *ist* jedenfalls Thierack *noch nicht* da. Die ist bestimmt noch ruhig. Es ist natürlich leicht, von draußen zu sagen, was ich sagen möchte, denn Du bist den ganzen Tag mit Dir allein, und das ist etwas ganz anderes als mein Leben. Trotzdem frage ich, ob es Dir nicht möglich ist, die Gedanken an die mögliche Hinrichtung mit Willen und Bewusstsein auszuschalten, eben zu leben, Dein Zellenleben, das ja auch ein sehr lebendiges sein kann und bei Dir ist, Dich lebend zu ihm zu halten, aber doch nicht täglich mit dem Tod zu rechnen. Kann man das in der Zelle? Es wäre gut, wenn Du das könntest. Wenn Du dann geholt werden solltest, so hast Du noch sehr viel Zeit, wahrscheinlich zuviel, Dich auf den eigentlichen Tod einzustellen. Jetzt musst Du jedenfalls noch leben. Ist das ein unmöglicher Wunsch? Ich möchte so gerne, dass Du Dich in diese kaum erträgliche Spannung nicht hineinsteigerst. Wenn es nun noch Wochen dauert, wie sollst Du das aushalten! Ach mein Jäm, was wird jetzt allen Menschen auferlegt und was sind sie doch imstande auszuhalten und was erst, wenn sie wissen, dass Gott trotz allem bei ihnen ist und weiß, wie schwer es alles ist. Ich weiß mich darin, mein Herz, so fest verbunden mit Dir. Ja, wenn Du sterben musst, haben es auch Marion und ich besser als andere Frauen, die ihren Mann für Hitler verloren haben. Das habe ich schon von jeher gefunden. Auch darin, mein Herz, weiß ich mich Dir ganz, ganz fest verbunden!

Nun bleibt nur die große Frage zu beantworten: Soll ich nach Kreisau zurück? Kann ich hierbleiben? Soll ich die Jungen auch herholen bzw. zu Edith? Eigentlich kann ich letzteres auch ab Freitag schon nicht mehr. Der Hauptsinn der Zugbeschränkung ist ja gerade die Abstoppung des Flüchtlingsstromes. Wie wird es Dir gehen, wenn Du nichts mehr von uns hörst, mich nicht mehr siehst und das Gefühl meiner so nahen Nähe nicht mehr hast? Es fällt für Dich ein wesentlicher Bestandteil Deines Lebens weg, selbst wenn es noch gelänge, einen Brief pro Woche zu organisieren, was schon schwierig genug sein dürfte. Was, mein Jäm, soll ich tun? Von mir will ich in der Verbindung garnicht sprechen, Du bist vielmehr die Hauptperson, Du und die Söhnchen. Was wird nun kommen? und wie? Wenn wir Front werden, müssen wir doch weg. Welche Entschlüsse! Lebst Du nicht mehr, so würde ich noch fester an Kr. festhalten wie so. Ich habe aber doch das Gefühl, wir werden uns in den nächsten Tagen noch zu einer Entscheidung durchringen. Die zu Hause rechnen auch damit, dass ich nur kurz bleibe und dann wieder nach Hause zurückkomme. Jedenfalls werde ich mir jetzt noch eine Sprecherlaubnis besorgen und sehen, dass ich aus Adrian etwas herausbekomme.

[Der Brief bricht hier ab. Von Freya später hinzugefügt: hat H. nicht mehr erreicht.]

Anhang

Weitere Dokumente

Aus Freya von Moltkes «Die letzten Monate in Kreisau» zum 25. Januar 1945[1]

Am 25. Januar 1945 fuhren Marion Yorck und ich von Berlin nach Kreisau. Edith und Henssel brachten uns an die Bahn. Sie hatten schönste Butterbrote für uns, Marion eine Flasche ganz alten Malaga. Die Flasche war in Papier oder in eine Serviette eingewickelt; es sah aus, als wäre es Milchkaffee. Marion und ich saßen dicht zusammen auf einem Zweierbänkchen der dritten Klasse. Wir fuhren gegen den Strom der Flüchtlinge und brauchten daher bis Kreisau genau 24 Stunden, aber in der Erinnerung ist es eine gute Fahrt. Ich glaube, wir waren ganz heiter. In Kreisau wußte noch niemand von Helmuths Tod. Mit Casparchen wurde es mir sehr schwer. Er lag in meinem Bett, wo er geschlafen hatte; ich saß auf dem Rand. Aber es ging vorbei, und am nächsten Morgen, als er sah, daß ich traurig war, sagte er: «Wegen dem Pa? Immer noch?!» Das war wirklich ein großer Trost.

1 Aus Freya von Moltkes Bericht: *Die letzten Monate in Kreisau*, abgedruckt in: *Helmuth James von Moltke, Anwalt der Zukunft*, 1972, S. 317.

Freya von Moltke an ihre Mutter Ada Deichmann, 24. August 1945[1]

Berlin, den 24. 8. 45

Sehr geliebte Meki,

Gestern bekam ich die ersten Nachrichten von Dir, die von Eddy Waetjen stammend über Mr. Gaevernitz zu mir drangen. Ich war sehr, sehr glücklich zu hören, dass es Dir gut geht, sogar recht gut und Du, so wurde mir gesagt, einen sehr netten und erfreulichen Lebenskreis in Godesberg hättest. Hoffentlich stimmt es. Ich habe im Grunde meines Herzens nie Angst um Dich gehabt und bin ziemlich sicher, dass ich Dich in absehbarer Zeit wiederfinden werde. Ich hatte erwogen, jetzt gleich zu versuchen, mich von den Engländern oder Amerikanern mit herübernehmen zu lassen. Es geht aber etwas schwerfällig und braucht Zeit, wenn es auch an sich, glaube ich, durchaus möglich wäre, und so mache ich den Versuch noch nicht, weil Schlesien so turbulent ist, dass ich nicht wage, die Kinder und das Haus lange allein zu lassen. Ich habe schon ein paar Mal an Dich auf verschiedenen Wegen geschrieben. Ob Du was davon bekommen hast? Es ist mir jedenfalls mit den Jüngelchen in all den Monaten garnicht schlecht gegangen.[2] Wir hatten alles, was wir brauchten, und das Berghaus kam unangetastet und ungeplündert und unverändert durch all die Stürme hindurch. Wir waren mal ein Weilchen im Riesengebirge, während welcher Zeit Marion und Muto Yorck das Haus allein hüteten, aber dann waren wir gleich zurück, denn die Russen kamen hier und dort. Es ist uns auch nichts passiert. Ich frage mich aber angesichts eines solchen grausigen Hexenkessels, der Schlesien jetzt ist, wie lange das Berghaus eine solche Oase bleiben kann, und fürchte, dass das nicht ewig gehen wird. Daher kam ich nach Berlin. Das ist eine mühselige Prozedur, weil man zwei Tage auf vollen Kohlenwagen sitzen muss. Personenzugverbindung gibt es nicht (ich weiß nicht, ob man sagen kann, noch nicht), und unterwegs wird einem von Banditen, wenn man Pech hat und das haben viele Leute, alles geplündert – mir bisher nicht –, aber man kommt an. Hier versuche ich nun, eine Möglichkeit aufzutun, die Jüngelchen, falls nötig, im Winter in die Schweiz zu Schwester Helen[3] zu expedieren. Ich versuche es auf zwei Wegen, beide Wege sind gut und ich hoffe auf Erfolg. Ich melde mich hier auch an, was ich als Frau von Helmuth ohne weiteres kann, und kann dann hier mit den Jungen, wenn nötig bei Marion Yorck wohnen, wo ich auch immer zu erreichen bin: Lichterfelde-West, Hortensienstr. 50. Gleichzeitig versuche ich Frau Reichweins Kinder nach Schweden zu bringen, damit wir, wenn die Zustände unhaltbar werden, die Kinder schnell herausbekommen können. Heraus kommt man immer, denn die Polen wollen jeden Deutschen gerne los werden.

Ich habe hier meine Lage mit allerlei Freunden besprochen. Manche sind der Ansicht, dass ich Kreisau schleunigst aufgeben sollte. Manche meinen, ich sollte es bis zu den endgültigen Friedensverhandlungen versuchen zu halten, weil doch ein Restgut herauskommen könnte. Ich kann mich noch nicht recht entschließen, das völlig intakte und doch so mit Moltkeschem Leben getränkte Berghaus freiwillig den Polen preiszugeben. Ich warte noch auf einen besseren Weg und denke mir, dass der noch kommen wird. Jedenfalls habe ich jetzt hier an die Welt angeknüpft und das tat mir wohl. Ich bin zwar nie allein gewesen in den Monaten und kann, so glaube ich sagen zu dürfen, auch nie in meinem Leben wieder wirklich allein sein, nachdem ich mich so wunderschön habe von Helmuth trennen dürfen, aber ich möchte Euch Alle und gerade Dich vor allen Anderen so gerne wieder finden. Poelchau ist z. B. auch auf der westlichen Seite und noch ein Mann, auf den ich viel gebe, erwägt auch den Abmarsch in den Westen. Das alles zieht mich sehr und andererseits interessieren mich die Russen noch, und ich kann nicht recht glauben, dass es wirklich unmöglich sein sollte, wie es für uns alle bisher absolut den Anschein hat, mit ihnen in wirklichen Kontakt zu kommen. Sie sind wilde, unzivilisierte, aber großzügige, unbürokratische und in der Potenz sehr starke Menschen, nur in ihrer Mentalität so vollkommen verschieden von uns, dass man sie nicht fassen kann. Außerdem haben sie das uns so recht bekannte und genau so schillernde System.[4] Das ist das schlimmste. Dass sie mir erlauben, noch Kartoffeln und Brot in Kreisau zu essen, ohne dass ich mit aufs Feld komme, und das werde ich bestimmt nicht tun, weil ich es falsch finde, ist schon erstaunlich, denn natürlich habe ich im Hof schon längst nichts mehr zu sagen. Dort herrschten erst Polen und dann Russen, aber Herr Zeumer ist am Rande noch da und das ist recht angenehm.

Das Berghaus und seine Atmosphäre ist gut und lieb. Die 6 vergnügten, unbelasteten Kinder, Frau Pick und Liesbethchen, die aufs Feld in Arbeit geht, deren Mutter, die sich eines Tages einstellte, fast nichts isst und alle Schmutzarbeit macht, Frau Reichwein höchst energisch und tüchtig, das ist alles sehr angenehm. Marion und Muto sind immer zeitweise da gewesen und eigentlich die, die mir wirklich nahe stehen. Frau Pick war sehr herrschsüchtig, hat Konrad ungemein verzogen und hat schlechte Nerven und war daher bei aller Liebe und ständiger Arbeit in meinem Sinne oft sehr schwer zu ertragen in diesen Zeiten und verträgt sich auch garnicht mit Frau R., die die Wohnzimmer nach vorne heraus für sich bewohnt, aber gemeinsamen Haushalt mit uns macht.

Deine Enkelkinder sind, glaube ich, allerliebste Bürschchen. Mir gefallen sie jedenfalls sehr gut. Dabei kann ich sagen, dass sich meine Stellung zu ihnen durch Helmuths Tod nicht verändert hat. Ich habe Helmuth noch sehr fest und nah und habe mich daher mit meiner Liebe nicht an sie klammern müssen, aber sie sind rührend mit mir. Du kennst ja Casparchens liebes Herzchen. Er sorgt richtig für mich und ist rührend mit mir, wenn ich Kopfschmerzen habe oder nicht in Ordnung bin. Er ist ein richtiger Freund und wir drei ein sehr nettes, eng verbundenes Klübchen. Konrad ist weiter fest in sich ruhend, aber alles andere als ein ernstes Kind. Er ist immer vergnügter geworden und verleugnet sein rheinisches Blut jetzt auch garnicht mehr, hat aber viel von Helmuth, was mich natürlich besonders freut. Er ist bestimmt und wirkt wie eine kleine Persönlichkeit, während Caspars Charme seine strahlende Liebenswürdigkeit und Herzenswärme ist. Er ist dabei eine quiselige Range und ein wüster Knabe geworden. Anzusehen sind sie beide sehr nett. Gelernt hat Casparchen, der sich jetzt offiziell mit Stolz Helmuth nennt und das auch auf seine Hefte schreibt, auch etwas, da wir eine Lehrerin, eine junge Nette, bei uns wohnen haben, die das Dorf unterrichtet. Im Augenblick haben die Polen die Schule geschlossen, aber ich hoffe, dass wir sie wieder eröffnen werden, sonst machen wir im Berghaus weiter. Du siehst, wir sind erstaunlich, wirklich erstaunlich gut durch diese Zeit hindurch gekommen. Ich habe überhaupt viel erstaunliches seit vorigem Jahr, seit wir uns nicht sahen, erlebt und bin ganz ungewöhnlich beschenkt worden. Ist es nicht schon ein wahres Wunder, dass ich das sagen kann nach dem, was alles geschehen ist? Ich werde dann ganz unscheinbar und bescheiden, wenn ich das furchtbare Elend der Menschen überall sehe. Ist das bei Euch auch so, od. ist das nur hier im Osten so? Man dürfte es eigentlich garnicht ertragen können, es zu sehen, aber man tut es.

Ja, Meki, mehr als einen Bogen will ich lieber nicht schreiben. Wenn doch der Brief ankäme. Ich schicke ihn mit so vielen wärmsten Gedanken und Wünschen ab. Der größte Wunsch ist, Dich möglichst bald wiederzusehen, aber Du sollst sehen, sehr lange wird das nicht mehr dauern. Sieh zu, dass Du mal einen Brief mit Deinen englischen Freunden nach Berlin bekommst, der kommt dann mit der Zeit bestimmt zu mir. Wie gerne sähe ich Deine liebe Handschrift wieder vor mir.

Leb wohl, grüß alle sehr! Ich umarme Dich zärtlich und voller Sehnsucht. Mittwoch fahre ich wieder nach Kreisau.

Freya

1 Der Brief befindet sich ebenso wie die gesamte Korrespondenz zwischen Helmuth James und Freya von Moltke im Deutschen Literaturarchiv Marbach. *2* Siehe Freyas Bericht: *Die letzten Monate in Kreisau*, abgedruckt in: *Helmuth James von Moltke, Anwalt der Zukunft*, S. 317 ff. *3* Schwester Helen leitete ein Kinderheim in Flims in Graubünden, in das Freya im Winter 1943/44 die kränkelnden Söhne geschickt hatte, um sie auszukurieren. *4* Freya sah Parallelen zwischen dem Herrschaftssystem der Sowjets und dem der Nationalsozialisten.

Der Haftbefehl gegen Helmuth James von Moltke, 11. Oktober 1944[1]

Der Ermittlungsrichter
des Volksgerichtshofes
O J 21/44 gRs.
181/44
556

Berlin, den 11. Oktober 1944.

Haftbefehl

1. Der am 11. März 1907 geborene frühere Rechtsanwalt
   Graf Helmuth von Moltke aus Berlin-Lichterfelde-West
2. der am 15. September 1896 geborene kaufmännische Angestellte
   Dr. Theodor Haubach aus Berlin-Grunewald
3. der am 25. Aug. 1906 geborene Konsistorialrat
   Dr. Eugen Gerstenmaier aus Berlin-Dahlem
4. der am 17. Dez. 1885 geborene frühere Oberstleutnant
   Theodor Stelzer [sic] aus Hamburg
5. der am 11. Febr. 1878 geborene Oberst und Gesandte a. D.
   Franz Sperr aus München
6. der am 28. Juni 1889 geborene frühere Rechtsanwalt
   Dr. Franz Reisert aus Augsburg
7. der am 26. Okt. 1895 geborene Großlandwirt
   Josef-Ernst Fürst Fugger von Glött aus Kirchheim i/Bayern
   sind zur Untersuchungshaft zu bringen.

Sie werden beschuldigt, gemeinschaftlich es unternommen zu haben, mit Gewalt die Verfassung des Reiches zu ändern und den Führer seiner verfassungsmäßigen Gewalt zu berauben und damit zugleich im Inland während eines Krieges gegen das Reich der feindlichen Macht Vorschub zu leisten.

Verbrechen nach §§ 80 Abs. 2, 81, 91b, 73, 47 StGB.

Sie haben im Inland und zwar von Moltke bis zu seiner Festnahme im Januar 1944, Dr. Haubach, Dr. Gerstenmaier, Stelzer und Sperr bis zum Sommer 1944, Reisert und Fürst Fugger von Glött im Jahre 1943 zusammen mit anderen es unternommen, die nationalsozialistische Regierung nötigenfalls mit einer gegen den Führer gerichteten Gewalttat zu stürzen, um sich selbst oder ihre Gesinnungsgenossen in den Besitz der Macht zu bringen.

Die Untersuchungshaft wird verhängt wegen Fluchtverdachts, weil mit hoher Strafe bedrohte Verbrechen den Gegenstand der Untersuchung bilden.

Gegen diesen Haftbefehl ist das Rechtsmittel der Beschwerde zulässig, die besonderer Zulassung bedarf.

gez. Dr. Ehrlich, Landgerichts-Dir.

1 Aus: Ger van Roon, *Neuordnung im Widerstand*, S. 594 f.

Der Kreisauer Kreis in der Einschätzung des Volksgerichtshofs, 9. Januar 1945[1]

Einschätzung des Volksgerichtshofs, 10. Januar 1945

Der Kreisauer Kreis war eine Gruppe von Defaitisten und Gegnern des Nationalsozialismus, die der ehemalige Leiter der Amtsgruppe Ausland im OKW, Kriegsverwaltungsrat (Rechtsanwalt) Helmuth Graf von Moltke, seit etwa 1940 auf seinem Gut Kreisau in Niederschlesien um sich versammelt hatte. Die Gruppe setzte sich zusammen aus reaktionären, föderalistischen, konfessionellen und syndikalistischen Elementen. Es fanden wiederholt in Kreisau, aber auch in Berlin und München Besprechungen statt. Gegenstand der Besprechungen war ein sog. Auffangprogramm, das dann durchgeführt werden sollte, wenn es zu einem Zusammenbruch des Nationalsozialismus käme. Das Programm sah vor, daß anstelle des Nationalsozialismus die christlichen Kirchen beider Konfessionen als das Zeitgeschehen überdauernde Ordnungselemente treten sollten. Die Reichsgewalt selbst sollte nicht ganz zerschlagen, aber doch weitgehend auf etwa 12 nach Stammesgesichtspunkten zu gliedernde Reichskreise verlagert werden, an deren Spitze je ein Landesverweser treten sollte. Die Arbeiterschaft sollte nach syndikalistischen Gesichtspunkten in Gewerkschaften zusammengefaßt werden.

1 Aus dem an den Leiter der Parteikanzlei, Martin Bormann, erstatteten Prozessbericht über die Verhandlung am 9. Januar 1945 (Bundesarchiv NS 6/20), in: Walter Wagner, *Der Volksgerichtshof im nationalsozialistischen Staat*, Stuttgart 1974, S. 773.

Helmuth James von Moltke in der Einschätzung des Volksgerichtshofs, 10. Januar 1945[1]

5. Helmuth Graf von Moltke.

37 Jahre alt, Rechtsanwalt (Spezialanwalt für Völkerrecht), Kriegsverwaltungsrat in der Amtsgruppe Ausland im OKW, Bauer auf Gut Kreisau in Niederschlesien, verschwägert mit dem bereits gerichteten Graf York [sic] von Wartenburg.

Moltke erfuhr Ende 1942 auf dem Wege über York [sic] von Wartenburg und von der Schulenburg von den Plänen Gördelers [sic]. Er lehnte diese zwar scharf ab. Er sah in Gördeler einen zweiten Kerenski, dessen Regierung zwangsläufig sowohl mit einem Führermord als auch mit der Dolchstoßlegende belastet und daher nur von kurzer Lebensdauer sein würde. Formulierte auch auf einer Besprechung, die im Januar 1943 auf Kreisau stattfand, und an der u. a. Gördeler, Beck, Popitz, von Hassel [sic], Schulenburg und Jessen teilnahmen, seine Ablehnung Gördelers scharf, so daß der beabsichtigte ‹Brückenbau zu den Aktivisten› unterblieb. Statt aber nun eine Strafanzeige zu erstatten, begegnete er der ‹Eroberungssucht› Gördelers, also dem Bestreben Gördelers, aus dem Kreisauer Kreis Leute zu sich hinüberzuziehen, lediglich durch eine weitere Aktivierung dieses Kreises. Er stand mithin trotz Gegnerschaft zu Gördeler genau wie dieser von Anfang an im Lager der Reichsfeinde. Entwickelte in zahlreichen Besprechungen sein sog. Auffangprogramm, über das ich bereits in meinem gestrigen Fernschreiben das Nähere gesagt habe. Die Karte, die er bei den Besprechungen über die beabsichtigte Neugliederung des Reiches herumzeigte, hatte er sich, wie sich erst in der Hauptverhandlung herausstellte, auf krummem Wege (über York von Wartenburg) aus dem Innenministerium beschafft, wo sie früher im Rahmen von Reichsreformarbeiten hergestellt worden war.

Eine riesenlange, doch schwächliche Erscheinung, die aus gesundheitlichen Gründen im Sitzen vernommen wurde. Statt ehrlich Farbe zu bekennen, brachte M. immer wieder juristische oder philosophisch sein sollende Spitzfindigkeiten, verstieg sich zu der Behauptung, er habe sich auf Grund seiner dienstlichen Stellung im OKW befugt gehalten, sein Programm vorzubereiten, d. h. abseits der NSDAP für den Fall feindlicher Besetzung des Reiches oder von Teilen des Reiches ‹Widerstandsbewegungen› zu organisieren und die entsprechenden Leute dafür auszusuchen. Freisler hatte M. zunächst in aller Ruhe vernommen. Schließlich riß ihm aber hörbar der Geduldsfaden. Er herrschte

M. an, er lasse sich nicht von ihm zum Narren halten. Durch Einlegung einer kurzen Pause gab er dem Verteidiger des M. Gelegenheit, diesem den Standpunkt klarzumachen. Als Freisler ausführte, daß nach der Auffassung des Volksgerichtshofs abartig schon der sei, der überhaupt die Möglichkeit einer deutschen Niederlage in Betracht ziehe, antwortete M., ihm sei diese ‹Judikatur› des Volksgerichtshofs unbekannt gewesen, in seiner dienstlichen Tätigkeit im OKW habe er ohne Widerspruch seiner Vorgesetzten ständig eine solche Möglichkeit mit in Betracht gezogen (Freisler hinderte ihn an weiteren Ausführungen hierzu). M. versuchte bis zum Schluß, seinem ‹unfassbar unanständigen Treiben› (Freisler) ein moralisches Mäntelchen umzuhängen. Vom Defaitismus völlig zerfressen, dabei ein ungewöhnliches Charakterschwein. Niederdrückend nur, daß er Graf Helmuth von Moltke hieß.

1 Aus dem an den Leiter der Parteikanzlei, Martin Bormann, erstatteten Prozessbericht über die Verhandlung am 10. Januar 1945 (Bundesarchiv NS 6/20), in: Walter Wagner, *Der Volksgerichtshof im nationalsozialistischen Staat*, Stuttgart 1974, S. 779.

Kassiber von Helmuth James von Moltke an Carl Dietrich von Trotha, 10. Januar 1945[1]

1. Todesstrafe beantragt
gegen: Moltke + Vermögenseinziehung
Delp + Vermögenseinziehung
Gerstenmaier
Reisert
Sperr
Fugger: 3 Jahre Zuchthaus.
Steltzer, Haubach, Groß abgetrennt.
Nach Meinung der Verteidigung wird entsprechend anerkannt werden.
Urteilsverkündung morgen 16 Uhr.
Wir erwarten Vollstreckung morgen Abend.
2. Moltke + Delp geht es gut.
Gerstenmaier etwas mitgenommen.
3. Moltke auch während der Verhandlung nicht einen Augenblick unruhig trotz furchtbaren Gebrülls; nicht ein Mal klebrige Hände.
4. Wenn möglich morgen noch ein Mal Kaffee, ruhig kalt.
5. Erbitten Besuch des Pfarrer's für morgen.

1 Die Handschrift befindet sich im Deutschen Literaturarchiv Marbach.

Das Urteil gegen Helmuth James von Moltke vom 11. Januar 1945[1]

Im Namen des Deutschen Volkes!

In der Strafsache gegen

1. den früheren Rechtsanwalt, Erbhofbauer und ehemaligen Kriegsverwaltungsrat Graf Helmuth von Moltke aus Berlin-Lichterfelde-West, geboren am 11. März 1907 in Kreisau,

...

zur Zeit in Haft

wegen Verrats u. a.

hat der Gerichtshof, 1. Senat, auf die am 23. Oktober und 9. November 1944 eingegangenen Anklagen des Oberreichsanwalts in der Hauptverhandlung vom 9., 10. und 11. Januar 1945 ...

für Recht erkannt:

Helmuth Graf von Moltke wusste von Goerdelers Verrat. Zwar lehnte er seine Mitarbeit scharf ab, warnte auch seine politischen Freunde vor Goerdeler, aber er meldete sein Wissen nicht.

Er selbst, in Defaitismus befangen, bildete einen Kreis, der für den Fall eines Zusammenbruchs unseres Reiches mit Nichtnationalsozialisten die Macht ergreifen sollte.

Durch dies alles ist er für immer ehrlos geworden.

Er wird mit dem Tode bestraft.

1 Aus: Alfred Delp, *Gesammelte Schriften*, Bd. 4, S. 409–412.

Biographische Notiz

Helmuth James von Moltke wuchs in einem unkonventionellen Haushalt in Niederschlesien auf. Obwohl er am 11. März 1907 als dritter Erbe des Generalfeldmarschalls Graf Helmuth von Moltke in eine der berühmten Familien Deutschlands hineingeboren wurde, waren weder sein Vater noch er typische Repräsentanten des preußischen Adels. Sein Vater hatte als junger Mann an einer schweren Krankheit gelitten, die er mit Hilfe von Anhängern der Christian-Science-Bewegung überwinden konnte, was ihn zeitlebens zu einem Gläubigen dieser Sekte machte. Seine Frau Dorothy Rose Innes traf er, als sie achtzehnjährig mit ihrer Mutter als «paying guest» nach Kreisau kam. Sie war Südafrikanerin schottischen Ursprungs, ihr Vater ein angesehener Politiker und Jurist in Südafrika, der später Oberster Richter der 1910 ausgerufenen Südafrikanischen Union wurde. Dorothy stammte aus einem demokratischen, liberalen Haushalt und erzog ihre Kinder in dieser Tradition.

Helmuth tat sich als Schüler nicht besonders hervor, blühte aber als Student in Berlin, Breslau und Wien auf. Kontakte zu amerikanischen Journalisten in Berlin und vor allem der Kreis um die Reformpädagogin Eugenie Schwarzwald in Berlin und Wien beeinflussten ihn.

In Schlesien interessierten Helmuth und seinen Vetter Carl Dietrich von Trotha die desolaten sozialen Verhältnisse im Waldenburger Kohlerevier. Mit Unterstützung von Landrat Karl Ohle bemühten sie sich, durch eine Hilfsaktion das Los der Bergarbeiter zu verbessern. Carl Dietrich studierte in Breslau, wo er den Rechtshistoriker Eugen Rosenstock-Huessy kennenlernte. Die von Rosenstock inspirierten freiwilligen Löwenberger Arbeitslager brachten 1927 Industriearbeiter, Bauern und Studenten zu Gesprächen und gemeinsamer Arbeit zusammen und führten zu der Bekanntschaft der Moltkes mit Rosenstock.

1929 überließ Helmuths Vater seinem Sohn die Verantwortung für die Sanierung des schwer verschuldeten Gutes Kreisau. Es gelang Helmuth, eine Insolvenz zu verhindern. Er hatte gerade seine Referendarprüfung in Breslau bestanden und begann seine Ausbildung als Referendar in der Nähe von Kreisau. So konnte er sich gleichzeitig mit dem neuen Gutsinspektor Adolf Zeumer um das Gut kümmern. Zusammen mit seiner Mutter und seinen beiden jüngsten, noch schulpflichtigen Geschwistern lebte er nun im «Berghaus», in das die Moltkes im Jahr 1928 aus dem weiträumigen, schwer heizbaren Gutshaus, dem «Schloss», übergewechselt waren.

Das Jahr 1929 wurde für den zweiundzwanzigjährigen Helmuth zu einem Wendepunkt: Im österreichischen Grundlsee traf er die achtzehnjährige Freya Deichmann, die mit ihren beiden Brüdern dort ebenfalls Sommergast bei den Schwarzwalds war. Freya Deichmann stammte aus einer der wohlhabendsten Familien Kölns. Ihr Vater Carl Theodor war Seniorpartner der angesehenen Privatbank Deichmann & Co, die in den fünfzig Jahren vor Freyas Geburt maßgeblich an der Finanzierung und Expansion des Kohlebergbaus und der Montanindustrie im Ruhrgebiet beteiligt war. Ihre Mutter Ada Deichmann, geb. von Schnitzler, stammte ebenfalls aus einer angesehenen Kölner Familie. Sie heirateten im Jahr 1905, als Ada gerade neunzehn Jahre alt war. Freya wurde als jüngstes Kind 1911 geboren.

Im Ersten Weltkrieg wurden in beiden Familien die Männer eingezogen, mussten allerdings nicht direkt an die Front. Deshalb übten die Mütter den wesentlichen Einfluss auf ihre Kinder aus. Ada Deichmann hatte liberalere Ansichten als ihr Mann, der zum Monarchismus tendierte, und spielte eine wichtige Rolle im Kölner Kulturleben. Freya, die in einer rheinischen Großfamilie aufwuchs, zeigte wie Helmuth wenig Interesse an Schule und Lernen. Ihr älterer Bruder Carl verbrachte einige Jahre in dem reformpädagogischen Landerziehungsheim Schondorf am Ammersee, wo er 1923 Helmuth begegnete. Beide verließen die Schule frühzeitig. Helmuth machte sein Abitur 1925 in Potsdam, Carl in Godesberg bei Bonn. Später war es dann Carl, der den Kontakt zu Helmuth wieder aufnahm.

In diesen Jahren machte die Familie Deichmann – wie die Moltkes – eine finanzielle Krise durch. Auf Grund der Weltwirtschaftskrise wurde das Bankhaus Deichmann & Co. 1931 zahlungsunfähig. Freyas Vater war persönlich haftender Gesellschafter und sein Vermögen daher Teil der Insolvenz. Auch für die Deichmanns war die Zeit des Wohlstands vorüber. Die beengteren Verhältnisse machten aber weder den Müttern noch ihren Kindern viel aus. Dank eines großen Netzwerks von Verwandten und Freunden litt niemand Not. Die Kinder wurden alle in den dreißiger Jahren selbständig, aber die Väter hatten keinen Anteil an der wirtschaftlichen Erholung. Freyas Vater starb fünfundsechzigjährig wenige Tage nach der Hochzeit von Helmuth und Freya. Helmuths Vater hatte eine Anstellung als deutscher Vertreter der Christian Science angenommen und musste fast ständig in Berlin sein, spielte also nach 1929 in Kreisau keine größere Rolle mehr.

Im Oktober 1931 heirateten Helmuth und Freya in kleinem Kreis kirchlich im Haus von Freyas Eltern in Köln. Als Dorothy von Moltke im Winter 1931/32 nach Südafrika fuhr, um ihre Eltern zu besuchen, ließ sie den Kreisauer Haushalt in der Obhut ihrer jungen Schwiegertochter. Das Gut Kreisau spielte eine zentrale Rolle für die große Familie von Moltke, und Freya fand sich gut in ihren neuen Aufgaben zurecht. Allerdings gab es innerhalb der Familie politische Spannungen mit den konservativeren Mitgliedern, die den liberalen Ansichten von Helmuth und seiner jungen Frau kritisch gegenüberstanden.

Die Machtergreifung der Nationalsozialisten bedeutete das Ende von Helmuths Plänen für eine Karriere als Richter. Von Anfang an war für Helmuth und Freya eine Kooperation mit dem Dritten Reich ausgeschlossen. Bis 1939 ließen sie ihre oppositionelle Einstellung nach außen hin noch nicht in Erscheinung treten, sondern beschränkten sich auf den privaten Bereich, indem sie u.a. gefährdete, meist jüdische Menschen vor ihren Verfolgern warnten. Wenn Helmuth auch unter den neuen Machthabern nicht arbeiten wollte, so musste er doch seinen Lebensunterhalt verdienen, denn Kreisau warf kein Geld ab. 1932 hatte er mit Freya seinen Wohnsitz nach Berlin verlegt, und dort sollte in Zukunft das Zentrum seines beruflichen Lebens sein. Freya studierte Jura, während er die juristische Referendarzeit durchlief und 1934 sein Assessor-Examen bestand.

Im selben Jahr begannen für Helmuth und Freya eine Reihe von Besuchen im Ausland. Zweimal, 1934 und 1937, fuhren sie für längere Zeit zu den Großeltern nach Südafrika. Helmuth erkannte, dass er durch eine Spezialisierung auf internationales Privatrecht häufige Auslandsreisen und Kontakte zu Menschen außerhalb des Einflussbereichs der Nationalsozialisten rechtfertigen konnte. Er entschied sich daher, auch in England die Zulassung als Anwalt zu erlangen, und begann ein Studium bei einer der vier englischen Anwaltskammern, der «Honorable Society of the Inner Temple» in London, das er 1938 erfolgreich als Barrister beendete. In Berlin schloss er sich einer Anwaltskanzlei an und gewann Klienten – oft jüdischer Herkunft –, die sich selbst und ihr Vermögen aus Deutschland außer Landes retten wollten. Freya konnte in dieser Zeit, ohne vorher die Referendarprüfung abzulegen, ihre juristische Doktorarbeit abschließen.

Im Jahr 1935 starb Dorothy von Moltke unerwartet im Alter von einundfünfzig Jahren. Sie war im Berghaus der Mittelpunkt der Familie gewesen. Nun war eine große Lücke entstanden, die Freya ausfüllte.

Ihren Lebensmittelpunkt verlagerte sie nun nach Kreisau, wodurch sie und Helmuth häufig getrennt waren. So begann eine rege Korrespondenz. Helmuths Briefe an Freya befinden sich seit 2009 im Deutschen Literaturarchiv in Marbach. Sie stellen eine wertvolle menschliche und historische Quelle dar. Neben der hier vorliegenden Sammlung sind viele seiner Briefe ab 1939 in *Briefe an Freya,* 1988, und *Im Land der Gottlosen*, 2009, veröffentlicht worden.

Trotz Helmuths Bedenken, in politisch so schwierigen Zeiten Kinder in die Welt zu setzen, wurde im November 1937 ihr erster Sohn Helmuth Caspar geboren, 1941 folgte der zweite Sohn Konrad.

Als im September 1939 der Zweite Weltkrieg begann, ließ Helmuth sich als Kriegsverwaltungsrat dienstverpflichten und kam als Sachverständiger für internationales Recht in die Abteilung Ausland des Oberkommandos der Wehrmacht. In dieser Position konnte er versuchen, einige der Exzesse des Regimes abzuschwächen. Besonders in Fragen der Behandlung von Kriegsgefangenen und der Geiselnahme bemühte er sich immer wieder, die nationalsozialistische Rechtsauslegung an das international anerkannte Völkerrecht zu binden. Seine dienstlichen Reisen ins Ausland verband er mit Kontaktaufnahmen zu Gegnern der Machthaber.

Unabhängig von seinem Dienst ging Helmuth zusammen mit Freya seit Beginn des Krieges von einer allgemeinen Gegnerschaft zum Regime zu aktivem Widerstand über. Er hatte früh gelernt, hart und konzentriert zu arbeiten. Es begannen nun vier Jahre größter Anstrengung mit dem Ziel, nach dem aus seiner Sicht unvermeidbaren Verlust des Krieges Pläne für ein neues Deutschland in den Grundzügen bereitzustellen. Mit dem ähnlich denkenden Peter Graf Yorck von Wartenburg erarbeitete er eine gemeinsame Basis für eine breitere Diskussion. Gleichzeitig zog er seine Freunde aus der Zeit der Löwenberger Arbeitslager hinzu, und sie erweiterten den Kreis nach und nach mit vertrauenswürdigen Menschen unterschiedlichster Herkunft und Orientierung: Sozialisten, Großgrundbesitzer, Gewerkschafter, Kapitalisten, Sozialdemokraten sowie katholische und evangelische Christen und Kirchenvertreter. In vielen kleinen Gruppen meist in Berlin und auf drei größeren Zusammenkünften auf dem Gut Kreisau sprachen sie über eine grundlegende Neuordnung Deutschlands nach dem Ende des Nationalsozialismus. Dabei ging es um die zukünftige demokratische Organisation von Staat und Gesellschaft, um die Fragen von Recht, Wirtschaft und Erziehung, und um die Eingliederung Deutschlands in die Gemeinschaft europäischer Staaten. Die Konzepte und Protokolle, die aus diesen Treffen hervorgingen, die «Kreisauer Pläne», wurden in ihrer schriftlichen Form auch nach dem 20. Juli 1944 nicht von den Nationalsozialisten entdeckt, obwohl diese über die Treffen selbst für die Verfolgung der Teilnehmer noch genug Fakten in Erfahrung brachten.

Aber man schmiedete nicht nur Pläne. Helmuth und einige seiner Freunde bemühten sich gleichzeitig intensiv darum, die Alliierten über die Existenz der verschiedenen Widerstandsgruppen zu informieren, damit sie die Forderung nach bedingungsloser Kapitulation aufgaben und mit dem Widerstand in Deutschland zusammenarbeiteten. Sie fanden jedoch kein Gehör.

Im Januar 1944 wurde Helmuth verhaftet, weil er einen Bekannten, Otto Carl Kiep, vor einem Gestapospitzel gewarnt hatte. Nach kurzem Aufenthalt im Gefängnis des Reichssicherheitshauptamtes in der Berliner Prinz-Albrecht-Straße wurde er als Schutzhäftling in den Gefängnisbau des Konzentrationslagers Ravensbrück verlegt. Mit dem Bekanntwerden seiner Verbindung zu den am Attentat des 20. Juli 1944 Beteiligten wurden ab 19. August seine Haftbedingungen verschärft. Am 28. September kam er nach Berlin in das Strafgefängnis Tegel. Hier konnte er dank der Hilfe des Gefängnisseelsorgers Harald Poelchau fast vier Monate lang heimlich mit Freya korrespondieren. Am 11. Januar 1945 wurde er verurteilt und am 23. Januar hingerichtet.

Freya blieb zunächst mit ihren Söhnen und der ebenfalls verwitweten Rosemarie Reichwein und ihren vier Kindern in Kreisau. Als die sowjetischen Truppen näher rückten, flohen sie vorübergehend ins Riesengebirge, kehrten aber bald zurück und blieben unter polnisch-russischer Besatzung bis in den Herbst 1945 auf dem Gut.[1] Auf Veranlassung ihres englischen Freundes Lionel Curtis wurden Freya und ihre Söhne im Oktober 1945 von den Engländern aus Schlesien herausgeholt und nach Berlin gebracht.

Nach einem Aufenthalt in der Schweiz zog Freya mit ihren Kindern 1947 nach Kapstadt in Südafrika. Die Großeltern waren gestorben, aber die früheren Freundschaften bestanden noch, und so konnten Caspar und Konrad dort in Frieden aufwachsen. Freya fand eine Stelle als Sozialarbeiterin in einer Organisation für behinderte Kinder. Das Unrecht der Apartheidgesetze ließ sie das Land jedoch 1956 wieder verlassen und nach Deutschland zurückkehren. Sie schrieb gemeinsam mit Annedore Leber ein Geschichtsbuch zur Weimarer Republik

1 Diese Zeit hat Freya in *Die letzten Monate in Kreisau* beschrieben, siehe Freya von Moltke/Michael Balfour/Julian Frisby, *Helmuth James von Moltke*, S. 317 ff.

Freya von Moltke mit ihren Söhnen Helmuth Caspar und Konrad in den späten fünfziger Jahren am Wannsee

und zum Dritten Reich für die Oberschulen[2] und begann mit der Transkription von Helmuths Briefen, die später für die Zeit vom 22. August 1939 bis zum 18. Januar 1944 von Beate Ruhm von Oppen herausgegeben wurden.[3]

1956 traf Freya Eugen Rosenstock-Huessy wieder, den sie vor seiner Auswanderung nach Amerika 1933 flüchtig in Berlin kennengelernt hatte. Es begann eine enge Beziehung. Nach dem Tod seiner Frau im Jahr 1960 zog Freya zu Rosenstock-Huessy in den US-Bundesstaat Vermont. Rosenstock-Huessy (1888–1973) war Rechtshistoriker, Soziologe und Philosoph. Er hatte an verschiedenen Universitäten gelehrt und zahlreiche Bücher geschrieben. In seinem Haus gingen viele verschiedene Menschen ein und aus, dazu kamen nun auch Freyas Freunde und Verwandte. Wie schon in Kreisau führte sie auch hier wieder ein großes, gastliches Haus. Nach Rosenstocks Tod beschäftigte sie bis in ihr hohes Alter die Verbreitung seines Werks ebenso wie das Vermächtnis von Helmuth.

2 Siehe Annedore Leber/Freya von Moltke, *Für und Wider.*

3 Siehe Helmuth James von Moltke, *Briefe an Freya.*

Kreisau lag seit 1945 hinter dem Eisernen Vorhang. Freya hielt eine Rückkehr der Moltkes als Besitzer schon früh für unmöglich und auch nicht für erstrebenswert. Sie und Helmuth hatten immer angenommen, dass die Überlassung des Gutes an Polen ein Teil des Preises war, der für die Verbrechen der Nationalsozialisten gezahlt werden musste. Aber schon in den sechziger Jahren hatte Freya die Vision, dass Kreisau noch einmal eine Rolle im Verhältnis zwischen Polen und Deutschland spielen könnte. Mit Hilfe von polnischen und ostdeutschen Bürgerinitiativen wurde seit 1989 die Realisierung eines «Neuen Kreisau» vorangetrieben, das der deutsch-polnischen und der europäischen Verständigung dienen sollte. Am 12. November 1989, drei Tage nach dem Fall der Berliner Mauer, wurde in Kreisau eine Versöhnungsmesse gefeiert, die die Regierungschefs beider Länder initiiert hatten. Die Umgestaltung von Kreisau (heute Krzywowa) in eine Stiftung für europäische Verständigung unterstützte Freya von Anfang an tatkräftig.

Freya musste den unerwarteten Tod ihres Sohnes Konrad am 19. Mai 2005 in Vermont erleben und starb selbst achtundneunzigjährig am 1. Januar 2010. Gedenksteine in Kreisau und auf dem Friedhof in Norwich, Vermont, tragen heute die Namen von Freya und Helmuth.

Literatur

Bleistein, Roman: Alfred Delp. Geschichte eines Zeugen, Frankfurt/M. 1989

Bonhoeffer, Dietrich/Wedemeyer, Maria von: Brautbriefe Zelle 92, München 1992

Brakelmann, Günter: Der Kreisauer Kreis. Chronologie, Kurzbiographien und Texte aus dem Widerstand, Münster 2003

Brakelmann, Günter: Die Kreisauer: Folgenreiche Begegnungen. Biographische Skizzen zu Helmuth James von Moltke, Peter Yorck von Wartenburg, Carlo Mierendorff und Theodor Haubach, Münster 2003

Brakelmann, Günter: Helmuth James von Moltke: 1907–1945. Eine Biographie, München 2007

Delp, Alfred: Im Angesicht des Todes, Freiburg 1958

Delp, Alfred: Gesammelte Schriften, Band 4: Aus dem Gefängnis, Frankfurt/M. 1984

Gerstenmaier, Brigitte/Gerstenmaier, Eugen: Zwei können widerstehen. Bericht und Briefe 1939–1969, Bonn u. a. 1992

Gerstenmaier, Eugen: Streit und Friede hat seine Zeit. Ein Lebensbericht, Frankfurt/M. u. a. 1981

Gostomski, Victor von/Loch, Walter: Der Tod von Plötzensee. Erinnerungen, Ereignisse, Dokumente 1942–1945, Meitingen/Freising 1969

Harpprecht, Klaus: Harald Poelchau. Ein Leben im Widerstand, Reinbek 2004

Hoffmann, Peter: Claus Schenk Graf von Stauffenberg. Die Biographie, München 2007

Jessen, Olaf: Die Moltkes. Biographie einer Familie, München 2010

Köhler, Jochen: Helmuth James von Moltke. Geschichte einer Kindheit und Jugend, Reinbek 2008

Die Kreisauerin. Freya von Moltke im Gespräch mit Eva Hoffmann in der Reihe «Zeugen des Jahrhunderts», Göttingen 1996

Leber, Annedore/Moltke, Freya von: Für und Wider. Entscheidungen in Deutschland 1918–1945, Berlin u. a. 1961

Meding, Dorothee von: Mit dem Mut des Herzens. Die Frauen des 20. Juli, Berlin 1992

Moltke, Dorothy von: Ein Leben in Deutschland. Briefe aus Kreisau und Berlin: 1907–1934, hg. von Beate Ruhm von Oppen, München 1999

Moltke, Freya von: Europäische Menschlichkeit in den Jahren der Unmenschlichkeit, Vortrag am 19. Juli 2004, Gedenkstätte Deutscher Widerstand

Moltke, Freya von: Erinnerungen an Kreisau: 1930–1945, München 1997

Moltke, Freya von/Balfour, Michael/Frisby, Julian: Helmuth James von Moltke, 1907–1945. Anwalt der Zukunft, Stuttgart 1975

Moltke, Helmuth James von: Briefe an Freya, 1939–1945, hg. von Beate Ruhm von Oppen, München 1988

Moltke, Helmuth James von: Im Land der Gottlosen. Tagebuch und Briefe aus der Haft 1944/45, hg. von Günter Brakelmann, München 2009

Moltke, Helmuth James von: Zeitgenosse für ein anderes Deutschland, hg. von Günter Brakelmann, Münster 2009

Poelchau, Harald: Die letzten Stunden. Erinnerungen eines Gefängnispfarrers, aufgezeichnet von Graf Alexander Stenbock-Fermor, Berlin 1949

Poelchau, Harald: Die Ordnung der Bedrängten. Autobiographisches und Zeitgeschichtliches seit den zwanziger Jahren, Berlin 1963

Roon, Ger van: Neuordnung im Widerstand. Der Kreisauer Kreis innerhalb der deutschen Widerstandsbewegung, München 1967

Roth, Karl Heinz/Ebbinghaus, Angelika (Hrsg.): Rote Kapellen – Kreisauer Kreise – schwarze Kapellen, Hamburg 2004

Spiegelbild einer Verschwörung. Die Kaltenbrunner-Berichte an Bormann und Hitler über das Attentat vom 20. Juli 1944; geheime Dokumente aus dem ehemaligen Reichssicherheitshauptamt, hg. von Archiv Peter, Stuttgart 1961

Ullrich, Volker: Der Kreisauer Kreis, Reinbek 2008

Yorck von Wartenburg, Marion: Die Stärke der Stille. Erzählung eines Lebens aus dem deutschen Widerstand, München 1987

Bildnachweis

Bildarchiv Preußischer Kulturbesitz: Seite 14, 15, 32 Mitte, 33 Mitte

Bildarchiv Preußischer Kulturbesitz/Bayerische Staatsbibliothek/Archiv Heinrich Hoffmann: Seite 32 unten, 33 oben, 33 unten

Bildarchiv Preußischer Kulturbesitz/Erika Groth-Schmachtenberger: Seite 21

Deutsches Literaturarchiv Marbach: Faksimiles

Familie von Moltke: Seite 12, 23, 32 oben, 342

Harald Stephan Poelchau: Seite 16

ullstein bild – dpa(85): Seite 17

Abkürzungen

A. A.	Auswärtiges Amt
A. T.	Altes Testament
J. M.	Justizministerium
Justiz M.	Justizminister
K. G.	Kammergericht
N. S./n. s.	Nationalsozialismus, Nationalsozialist/nationalsozialistisch
N. T.	Neues Testament
OKW/O. K. W.	Oberkommando der Wehrmacht
O. R. A.	Oberreichsanwalt
P. A./P. A. Str.	Prinz-Albrecht-Straße
RA	Rechtsanwalt
Reichsf. SS	Reichsführer SS (Heinrich Himmler)
R. J. M.	Reichsjustizminister, Reichsjustizministerium
SD/S. D.	Sicherheitsdienst
VGH/V. G. H.	Volksgerichtshof
W. R.	Wehrmachts-Rechtsabteilung

Verzeichnis der Gesangbuchlieder

Das Verzeichnis nennt alle Gesangbuchlieder, die in den Briefen – oft nur mit der Nummer – erwähnt werden. Es folgt dem *Evangelischen Gesangbuch für Brandenburg und Pommern* aus dem Jahr 1931 (Verlag Trowitzsch & Sohn, Berlin und Frankfurt a. d. Oder).

Lied 21: «Brich an, du schönes Morgenlicht»
Lied 90: «Ein feste Burg»
Lied 91: «Erhalt uns, Herr, bei deinem Wort»
Lied 107: «Jesu, der du bist alleine»
Lied 150: «Ist Gott für mich»
Lied 178: «Es ist schwer, ein Christ zu sein»
Lied 206: «Ach mein Herr Jesu»
Lied 208: «Bei dir, Jesu, will ich bleiben»
Lied 217: «Auf meinen lieben Gott»
Lied 222: «Warum sollt ich mich denn grämen»
Lied 230: «So führst du doch recht selig, Herr»
Lied 232: «Meine Seele senket sich»
Lied 239: «Auf Gott und nicht auf meinen Rat»
Lied 266: «Gott des Himmels und der Erden»
Lied 269: «Wach auf, mein Herz, und singe»
Lied 296: «Was macht ihr, dass ihr weinet»
Lied 340: «Endlich bricht der heiße Tiegel»

Personenverzeichnis

Decknamen sind kursiv gesetzt.

Kreisau ist heute ein lebendiger Ort europäischer Begegnung.

BürgerInnen aus Polen und den beiden deutschen Staaten gründeten 1989 hier eine Begegnungsstätte, das Neue Kreisau. Ihr Ziel war es, Jugendliche aus den jahrzehntelang getrennten Teilen Europas zusammenzubringen. Dieser Aufgabe kommt das Neue Kreisau mit seinen internationalen Projekten heute nach. Junge Menschen begegnen sich hier, arbeiten und lernen von- und miteinander.

Freya von Moltke unterstützte den Aufbau und die Arbeit des Neuen Kreisau über viele Jahre. 2004 gab sie ihren Namen unserer Stiftung, die Geld sammelt, um die Begegnungsstätte zu unterstützen. So soll deren Arbeit heute ermöglicht und langfristig abgesichert werden.

Wir freuen uns über Ihre Unterstützung.

Mehr Informationen:

Freya von Moltke-Stiftung für das Neue Kreisau
c/o Allianz
An den Treptowers 3
12435 Berlin
Tel.: 030-5383 6360 · Fax: 030-5302 7923
Email: info@fvms.de
www.fvms.de

Spendenkonto:

Deutschland
Kontonummer 4052 0068 00
BLZ 120 800 00
Commerzbank AG

International
IBAN DE79 1208 0000 4052 0068 00
Swiftcode DRESDEFF120

FREYA VON MOLTKE STIFTUNG
Für das Neue Kreisau

Die Freya von Moltke-Stiftung ist als gemeinnützig anerkannt und zur Ausstellung von Zuwendungsbescheinigungen berechtigt (Finanzamt für Körperschaften I, Berlin, Steuernummer: 27/607/02054).